Stefan Blank

Bahamas

IWANOWSKI'S REISEBUCHVERLAG

Im Internet:

www.iwanowski.de

Hier finden Sie aktuelle Infos zu allen Titeln, interessante Links – und vieles mehr!

Einfach anklicken!

Schreiben Sie uns, wenn sich etwas verändert hat. Wir sind bei der Aktualisierung unserer Bücher auf Ihre Mithilfe angewiesen: **info@iwanowski.de**

Bahamas
4. Auflage 2020

Salm-Reifferscheidt-Allee 37 • 41540 Dormagen
Telefon 0 21 33/26 03 11 • Fax 0 21 33/26 03 34
info@iwanowski.de
www.iwanowski.de

Titelfoto: Bahamas Tourist Office (The Exumas, Musha Cay)

Alle anderen Farbabbildungen: s. Abbildungsverzeichnis S. 280
Lektorat und Layout: Annette Pundsack, Köln
Karten: Klaus-Peter Lawall, Unterensingen
Titelgestaltung: Point of Media, www.pom-online.de
Redaktionelles Copyright, Konzeption und deren ständige Überarbeitung: Michael Iwanowski

Gesamtherstellung: Grafisches Centrum Cuno, Calbe
Printed in Germany

ISBN: 978-3-86197-216-7

Überblick

Reiserouten

Alle Karten zum Gratis-Download – So funktioniert's

In diesem Reisehandbuch sind alle Detailpläne mit einem sogenannten QR-Code versehen. Bei jeder Innenkarte findet man diese schwarz-gepunkteten Quadrate, die per Smartphone oder Tablet-PC gescannt werden können. Bei einer bestehenden Internet-Verbindung können die Dateien dann auf das eigene Gerät geladen werden. Alle Karten sind im PDF-Format angelegt, das nahezu jedes Gerät darstellen und ausdrucken kann. Für den Stadtbummel oder die Besichtigung unterwegs hat man so die Karte mit besuchenswerten Zielen und Restaurants elektronisch auf dem Telefon, Tablet-PC, Reader oder als praktischen DIN-A4-Ausdruck dabei. Mit anderen Worten – der Reiseführer kann im Auto oder im Hotel bleiben, und die Basis-Infos sind immer und überall ohne Roaming-Gebühren abrufbar. Sollten wider Erwarten Probleme beim Karten-Download auftreten, wenden Sie sich bitte direkt an den Verlag. Unter info@iwanowski.de erhalten Sie die entsprechende Linkliste zum Herunterladen der Karten.

Weiterführende Informationen

info

Verzeichnis der Karten

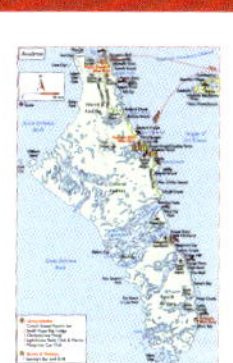

Willkommen auf den Bahamas

Fast ein Jahr verbrachte der US-Astronaut Scott Kelly von März 2015 bis März 2016 an Bord der Weltraumstation ISS. In seiner Freizeit fotografierte er den Blauen Planeten und teilte seine Eindrücke mit mehr als 421.000 Followern allein auf Twitter. Besonders beeindruckt war er vom Anblick der Bahamas. Er schrieb, dass die Inselwelt „der schönste Ort aus dem Weltall gesehen" („the most beautiful place from space") sei. Ganz besonders die Inselkette der Exumas hatte es ihm angetan. Das Bahamaische Tourismusministerium zeigte sich hocherfreut, denn mehr als 250.000 Storys weltweit seien über Scott Kelly und seine Sicht der Bahamas geschrieben worden. Eine unbezahlbare Werbung! Zur Belohnung wurde er auf die Bahamas eingeladen und konnte sich davon überzeugen, dass der Schein – auch aus dem Weltraum gesehen – nicht trügt.

Denn das tut er nicht: Die Bahamas, das sind die drei touristischen „S": „sun, sand, sea", die in dem Inselstaat in Perfektion zusammenkommen. Bereichert durch die gut gelaunten, ungemein freundlichen Menschen, die mit einem Lächeln leben und alles und jeden leben lassen. Dazu 700 Inseln, umgeben von kristallklarem Meer, einer Farbenpracht mit satten Türkistönen, tiefstem Blau, strahlendstem Sandstrand und grünster Natur. Das lässt niemanden unberührt. Die bahamaische Küche ist wunderbar vielfältig, das Leben karibisch locker und überall schwingt „Don't worry – be happy" mit. Wer schon einmal hier war, stimmt dem alten Werbespruch der Bahamas uneingeschränkt zu: „It's Better In The Bahamas". Wer zum ersten Mal herkommt, wird ganz schnell verstehen und möchte ebenso schnell wiederkommen.

Tatsache ist, dass auf den Bahamas viele Nationen der Welt tolerant neben- und miteinander leben. Dass das Bruttoinlandsprodukt das höchste in der Karibik ist und die Inflationsquote die niedrigste. Und dass es nicht weniger als 32 Nationalparks und Schutzgebiete gibt, in denen die Natur erhalten werden soll – bei gerade mal 399.000 Einwohnern.

Die Bahamas machen Spaß, mehr als fünf Millionen Touristen im Jahr können sich nicht irren. Aber es ist noch reichlich Platz auf den 700 Inseln und 2.000 Cays. Es gibt viel zu entdecken – auch abseits der paradiesischen Strände. Höchste Zeit also für die Bahamas, „the most beautiful place from space"!

Zum Aufbau des Buchs

Dieses Reisehandbuch möchte Empfehlungen für individuelles Reisen und Erkunden geben. Sehens- und Erlebenswertes werden in erster Linie für Reisende beschrieben, die ihr komfortables Urlaubsquartier zu Exkursionen in die nähere und weitere Umgebung verlassen möchten. Auf eine allgemeine Vorstellung der Reiseregion und Ausführungen über „Land und Leute“ unter verschiedenen Gesichtspunkten folgen Routenvorschläge auf den einzelnen Inseln, anhand derer man die Hauptattraktionen, aber auch weniger bekannte, lohnende Ziele erreicht. Es gibt Tipps und Hinweise zu Restaurants, Stränden und Sehenswürdigkeiten. Eingeschobene Exkurse liefern Hintergrundwissen und bieten fakultativen „Lesestoff“.

Bei den Beschreibungen im Routenteil wurde größter Wert auf Aktualität gelegt, allerdings kann angesichts der Fülle an Informationen und der Schnelllebigkeit touristischer Angebote im Einzelfall keine Gewähr für Korrektheit übernommen werden. Der Autor ist dankbar über jede Nachricht mit Informationen zu Unstimmigkeiten oder Neuheiten. Über Kritik, Anregungen und Verbesserungsvorschläge freuen wir uns: per E-Mail unter info@iwanowski.de.

Als „Gelbe Seiten“ farblich abgesetzt sind die Allgemeinen Reisetipps von A–Z zur Planung und Ausführung einer Reise. Anhaltspunkte zu den Kosten bieten die „Grünen Seiten“. Die Reisepraktischen Informationen zu einzelnen Orten bzw. Regionen befinden sich im Routenteil, am Ende der jeweiligen Kapitel. Bei den Hinweisen zu Übernachtung, Restaurants, Shopping oder Touren musste zwangsläufig eine Auswahl getroffen werden. Die genannten Adressen sind allerdings reine Vorschläge oder Empfehlungen. Natürlich gibt es rechts und links davon noch etliche Adressen, die es individuell zu entdecken gilt. Der Anhang enthält neben einem Wörterbuch und Literaturhinweisen ein ausführliches Register, mit dessen Hilfe man schnell den gesuchten Begriff findet.

Danksagung

An diesem Buchprojekt waren ab der 1. Auflage etliche Menschen beteiligt, deren Unterstützung meine Recherche und Arbeit deutlich erleichtert und mir viele Türen geöffnet hat. Da wäre in Deutschland das Team von Majunke International Sales, das in Frankfurt und für Mitteleuropa das Bahamas Tourist Office betreibt. Auf den Bahamas legten sich die jederzeit aufgeschlossenen Kolleginnen und Kollegen der Tourist Offices und vor allem vom Bahama Out Islands Promotion Board schwer ins Zeug, um mir Begegnungen und Erfahrungen zu ermöglichen, die zu Texten und Bildern führten. Ihnen allen ein ganz großes Dankeschön.

Stefan Blank, im Juli 2019

I. LAND UND LEUTE

Bahamas auf einen Blick

Name	Commonwealth of the Bahamas
Fläche	13.939 km²
Einwohner	399.000 (2018)
Bevölkerungsdichte	28,6 Einw./km²
Bevölkerung	90 % Schwarze, 4,7 % Weiße, ca. 4 % Asiaten und Hispanoamerikaner
Staatssprache	Englisch als Amts- und Umgangssprache
Hauptstadt	Nassau auf New Providence
Religion	95 % Christen (Baptisten 34,9 %, Anglikaner 13,7 %, Katholiken 12 % [Erzdiözese Nassau], Pfingstkirchler 8,9 %, Adventisten 4,4 %, Methodisten 3,6 %, andere 17,6 %). Dazu Muslime, Juden und Bahai-Anhänger. Auf einigen Inseln gibt es auch die aus Afrika stammende Naturreligion Obeah (Zensus 2010)
Flagge	Flagge mit blau-gelb-blauem Grund (horizontal angeordnete Streifen) und einem seitlichen, schwarzen Dreieck. Die Farben der Streifen stehen für Himmel, Sonne und Meer, das schwarze Dreieck für die Bevölkerung.
Nationalfeiertag	10. Juli (Unabhängigkeitstag)
Staats- und Regierungsform	Konstitutionelle Monarchie mit einem Zweikammersystem und der britischen Königin als offiziellem Staatsoberhaupt, Mitglied des Commonwealth
Staatsoberhaupt	Königin Elizabeth II, vertreten durch die Generalgouverneurin Dame Marguerite Pindling, im Amt seit dem 8. Juli 2014
Städte	Nassau (274.000 Einwohner), Freeport (45.000 Einwohner), Marsh Harbour (6.000 Einwohner)
Währung	Bahama Dollar = B$, 1:1 konvertibel mit dem US-Dollar

Wirtschaft	Tourismus, Finanzwirtschaft
Bruttoinlandsprodukt	25.200 US-Dollar pro Kopf (2015)
Arbeitslosenquote	14,8 % (2015)
Inflation	2 % (2015)
Handelspartner	USA, Puerto Rico, Trinidad und Tobago, Japan, Frankreich
Problematik	Starke Ausrichtung auf den Tourismus und den Dienstleitungssektor, der rund 80 % des Bruttoinlandsprodukts (BIP) ausmacht.

Allgemeiner Überblick

Die Bahamas bestehen aus rund **700 Inseln**, von denen aber nur etwa 30 bewohnt sind. Von diesen 30 leben auf 17 mehr als 50 Menschen. Nicht zu vergessen die rund **2.000 Cays**, ausgesprochen „Keys", die Inseln oder Halbinseln darstellen. Die Landfläche von 13.939 km^2 erstreckt sich in einem Gebiet zwischen dem 20. und 27. Grad nördlicher Breite und dem 72. und 79. Grad westlicher Länge über ein Gesamtgebiet von ca. 250.000 km^2. Der größte Teil liegt unter dem Meeresspiegel. Nördlich von der Hispaniola und Kuba zieht sich die Inselgruppe bogenförmig bis vor die Küste Floridas.

Auf den Bahamas leben 399.000 Menschen (2018), davon allein mehr als 70 % auf der Insel New Providence mit der Hauptstadt Nassau (274.000 Einwohner).

„Schönster Fleck der Welt"

Die Topografie der Bahamas erschließt sich am besten beim Blick aus dem Flugzeugfenster. Die Farben des Meeres sind einzigartig auf der Welt und sollen – da sind sich die meisten Bahamaer einig – von erdumkreisenden Satelliten aus gesehen, den schönsten Fleck der Welt im schönsten Gewässer der Welt mit den schönsten Farbtönen der Welt umrahmen. In der Tat ist das Wasser kristallklar und streckenweise von traumhaftem Türkis.

Der größte Teil der bahamaischen Gewässer ist sehr flach und besteht aus Sandbänken und Korallenriffen. Das drittgrößte Barriereriff der Welt liegt vor der Küste von Andros. Tiefe Passagen trennen Bänke und einzelne Inselgruppen voneinander. So werden die **Little Bahama Bank** und die **Great Bahama Bank** durch den **Northwest Providence Channel** und die nordwestlichen Bahamas der Andros-Gruppe von den südöstlichen durch den Meeresgraben **Tongue of the Ocean** („Zunge des Ozeans") voneinander getrennt. Zwischen dem nordamerikanischen Kontinent und den Bahamas fließt der Golfstrom durch die **Straits of Florida** („Floridastraße").

Entstehungsgeschichtlich sind die Bahamas wahrscheinlich **200 Mio. Jahre** alt. Wissenschaftler vermuten, dass beim Auseinanderbrechen einer Erdplatte, die einen riesigen Kontinent bildete, etwa zu dieser Zeit die verschiedenen Kontinente entstanden. Durch das Auseinanderdriften der unterschiedlichen Platten entstanden dann zwischen diesen Platten Meere, wie der **Atlantische Ozean**, die es davor nicht gegeben hatte.

Konstante Temperaturen

Das Klima ist durch **Passatwinde** und den **Golfstrom** bestimmt und zeichnet sich durch eine relativ große Konstanz der Temperaturen zwischen 22 und 28 °C aus. Entsprechend schwanken auch die Wassertemperaturen kaum und bewegen sich um 25 °C. Der meiste Niederschlag fällt auf den nordwestlichen Inseln. Da man durch die Insellage nie weit von der Küste entfernt ist, kommt man immer in den Genuss einer leichten Brise. Von Juni bis November ist allerdings **Hurrikansaison** und die Brise kann sich zum gefährlichen Sturm entwickeln.

Schmelztiegel

Wirtschaftlich gesehen blicken die Bahamas auf eine spannende Geschichte zurück: Die Ureinwohner wurden durch Kolumbus' Heerscharen ab 1492 ausgerottet. Siedler, Flüchtlinge, „Loyalisten", Sklaven, Gauner, „Wrecker", Schmuggler und sonnenhungrige Kanadier sowie abenteuerlustige US-Amerikaner kamen in den folgenden Jahrhunderten. Viele blieben und machten die Bahamas zu dem, was das Land heute ist und auszeichnet: Ein **Schmelztiegel** unterschiedlicher Kulturen, Mentalitäten, Gewohnheiten. Heute sind etwa 91 % der Bevölkerung afrikanischen Ursprungs, ca. 4,7 % sind Weiße. Die restlichen ca. 4 % der Einwohner verteilen sich auf Asiaten oder Hispanoamerikaner.

Das Land gilt als eines der größten „Offshore"-Finanzzentren der Welt und bezieht gleichzeitig rund 50 % seiner Wirtschaftskraft durch den Fremdenverkehr. Kein

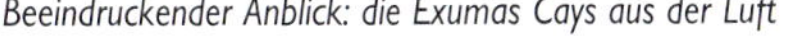
Beeindruckender Anblick: die Exumas Cays aus der Luft

Wunder, bei diesen Stränden, die regelmäßig bei der Kür der schönsten Strände der Welt in der obersten Liga mitspielen. Diesem Ruf folgen jedes Jahr rund 6,6 Mio. Touristen, von denen etwa 4,9 Mio. mit dem Kreuzfahrtschiff kommen und nicht lange bleiben. Das soll sich ändern – die Bahamas investieren kräftig in diese Branche, nachdem die „Offshore"-Sparte durch weltweit härtere Gesetzgebung viel von ihrem Glanz verloren hat.

Geschichtlicher Überblick

Zeittafel

2500 v. Chr. Vermutlich erste Besiedlung der Bahamas durch Siboney-Indianer vom heutigen Kuba aus.

800 n. Chr. Verdrängung der Siboney-Indianer durch die Lucayan-Indianer von Hispaniola aus.

1492 Christoph Kolumbus entdeckt die Neue Welt und geht am 12. Oktober an der Westküste von San Salvador das erste Mal hier an Land. Der spanischen Entdeckung folgt die Ausrottung der indianischen Bevölkerung durch europäische Infektionskrankheiten und die Verschleppung als Arbeitssklaven zu den Minen auf Hispaniola.

1513 Der Spanier Juan Ponce de León sucht auf den Bahamas die sagenhafte Quelle der ewigen Jugend und entdeckt dabei Florida.

1625 Erster europäischer Siedlungsversuch der Franzosen auf den Abacos, dieser scheitert jedoch.

1648 Puritaner von den Bermudas wandern für eine freie Religionsausübung nach Citatoo aus, das sie Eleuthera (griech. „Freiheit") nennen. Nur wenige von ihnen bleiben länger auf der Insel.

1656 Siedler aus England und von den englischen Kolonien versuchen, auf New Providence Fuß zu fassen. Sie gründen Charles Towne (Nassau).

1670 Die Bahamas werden als Lehen an britische Adelsleute vergeben. Zu dieser Zeit haben aber bereits Hunderte von Piraten entdeckt, dass Charles Towne ein idealer Ausgangspunkt für ihre Beutezüge ist. Sie übernehmen eigentlich die „Herrschaft" über Nassau.

1695 Charles Towne wird zu Ehren von Willem III. von England (dem ehemaligen Prinzen von Oranien-Nassau) in Nassau umbenannt. 1697 entsteht das Fort gleichen Namens, um die Stadt verteidigen zu können.

1717 Die Bahamas werden offiziell Kronkolonie.

1718 Der ehemalige Pirat Woodes Rogers wird als erster Gouverneur der Bahamas mit der Wiederherstellung der öffentlichen Ordnung beauftragt. Den Piraten wird Straffreiheit versprochen, wenn sie ihr Gewerbe aufgeben und beim Aufbau von Nassau helfen.

1729 Erste Versammlung des House of Assembly (parlamentarische Vertretung).

1776 Kurzfristige Besetzung Nassaus durch Revolutionstruppen des amerikanischen Unabhängigkeitskriegs.

1782 Besetzung Nassaus durch spanische Truppen.

1783 Unter der Führung von Andrew Deveaux nehmen königstreue Bürger aus den Vereinigten Staaten (Loyalisten) nach dem Sieg der nordamerikanischen Revolutionstruppen Nassau ein. Es folgt eine starke Zuwanderung von Loyalisten nicht nur nach Nassau, sondern auf mehrere Inseln der Bahamas. Sie versuchen, die Plantagenwirtschaft in größerem Stil auf den Bahamas einzuführen, was aber aufgrund der Bodenverhältnisse nach anfänglichen Erfolgen misslingt. Mit den Loyalisten kommen viele Sklaven auf die Inseln, sodass der Bevölkerungsanteil an Menschen afrikanischen Ursprungs auf ca. 75 % steigt.

1807 Der Sklavenhandel wird in England verboten.

1834 In England und den angeschlossenen Kolonien wird mit dem „United Kingdom Emancipation Act“ die Sklaverei offiziell abgeschafft.

1838 Auf den Bahamas werden die Sklaven nach einer Übergangsregelung endgültig für frei erklärt.

1861–1865 Während des Amerikanischen Bürgerkriegs profitieren die Bahamas von ihrer günstigen geografischen Lage. Die Kriegsgewinnler und Blockadebrecher nehmen die Inselgruppe als Ausgangsbasis für die Versorgung der Südstaaten. Von hier aus starten die Schiffe, die Kriegsmaterial und Baumwolle durch die feindlichen Linien der Unionstruppen bringen.

1892 Das erste Überseekabel wird von Cable Beach (New Providence) nach Florida verlegt, um die Bahamas mit der Welt zu verbinden.

1919–1933 Die Prohibitionszeit in den Vereinigten Staaten beschert den Bahamas eine weitere wirtschaftliche Blütezeit. Der in Amerika verbotene Alkohol wird in großen Mengen von den Inseln an die amerikanische Ostküste geschmuggelt.

1921 Das erste Kasino wird eröffnet.

1929 Die erste Flugverbindung zu den Bahamas wird eingerichtet.

1940–1945 Während des Zweiten Weltkriegs dienen die Bahamas als Ausbildungszentrum für Flieger der Alliierten. Es werden auch U-Boot-Abwehrstationen gebaut. Der Herzog von Windsor ist während dieser Zeit Gouverneur der Bahamas.

1955 Das „Hawksbill Creek Agreement“ macht einen großen Teil von Grand Bahama Island zur Freihandelszone

Erinnerung an die Ankunft der Loyalisten in New Plymouth

und ermöglicht den Bau von Freeport und Lucaya. Der Tourismus gewinnt zunehmend an Bedeutung.

1962 Frauen erhalten das Wahlrecht auf den Bahamas.

1963 Die Bahamas werden unter eine eingeschränkte Selbstverwaltung gestellt.

1967 Mit dem Wahlerfolg von Lynden Pindling und seiner Partei PLP (Progressive Liberal Party) übernimmt erstmals die schwarze Bevölkerungsmehrheit die Macht auf den Bahamas.

1972 In einer Volksabstimmung manifestiert sich der Wunsch nach einem unabhängigen Staat.

1973 Am 10. Juli werden die Bahamas offiziell unabhängig. Sie verbleiben aber im Commonwealth.

ab 1980 Die Bahamas erleben durch den Drogenhandel einen erneuten Boom. Kolumbianisches Kokain wird über die Inseln in die Vereinigten Staaten geschmuggelt.

1988 In den USA werden Beschuldigungen laut, dass Premierminister Pindling in den Drogenschmuggel verwickelt sei.

1990 Nachdem der Tourismus wichtigster Wirtschaftszweig der Inselgruppe geworden ist, schafft der „International Business Companies Act" mit der Einführung eines speziellen Bankgeheimnisses und anderer Vergünstigungen für Firmen die Grundlage für eine prosperierende Entwicklung der Finanzwirtschaft.

1992 Mit dem Wahlsieg des Free National Movement (FNM) wird Hubert A. Ingraham Premierminister.

1997 Erneute Wahl Ingrahams.

1999 Der Hurrikan „Floyd" richtet schwere Verwüstungen an.

2000 Die Financial Task Force der OECD beschuldigt die Bahamas, der Geldwäsche Vorschub zu leisten. Am 26. August stirbt Sir Lynden Pindling, langjähriger Premierminister, im Alter von 70 Jahren.

2. Mai 2002 Die Regierungspartei FNM verliert die Parlamentswahlen, die PLP (Progressive Liberal Party) übernimmt mit Perry G. Christie als Premierminister die Macht.

2004 Auf Great Abaco bricht im Dezember auf einer Farm der Zitrusbrand aus. Alle pflanzlichen Exporte von der Insel werden eingestellt.

März 2006 Der oscarprämierte Hollywood-Spielfilm „Brokeback Mountain" wird auf den Bahamas wegen offen zur Schau gestellter Homosexualität verboten.

2. Mai 2007 Die FNM holt sich die Regierungsmehrheit zurück, Hubert A. Ingraham wird zum wiederholten Mal Premierminister.

2010 Generalgouverneur Sir Arthur Alexander Foulkes tritt am 14. April sein Amt an.

2011 Bei einem Brand im Dezember werden das Museum of Pompey und der Straw Market in Nassau teilweise zerstört.

2012 Laut Jahresbericht von „Amnesty International" kommen die Bahamas dem Wunsch zweier UN-Behörden nicht nach, die unfreiwillige Rückführung von Haitianern nach dem Erdbeben von Haiti (2010) einzustellen. 2011 wurden insgesamt 2.392 Haitianer zurückgeschickt.

2012 Am 7. Mai gewinnt die PLP die Parlamentswahlen. Der bisherige Premierminister Ingraham (FNM) gibt bekannt, sich aus der Politik zurückziehen zu wollen. Perry G. Christie (PLP) wird am 8. Mai zum zweiten Mal Premierminister der Bahamas.

2013 In einem Referendum am 28. Januar lehnt die bahamaische Bevölkerung die Legalisierung privater Spielhallen ab. Die Bahamas feiern am 10. Juli das 40-jährige Bestehen ihrer Unabhängigkeit.

2015 Anfang Oktober verwüstet Hurrikan „Joaquin“, ein Wirbelsturm der Kategorie 4, Teile von Acklins, Crooked Island, Rum Cay, San Salvador and Long Island.

2016 Ende September richtet Hurrikan „Matthew“ in New Providence und Grand Bahama große Schäden an.

2017 Bei den Parlamentswahlen am 10. Mai gewinnt das von Hubert Minnis angeführte Free National Movement (FNM) per Erdrutschsieg die Mehrheit. Minnis wird Premierminister. Die südlichen Inseln der Bahamas werden Ende August von Hurrikan „Irma“ in Mitleidenschaft gezogen.

2018 Am 13. März setzt die EU die Bahamas auf die „schwarze Liste“ der Steuerorasen, streicht sie allerdings am 25. Mai wieder von der Liste. Ebenfalls im Mai eröffnet das Milliardenprojekt „Baha Mar“ auf New Providence.

2019 Im März erklärt der Justizminister Carl Bethel, trotz Diskussionsbedarf werde die Todesstrafe „in näherer Zukunft“ nicht abgeschafft.

Geografischer Überblick

Vermutlich sind die Bahamas auf einem Splitter der amerikanischen Platte entstanden. Nach einer zweiten Theorie befinden sie sich allerdings überhaupt nicht auf der amerikanischen Kontinentalplatte. Da Bohrungen ergeben haben, dass der **Kalkstein** bis zu 5.766 m Tiefe ungefähr unter den gleichen Bedingungen entstanden sein muss wie die heutigen Inselsockel, muss sich die Platte, auf der die Bahamas liegen, unabhängig von der Platte des amerikanischen Kontinents bewegt haben. Denn bis zu der genannten Tiefe waren nur unterschiedliche Formen von Sandstein zu finden, die sich in relativ flachen Gewässern bilden.

Government House in Nassau mit Kolumbus-Denkmal

Eldorado für Apnoetaucher aus der ganzen Welt: Dean's Blue Hole auf Long Island

Es wurde keinerlei vulkanisches Gestein gefunden. Die Bahamas haben ihre Form also nur durch Sedimentation und Erosion erhalten und nicht durch vulkanische Aktivität, wie z. B. Inselgruppen im Pazifischen Ozean. Eine große Rolle spielten dabei die **Eiszeiten**, die zeitweise zu einem **Absinken des Wasserspiegels** führten, sodass **Korallenriffe** zu einer dem Klima ausgesetzten Landmasse wurden. Diese veränderte sich dann entsprechend durch den Einfluss von Niederschlägen und Wind.

Die **Küstenlinien** wurden hauptsächlich von **Meeresströmungen** und **Wellen** geprägt. Besonders eindrucksvoll ist diese Prägung auf Eleuthera zu beobachten, wo die schroffe Atlantikküste von den hohen Ozeanwellen zerklüftet ist und sich durch das sehr flache und ruhige Wasser der westlichen Karibikseite lange Sandstrände erodieren konnten. Gleich vor der Küste Eleutheras fällt die Landmasse innerhalb weniger Kilometer auf eine Tiefe von 6.100 m unter dem Meeresspiegel ab, während an der Westküste häufig erst nach Kilometern eine Tiefe von 10 m erreicht ist.

Keine Flüsse

Auf den aus weichem und porösem Kalkstein entstandenen Inseln gibt es keine Flüsse, da das Wasser im Boden versickert, bevor es ein Flussbett formen kann. Da es also keine größere Einleitung ins Meer gibt, wirkt das Meerwasser meist kristallklar. Die sog. „Creeks" führen häufig durch Mangrovengebiete und ähneln mehr einem Priel durch das Wattenmeer als einem richtigen Bach. Durch abgesickertes Regenwasser sind im Sandgestein **Höhlensysteme** entstanden, in denen das Wasser in unterirdischen „Flüssen" zum Meer fließt.

Durch unterschiedliche Wasserstände entstanden dann die verschiedenen Ebenen innerhalb dieser Systeme, sodass man auch heute Teile der Höhlen begehen kann, andere aber ertauchen muss. Eine Theorie besagt, dass die **Blue Holes** („Blaue Löcher") ehemalige Cavernen dieser Höhlensysteme waren, deren Decken eingestürzt sind. Hinter das eigentliche Geheimnis der Entstehung dieser „Naturwunder" ist man aber noch nicht gekommen.

Dünne Humusschicht

Die **Vegetation** der Inselgruppe ist der dünnen Humusschicht und dem **subtropischen Klima** angepasst (s. Pflanzen- und Tierwelt). Die nördlichen Inseln Andros, Grand Bahama Island, The Abacos und z. T. auch New Providence unterscheiden sich durch die Vorkommen von Kieferwäldern von den restlichen Inseln, auf denen die Vegetation hauptsächlich aus Buschwerk besteht. Der größte Teil der Fläche, die landwirtschaftlich zu nutzen wäre, ist nicht kultiviert, da für extensive landwirtschaftliche Nutzung die **Humusschicht** zu dünn und häufig auch die Infrastruktur für den Transport der Produkte nicht gegeben ist.

Klima und Reisezeit

Die mittleren Temperaturen auf den Bahamas betragen das ganze Jahr hindurch 24 bis 29 °C. Die relative **Luftfeuchtigkeit** liegt in der Regel knapp unter 80 %. Die hohe Luftfeuchtigkeit des gemäßigten tropischen Klimas wird durch eine häufig auftretende leichte Brise kaum wahrgenommen. Spitzentemperaturen von über 30 °C können zwar das ganze Jahr über auftreten, werden aber in der Regel nur in den Monaten Juni bis September erreicht. Von Juni bis Oktober fallen auch die größten Niederschlagsmengen und in dieser Zeit können tropische Stürme (s. u.) auftreten.

Klimadaten Bahamas/ Nassau	Ø Temperaturen in °C Tag	Ø Temperaturen in °C Nacht	Sonnenstunden pro Tag	Regentage	Wassertemperaturen in °C
Januar	25	17	8	6	23
Februar	25	17	8	5	23
März	27	18	8	5	23
April	28	20	8	6	24
Mai	29	22	8	9	25
Juni	31	23	8	12	27
Juli	31	24	9	14	28
August	32	24	8	14	28
September	31	24	7	15	28
Oktober	29	22	7	13	27
November	28	20	7	9	26
Dezember	26	18	7	6	24

Die **Hauptreisezeit** zu den Bahamas liegt zwischen Dezember und Mai. Aber bei einer **durchschnittlichen Wassertemperatur von 25 °C** mit nur unwesentlichen Abweichungen nach oben und unten kann dort auch außerhalb der Hochsaison gut Urlaub gemacht werden. Unterschiede gibt es hier nur zwischen dem etwas kälteren Atlantischen Ozean und den z. T. sehr flachen Gewässern innerhalb der Inselgruppe. Zu beachten ist auch, dass auf den Out Islands die Saison meist mit Thanksgiving (Ende November) beginnt und bis Ostern geht. Das bedeutet, dass viele Resorts von Ende August bis Ende Oktober schließen und/oder renovieren. Ab Anfang November geht es dann langsam wieder los in die folgende Saison.

Hurrikansaison

Frühwarnsystem

Die Gefahr eines Hurrikans, der über die Bahamas hinwegfegt, besteht jedes Jahr aufs Neue. Offiziell beginnt die **Hurrikan-Saison im Juni und endet im November**. In der Regel konzentrieren sich die starken Stürme jedoch auf das amerikanische Festland und verschonen die Inselwelt. Wenn ein Hurrikan Kurs auf die Bahamas nimmt, werden Besucher zumeist lange vorher durch ein Frühwarnsystem von der Entwicklung unterrichtet.

Wer während der Sommermonate auf den Bahamas weilt, kann sich am besten bei www.accuweather.com über die Voraussage informieren.

Pflanzen- und Tierwelt

Die Flora und Fauna der Bahamas zeichnet sich im Besonderen im Bereich der **Pflanzen**, **Fische** und **Vögel** durch einen großen **Artenreichtum** aus. Darüber hinaus gibt es noch einige interessante **Reptilien**, ja sogar Schlangen, aber kaum heimische **Säugetiere**. Klimabedingt unterscheidet sich die Vegetation der nördlichen von den südöstlichen Bahamas. Im Norden, und dort speziell auf Andros, Grand Bahama Island und den Abacos, dominiert die Karibische Kiefer *(Caribbean Pine)* die Landschaft. Wohingegen im trockenen Südosten meist niedriges Buschwerk zu finden ist.

Unter den 1.370 **Pflanzenarten**, die bis jetzt auf den Bahamas bestimmt wurden, kommen über hundert nur auf dieser Inselgruppe vor. Unter ihnen finden sich so unterschiedliche Pflanzen wie **Orchideen** (besonders auf Andros) und **Kakteen** (auf den Inaguas). Wer die-

Gelbe Trompetenblume, die Nationalblume der Bahamas

Mangroven prägen die Landschaft auf Grand Bahama

se „Bewohner" der Bahamas kennenlernen will, muss allerdings schon ein wenig die Augen aufhalten und jenseits des Wegesrandes suchen – oder sich in den 32 Nationalparks und Schutzgebieten schlaumachen. Anders verhält es sich mit Pflanzen wie dem Hibiskus und dem Oleander, den man häufig in Gärten und auch wild vorfindet.

Für Europäer ist auch die große Anzahl unterschiedlicher **Baumarten**, die als **Nutzpflanzen** auf Plantagen und in Gärten wachsen, besonders interessant. Von Limonen bis zu Pampelmusen werden alle möglichen Zitrusfrüchte auf den Bahamas geerntet, und Avocado-, Mango- und Guavenbäume sind keine Seltenheit. Bananenstauden wachsen häufig am Wegesrand oder in einem sog. „pothole", einem Loch im Kalkstein, in dem sich Humus angesammelt hat. Kokospalmen hingegen findet man eher in Strandnähe.

Baumarten wie Mahagoni und die Karibische Kiefer wurden Anfang und Mitte des 20. Jh. im großen Stil als Nutzholz abgeholzt und teilweise wieder aufgeforstet. „Lignum Vitae", der Nationalbaum, und die ursprünglich aus Australien stammenden **Kasuarinen** (*Australian Pine*, botanisch: Schachtelhalmblättrige Kasuarine, *Casuarina equisetifolia*) sind diesem Schicksal entgangen. Sie kamen Ende des 19. Jh. über Süd-Florida mit Siedlern auf die Bahamas, die diese als Windschutz für die Plantagen pflanzten. Da Kasuarinen recht widerstandsfähig sind gegen Salzwasser und Trockenheit, konnten und können sie sich heute auf den Bahamas gut ausbreiten. Zu gut, denn sie bedrohen durch ihr schnelles Wachstum die einheimische Flora, die richtiggehend unterdrückt wird. Die Wurzeln der Kasuarinen, die oft in Strandnähe stehen, können den Sand, den sie umklammern, nicht so gut festhalten wie einheimische Bäume. Das führt dazu, dass heute mehr Sand vom Meer weggeschwemmt wird – Sanddünen werden regelrecht abgebaut.

Bedrohung der einheimischen Flora

info

Das Ökosystem der Kiefernwälder

Die **Karibische Kiefer** *(Pinus caribaea var. bahamensis)* ist ein Wunderwerk der Natur. Der immergrüne Nadelbaum kann nur wachsen, wenn ihm genügend Licht zur Verfügung steht. Um das zu garantieren, geschieht mehreres:

Die unteren Zweige werden regelmäßig „abgeworfen", sodass ein langer schlanker Zweig und astloser Stamm entsteht.

Das Unterholz, das hauptsächlich aus Wurmfarn besteht, trocknet nach einiger Zeit komplett aus. Zusammen mit den vertrockneten Kiefernzweigen, dem vertrockneten Farn und der hohen Hitze (September bis April) entzünden sich immer wieder selbstständig Feuer, die die Kiefernwälder vom Unterholz befreien. Zündhelfer können weggeworfene Glasscherben, Zundersteine oder einfach übergroße Hitze sein.

Die Kiefern selbst verbrennen nicht, da sie unter Hitze Harz ausschütten. Das Harz fließt am Stamm hinunter und führt bei Kontakt mit dem Feuer zu kleinen Explosionen, die wiederum die Flammen ersticken.

Erst wenn das Unterholz vernichtet ist, wirft die Kiefer ihre Zapfen ab, sodass Samen keimen und wachsen können. Die Feuer finden etwa alle vier bis fünf Jahre statt – genau so lange wie die Kiefernzapfen zum Reifen brauchen.

Immerhin steht dieses kleine Wunderwerk der Natur seit 1997 unter Naturschutz, denn das Vorkommen gilt als gefährdet. Verbreitungsgebiete dieser besonderen Varietät der Karibischen Kiefer sind Grand Bahama Island, Great Abaco, New Providence, Andros und Great Inagua.

Die Ananas ist eigentlich auch keine einheimische Frucht. Sie wird aber im Besonderen auf Nord-Eleuthera auf Plantagen angebaut. An **Gemüsesorten** findet man in privaten Gärten und auf Farmen fast das gleiche, was auch in europäischen Gärten anzutreffen ist. Kohl, Kartoffeln und Zwiebeln gehören zu den häufigsten Vertretern. Exotisch ist eigentlich nur die Okraschote, die aus Westafrika „importiert" wurde und sicher nicht in Schrebergärten des mitteleuropäischen Bereichs wächst.

Große Vogelvielfalt

Die Schönheit der Pflanzenwelt wird von **Schmetterlingen**, von denen es 90 unterschiedliche Arten gibt, umworben. Auch an **Vogelarten** ist die Tierwelt der Bahamas reich. Insgesamt gibt es 230 unterschiedliche Spezies. Der Flamingo gehört ebenso wie der Kolibri zu den interessanten Vertretern, die mit Hilfe der Naturschutzgesetze vor dem Aussterben bewahrt werden konnten. Auf Inagua gibt es im Nationalpark mit der inzwischen auf 80.000 Exemplare angewachsenen Flamingokolonie den größten Bestand des westindischen Flamingos überhaupt. Auf Great

Endemische Vogelarten

Abaco findet man im Nationalpark hingegen eine größere Anzahl an Papageien, von denen der „Bahama Parrot“ typischer Vertreter der Inselgruppe ist.

Auf Grand Bahama Island lebt die endemische Vogelart „**Sitta Pusilla Insularis**“, eine Unterart des Braunkopfkleibers (Sitta Pusilla), der wiederum in den Kiefernwäldern im Südosten der USA beheimatet ist. Die erstmals 1931 bestimmte Subspezies der Singvogelart besitzt einen kürzeren Schnabel und kürzere Flügel. Insgesamt 1.800 Tiere sollen auf Grand Bahama Island, und nur dort, leben. Die Population ist jedoch abnehmend, da die Vögel die Karibische Kiefer bewohnen, deren Bestand wiederum gefährdet ist (s. o.). Mehr Infos unter *www.ecoinst.org*.

Leguane

Von den zehn **Schlangenarten**, die auf den Inseln beheimatet sind, ist keine giftig. Dass sich ein Exemplar der sehr selten vorkommenden bahamaischen Art der Boa Constrictor um einen Urlauberhals windet, ist mehr als unwahrscheinlich, da diese Schlangenart nur an sehr entlegenen Orten anzutreffen ist. Fast überall hingegen begegnet man den kleinen **Eidechsen**, die aber völlig ungefährlich sind. Eine Besonderheit der bahamaischen Tierwelt sind die Leguane, Echsen, die bis zu 1,50 m lang werden. Von Nassau und Great Exuma aus kann mit einem Boot zum Allan's Cay fahren, wo eine Kolonie von diesen urzeitlich anmutenden „Drachen“ lebt. Diese Felsenleguane sind zwar eine Attraktion auf den Bahamas, doch die Fütterung durch Touristen bedroht die Gesundheit der Echsen – Parasiten und Darmverstimmungen sind mittlerweile an der Tagesordnung.

Was die **Landsäugetiere** betrifft, so ist der Artenreichtum sehr begrenzt. Außer zwölf Fledermausarten ist nur das Hutia auf den Bahamas heimisch. Die Baumratte gehört zu den Nagetieren und hat Ähnlichkeit mit einer großen Ratte. Da es sehr schmackhaft ist, hat es nur auf der unbewohnten Insel East Plana Cay überlebt.

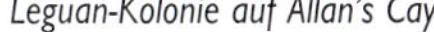

Leguan-Kolonie auf Allan's Cay

Meeresschildkröte in den Gewässern um Cat Island

Wilde Schweine, Esel, Pferde und Kühe sind auf den Bahamas ursprünglich nicht heimisch. Sie sind Überbleibsel von aufgelösten Farmen. Wer auf Grand Bahama Island, z. B. im Lucayan National Park, einen Waschbären sieht, sollte sich nicht wundern. Diese possierlichen Tiere sind wahrscheinlich zur Zeit der Prohibition aus den Vereinigten Staaten mit auf die Insel gebracht wurden.

Unterwasserwelt

Die **Gewässer der Bahamas** sind Lebensraum einer unglaublichen Vielfalt an Korallen- und Fischarten. Nicht in diese Kategorie gehören die **Meeressäugetiere** Delfine und Wale. Letztere wird man nur selten antreffen, aber Delfine tummeln sich an manchen Orten noch in großer Zahl. In der flachen karibischen See finden **Korallen** optimale Lebensbedingungen: optimaler Salzgehalt, konstante Temperatur über 20 °C und ruhiges Wasser. Auf dem drittgrößten Barriereriff der Welt vor der Ostküste von Andros und zahlreichen kleineren Riffen und Korallenbänken zeigen sich diese Hohltiere in farbenprächtiger Schönheit. Die **Schwämme** sind zwar nicht so farbenfroh, bildeten aber lange Zeit die wirtschaftliche Grundlage für das Überleben vieler Bewohner der Family Islands.

Im Umfeld der Riffe herrscht auch ein großer **Fischreichtum**. Lange nicht alle davon sind wie der Zackenbarsch auf den Speisekarten der Restaurants wiederzufinden. Papageifische *(Scarinae)* oder Königin-Drückerfische *(Balistes vetula)* etwa bestechen durch ein farbenprächtiges Äußeres, sind aber als Speisefische ungenießbar. Größere Vertreter der Fischwelt wie Barrakudas, Rochen oder eher scheue Muränen werden Urlauber nicht so häufig zu Gesicht bekommen, wohingegen Haie in großer Anzahl Ziel vieler Tauchprogramme sind. Vom kleineren Zitronenhai bis zum riesigen Hammerhai findet man einen großen Artenreichtum vor. Die größeren Arten leben in der Regel aber in den tieferen Gewässern.

Sie sind ebenso wie Thunfisch, Blauer und Weißer Marlin oder der Schwertfisch beliebte Objekte bei Hochseeanglern. Die Echte Karettschildkröte *(Eretmochelys imbricata, Hawksbill sea turtle)* und auch die Grüne Wasserschildkröte *(Chelonia mydas, green turtle)* sind durch das Washingtoner Artenschutz-Übereinkommen international geschützt. Auf der Great Bahamas Bank südwestlich von Andros gibt es auch heute noch große Vorkommen an Hummer und **Conch**: Die Fechterschnecke als „Bewohner“ der großen Muschel ist nicht nur im Wasser, sondern auch auf den Märkten häufig anzutreffen, da sie als Nationalgericht beliebt ist.

Fechterschnecke

Wirtschaftlicher Überblick

Die Bahamas wurden in früheren Zeiten gerne als „**Schweiz der Karibik**“ bezeichnet, denn es gab seit 1990 **Bankgesetze**, die den Schweizer Gesetzen in vielen Punkten ähnelten – was der Steuerflucht auf die Inseln durchaus dienlich war. Doch als das Thema international ruchbar wurde, handelte die Regierung recht schnell, verschärfte die Gesetze – und die Bahamas wurden im Juni 2001 als eines der ersten Länder von der „schwarzen Liste“ der Financial Action Task Force (FATF) der OECD genommen. Bis heute steht der Finanzdienstleistungssektor inklusive Immobilien für rund 30 % des Bruttoinlandsprodukts (BIP). Neben dem Dienstleitungsbereich verfügen die Bahamas mit ihrem Schifffahrtsregister nominell über die achtgrößte Handelsflotte der Welt.

Die Bahamas erheben bisher weder Einkommens-, Körperschafts- noch Gewerbesteuer. Das klingt gut. Da das Geld aber irgendwo herkommen muss, finanziert sich der Staatshaushalt vor allem durch Gebühren und Zölle. Was spürbar wird, wenn sich Bahamaer ein Auto zulegen wollen. Der Import kostet gut das Doppelte des in Europa geltenden Preises. Kein Wunder, dass in etlichen Vorgärten Autowracks auf den Felgen auf das Ausschlachten und damit die Weiterverwertung warten.

Die starke Anbindung an das CARICOM-Projekt (Caribbean Single Market Economy – CSME) mit der vertraglich geregelten Bevorzugung des innerkaribischen Handels und Austauschs stellt das Land vor große Herausforderungen. Daneben sind die Bahamas vollständig abhängig von ausländischem Erdöl, importiert vor allem aus Venezuela und Mexiko. Eine Gallone Benzin kostet ca. 4,20 US$, gegenüber ca. 2,90 US$ in den USA. Nicht zu vergessen, dass rund 80 % der Nahrungsmittel importiert werden müssen und damit auch die Preise in den Restaurants deutlich über denen in den USA oder Europa liegen können.

Durch die feste Anbindung des **Bahama Dollar** an den US-Dollar, die im Verhältnis 1:1 stehen, sind die Bahamas währungspolitisch zwar völlig von den Vereinigten Staaten abhängig, auf der anderen Seite hat das Land damit aber die stabilsten Währungs- und Wirtschaftsverhältnisse in der gesamten Karibik. Da die Vereinigten Staaten mit Abstand der wichtigste Handelspartner des Landes sind, hat die Unabhängigkeit der Preise von schwankenden Wechselkursen natürlich auch große Vorteile für die außeramerikanischen Zonen der Welt. Das **Bruttosozialprodukt** (BIP) der Bahamas betrug im Jahr 2016 25.200 US-Dollar pro Kopf.

Stabiles Währungsverhältnis

Fahrradtransport in Nassau

Landwirtschaft

Wenn man die Fischerei und das Forstwesen ausklammert, erwirtschaftet die Land- und Forstwirtschaft auf den Bahamas nicht einmal 0,7 % des Bruttosozialprodukts. Nur rund 1 % der Landesfläche kann landwirtschaftlich genutzt werden, somit müssen die Bahamas etwa 80 % ihrer Nahrungsmittel einführen. Ein Posten, der deutlich zum Außenhandelsdefizit beiträgt. Bei einigen Produkten für den Export konnte zwar die Produktion gesteigert werden, beispielsweise bei Gurken, Tomaten, Ananas, Papayas, Avocados, Mangos und Zitrusfrüchten. Einen herben Rückschlag musste das Land allerdings verzeichnen, als auf einer Farm auf Great Abaco Ende 2004 der Zitrusbrand *(citrus canker)* ausbrach und seitdem alle pflanzlichen Exporte von dieser Insel verboten sind.

Forstwirtschaft

Kahlschläge der Vergangenheit

Nach den großflächigen Kahlschlägen zu Anfang des 20. Jh., vor allem auf Great Abaco und Grand Bahama Island, sind heute nur noch 37 % der Gesamtfläche bewaldet, überwiegend mit Nadelholz. 2014 wurden nach Angaben der FAO (Ernährungs- und Landwirtschaftsorganisation der Vereinten Nationen) 50.600 m^3 Holz eingeschlagen, davon landeten 66,4 % im Ofen und Kamin. Damit ist die Forstwirtschaft der Bahamas als unbedeutend einzustufen.

Fischereiwirtschaft

Die ausgedehnten Küstengewässer mit zahlreichen Korallenbänken bieten günstige natürliche Bedingungen, gelten jedoch außerhalb der Naturschutzgebiete als überfischt. 2014 wurden 11.878 Tonnen Lebendgewicht gefischt, davon 6.642 Tonnen Krustentiere. Damit trug die Fischereiwirtschaft 2015 0,9 % zum BIP bei.

Industrie und Handwerk

Die bahamaische Regierung versuchte frühzeitig, mit entsprechenden **Industriefördergesetzen** (1970) und Investitionsanreizen, die Ansiedlung von Industrie mit ausländischem Kapital voranzutreiben. Ein entscheidender Schritt in diese Richtung war z. B. das 1955 verabschiedete **Hawksbill Creek Agreement**, das einen großen Teil von Grand Bahama Island zur Freihandelszone machte. Nach dem Ausbau des Hafens und anfänglichen Schwierigkeiten ist auf dieser Insel bis heute noch die größte Ansiedlung von Industrie zu finden.

Auf Inagua und Long Island wird **Meersalz** gewonnen, 2014 waren das rund 1,5 Mio. Tonnen. Auf Sandy Cay wird das Mineral **Aragonit** in großem Stil angebaut, 2014 rund 1.500 Tonnen.

Salzgewinnung

Die Bedeutung des verarbeitenden Gewerbes hat nach der Schließung der einzigen Ölraffinerie der Bahamas 1985 stark abgenommen. 2015 betrug der BIP-Anteil nur noch 3 %. Wichtigste Bereiche sind heute die Getränkeproduktion, chemische Erzeugnisse und Medien. Positiv, aber immer gekoppelt an die Entwicklungen im Tourismus, konnte sich die Bauwirtschaft entwickeln. 2015 erbrachte sie immerhin 6,3 % des BIP.

Finanzdienstleistungen

Die Bahamas sind nach wie vor eines der größten „Offshore"-Finanzzentren der Welt und der Finanzsektor der zweitwichtigste Wirtschaftszweig des Landes. 2015 waren hier knapp 12.400 Menschen direkt angestellt, rund 7 % aller Beschäftigten. Nicht weniger als 359 Bankinstitute und Trusts waren im Juni 2016 in und rund um Nassau tätig. 1999 waren es allerdings noch 415.

Tourismus

Etwa 50 % des BIP werden durch die Tourismusindustrie erwirtschaftet, rund 20 % aller Beschäftigten der Bahamas sind hier untergebracht. Der Tourismus ist somit der wichtigste Wirtschaftszweig der Bahamas. Jährlich besuchen etwa 6,6 Mio. (2018) Touristen die Bahamas. Favoriten sind US-Amerikaner mit gut 80 % der Übernachtungsgäste, Kanadier mit 9 % und Europäer mit 6 %.

Wichtigster Wirtschaftszweig

Während die Zahl der Flugtouristen seit dem Rekordjahr 2005 (1,51 Mio.) bis 2013 auf 1,28 Mio. abnahm, stieg die Zahl der auf dem Seewege eintreffenden Urlauber von 3,27 Mio. (2005) auf 4,9 Mio. (2018). Rein rechnerisch bedeutet das für das Kreuzfahrtziel Nummer eins, die Hauptstadt Nassau, dass jährlich rund 3 Mio. Menschen hier anlanden – also rund 68 % aller Bahamas-Touristen. Bis zu sieben Schiffe liegen zeitgleich im Hafen. Von den Kreuzfahrttouristen allerdings gehen nur rund 20 % an Land und verbringen den Tag in Nassau Downtown oder in dem opulenten Vergnügungspark „Atlantis" auf dem nahen Paradise Island. Gleichzeitig gehen die Hotelbuchungen auf den Bahamas seit Jahren kontinuierlich zurück. Wozu sicher auch das hohe Preisniveau der Hotellerie beträgt: Der durchschnittliche Zimmerpreis liegt in der Hochsaison bei immerhin 300 $.

Von Regierungsseite gibt es Versuche, etwa durch Änderung der Kreuzfahrtrouten, einen Teil des traditionell auf Nassau konzentrierten Tourismus auf andere Inseln zu verlagern oder den finanzkräftigen Bootstourismus mit dem Ausbau von aufwendigen Marinas anzulocken. Diese Maßnahmen scheinen – zumindest was den privaten Jachtsektor angeht – langsam Wirkung zu zeigen: 2018 kamen 59 % der Reisenden in Nassau an (2001 waren es 64,8 %), 12 % in Freeport auf Grand Bahama Island (2001: 10 %) und 30 % auf einer der anderen Inseln (2001: 20 %).

Die Zeichen für die Zukunft sehen allerdings für einige Insider in Sachen Tourismus auf den Bahamas nicht gerade rosig aus: Sie sind sich sicher, dass seit Jahren nichts Innovatives in Sachen Tourismus mehr passiert ist, Investitionen fehlgeleitet wurden oder im Korruptionssumpf versanken (s. u.). Auch wird befürchtet, dass mit der Öffnung Kubas US-Amerikaner nicht mehr auf die Bahamas kommen oder hier nur einen Zwischenstopp auf dem Weg nach Kuba einlegen, denn Kuba sei dynamisch und hipp – hier werde in Zukunft die touristische Post in der Karibik abgehen.

info

Das Baha Mar: ambitioniertes Tourismusprojekt

Wer sich mit dem Flugzeug dem Nassauer Flughafen nähert, der muss es sehen. Wer es da verpasst hat, der holt die Erfahrung nach bei der Fahrt mit dem Taxi oder dem Minibus (Jitney) vom Flughafen Richtung Nassau: Cable Beach hat eine neue, eine gewaltige Attraktion mehr: das **Baha Mar** *(www.bahamar.com)*. Die Pläne für das gigantische Tourismusprojekt am Cable Beach waren ungemein ehrgeizig. Der geplante Eröffnungstermin für diese „neue Riviera" war der 6. Dezember 2014. Es sollte noch gut drei Jahre länger dauern, bis die ersten Gäste schließlich die neuen luxuriösen Unterkünfte beziehen konnten.

Als größtes Tourismusprojekt der westlichen Hemisphäre angekündigt, soll es die Wirtschaft der Bahamas nicht nur ankurbeln, sondern in höhere Gefilde führen: 4 Mrd. Dollar Investition, 12.000 Arbeitsplätze, 27 Etagen, 30–35 Shops und ebenso viele Restaurants, vier Edelhotels, Kasino, Tanzsaal, Kunstgalerie, Golfplatz … Dafür wurden keine Mühen und Kosten gescheut. Seit 2010, als der Grundsatzbeschluss der Regierung unter Hubert A. Ingraham zum Bauprojekt erfolgte, wurde die Zufahrtstraße zum Flughafen für 300 Mio. Dollar zu einer Art „Autobahn" ausgebaut, wurden am Cable Beach eine Post, eine Bank und ein Polizeirevier verlegt, Straßenzüge verändert und die Verkehrsführung generell so gelegt, dass es kein Vorbeikommen an dem Resort- und Freizeitpark gibt. Denn innerhalb weniger Jahre nach der feierlichen Eröffnung, da waren sich die Verantwortlichen sicher, werde das Baha Mar nicht weniger sein als das beste Resort der Welt – mit zahlungskräftigen Kunden etwa aus Südamerika, China und Russland. Die sollten hier nicht nur eine gute Zeit verbringen und geschätzte 576 Dollar pro Tag ausgeben, sondern auch mehr als 50 Mio. Dollar im Jahr auf den restlichen Bahamas lassen. Damit werde das Bruttoinlandsprodukt der Bahamas um 12 % ansteigen, 12.000 Menschen hier beschäftigt sein. Soweit die damalige Vorausschau.

Doch das in der Tat ambitionierte Projekt auf 405 ha Grundfläche, das die touristische Landkarte der Bahamas völlig verändern sollte, blieb Mitte 2015 in einer Insolvenz hängen. Kein Wunder: Zeitweise waren geschätzte 4.000 Arbeiter aus China auf der Baustelle beschäftigt, 70 % der Arbeiter insgesamt. Was in einem Land mit einer Arbeitslosenquote von mehr als 15 % für manche Irritation sorgte. Die Chinesen blieben unter sich, aßen und schliefen in großen Zelten auf der Baustelle und gingen nicht raus. Cable Beach und Nassau profitierten also nach Meinung der Einheimischen wenig von der Großbaustelle. Hauptgeldgeber des Baha Mar war die „Export-Import Bank of China", die mit der „China State Construction Engineering Corporation" gleich ihr eigenes Bauunternehmen mitbrachte. Und irgendwann hatten die chinesischen Geldgeber keine Lust mehr, mit dem schillernden Investor Sarkis D. Izmirlian zusammenzuarbeiten. Rechnungen wurden anscheinend nicht bezahlt, Termine nicht eingehalten. Aus der Verschiebung des Eröffnungstermins um ein halbes Jahr wurde ein „mal sehen, ob und wie es weitergeht".

Im Dezember 2016 endlich die heißersehnte Wende: Das Hongkonger Investmentunternehmen Chow Tai Fook kaufte das Baha Mar von der Exim Bank, übernahm im März 2017 das Management und konnte im Dezember 2017 die Fertigstellung verkünden. Zuerst eröffnete das Grand Hyatt Hotel, dann das SLS im November 2017, gefolgt vom Rosewood im Juni 2018. Seitdem läuft der Laden.

Das Baha Mar befindet sich in Sichtweite der großen Konkurrenz, des Atlantis auf Paradise Island, eines großen Resorts mit Freizeitgelände und bestehender Spielbank. Doch es liegen Welten zwischen den beiden Anlagen. Das Baha-Mar-Kasino wartet nicht nur mit einer gigantischen Größe und allen Arten von Glücksspielen auf, sondern mit luxuriöser Ausstattung, Butler-Service und privaten Spielsälen. Profitiert bisher das Atlantis von den zahllosen Kreuzfahrtpassagieren, von denen täglich rund 2.000 Gäste mit einem Tagespass die Vergnügungen des ausladenden Freizeitparks des Atlantis nutzen dürfen, so setzen das Baha Mar und die auf dem Gelände befindlichen Edelhotels auf eine neue Klientel: wohlhabend, exquisit, anspruchsvoll. Und wem es hier gut gefällt, der kann sich auch gleich ein Apartment kaufen. Viele Bahamaer fragen sich jedoch: „Wo sollen diese neuen Kunden herkommen?" Denn die Buchungszahlen in den Hotels lassen seit Jahren eher nach.

Das Baha Mar hält dagegen, setzt auf Visionen und Stars: Louis Vuitton und andere klingende Markennamen, coole Restaurants, zeitgenössische Kunst, ein schickes Kasino und viel mehr. So gestaltet die New Yorker Design-Agentur von US-Rockstar Lenny Kravitz die Inneneinrichtung des Nachtclubs und Kravitz selbst soll des Öfteren mal im Club vorbeischauen. Damit folgen dann andere Stars und Sternchen, sagen die Verantwortlichen, der Rest komme von selbst.

Auch politisch hatte die Baustelle Folgen: Die schwere Niederlage von Premierminister Perry G. Christie und seiner PLP nach 20 Jahren Alleinherrschaft am 10. Mai 2017 lag nicht nur in der hohen Arbeitslosigkeit und der herrschenden Korruption begründet. Zu den Skandalen, die die Regierung aus dem Amt beförderte, gehörte maßgeblich die „never ending story" um das Baha Mar.

Gesellschaftlicher Überblick

Bevölkerung

Die Bahamaer sind sehr **freundlich** und **aufgeschlossen** gegenüber Fremden. Ein großer Teil der Bevölkerung ist auf irgendeine Art und Weise professionell mit dem Wirtschaftszweig Tourismus verbunden und kommt schon aus diesem Grund viel mit Leuten aus fremden Ländern zusammen. Man sollte sich also nicht wundern, wenn man von Bahamaern auf der Straße angesprochen wird, ohne sich zu kennen. In Nassau kann es zwar auch einmal passieren, dass sich jemand als Fremdenführer anbieten will, aber in der Regel unterhalten sich die Bahamaer gerne oder sagen einfach nur Hallo.

Religiösität

Bei aller Offenheit gegenüber den Sitten und Gebräuchen anderer Länder gibt es natürlich gewisse **geschriebene** und **ungeschriebene Gesetze**, bei denen es sich von selbst verstehen sollte, dass sie vom Reisenden beachtet werden. Die Bahamaer sind ausgesprochen **religiös**, und kaum jemand wird am Sonntagmorgen außerhalb einer der vielen Kirchen anzutreffen sein. Aus diesem Grund sollten Besucher zu kritische oder abfällige Bemerkungen über religiöse Fragen vermeiden. Entsprechende Äußerungen werden auf den Bahamas anders eingeordnet als in Mitteleuropa und können schnell als persönlich beleidigend aufgefasst werden. Aus dem gleichen Grund sollte man auch nicht unbekleidet baden oder in der Öffentlichkeit gotteslästerlich auf Englisch fluchen.

Viele mögen diese Hinweise nach einem Aufenthalt auf den Bahamas überflüssig finden und sich sagen: Die Leute sind dort so „locker drauf", dass keine entsprechende Zurückhaltung geboten ist. Natürlich haben die Bahamaer eine **sonnigere Mentalität** als Mitteleuropäer. **„Don't worry – be happy!"** ist der Wahlspruch, den man häufig hören wird. Bahamaer neigen mehr dazu, alle fünfe gerade sein zu lassen, aber trotzdem gibt es diese empfindlichen Punkte, und nicht jeder wird einem Gast zeigen, dass er sich danebenbenommen hat. Auch ganz besonders beim Fotografieren von Personen sollte man die persönliche Privatsphäre respektieren und stets vorher am besten freundlich fragen, ob es der Person recht ist, abgelichtet zu werden.

Bahamaer sind in der Regel sehr lebensfroh. Und wer ein **Party-Typ** ist, wird ein gutes Urlaubsland finden. Aber auch als Party-Muffel sollte man es nicht versäumen, wenigstens eine Tanzveranstaltung in Nassau oder eine der Wochenend-

Kinder auf Harbour Island

partys auf den Family Islands zu besuchen. Sonst würde man einen ausgesprochen wichtigen Teil des bahamaischen Gesellschaftslebens verpassen. Es wäre schon schade, die Bahamas bereist zu haben, ohne einige Tanzschritte zur Goombay-Musik versucht zu haben.

Gegensätze

Wer die Bahamas richtig kennenlernen will, der sollte sowohl nach **Nassau** als auch auf die **Family Islands** kommen, da der Lebensstil der Hauptstadt sich doch sehr von dem auf den anderen Inseln unterscheidet. Nassau ist durch seine vielen Besucher sehr international, was sich auch an der schieren Anzahl der Restaurants zeigt. Hier pulsiert das Leben und der amerikanische Einfluss auf die Inselgruppe ist dort ebenso wie in Freeport am deutlichsten sichtbar. Auf den Family Islands hingegen leben viel Bahamaer noch sehr ursprünglich – und alles braucht seine Zeit.

„Out Islands"

Die Family Islands haben ihren Namen auch nicht von ungefähr, da viele Bahamaer von den Familien dieser Inseln nach Nassau gehen, um dort zu arbeiten. Am Wochenende und zu Feiertagen fliegen oder fahren sie jedoch nach Hause, um dort alte Freunde und die Familie zu treffen. Der Familienverband spielt auf den Bahamas noch immer eine große Rolle. Statt „Family Islands" wird auch oft der Begriff „Out Islands" genutzt. Dies ist auch heute noch die offizielle Bezeichnung des Tourismusministeriums. Sie war früher sehr gebräuchlich, da diese Inseln gegenüber Nassau wirklich „out" waren. Denn Nassau und New Providence sind das Zentrum der Bahamas, das auch von den Bahamaern so definiert wird. „Out of Nassau" heißt also schlichtweg, dass man eben nicht in der Hauptstadt ist. Was aber nicht heißt, dass die Inseln rund um New Providence wirklich „out" sind – im Sinne von „nicht zeitgemäß".

Was das Verhältnis zwischen der **schwarzen Bevölkerungsmehrheit** und der **weißen Minderheit** betrifft, so herrschen auf den Bahamas keine entsprechend problematischen Verhältnisse wie in den Vereinigten Staaten. Nichtsdestoweniger gewinnt man den Eindruck, dass man einander etwas auf Distanz hält. Das mag einerseits sozial bedingt sein, da zum Zeitpunkt der Unabhängigkeit die weiße Minderheit wirtschaftlich wesentlich bessergestellt war als der Durchschnitt der schwarzen Mitbürger – und auch heute noch ist. Andererseits sind Benachteiligungen, wie das ehemalige ungeschriebene Gesetz, dass ein Schwarzer immer hinter einem Weißen in der Schlange zu stehen hatte, auch wenn dieser später kam, nicht ganz vergessen.

Die schwarze Bevölkerung steht jedoch Rassenproblemen als Mehrheit wesentlich weniger verkniffen gegenüber als die Weißen, die teilweise

Traditionelle Flechtarbeit auf Cat Island

auch heute noch einen recht rassistischen Dünkel an den Tag legen. Dass das Verhältnis völlig unbelastet ist, wird man Besuchern zwar aus Höflichkeit und wirtschaftlichem Interesse immer zusichern. Wenn man sich aber die Zeit nimmt, einmal etwas tiefer zu forschen, erweist sich diese oberflächliche Harmonie als Wunschtraum. An dieser Stelle muss betont werden, dass man als Tourist immer mit ausgesuchter Höflichkeit behandelt und als Europäer anders beurteilt wird als die einheimischen Weißen.

Britischer Humor

Last but not least soll an dieser Stelle noch eine Bemerkung über den **Humor** der Bahamaer gemacht werden. Der englische Einfluss lässt sich in diesem Zusammenhang wirklich nicht verleugnen. Bahamaer lieben es, sich einen Spaß zu machen. Sie haben einen sehr ausgeprägten Sinn für hintergründigen Schabernack und knochentrockenen Humor. Wenn eine Bedienung also einmal eine ironische Bemerkung macht, sollte man sich nicht unhöflich behandelt fühlen, sondern das als Kompliment auffassen und sich eine entsprechende Entgegnung einfallen lassen.

Staatsform

Konstitutionelle Monarchie

Die **Staatsform** des **Commonwealth of the Bahamas** ist eine Konstitutionelle Monarchie. Darüber hinaus sind die Bahamas wie viele ehemalige Kolonien Englands Mitglied des Commonwealth of Nations. Der **Generalgouverneur** vertritt die **englische Königin** als offizielles Staatsoberhaupt der Bahamas. Regierungschef ist der **Premierminister**, der vom Parlament gewählt wird und sein Kabinett ernennt. Das Parlament setzt sich in Anlehnung an das englische System aus **zwei Kammern** zusammen: dem **House of Assembly** (Lower House) und dem **Senat** (Upper House). Die 39 Mitglieder des House of Assembly werden direkt nach dem Mehrheitswahlrecht gewählt und sind die entscheidende Kraft der Legislative.

Die 16 Mitglieder des Senats werden zu einem Teil vom Generalgouverneur auf Vorschlag des Premierministers und zum anderen Teil von der Opposition im Parlament oder in Absprache mit dieser vom Premierminister ernannt. Ein **Commissioner** führt die Regierungsgeschäfte auf den einzelnen Inseln und ist dort oberster Verwaltungsbeamter. Außer der Hauptinsel New Providence sind die bahamaischen Inseln administrativ in 31 Distrikte und damit Lokalregierungen gegliedert.

Die Parteienlandschaft auf den Bahamas ist sehr übersichtlich. Bis 1967 war die **UBP** (United Bahama Party) der weißen Minderheit an der Macht. Dieser Umstand ist z. T. auf Einschränkungen des Wahlrechts zurückzuführen. 1967 schaffte dann die **PLP** (Progressive Liberal Party) unter **Lynden Pindling** den Durchbruch. Diese Partei war erst 1962 offiziell als Opposition anerkannt worden. Pindling blieb auch nach der Unabhängigkeit der Bahamas 1973 weiter an der Spitze und wurde erst 1992 von **Hubert Ingraham** als Premierminister abgelöst. Die Partei Ingrahams **FNM** (Free National Movement), die seit 1972 existiert, gewann die Wahl nach langer Oppositionstätigkeit nicht zuletzt wegen der Korruptionsskandale um Pindling. Seitdem wechseln sich beide Parteien ab in der Erreichung der Wählergunst und vor allem der Wählerstimmen. Seit Mai 2017 ist die FNM unter Premierminister Hubert Minnis an der Regierung.

Das **Rechtssystem** der Bahamas orientiert sich am englischen. Es wurde sogar die alte Sitte übernommen, dass die Richter Perücken tragen. Die oberste Gerichtsbarkeit ist der viermal im Jahr tagende **Court of Appeal**. Ansonsten werden Verfahren von übergeordneter Bedeutung im **Supreme Court** verhandelt. Oberste Berufungsinstanz ist das **Judicial Committee** des **Privy Council** in London.

Gesetzliche und private Vorsorge

1972 wurde ein **Sozialversicherungssystem** eingeführt, das Kranken- und Rentenversicherung sowie Sozialhilfe abdeckt. Eine private Versicherung für die Altersvorsorge ist allerdings schon angeraten. Natürlich darf man nicht vergessen, dass durch den engen Familienzusammenhalt und die wichtige Stellung der Kirche im karitativen Bereich viele Nöte aufgefangen werden. Da aber die Arbeitslosenquote mit gut 15 % hoch ist, hat dies heute durchaus soziale Folgen.

Bildung

Auf Harbour Island: Schulkinder in ihrer Schuluniform

Das **Bildungssystem** zeigt seine gute Qualität bereits in der geringen Analphabetenrate von rund 4 %. Es gibt auf den Bahamas 180 staatliche Schulen, die kostenlos sind, und etliche private Grund- und Oberschulen. Das Schulsystem ist zweiphasig und in **Primary School** und **Secondary School** eingeteilt. Die Primary School entspricht in etwa der Grundschule. Weiterführende Schulen sind die **Colleges** mit verschiedenen Schwerpunkten. Aus dem College of the Bahamas, 1974 gegründet, ist 2016 die **University of the Bahamas** hervorgegangen. Sie besitzt Forschungszentren und Fakultäten in Nassau und Freeport auf Grand Bahama. Die **University of the West Indies** (Jamaika) unterhält eine Außenstelle auf den Bahamas. Die meisten Bahamaer gehen jedoch für eine Universitätsausbildung ins Ausland. In der Regel studieren sie in den Vereinigten Staaten, teils aber auch in Kanada.

Ethnische Herkunft

Von der **ethnischen Zusammensetzung** her sind etwa 91 % der Bahamaer schwarz, ca. 4,7 % weiß und 4 % asiatischen oder hispanoamerikanischen Ursprungs. Die Vorfahren des schwarzen Bevölkerungsteils sind zumeist als Sklaven über Nordamerika auf die Bahamas gekommen oder sie wurden direkt aus Westafrika als Sklaven verschleppt. Der weiße Bevölkerungsanteil stammt ursprünglich aus England, Irland oder den Vereinigten Staaten.

Religion

Interessant ist für Europäer das Verhältnis der bahamaischen Bevölkerung zur Religion. Über 95 % gehören einer christlichen Kirche an. Der Kirchgang am Sonntagmorgen ist nicht nur Glaubensausübung, sondern auch herausragendes gesellschaftliches Ereignis. Unvergleichlich auch die Kirchendichte auf den einzelnen Inseln. Häufig sind die Kirchen die am schönsten herausgeputzten Gebäude des Orts und stehen an exponierten Stellen. In Küstennähe werden sie von Regierungsseite durchaus auch „zweckentfremdet" und im Falle eines Sturms zum „Hurricane Shelter" (Zufluchtsort vor einem Wirbelsturm) deklariert. Gut also, dass sie von der Kirchengemeinde meist sehr solide und quasi für die Ewigkeit gebaut wurden.

Hohe Kirchendichte

Außer den Konfessionen mit vielen Anhängern, wie den Baptisten, Anglikanern, Katholiken, Methodisten und Adventisten, gibt es noch eine Vielzahl anderer Richtungen. Mit Schwammfischern aus Griechenland kam Ende des 19. Jh. sogar die griechisch-orthodoxe Kirche auf die Bahamas. Außer den christlichen Gemeinden gibt es auch jüdische und muslimische Gemeinschaften.

Trotz des großen Einflusses der christlichen Kirchen auf die bahamaische Gesellschaft haben im Besonderen auf den Family Islands **traditionelle Glaubensvorstellungen** überlebt. Für den Bahamaer schließt das eine das andere nicht aus. So glauben noch viele Menschen an **Obeah**, die bahamaische Form des Voodoo, der in Westafrika seinen Ursprung hat. Daneben gibt es die sehr populäre **Bush Medicine**, eine spezielle Form der Naturheilkunde. Bis heute wird sie praktiziert und als echte Alternative zur klassischen Schulmedizin wahrgenommen. Das Leon Levy Native Plant Preserve auf Eleuthera etwa widmet dem Thema „Bush Medicine" einen eigenen Garten. Hier wird erforscht, welche Möglichkeiten diese Art der Naturheilkunde auch in der modernen Welt bietet.

Naturheilkunde

Vorbereitung zur Festtagsparade in Nassau

Brauchtum, Musik und Kunst

Wer das Glück hat, um die Weihnachtszeit auf den Bahamas unterwegs zu sein, der kommt an **Junkanoo** nicht vorbei. Keine Sorge aber: In so gut wie allen größeren Hotels und Resorts gibt es „Junkanoo"-Aufführungen, bei denen man zumindest ein wenig spüren kann, wie heftig und laut es ab dem 25. oder 26. Dezember in den Gassen und Straßen der Bahamas zugehen kann.

Junkanoo – das Fest aller Feste

info

Ursprünglich stammt die bahamaische Sitte des Junkanoo aus Zeiten der Sklaverei. Am zweiten Weihnachtsfeiertag erhielten die Sklaven Geschenke von ihren Herren und vor allem den Damen des Hauses und einen Tag Urlaub. Die Geschenke waren meist in einer Schachtel (engl. „box") untergebracht, die auf der Türschwelle der Sklavenunterkunft abgestellt wurde. „Boxing Day" ist also nicht der Tag, an dem geboxt wird, sondern hier werden „boxes" (Schachteln) überreicht. Für die Sklaven war dieser Tag die einzige Möglichkeit, sich untereinander zu treffen und zu feiern. Das wurde dann auch entsprechend ausgelassen und nach afrikanischen Traditionen getan. Der Name Junkanoo soll ursprünglich von **John Canoe**, einem als Sklaven auf die Bahamas gekommenen westafrikanischen Häuptling, abgeleitet sein. Junkanoo wird zwar wegen seiner Erscheinungsform häufig mit dem **Karneval** verglichen, hat aber mit dem Ursprung dieses Festes nichts zu tun.

Junkanoo ist ohne **Goombay** nicht denkbar. Diese Musikrichtung ist eine typisch bahamaische Eigenheit. Begleitet von Kuhglocken, Trillerpfeifen und Conchmuscheltönen, wird der Tanzrhythmus auf der Ziegenfelltrommel geschlagen. Gelegentlich mischen sich auch Fahrradklingeln oder Schlaghölzchen mit ein.

Beim Tanzen sind jeder Schritt und jede Figur erlaubt, und wer im Jump-in-dance in der Mitte einer Gruppe vortanzt, lässt sich immer noch etwas Besonderes einfallen, bis der nächste „einspringt". Die Goombay-Musik geht in ihren Ursprüngen auf westafrikanische Riten zurück, wird aber heute auch in Popmusikversionen gespielt, bei denen Blasinstrumente und Gitarre oft dominieren.

Die fantasievollsten Tanzschritte und Variationen dieser Musik werden auf der **Junkanoo Parade** geboten. Nach monatelanger Vorbereitung geht es jedes Jahr am zweiten Weihnachtstag los. Ab Mitternacht formieren sich die Gruppen und wetteifern die Zuschauer um die besten Plätze am Straßenrand. Gegen 3 Uhr ist es dann so weit: Der Umzug aus unterschiedlichen Gruppen, die mit ihren farbenprächtigen Kostümen nach bestimmten Themen hinter ihrem Banner durch die Straßen ziehen, brodelt vor Ausgelassenheit. Schrille Trillerpfeifen versuchen, das Kuhglockengeläut zu

info

Farbenprächtige Kostüme bei der Junkanoo Parade

übertönen, und trotz der überdimensionalen Pappmachéfiguren tanzen auch die Kostümierten ohne Unterlass. Kostüme und Figuren sind aus Krepp und farbenprächtig bemalt und geschmückt. Der Fantasie sind hier keine Grenzen gesetzt, die zentrale Figur kann bis zu 150 kg wiegen.

Die kuhglockenartigen Instrumente, die heftig geschwungen werden und deren Töne das Trommelfell strapazieren, klingen wie „kalik, kalik, kaligging, kalik". Kein Wunder, dass die bekannteste und älteste Brauerei der Bahamas „Kalik" heißt – denn dann muss gute Laune drinstecken.

Gute Laune vermittelt bahamaische Musik allerorten, Gedudel aus dem Radio begleitet durch den Tag. Auch Kreuzfahrtpassagiere, die beim Anlanden in Nassau mit auf Blechfässern gespielten Calypso-Melodien empfangen werden, können sich dem kaum entziehen. Nicht zu vergessen der allgegenwärtige **Reggae**, der beispielsweise im morgendlichen Jitney die Mitfahrer beschallt und für die richtige Stimmung sorgt.

1979 betrat ein Mann in Nassau die Bühne, der große Spuren hinterlassen sollte: der Jamaikaner **Bob Marley**, Reggaemusiker par excellence und der ersten Stunde. Seine Familie legte sich ein schickes Haus in Cable Beach zu, das früher die Residenz des Gouverneurs war und heute von den Marleys als Resort betrieben wird (*www.marleyresort.com*). Dazu passte, dass nur ein paar Kilometer weiter das Studio von Christopher Blackwell lag, die „Compass Point Studios". Blackwell hatte Marley entdeckt und gefördert. Und auf den Spuren von Bob Marley wandeln ganze Generationen von bahamaischen Musikern wie etwa **Willis Knowles**.

info

Ein Gespräch mit Reggae-Musiker Willis Knowles

Der 1984 in Nassau geborene Singer-Songwriter Willis Knowles gehört zu den bekanntesten zeitgenössischen Künstlern der Bahamas. Er entstammt einer Musikerfamilie, seine Tante brachte ihm und seinen Cousins schon im frühesten Kindesalter das Klavierspielen bei. Nach ein paar Jahren Pause von der Musik griff Willis zur Gitarre und brachte sich das Spielen selbst bei. Der erste Song war schnell geschrieben. Seitdem blieb er bei seiner Musik, dem Reggae. Seine erste CD „The Illest" erschien im Jahr 2011.

Willis, Reggae kann man überall auf der Welt hören – von Asien nach Island, in Clubs, Kneipen und Strandbars. Was ist das Besondere am Reggae und warum gefällt diese Art der Musik so vielen Menschen?

Willis Knowles: Nun ja, Reggae ist Musik, die einem gut tut. Eben Rasta-Musik. Reggae ist die Musik der Massen und beinhaltet besonders für die Arbeiterklasse eine positive Botschaft. Jeder kennt den täglichen Kampf, den Alltag und jeder schätzt die positive Wirkung – egal wo er oder sie herkommt in *Jah's World*, der Welt der Rastas, die nicht beeinflusst werden kann von den sog. „Führern". Und was den Reggae so besonders macht, ist, dass die Musik „off beat" ist, also nicht im Takt und Einklang wie andere Musikrichtungen.

Sind die Bahamas ein besonderer Ort für den Reggae? Immerhin lebte Bob Marley teilweise hier, ein Resort ist nach ihm benannt und seine Tochter ist dort die Chefin. Das klingt alles in allem wie eine gute Ausgangsbasis für eine eigene bahamaische Reggae-Kultur.

Willis Knowles: Viele Bahamaer wuchsen mit Reggae und Marleys Musik im Ohr auf. Aber nur wenige wissen, wie eng seine Beziehungen zu den Bahamas waren, ganz besonders zu den Compass Point Studios. Was das Resort an-

Willis Knowles live auf der Bühne

info

geht: Es hat das Potenzial zu einem großartigen Live-Veranstaltungsort, sowohl für lokale Reggae-Musiker als auch für jamaikanische Künstler.

Was ist Dein Beitrag zum Reggae, was versuchst Du mit Deiner Musik zu erreichen?

Willis Knowles: Als bahamaischer Reggae-Musiker ist es meine Aufgabe, aufrüttelnde und aufmunternde Musik zu schreiben, die sich in erster Linie mit dem Leben auf den Bahamas auseinandersetzt. Ich schreibe viel über die tägliche Kriminalität und wie vor allem junge Menschen mit der Situation umgehen sollten – und nicht nachlassen beim Kampf ums Überleben. Ich schreibe auch Liebeslieder oder Musik, zu der einfach getanzt werden kann. Dahinter steckt immer meine Absicht, aufrichtig zu bleiben und nur über das zu schreiben, was ich fühle oder erlebe.

Hast Du schon Pläne, die Welt mit Deiner Musik zu erobern?

Willis Knowles: Davon träumen alle Musiker. Aber wir müssen warten, was Jahs (Gottes, Anm. d. Red.) Wille ist.

Wo kann man Dich treffen und Deinen bahamaischen Reggae hören?

Willis Knowles: Meine Band und ich sind viel in und rund um Nassau unterwegs. Wer Lust hat, uns zu hören: Einfach auf unsere Facebook-Seite schauen unter „Willis and the Illest Reggae Band". Da steht, wann und wo unser nächster Auftritt ist.

Blackwell sorgte auch dafür, dass eine andere Popgröße 1981 wieder zu alter Stärke zurückfand: Der britische Sänger Joe Cocker (1944–2014) fand in den Compass Point Studios Zuflucht, nachdem eine „Woodstock Revival-Tour" 1979 so in die Hose gegangen war, dass Cocker nur noch Trost im Alkohol fand. Dann aber engagierte ihn die Funk-Jazz-Truppe „The Crusaders" für zwei Songs auf ihrer Scheibe „Standing Tall", von denen Chris Blackwell so begeistert war, dass er Cocker auf die Bahamas holte und heftig in sein Gesangstalent investierte. Das Ergebnis war die Platte „Sheffield Steel", die Cocker 1982 schlagartig wieder ins Licht der Öffentlichkeit rückte.

International allerdings konnten sich die Bahamas in den letzten Jahrzehnten kaum in die Top Ten der Musikszene hocharbeiten. Im Jahr 2000 allerdings, da wurde die Band „Baha Men" zum One-Hit-Wonder: Für den Gassenhauer „Who let the dogs out?" gab es sogar einen Grammy als beste Dance-Aufnahme des Jahres. Zu Ehren kam der Song 2009 wieder im Kinostreifen „The Hangover". Alan lässt mit ein paar kleinen Tanzschritten und der Frage „Who let the dogs out?" im wahrsten Sinne des Wortes die folgenden Ereignisse von der Leine.

Ins Rampenlicht des internationalen Musikbusiness will sich auf jeden Fall das Baha Mar als riesiges Resortprojekt auf New Providence setzen. Niemand geringerer als

US-Sänger Lenny Kravitz spielt hier mit: Seine Firma Kravitz Design zeichnet verantwortlich für die Innengestaltung des Bond Nightclub im Baha Mar (s. S. 28). Lenny Kravitz hatte sich 2009 auf seine Wurzeln besonnen und zwei Jahre auf Eleuthera, der Geburtsinsel seiner Mutter, verbracht. Kurzerhand gründete er dort ein Tonstudio und will seiner zweiten Heimat verbunden bleiben.

In Kunst und Kultur suchen die Bahamas noch einen gewichtigen Platz in der internationalen Kunstszene, lassen aber wenig unversucht. So nahm das Land 2013 erstmalig an der **Kunst-Biennale** in Venedig teil, und dies gleich mit einem eigenen Pavillon. 2015 war die Performance eine Nummer kleiner.

Beliebter Drehort

In Sachen **Film** machen sich die Bahamas vor allem als hervorragender Ort für Filmproduktionen bis heute einen Namen: Bereits 1916 ging Hollywood hier unter Wasser und filmte „20.000 Meilen unter dem Meer". Nicht weniger als sechsmal kam James Bond zwischen 1965 und 2006 auf die Inseln, um für Recht und Ordnung zu sorgen, die Teile 2 und 3 der „Fluch der Karibik"-Reihe wurden teilweise hier 2005 und 2006 gedreht.

Die Bahamas möchten aber nicht nur als Produktionsort Anerkennung finden und so riefen engagierte Kulturschaffende 2004 kurzerhand das „**Bahamas International Film Festival**" *(www.bintlfilmfest.com)* ins Leben, das jedes Jahr im Dezember in Nassau stattfindet und zuverlässig etliche Vertreter der Hollywood-Elite auf die Inseln holt.

Die Bahamas sind eine traumhafte Kulisse auch für Filmaufnahmen: Strand von Long Island

Essen und Trinken

Von Alanna Rodgers

Die Küche ist das beliebteste kulturelle Kleinod des Landes – da sind sich alle Bahamaer einig. Das Essen ist geschmackvoll, niemals langweilig und gehört eher zur würzigen Sorte. Verwendet werden viele Meeresfrüchte, und die Küche ist reichhaltiger als an anderen Orten der Karibik.

Es gibt viele Zutaten, die bereits seit den Tagen der Lucayans als Ureinwohner und schon vor der Entdeckung durch Kolumbus 1492 bis heute Verwendung finden: z. B. Maniok, scharfe Paprika, Kokosnuss, Guave und Conch. Gleichzeitig wurden viele „moderne" Bestandteile der heutigen bahamaischen Küche „importiert" – und zwar von vielen Kulturen rund um die Welt. Das Ergebnis ist eine bunte und spannende Mischung an Aromen und Geschmacksrichtungen.

Wie das Land selbst wurde auch die Küche durch verschiedene Kulturen aus allen Himmelsrichtungen beeinflusst. Somit ist die bahamaische Küche eine Fusion von Geschmäckern und Kulturen – und damit wird sie einfach köstlich.

Britische Esskultur

Ab den 17. Jh. unter der britischen Kolonialherrschaft bis zur Unabhängigkeit 1973 kam die britische Esskultur auf die Bahamas, etwa in Form von Fleischpasteten (Pies), verschiedenen Brotsorten, Mixed Pickles (Eingelegtes, süß oder pikant) und Braten, mitgebracht von den Kolonisten. Bis heute gibt es in einigen bahamaischen Restaurants traditionelle britische Mahlzeiten wie *Shepherd's Pie* oder *Fish 'n' Chips*. Die bekannte bahamaische Nachspeise *Guava Duff* wird mit gedünsteten Früchten zubereitet, genauso wie der klassische englische „Eve's Pudding". Dieser Nachtisch besteht ebenso aus gedünsteten Früchten, die von einem luftigen Teig ummantelt gebacken werden.

Großen Einfluss hatten auch die amerikanischen Loyalisten, die in den 1780er-Jahren ihre Sklaven aus dem amerikanischen Süden mitbrachten. Mit ihnen gelangte die Hafergrütze auf die Inseln – eine Speise, die bis heute sehr beliebt ist.

Neue Gewürze und Zutaten

Später, zu Beginn des 19. Jh., kamen die befreiten Sklaven auf die Bahamas und brachten neue Gewürze und Zutaten für die Küche mit, wie etwa Okraschoten, Straucherbsen, Ingwer, Muskat, Schalotten und Gewürznelken. Auf sie kann auch die populäre bahamaische Speise *Peas 'n' Rice* (Erbsen und Reis) zurückgeführt werden. Denn die Straucherbse, die normalerweise verwendet wird, stammt ursprünglich aus Afrika. Einmal hier, wurde sie auf den Bahamas kultiviert und ist heute ein unverzichtbarer Bestandteil der Küche. Okra-Suppe und „Johnny Cake" – eine Kreuzung zwischen süßem Brot und festerem Kuchen – können ebenso direkt auf afrikanische Ursprünge zurückgeführt werden.

Daneben gibt es reichlich andere Einflüsse, die heute mit die bahamaische Küche ausmachen, etwa griechische, chinesische, philippinische, jamaikanische, indische und amerikanische. Denn wer weiß schon, dass auf den Bahamas rund 700 Griechen leben? Verdienten sie früher ihre Brötchen mit dem Schwammtauchen, so gingen später einige in die Gastronomie. Kein Wunder, dass 1995 das erste griechische Restaurant auf den Bahamas eröffnete, in Nassau. Und der griechische Salat ist bis heute eine Versuchung, das Restaurant übrigens immer noch in fester Hand der Gründerfamilie.

Griechische Spezialitäten auf den Bahamas

Meist aber dreht sich bei den bahamaischen Mahlzeiten alles um Fleisch oder Fisch. Immerhin sind die Bahamas der zehntgrößte Fleischverzehrer der Welt. Es gibt zwar vegetarische Speisen in Restaurants, in der Regel aber nicht so verbreitet in privaten Haushalten.

Die schmackhaftesten Mahlzeiten der Bahamas basieren meist auf einer Mischung von grünem Paprika, Zwiebeln, Tomaten, Tomatenmark, Thymian, Lorbeer und Chili. Bei Fischgerichten kommen häufig Limetten und Pfeffer hinzu.

Natürlich kann man im ganzen Land auch köstliche tropische Früchte genießen. Hierzu gehören Ananas, Bananen, Kokosnüsse, Papayas, Guave, Passionsfrucht, Wassermelonen und Zitrusfrüchte. *Tropische Früchte*

Einige **typische Gerichte**:
- Fisch wie Snaper (Schnapper) oder Mahi Mahi (Goldmakrele), gekocht, gegrillt, überbacken oder gebraten
- Schalentiere wie Conch und bahamaischer Lobster, zubereitet in verschiedenen Variationen
- Erbsen und Reis *(Peas 'n' Rice)*
- Bahamaische Makkaroni mit Käse *(Mac 'n' Cheese)*
- Guava Duff zum Nachtisch
- Rumkuchen *(Rum cakes)*
- Gebackenes Huhn *(Fried Chicken)*

Conch ist überall beliebt, denn Conch ist, verglichen mit anderen Meeresfrüchten, recht günstig. Auch heißt es, dass Conch eine aphrodisierende Wirkung habe, daher wird Conch auch gerne von männlichen Bahamaern genossen. *Conch*

Conch wird in zahlreichen Variationen zubereitet. Am bekanntesten sind Conch-Salat, frittiert als *Cracked Conch*, *Chowder* (Suppe), gedünstet mit Reis oder Hafergrütze oder als Stew zubereitet mit „Johnny Cake" als Beilage.

Bahamian Style: Makkaroni mit Conch Fritters

Conch wird auf den Bahamas übrigens „Konk" ausgesprochen, während die US-Amerikaner eher von „Kontsch" sprechen.

Die meisten bahamaischen Speisen gibt es auf allen großen Inseln der Bahamas. Natürlich haben einige Inseln besondere Spezialitäten. So ist etwa Eleuthera bekannt für die dort wachsende, unglaublich süße Ananas, während auf Bimini ein ganz besonderes süßes Brot aus Kokosnuss gebacken wird. Andros ist bekannt für eine ganze Reihe leckerer Krebsgerichte wie Krebs mit Reis oder mit Pfannkuchen und überbackene Krebse.

Frühstück, Lunch und Dinner

Deftiges zum Frühstück

Das bahamaische **Frühstück** ist oft eine recht herzhafte Angelegenheit. Normalerweise dreht sich alles um Hafergrütze *(grits)* als Basis. Für 1–3 $ erhält man an einem Imbiss am Straßenrand eine große Auswahl, z. B. Thunfischsalat, gebratenen Thunfisch, Sardinen, Eier, Wurst, Corned Beef (auch „Fire engine" genannt), serviert mit heißer Hafergrütze und über die Theke gereicht in einer Plastikschale, damit man alles leicht transportieren kann.

Auch wenn es sie manchmal während der Woche gibt, gehören besonders am Wochenende zum bahamaischen Frühstück und Brunch: Hühnchen in Sauce, gedünsteter Fisch oder Conch und gekochter Fisch. Dazu gibt es Hafergrütze oder „Johnny Cake". Der in Scheiben geschnittene Kuchen wird in die Saucen eingetunkt oder mit Butter und Marmelade bestrichen. Der Name „Johnny Cake" kommt übrigens ursprünglich von „Journey Cake", also „Reisebrot- oder -kuchen". Denn er konnte problemlos über lange Zeit und lange Strecken transportiert werden, ohne zu zerbrechen oder den Geschmack zu verlieren.

Natürlich kann man auch ein europäisches oder kontinentales Frühstück bekommen, darunter Klassiker wie Cornflakes oder Müsli, Früchte, verschiedene Brotsorten, Toast, Bagels und Muffins, Säfte, dazu Kaffee oder Tee. Wer auf den Bahamas in einem Hotel oder Resort übernachtet, dem wird diese bekannte Art des Frühstücks am häufigsten begegnen. Dazu kommen meist noch deftigere Beilagen wie Eier, Schinken, Wurst, Speck, Pfannkuchen, French Toast und Hafergrütze. Frühstückszeit ist meist bis 9.30 Uhr, einige Restaurants bieten auch Frühstück bis 11 Uhr oder bis zum Mittag an.

Normalerweise ist **Lunch**, also das Mittagessen, auf den Bahamas recht mächtig und häufig sättigender als das Abendessen. Denn, da sind sich die Bahamaer einig: Wenn eine Mahlzeit nicht sowohl Reis als auch Fisch oder Fleisch enthält, ist es keine ordentliche Mahlzeit. Daher essen viele Einheimische zur Mittagszeit Hühnchen, Fisch oder Schweinefleisch. Als Beilagen kommen Erbsen und Reis *(Peas 'n' Rice)* auf den Tisch, Krautsalat, Kartoffelsalat, Pommes Frites, Kochbananen (süß), Nudelsalat und vieles mehr.

Hauptmahlzeit zu Mittag

Unter der Woche kaufen die Einheimischen ihre Mahlzeiten meist an einem Imbissstand, im Restaurant oder beim Take-away. Am Wochenende wird jedoch normalerweise zu Hause gekocht. Am Sonntag kommt die ganze Familie zusammen, um nach der Messe in der Kirche gemeinsam zu essen und sich die neuesten Geschichten zu erzählen.

Natürlich kann man auch ein leichtes Mittagessen zu sich nehmen. Es gibt etliche Lokale, die Suppen, Sandwiches und Snacks anbieten.

Dinner, das Abendessen, ist eine leichtere Mahlzeit als Lunch. Doch auch hier dreht sich alles um Fleisch. Dinner wird üblicherweise schon ab 18 Uhr gereicht. So ist es nicht ungewöhnlich, dass Restaurants unter der Woche um 21 Uhr schon wieder schließen. Wer also gemütlich im Restaurant dinieren will, sollte vorher eine Reservierung machen und die Öffnungszeiten erfragen.

Was man auf den Bahamas **unbedingt probieren** sollte:

- mindestens zwei verschiedene Zubereitungsarten von **Conch**, z. B. als Salat, frittiert oder als Suppe, dazu ein kühles **Kalik**- oder **Sands-Bier**;
- gekochten **Fisch** oder **Hühnchen** in Sauce, am besten samstagvormittags serviert mit „Johnny Cake" und gelber Hafergrütze;
- **Makkaroni** nach bahamaischer Art mit Käse und **Peas 'n' Rice**;
- **Guava Duff** oder Kokosnusstörtchen als Dessert;
- eine reife **Mango** im Sommer;
- einen oder zwei der berühmten **Cocktails** der Bahamas.

Köchin in Nassau bei der Zubereitung von Conch-Salat

Getränke

Auf den Bahamas kann man das Verhältnis zum Alkohol als recht locker bezeichnen. Neben den beiden großen heimischen Biersorten „Kalik" und „Sands" gibt es seit 2012 auch eine Craft Brewery mit vier Biersorten: die „Pirate Republic Brewing Company" aus Nassau. Natürlich ist auch die Auswahl an Cocktails groß. Grundbestandteil der Cocktails ist meist Rum.

Die **bekanntesten Cocktails** sind:

Cocktails

- **The Goombay Smash** aus Kokosnuss-Rum, Ananassaft, Limonensaft, Triple Sec, Vat 19-Rum und ein wenig Sirup.
- **The Yellow Bird**, zubereitet mit Bananenlikör, Vat 19-Rum, Orangensaft, Ananassaft, Aprikosen-Brandy und Galliano.
- **Bahama Mama** aus Vat 19-Rum, Zitronensaft, eventuell ein wenig Ananas, Bitterlikör, ein wenig Muskat, Crème de Cassis und ein wenig Grenadine. Ein besonderer Drink, immerhin gönnte sich die deutsche Popband „Boney M." 1979 einen gleichnamigen Song, der aber mit dem Cocktail selbst nichts zu tun hat. Aber offensichtlich klingt er gut …
- **The Rum Dum**, ein süßer und süffiger Drink, zusammengesetzt aus leichten und schweren Rumsorten, Eiweiß, Sirup und Limonensaft. Den besten gibt's übrigens in der John Watlings Rum Distillery in Nassau. Hier legt der Erfinder des Rum Dum, Wilfried Sands, noch selbst Hand an.

Am gesündesten wäre es natürlich, bei den konstant warmen Temperaturen auf den Bahamas den ganzen Tag viel **Wasser** zu trinken. Zu den beliebtesten Strandgetränken zählt jedoch das **Kalik-Bier**. Es schmeckt ausgezeichnet und ist einem europäischen Exportbier oder den für den europäischen Gaumen recht „wässrigen" amerikanischen Biersorten vorzuziehen. Besonders gut mundet das höherprozentige **Kalik Gold**. 2008 bekam die Kalik-Brauerei, die auf New Providence beheimatet ist, Konkurrenz auf Grand Bahama Island: Die Bahamian Brewery ging mit **Sands** an den Markt und konnte schnell große Erfolge beim Bierabsatz verzeichnen. Letztendlich ist es Geschmackssache, was dem Gaumen besser behagt. Oder Ansichtssache, wenn es um die Herkunft des Bieres geht: Kalik wird zwar seit 1988 auf den Bahamas gebraut, die Marke allerdings gehört zum holländischen Hause Heineken International. Sands dagegen ist bis heute „pure bahamian" – genauso wie die Biere der Pirate Republic Brewing Company.

Freunde tropischer Früchte werden mit leckeren, frischen **Fruchtsäften** verwöhnt. Ein vielfältiges Angebot lädt zum Ausprobieren verschiedenster Mischungen z. B. aus frischem Papaya-, Guaven- oder Ananassaft ein. Die Kombinationen mit Guave sind übrigens sehr süß. Für eingefleischte Cocktailfans bilden die exotischen Fruchtsäfte mit Rum die Basis für die landestypischen **Cocktails**.

Beliebt: Kalik-Bier

Tipp

Kater-Rezept

Wer am nächsten Tag merkt, dass er beim Sonnenuntergang doch zu viele der Cocktail-Köstlichkeiten ausprobiert hat, der sollte vielleicht den Tipp der Insulaner versuchen: eine Portion gekochtes Conch-Fleisch mit Zitronensauce und scharfen Chilis zum Katerfrühstück essen.

Für Weinkenner erscheint die **Weinkarte** auf den ersten Blick bisweilen etwas abenteuerlich zusammengestellt zu sein, auf den zweiten Blick sind jedoch häufig ausgezeichnete Weine zu entdecken. In der Regel sind europäische, südamerikanische und US-amerikanische Weine auf bahamaischen Weinkarten von sehr guter Qualität, aber aufgrund der Importkosten recht teuer. Wer trockene Weine bevorzugt, sollte ausdrücklich den „trockensten" bestellen, da sich die Auffassung von einem „guten trockenen Wein" auf den Bahamas stark am amerikanischen Geschmack orientiert.

Ein Gespräch mit Alanna Rodgers

info

Die 1987 in Nassau geborene Alanna Rodgers ist Gründerin und Präsidentin von „Tru Bahamian Food Tours"/Nassau. Sie hat eine kanadische Mutter, einen bahamaischen Vater und bewegt sich in beiden Welten. Nach Schulabschluss in Nassau studierte sie vier Jahre in den USA. 2008 gründete sie die Hilfsorganisation „Hands for Hunger" *(www.handsforhunger.org)* und reiste durch Afrika. Auf ihren Reisen fiel ihr auf, wie wenig von bahamaischer Seite unternommen wird, um die lokale Küche bekannt zu machen. Denn diese Küche ist einmalig in der Welt, da ist sich Alanna Rodgers sicher. Kurzerhand gründete sie Ende 2012 „Tru Bahamian Food Tours" *(www.trubahamianfoodtours.com)* und geht seit Januar 2013 mit ihren Gästen in Nassau zu Fuß auf kulinarische Entdeckungsreise.

Alanna, von allen Dingen, die auf den Bahamas einzigartig sein mögen, hast Du Dich für die bahamaische Küche entschieden. Warum?

Alanna Rodgers: Als Bahamaerin teile ich mit allen anderen Bahamaern eine Leidenschaft, das Essen. Und darauf sind wir stolz. Es ist so ziemlich das einzige, über das wir nicht streiten. Denn mit den Traditionen sind wir alle aufgewachsen und möchten unsere Erfahrungen mit allen anderen Menschen teilen, die unsere Inseln besuchen. Sie sollen spüren, warum wir von der bahamaischen Küche so begeistert sind.

Dann sollen Touristen sicher nicht am zugegebenermaßen meist reichhaltig gefüllten Hotelbuffet bleiben – was schlägst Du vor?

Alanna Rodgers: Niemals! Die meisten Hotels auf den Bahamas bieten internationale Küche – vieles davon ist aber nicht von hier. Natürlich spricht prinzipiell nichts gegen Hotelessen. Ich bin aber der Meinung, dass unsere Besucher, wenn sie schon in unserem Land sind, auch unsere Küche entde-

info

cken sollten – mit ihrer ganzen Fülle und Vielfalt. Sie werden das Land mit einem viel größeren Wissen über die Bahamas verlassen.

Du bietest kulinarische Touren in Nassau an. Mögen alle Deine Gäste die Speisen, die Du vorstellst?

Alanna Rodgers: Auf unserer „Bites of Nassau-Tour" bieten wir Speisen an, die 99,9 % unserer Gäste mögen. Es kommt also nichts zu Radikales oder zu Exzentrisches auf den Teller. Vielmehr bieten wir örtliche Favoriten wie *Conch Fritters*, Makkaroni mit Käse, Rumkuchen und anderes. Natürlich gibt es Gäste, die mehr mitnehmen als andere, deren Sinne offener sind. Aber alles, was man braucht, ist ein bisschen Abenteuerlust.

Magst Du Conch? Mögen eigentlich alle Bahamaer Conch?

Alanna Rodgers: Conch ist unsere Nationalspeise. Du wirst also kaum einen Bahamaer treffen – zumindest keinen, der es zugibt – der oder die Conch nicht mag. Da die Beschaffenheit des Conch aber – sagen wir mal – intensives Kauen erfordert, ist der Geschmack dann vielleicht eher etwas für Kenner. Ich selbst bin ein großer Conch-Fan, und das in allen Formen.

Auf welche Zubereitungsart hast Du Conch am liebsten? Und verrätst Du uns Dein Lieblingsrezept?

Alanna Rodgers: Witzigerweise ist die Art, wie ich Conch am liebsten mag, die ungekochte. Entweder angebraten oder im Conch-Salat, wobei der Conch dann roh ist. Am besten probiert man beides in Nassau am örtlichen Fischmarkt Potter's Cay, der unter der Brücke nach Paradise Island liegt. Denn hier ist der Conch ganz frisch. Die Fischer nehmen von ihrem Stapel eine meist am Morgen frisch im Ozean gefangene Conch-Muschel, reinigen sie, schneiden das Fleisch an Ort und Stelle in klei-

Alanna Rodgers, Gründerin und Präsidentin von „Tru Bahamian Food Tours"/Nassau

ne Stücke, dazu grüner Paprika, Zwiebeln, Tomaten und viel Limonensaft sowie Pfeffer. Eine leckere Schale Köstlichkeiten und unglaublich frisch. Ich würde niemals einen Conch-Salat selbst machen, da ich weiß, wie gut ein Fischer am Potter's Cay das kann.

Alannas Rezept für „**Classic Conch Chowder**“
1 Schinkenknochen mit ein bisschen Fleisch dran oder
250 g Speck in Scheiben geschnitten
ca. 2 l Wasser
8–10 Conchs, in Würfel geschnitten (Conch sollte immer weich geklopft werden)
2 Zwiebeln, geschält
1 grüne Paprika, gewürfelt
1 Dose Tomaten
6 große Kartoffeln, gewürfelt
Tomatenmark
Salz und Pfeffer
2–4 Lorbeerblätter
2–4 Thymianblätter
2–4 Karotten, gewürfelt
Cayennepfeffer oder scharfe Sauce, je nach Geschmack

Curry Conch Chowder

Schinken oder Speck in den Topf, das Wasser dazu. Zudecken und zum Kochen bringen, dann die Hitze herunterdrehen, bis es köchelt. Conch hineingeben und alles ca. 2 Std. köcheln lassen.

Zwiebeln und grüne Paprika in Fett anbraten, bis sie eine schöne braune Farbe haben. Dann die Tomaten und das Tomatenmark dazugeben und das Ganze rund eine Minute köcheln lassen. Anschließend diese Mischung zum Conch in den Topf, alle restlichen Bestandteile hinein und solange köcheln lassen, bis das Gemüse durch ist.

Guten Appetit!

2. DIE BAHAMAS ALS REISEZIEL

Allgemeine Reisetipps von A–Z

In den Allgemeinen Reisetipps von A–Z finden sich reisepraktische Hinweise für die Reisevorbereitung und den Aufenthalt auf den Bahamas. Auf den anschließenden Grünen Seiten (ab S. 89) werden Preisbeispiele für den Bahamas-Aufenthalt gegeben. Die folgenden Reisekapitel (ab S. 92) erteilen dann bei den jeweiligen Inseln detailliert Auskunft über Infostellen, Sehenswürdigkeiten, Unterkünfte, Restaurants, Verkehrsmittel, Wassersportmöglichkeiten und andere Aktivitäten.

Abkürzungen

Die wichtigsten Abkürzungen, die auf Karten und in Adressen verwendet werden:

Ave.	Avenue	Hwy.	Highway
Bldg.	Building/Gebäude	Ln.	Lane/Straße
Br.	Bridge/Brücke	Rd.	Road/Straße, Weg
Cor.	Corner/Ecke	Mt.	Mount/Berg
Cr.	Creek/Bach (Fluss)	Nat.	National/national
Dr.	Drive/Straße	St.	Street/Straße
Ft.	Fort/Befestigungsanlage	Terr.	Territory/Gebiet

Angeln/Fischen

Die flachen Gewässer zwischen den Hunderten von kleinen Inseln der Bahamas sind ein Paradies für viele Fischschwärme und machen die Bahamas zu einem Eldorado für Angler. Selbst dort, wo es regen Schiffsverkehr gibt, konnten Angler auf eine reiche Ausbeute blicken. Leider hat in der Vergangenheit teilweise Überfischung ganze Fischschulen stark dezimiert – besonders große Wildfischschwärme. Gerade jedoch die „Big Game Fish" und die guten Bedingungen für „Bonefishing" ziehen Angler aus aller Welt an. Dutzende Anglerwettbewerbe finden jedes Jahr statt.

Beim **Bonefishing** steht man nicht weit von der Küste entfernt im seichten Wasser und kann die kleineren Fische „zu Fuß" oder vom Boot aus angeln. Beim **„Big Game Fishing"** hingegen ist durchaus auch mal richtig Kraft angesagt, wenn z. B. ein Blue Marlin oder ein Schwertfisch (beide Fischarten können bis zu 4,5 m lang werden) anbeißt. Für so eine Situation wurde der **„fighting chair"** (Kampfstuhl) erfunden, der seinen Namen nicht zu Unrecht trägt. Auch wenn der große Fisch entwischen sollte, kann man sich dann ein wenig wie Ernest Hemingway fühlen, der diese Sportart in seinem Buch „Inseln im Strom" detailliert beschrieben hat.

In der Regel wird man sich ohnehin mit dem Fang eines kleineren Fisches, wie etwa dem *Dolphin fish* (*Mahi Mahi*, Goldmakrele, Länge bis zu 2 m), zufriedengeben müssen. Der oben erwähnte Bonefish ist übrigens wegen seines Geschmacks nicht unbedingt für ein Abendessen geeignet, während der *Dolphin fish* (damit ist nicht der Delfin gemeint – das Fangen von Meeressäugetieren ist in den Gewässern der Bahamas verboten!) zu den schmackhaftesten Fischen auf der bahamaischen Speisekarte zu rechnen ist.

„Bonefishing" im seichten Wasser

Eine für Europäer recht ungewöhnliche Art des Fischens ist das „**spearfishing**", bei dem man mit einer „Hawaiian Sling" (einer Art Harpune) unter Wasser auf Jagd nach Fischen geht. In der Nähe eines Riffs kann man auf diese Art und Weise **Zackenbarsche** oder auch **Barrakudas** erlegen.

Zum Hochseeangeln (Big Game Fishing) eignen sich besonders Bimini, die Berry Islands oder Walker's Cay. Bonefishing ist auf fast allen Inseln möglich, als bestes Revier gilt jedoch Andros. Informationen zum Bonefishing auf Andros gibt es beim **Andros Island Bonefish Club** in North Andros unter ☏ 368-5167 und unter www.androsbonefishing.com.

Nähere Informationen über **Angelscheine** und zugelassene Fangmengen gibt es in der Regel beim Ausrüster.

An- und Abreise

Mit dem Flugzeug

Es gibt keine Direktflüge von Deutschland, Österreich oder der Schweiz auf die Bahamas. Die einzige direkte Verbindung nach Nassau wird aufrechterhalten von British Airways ab London-Heathrow. Alle anderen Verbindungen führen über einen oder mehrere Flughäfen in den USA, z. B. **Atlanta**, **New York** oder **Miami**. Wer also das Prozedere einer Ein- oder vielmehr Durchreise in den USA vermeiden will, der ist auf den Direktflug der British Airways angewiesen. Wer allerdings in Miami angelangt ist, den trennen nur noch rund 45 Min. Flugzeit von den Gestaden der Bahamas – von Nassau bis zu entlegenen Paradiesen der Out Islands. Eine Alternative ist die Anreise mit Air Canada: Der Carrier fliegt von Toronto direkt nach Nassau, ohne Zwischenlandung in den USA.

Dank der kurzen Flugzeit sind die Bahamas der ideale Ort, um den Florida-Urlaub um ein paar Tage oder Wochen zu verlängern. Auch Tausende „Floridianer" denken jede Saison ähnlich, sparen sich die zeitaufwendige Anreise mit dem Auto etwa von Nord-Florida nach Miami Beach oder auf die Florida Keys und springen in eine der zahlreichen Flugverbindungen auf die Bahamas. Wer es sich leisten kann, nimmt die eigene Jacht oder das eigene Flugzeug.

Kontakt internationale Fluglinien

Air Canada: Air Canada Reservations, Hahnstr. 70, 60528 Frankfurt, ☏ 069-27115-111, www.aircanada.com
• Frankfurt – Toronto – Nassau; • Zürich – Toronto – Nassau

American Airlines: Frankfurt Airport, Terminal 2, Halle E, Ebene 2, ☏ 069-2999 3234, International.CustomerRelations@aa.com, www.americanairlines.com
• Frankfurt – Miami – Nassau (und weitere Inseln)

Delta Air Lines: Delta Euro Customer Care Centre, F-75564 Paris; Frankfurt Airport, Terminal 2, Bereich D, Ebene 2, ☏ 0180-6805 872, www.delta.com
• Deutschland – Atlanta – Nassau; • Zürich – Atlanta – Nassau

info

Klimabewusst auf die Bahamas

„Emissionen einer Person auf einem Hin- und Rückflug Frankfurt/Main Int'l nach Nassau via Miami: Klimawirkung von etwa 4.249 kg CO_2", berichtet der Online-Emissionsrechner bei www.atmosfair.de. 4.249 kg CO_2 sind nicht wenig. Immerhin macht das Fliegen rund 10 % der globalen Klimaerwärmung aus. Ein Kühlschrank verursacht jährlich z.B. rund 100 kg CO_2, Autofahren 2.000 kg (ca. 12.000 km im Mittelklassewagen), und ein Mensch in Indien kommt auf 1.600 kg CO_2 im Jahr. Das sog. „klimaverträgliche Jahresbudget eines Menschen" liegt bei 2.300 kg CO_2 im Jahr. Wer also auf die Bahamas fliegt, hat für knapp zwei Jahre sein Budget aufgebraucht – für vielleicht drei Wochen Urlaub.

Urlauber, die die Folgen des Fliegens nicht ignorieren wollen, können ihr Jahresbudget bei verschiedenen gemeinnützigen oder profitorientierten Organisationen ausgleichen. Für jede Tonne CO_2 errechnen diese Klimaschutzagenturen eine freiwillige Abgabe zwischen 9 und 60 €. Dieses Geld wird gesammelt und in Klimaschutzprojekte investiert, die so möglichst die gleiche Menge Kohlendioxid einsparen sollen. Atmosfair ist eine der bekanntesten Agenturen. Mit 116 € für Klimaschutzprojekte kann man den Flug zu 100 % kompensieren", heißt es im Online-Emissionsrechner zum Thema Bahamas-Flug. Wer eine der verschiedenen Klimaschutzagenturen unterstützen möchte, sollte sich vorher gut über das Programm informieren. Es gibt leider kein Prüfzertifikat, aber auf den jeweiligen Websites können sich Interessierte recht schnell einen Überblick verschaffen.

Einige Adressen von Klimaschutzagenturen mit Emissionsrechnern: www.atmosfair.de, www.climatefriendly.com, www.myclimate.de

British Airways: British Airways Plc., Waterside, P.O. Box 365, Harmondsworth UB7 0GB, UK, Besucheradresse: Lyoner Str. 9, 60528 Frankfurt, Reservierungen ☎ 0421-5575 758, contactbade@email.ba.com
Frankfurt Airport, Terminal 2, Halle E, Ebene 2, 60549 Frankfurt, ☎ 069-6981 5238/9, 6981 7777, www.britishairways.com

- Deutschland – London (LHR) – Nassau
- Zürich – London (LHR) – Nassau
- Direktverbindung London – Nassau

Lufthansa: Deutsche Lufthansa, Frankfurt Airport, Terminal 1, Abflughalle A, ☎ 069-86 799 799, www.lufthansa.com
• Deutschland – Miami; • Wien – Frankfurt – Miami; • Zürich – Frankfurt – Miami

Swiss: Swiss International Air Lines AG, Postfach, CH-4002 Basel; Frankfurt Airport, Terminal 1, Bereich A, Ebene 2, ☎ 069-867 98000, www.swiss.com
• Zürich – Miami

Reiseveranstalter
Reisen auf die Bahamas sind bei zahlreichen Amerika-Veranstaltern im Angebot. Bahamas-Spezialisten sind u. a.:

Explorer Fernreisen, ☏ 0211-99 49 09, www.explorer.de, bietet seit 45 Jahren individuelle Erlebnisreisen und Reisebausteine an.

CANUSA TOURISTIK, ☏ 08000-226872, www.canusa.de, stellt individuelle Reiseprogramme für die Bahamas zusammen und verfügt über sieben deutsche Büros.

Tipp
America Unlimited GmbH, Leonhardtstr. 10, 30175 Hannover, ☏ 0511-37444750, www.america-unlimited.de, ist ein anerkannter Bahamas-Spezialist und bietet neben An- und Abreise auch maßgeschneiderte Rundreisen an, z. B. Hochzeitsreisen oder etwa „11 Tage Bahamas mit schwimmenden Schweinen". Die Stärke des Teams sind Zusammenstellungen von Reisen, individuell nach Kundenwunsch.

Tipps für die Out Islands

info

von Julia Kurz, Geschäftsführerin, America Unlimited GmbH, Hannover

Als Spezialreiseveranstalter legt **America Unlimited** besonderen Wert darauf, für jeden Reisenden genau den passenden Traumurlaub zusammenzustellen. Hier kommt es auf Individualität und das besondere Etwas an. Unsere wichtigste Empfehlung für die Bahamas: die Out Islands (Family Islands) entdecken. Sobald man die touristischen Regionen rund um Nassau oder Freeport verlassen hat, zaubert bereits der Flug zu den Out Islands ein Lächeln auf die Gesichter der Reisenden. Wunderschöne Farbenspiele im Wasser lassen auf Karibikfeeling am Sandstrand schließen – zu Recht! Am besten kombiniert man zwei bis drei Inseln wie Cat Island, Long Island oder Eleuthera miteinander. Eleuthera ist unser Favorit. Die Glass Window Bridge eröffnet den Blick auf den tiefblauen Atlantik auf der einen und das türkisfarbene Meer der Karibik auf der anderen Seite.

Inlandsflüge
Die Inseln der Bahamas selbst werden von Nassau oder Freeport aus von etlichen bahamaischen Fluglinien angeflogen – manche kommen, manche gehen, manche machen kurz von sich reden. So z. B. Pineapple Air, als eine Maschine im Oktober 2013 auf dem Flug kurzerhand das gesamte Gepäck der Passagiere über dem Meer entlud – die Ladeklappe hatte sich geöffnet. Auch ist das Fluggerät nicht immer neuesten Datums und Verspätungen müssen eingeplant werden. Die Bahamaer

Flieger von Bahamasair

tragen's mit Gelassenheit. Denn Fliegen auf den Bahamas ist wie Bahn fahren in Deutschland: wahrscheinlich verspätet, aber man kommt irgendwann an. Dazu kommt, dass die längste Flugstrecke innerhalb der Bahamas gerade mal knappe zwei Stunden lang ist. Wer allerdings europäischen Standard erwartet, wird enttäuscht. Die „internationalen" Flughäfen (da sie meist auch von den USA per Airlines und Privatmaschinen angeflogen werden) sehen aus wie größere Wohnhäuser oder kleinere Fabrikhallen, haben aber einen Zoll und die nötige Infrastruktur, meist auf kleinem Raum. Sicherheitskontrollen gibt es sicher bei internationalen Flügen, zuweilen bei nationalen. Vorhanden sind stets ein kleiner Kiosk, der die Grundversorgung sicherstellt, Toiletten und ein eisgekühlter Warteraum. Die eintreffenden Maschinen fahren direkt vor das Terminal, die Wege sind denkbar kurz. Das Gepäck wird den Wartenden auf einem Handkarren gebracht. Hier nimmt man sich seine Reisetasche einfach herunter – und weiter geht's.

Kontakt nationale Fluglinien

Bahamasair, Oakes Field Sales Office, Nassau, ☎ 702-4140, www.bahamasair.com, ist der größte regionale Anbieter, unterhält an festen Tagen Verbindungen zu allen größeren bewohnten Inseln und gilt als recht zuverlässig.

Flamingo Air, Freeport International Airport, Freeport, ☎ 351-4963, www.flamingoairbah.com, ab Freeport/Grand Bahama Island nach Abaco, Bimini und Nassau. Ab Nassau auch nach Staniel Cay. Fliegt mit kleinstmöglichen Flugzeugen, sehr familiär.

SkyBahamas, Lynden Pindling International Airport, ☎ 702-2600, www.skybahamas.net, ist unterwegs ab Nassau Richtung Osten, Süden, Westen und nach Florida.

Southern Air Charter, c/o G.H.L Travel Agency, ☎ 323-7217, 323-6833, www.southernaircharter.com, fliegt nicht nur in den Süden, wie der Name vermuten lässt, sondern mit 15-Sitzern ab Nassau etliche Inseln an.

Pineapple Air, The Nassau International Airport, P.O. Nassau, ☎ 328-1329, www.pineappleair.com, meist der günstigste Anbieter, daher sind die Flüge schnell ausgebucht.

Western Air, Nassau International Airport, Nassau, ☎ 377-2222, www.westernairbahamas.com, fliegt ab Nassau nach Andros, Bimini and Freeport. Nicht die beste Adresse in Sachen Fluggerät und Pünktlichkeit, aber sehr freundliches Personal.

Die Flugziele der einzelnen Fluglinien wechseln gelegentlich und je nach Saison. Auch werden einige Ziele von mehreren Carriern quasi zeitgleich angeflogen, während man bei anderen Inseln auf eine Fluglinie angewiesen ist. Es lohnt sich also, die jeweiligen Websites zu checken, Preise und Flugzeiten zu vergleichen. Das Preisniveau für Inlandsflüge liegt zwischen 75 und 130 $ für einen einfachen Flug und 130–200 $ für Hin- und Rückflug. Flüge können problemlos und per Kreditkarte online gebucht werden. Es reicht aus, wenn man eine Stunde vor Abflug am Flughafen ist.

info

Island Hopping

„**Inselhüpfen**", wie bekannt und beliebt auf den griechischen Inseln, ist auf den Bahamas kaum möglich: Alle inländischen Flug- und Schiffsverbindungen starten normalerweise in Nassau, während die Verbindungen der Inseln untereinander – auch wenn es sich um Nachbarinseln handelt – eher informeller Natur sind. Wer also in kurzer Zeit viele Inseln besichtigen will, der sollte gut planen. Oder sich eine Rundreise bei einem Spezialisten wie America Unlimited (s. o.) zusammenstellen lassen.

Beachten sollte man auch, dass die Buchung von inner-bahamaischen Anschlussflügen über Nassau Probleme bergen kann. Denn hat das erste Flugzeug Verspätung, wartet die Anschlussmaschine, die vielleicht sogar einer anderen Fluglinie gehört, normalerweise nicht. So kann es passieren, dass Reisende mit einer Übernachtung in und rund um Nassau rechnen müssen, um am nächsten Morgen die Reise fortzusetzen.

Wer das nötige Kleingeld hat, kann sich natürlich ein Flugzeug oder Boot chartern und damit eine individuelle Reisemöglichkeit erwerben. Der Spaß ist allerdings nicht ganz günstig. Preisbeispiel: Von Long Island auf die Nachbarinsel Great Exuma, per Flugzeugcharter (Flugzeit 15 Min.): rund 500 $, per Boot rund 400 $. Wer in einer Gruppe reist, kann möglicherweise einen Gruppentarif erwerben.

Trotzdem ist die schnellste und einfachste Art, zu einer oder auch möglichst vielen der 30 bewohnten Inseln zu kommen, die Anreise mit einem kleinen Propellerflugzeug. Viele Hotels oder Resorts besitzen ein **eigenes Kleinflugzeug**, das die Gäste nach ein paar Tagen Aufenthalt ins nächste Paradies fliegt. Bei der Planung sollte man stets berücksichtigen, dass viele Inseln mehrere Flugplätze haben und den wählen, der dem jeweiligen Ziel am nächsten liegt. Sonst kann es passieren, dass die Taxifahrt vom Flughafen zum Strand oder Resort mehr kostet als der Flug.

Auch **Tagesausflüge auf die Out Islands** sind mit den lokalen Fluglinien möglich. Der Hinflug erfolgt morgens, der Rückflug meist spät nachmittags. Von Nassau bringt der **Schnellkatamaran Bo Hengy** Besucher in drei Stunden nach Harbour Island, wo man die Wahl hat, einige Tage in einem der kleinen Hotels zu verbringen oder am Abend wieder in die Hauptstadt zurückzukehren.

Am Flughafen

99 % aller Flugreisenden aus Europa werden auf dem internationalen Flughafen von Nassau, dem **Lynden Pindling International Airport** (LPIA, http://nassaulpia.com) zum ersten Mal bahamaischen Boden betreten. In seiner heutigen Form fertiggestellt Anfang 2013, werden hier im Jahr rund 3 Mio. Passagiere durchgeschleust. Trotzdem ist der Flughafen ruhig und aufgeräumt – Gratis-WiFi auf dem gesamten Flughafengelände inklusive.

Es gibt heute drei **Terminals**.
A – Domestic/International Departures and Domestic Arrivals;
B – U.S. and International Arrivals;
C – U.S. Departures.
Man kann problemlos und innerhalb von ein paar Minuten zu Fuß von einem Terminal zum anderen gehen.

Wer hier ankommt, um zu bleiben, der sieht sich beim Verlassen der Terminals einer **Taxiflotte** und vor allem den Taxipreisen ausgesetzt. Auch wenn das Hotel einen Transport organisiert hat, wird man höchstwahrscheinlich mit einem Taxi abgeholt, das wiederum vom Hotel bezahlt wird.

Auf (eigentlich) allen Flughäfen der Bahamas gilt für Urlauber ein offizielles Taxi-Monopol – eine Maßnahme der bahamaischen Regierung zur Reduzierung der Arbeitslosenquote. So sollen zumindest Taxi- und Kleinbusfahrer in Lohn und Brot kommen oder bleiben. „Offiziell", denn es gibt Ausnahmen: So dürfen Hotelbesitzer oder -manager z. B. Freunde, Familienangehörige oder Angestellte unbeschadet vor dem Flughafen einsammeln und mitnehmen. Wer also hier einen Freund gefunden hat, kann die Taxis umgehen. Wer neu ankommt, der wird mit dem Taxi weiterfahren müssen.

Das Ministry of Public Works & Transport hat die **Taxipreise ab Flughafen Nassau** (http://nassaulpia.com/to-from/#local-taxi-rates) festgelegt: nach Cable Beach 22 $, Downtown 32 $, nach Paradise Island 38 $, immer für zwei Passagiere, jeder zusätzliche kostet 4 $ extra. Und eigentlich sollte jedes Taxi ein Taxameter haben. Die Realität sieht so aus, dass der Preis nach oben verhandelbar ist. Bei nächtlicher Ankunft und der Fahrt nach Cable Beach werden z. B. aus 22 $ schnell 25 $, das Taxameter ist vielleicht vorhanden, aber nicht angestellt. Es lohnt sich also, sich für die Taxifahrt mit anderen Fahrgästen zusammenzuschließen.

Oder, wenn es Tag ist, das Gepäck nicht zu schwer und der Geist noch willig: Raus aus dem Terminal, vor der Taxigasse links halten, immer weiter, am Zufahrtsstraßenrand laufen, weitere 300 m, das Flughafengelände am Kreisverkehr verlassen, um den Kreisverkehr herumgehen und auf der anderen Straßenseite auf den nächsten „Jitney", einen **öffentlichen Minibus**, warten. Hier die 12 b nehmen. Der Bus fährt über Cable Beach bis Nassau Downtown, 1,25 $ kostet der Trip.

Anreise per Schiff

Man kann ab Hafen New York oder dem großen Karibikkreuzfahrthafen Miami per Passagierschiff Nassau erreichen. Zu den Reedereien und **Kreuzfahrtschiffen**, die in den Bahamas anlegen, zählen u.a. Carnival Cruise Line (www.carnival.com), Celebrity Cruises (www.celebritycruises.de), Princess Cruises (www.princesscrui ses.de), Oceania Cruises (https://de.oceaniacruises.com).

Für die Einreise mit dem **Segelboot** wende man sich an:
The Bahamas Maritime Authority, Shirlaw House, 87 Shirley St., P.O. Box N-4679, Nassau, ☎ 356-5772, www.bahamasmaritime.com.

Es gibt **Fährverbindungen** sowohl zwischen Florida und Grand Bahama Island als auch innerhalb der Bahamas von Nassau auf die wichtigsten der touristisch erschlossenen Inseln.

Fährverbindungen von Fort Lauderdale nach Grand Bahama Island und Bimimi: Die Verbindung wird von Bahamas Express bedient, das zur spanischen Gruppe Baleària gehört. Das Schnellboot „Pinar del Rio“ verkehrt ca. 4 x in der Woche nach Grand Bahama und braucht für die Querung 3 Std., einfache Fahrt ab 86 $. Nach Bimini: 2,5 Std. und 29 $.
Bahamas Express, Terminal 1, Port Everglades, Fort Lauderdale 33316, Florida – USA, ☎ 1-866 699 6988, www.ferryexpress.com.

Die Schnellfähre Bo Hengy

Innerhalb der Bahamas

Wer nun gar keine Lust hat, sich für die Wege von Insel zu Insel in ein Flugzeug zu setzen, der kann sich – allerdings nur eingeschränkt – auch per Schiff bewegen. Bahamas Ferries fährt zu fixen Tagen und Uhrzeiten zu bestimmten Inseln der Bahamas. So z.B. Mo–Sa ab Potter's Cay in Nassau (Hafen unter der Brücke zwischen Nassau und Paradise Island), 8 Uhr, nach Harbour Island, zurück ab Harbour Island 15.40 Uhr. Die Hin- und Rückfahrt kostet 161,50 $ p. Pers. Es gibt Verbindungen nach Governor's Harbour auf Eleuthera, nach Morgans Bluff auf Andros, nach Fresh Creek/Andros, nach Current/Eleuthera sowie nach George Town/Great Exuma. Die Fahrzeiten reichen von 2,5 bis 14 Std., je nach Wind und Wetter. Aktuelle Fahrpläne und Informationen: **Bahamas Ferries**, Potter's Cay West, Nassau, ☎ 323-2166, http://bahamasferries.com.

Hinweis
Nicht alle Bahamas-Ferries-Büros akzeptieren Kreditkarten als Zahlungsmittel! Wer beispielsweise die Überfahrt von Andros (Fresh Creek) nach Nassau angeht, muss im dortigen Office bar bezahlen. Am besten vorher erkundigen.

Wer jedoch genügend Zeit mitbringt und seefest ist, kann auch mit dem **Postboot** (Mail Boat) die Inseln auf dem Wasserweg erkunden. Diese insgesamt 15 Boote transportieren jegliches Frachtgut sowie die Post und fahren von Potter's Cay zu etlichen bewohnten Inseln (ca. 2–3 x in der Woche). Die Fahrt dauert je nach Entfernung und Anzahl der Inseln, die auf dem Weg angelaufen werden, einige Stunden bis zu fast zwei Tagen. Für eine entsprechende Übernachtung kann man eine einigermaßen komfortable **Kabine reservieren** lassen. Nach den Abfahrtstagen und -zeiten sollte man sich rechtzeitig beim **Dockmasters Office** (Büro des Hafenmeisters) auf Potter's Cay erkundigen, ☏ 393-1064.

Da die Boote nicht immer pünktlich den Hafen verlassen, empfiehlt es sich, sich auf dem Postboot direkt noch einmal nach den Abfahrtszeiten zu erkundigen. Der Preis für die Überfahrt liegt je nach Insel zwischen 70 und 110 $ für eine Rückfahrkarte.

Die MailBoat Company verkehrt **zwischen Nassau und Freeport**, Grand Bahama Island, und nimmt neben Frachtgut auch Passagiere an Bord. Die Fahrt dauert ca. 7 Std.
The MailBoat Company Ltd., Main Office, Horse Shoe Dr., Nassau, ☏ 502-2628, www.mailboatbahamas.com.

Apotheken

Apotheken *(Pharmacies)* gibt es auf New Providence, Grand Bahama Island und auf einigen Out Islands. Aber auch in den Krankenstationen sind für den Notfall Medikamente erhältlich. Spezielle Medikamente sollten Sie unbedingt in ausreichender Menge mitbringen.

Ärzte

s. auch unter „Gesundheit/Notfälle", „Impfungen"

Der medizinische Standard ist weitgehend sehr gut, da die meisten Ärzte in den USA studiert haben. Insgesamt gibt es rund 50 **medizinische Zentren**. Nassau, Grand Bahama Island und einige Out Islands verfügen über **Krankenhäuser**, die dem europäischen Standard entsprechen. In den großen Resorts und Hotels gibt es normalerweise einen zuständigen Arzt. Es lohnt sich, zuerst an der Rezeption zu fragen. Auf den Family Islands entstehen gerade neue Krankenhäuser, es gibt aber immer kleine Krankenstationen, sog. „clinics", für eine erste medizinische Versorgung. Man kann sich auch dem örtlichen Medizinmann oder der Medizinfrau anvertrauen, die bei kleineren Malaisen wie Verdauungsproblemen sicherlich einen passenden Kräutersud zubereiten kann.

Die wichtigsten staatlichen Krankenhäuser
Princess Margaret Hospital, Shirley St., Nassau, New Providence, ☏ 322-2861, www.pmh.phabahamas.org.
Rand Memorial Hospital (Grand Bahama Health Services), East Atlantic Dr., Freeport, Grand Bahama Island, ☏ 350-6700.
Infos online unter **www.phabahamas.org**.

Tipp
Erkundigen Sie sich für alle Fälle vor Reiseantritt bei Ihrer Krankenkasse nach den für die Bahamas geltenden **Auslandsversicherungsbedingungen** und bei Ihrem Reisebüro nach entsprechenden **Zusatzversicherungen**. Mit den gesetzlichen Krankenkassen besteht kein Abkommen zum Krankenversicherungsschutz. Vor allem beim Krankenrücktransport, bei der Zuzahlung von Medikamenten und einem Krankenhausaufenthalt können hohe Kosten anfallen. Es ist zu empfehlen, eine **Auslandsreisekrankenversicherung** abzuschließen, die einen Rücktransport für den Notfall einschließt.

Auto fahren und Verkehrsregeln

s. auch „Führerschein“

Tankstellen sind auf manchen Inseln rar gesät

Auf den Bahamas Auto zu fahren ist nicht ganz einfach. Erstens herrscht Linksverkehr. Da die meisten Kraftfahrzeuge aus den USA importiert werden, haben sie das Lenkrad – wie in Europa – ebenfalls auf der linken Seite. D.h., dass der Fahrer sich nicht am Mittel- sondern am Randstreifen orientieren muss. Dazu kommt, dass manch eine Autovermietung Fahrzeuge herausgibt, die – ganz in britischer Tradition – das Lenkrad rechts haben. Es hilft also, wenn man ein wenig flexibel an das Projekt „Auto fahren auf den Bahamas“ herangeht. Auf der anderen Seite lohnt es sich unbedingt, mit dem eigenen Fahrzeug unterwegs zu sein – allein schon aus Kostengründen. Denn wer sich auf der Straße oder im Hotel ein Taxi besorgt und sich zur anderen Seite der Insel fahren lässt, bezahlt für die Tour gut und gerne 100 $ und mehr. Ein Leihwagen dagegen ist auf den touristischen Inseln schon ab 60 $/Tag mit unbegrenzten Kilometern zu haben. Auch ist besonders auf den Out Islands das Verkehrsaufkommen sehr gering, man wird also kaum im Stau stehen oder an Ampeln lange warten müssen. Denn meist gibt es keine.

Die **Höchstgeschwindigkeit** beträgt 45 Meilen in der Stunde (mph), wenn nicht anders angegeben, und 25 mph im Stadtgebiet. Auf vielen Straßen auf **New Providence** darf man nur 30 mph fahren. Das sind vor allem jedoch Richtwerte für Inselbesucher. Viele Bahamaer haben hingegen ihre ganz persönlichen Vorstellungen von Geschwindigkeitsbegrenzungen.

Die **Straßenverhältnisse** sind auf den Hauptstrecken im Allgemeinen gut. Trotzdem können immer mal **Schlaglöcher** auftreten, die insofern tückisch sind, da sie scharfe Kanten haben und in der Regel recht tief sind. Hier holt man sich gerne einmal einen platten Reifen oder eine verbogene Achse. Bevor Sie eine **Nebenstrecke** fahren, sollten Sie sich bei den Einheimischen nach dem Zustand der Straße oder Piste erkundigen. Zu bedenken ist, dass man nicht überall wenden und zurückfahren kann.

Autovermietung

Wer lediglich den Resort-eigenen Strand nutzen möchte, für den lohnt es sich auf keinen Fall, einen Mietwagen zu ordern. In Nassau und Freeport kann man sich zudem mit öffentlichen Verkehrsmitteln und Taxis fortbewegen. Wer dennoch unabhängig sein will, findet auf **New Providence** und **Grand Bahama Island** vertrauenswürdige internationale Mietwagenfirmen. Mieten darf, wer älter als 21 bzw. 25 Jahre alt ist (hängt von der Mietwagenfirma ab) und einen gültigen europäischen Führerschein hat. Der Zustand der Wagen entspricht in der Regel dem europäischen Standard.
Avis, ☎ 377-7121, www.avisbahamas.com
Budget, ☎ 325-8154, www.budget.com
Hertz, ☎ 377-8684, www.hertz.com

Auf den anderen Inseln kann man Mietwagen normalerweise über das Hotel oder private Firmen (Tankstellen oder Autowerkstätten) bekommen. Zu prüfen ist, ob die Bremsen funktionstüchtig sowie Reserverad und Wagenheber im Kofferraum sind.

Die **Kosten** bewegen sich zwischen 60 und 100 $ pro Tag zzgl. Benzinkosten. Für längere Vermietungsfristen können Rabatte ausgehandelt werden. Bezahlung mit Kreditkarte ist üblich, damit entfällt auch eine Kaution.

Benzin gibt es ohne Probleme in Nassau und Freeport, ist jedoch teurer als in den USA. Eine Gallone (1 US Gallon = 3,787 l) kostet zwischen 4,20 $ auf den Hauptinseln und 7 $ (2019) auf entlegenen Inseln. Auf den Out Islands ist das Tanken ein wenig schwieriger, da die Zahl der Tankstellen geringer ist und die Öffnungszeiten eingeschränkt sind. Auch die Preise variieren dort von Insel zu Insel. Zumeist verfügen die Hauptorte über eine Tankmöglichkeit. Bei der Preiskalkulation ist nicht zu vergessen, dass die meist amerikanischen Autos der Mietwagenfirmen im Durchschnitt einen **höheren Verbrauch als europäische Wagen** haben.

Banken

s. auch „Geld“ und „Devisen“

In **Nassau** und **Freeport** kann man problemlos Bankgeschäfte zu den regulären Öffnungszeiten abwickeln: Mo–Do 9.30–15, Fr 9.30–16.30 Uhr. Auf den **Out Islands** sind Banken häufig nur an wenigen Wochentagen und nicht immer den ganzen Tag geöffnet. Wer dem aus dem Weg gehen möchte, der bringt geldautomatenfähige Kreditkarten mit wie MasterCard oder Visa.

Geldautomaten gibt es auf so gut wie allen Inseln, auch von den Einheimischen werden sie regelmäßig genutzt. Wenn möglich, sollte man den Sonntagabend zum Geldabheben vermeiden, da einige Automaten dann bereits leer sind. Die Kosten für die Barauszahlung und die Höhe des Verfügungsrahmens hängen von den Konditionen der jeweiligen Hausbank ab, erkundigen Sie sich dazu vor der Reise bei Ihrer Hausbank.

Barrierefreies Reisen

Informationen über die behindertengerechte Ausstattung der Hotels und Transportmöglichkeiten sollte man auf jeden Fall schon bei der Reiseplanung und Buchung der Anreise und Unterkünfte einholen. Nach der entsprechenden Gestaltung von öffentlichen Einrichtungen, Transportmitteln und Sehenswürdigkeiten für barrierefreien Zugang kann man sich vor Ort im Hotel, in den Touristeninformationen oder bei der **Bahamas Association for the Physically Disabled** (P.O. Box N 4252, Nassau, ☏ 322-2393) erkundigen.

Busverbindungen

Am wenigsten würde man wohl auf den Bahamas ein flächendeckendes System öffentlicher Verkehrsmittel erwarten. Umso überraschender ist es daher, dass es auf **New Providence** und **Grand Bahama Island** ein gut ausgebautes Bussystem gibt. Dort kann man mit öffentlichen Bussen, den sog. **Jitneys**, auf Entdeckungstour gehen. Sie verkehren von morgens bis ca. 19 Uhr und halten an allen Sehenswürdigkeiten und Hotels. Der Fahrpreis für die Strecke Nassau – Cable Beach z. B. kostet 1,25 $.

Auf **Paradise Island** gibt es keine Jitneys. Ein kostenloser Bus-Shuttle-Service verkehrt alle 30 Minuten zwischen The Reef, The Cove, The Royal, Harborside Resort, The Coral, The Beach, Ocean Club und dem Ocean Club Golf Course.

So mancher Fahrer eines Jitneys hält auch auf der Strecke an, wenn man durch **Handzeichen** zu erkennen gibt, dass man mitfahren möchte. Verlässliche **Fahrpläne** gibt es zwar nicht, aber da unzählige dieser Busse ihre Routen abfahren, wird man nie lange am Straßenrand warten müssen. Das Ziel des Busses ist an der vorderen Beschilderung zu erkennen. Nach der genauen Route erkundigt man sich dann beim Fahrer. Diese Art des öffentlichen Transports ist eine gute Möglichkeit, die Bahamas einmal original zu erleben, da man sich hier unter die Einheimischen mischen kann.

Der Name „Jitney“ stammt übrigens aus den USA und wurde zu Beginn des 20. Jh. wahrscheinlich in San Francisco geboren. Ein „jitney“ war damals ein Slang-Wort für eine kleine Münze, in dem Fall für einen „Nickel“ (5 Cent). Man kann also davon ausgehen, dass zur Geburtsstunde des öffentlichen Nahverkehrs auf den Bahamas der Preis für eine einfache Fahrt eben bei einem Nickel lag, 5 Cent oder einem „Jitney“.

Zwischen **Freeport** und **Lucaya** pendelt auch ein Bus, der Fahrgäste für 1,50 $ von Freeport Downtown nach Lucaya und zurück bringt. Auf den **Out Islands** verkehren keine öffentlichen Verkehrsmittel.

Devisen

s. auch „Geld“

In den Städten Freeport und Nassau können auch größere Mengen an Devisen getauscht werden. Die Einfuhr von **Bahama-Dollar** (B$, Code: BSD) ist **nur mit Genehmigung der Central Bank of the Bahamas** gestattet. Es wird daher empfohlen, **Bargeld** in Form von US$ schon vor der Reise zu besorgen. Die Ausfuhr von Bahama-Dollar darf pro Person den Betrag von 70 B$ nicht überschreiten. In Deutschland kann man Bahama-Dollar jedoch nicht zurücktauschen, daher: vor Rückflug Restgeld ausgeben oder in US$ (die Ausfuhr von Fremdwährung ist unbeschränkt) zurücktauschen! In größeren Hotels, Restaurants und Geschäften auf **Grand Bahama Island** und **New Providence** kann man auch mit gängigen **Kreditkarten** wie Diners Club, EuroCard, Visa, MasterCard und American Express bezahlen.

Auf den **Out Islands** schadet es nicht, größere Mengen an Bargeld bei sich zu haben, da man hier mit Kreditkarten beim Bezahlen z. B. im Supermarkt oder an der Tankstelle oft nicht weit kommt. Mittlerweile gibt es aber auch auf den Out Islands i. d. R. zumindest einen Geldautomaten, an dem man frisches Kapital ziehen kann.

Diplomatische Vertretungen

Es gibt in Deutschland keine Botschaft und kein Generalkonsulat der Bahamas, in Deutschland und in der Schweiz gibt es jeweils ein Honorarkonsulat. Die nächste diplomatische Vertretung der Bahamas befindet sich in London. Sie ist Ansprechpartner für Visaangelegenheiten, falls Sie einen längeren Aufenthalt planen:

- **In London**
High Commission of the Commonwealth of The Bahamas,
Bahamas House, 10 Chesterfield St., London W1J5JL, England,
☎ +44-20-7408 4488, www.bahamashclondon.net.

- **In Deutschland**
Honorarkonsul des Commonwealth der Bahamas,
Thomas Herzog, Burggraben 6, 65929 Frankfurt, ☎ +49 69-420 89 020,
Bahamashc@herzog-hc.de, Mo, Di und Do 10–16 Uhr sowie nach Vereinbarung.

- **In der Schweiz**
Honorarkonsulin des Commonwealth der Bahamas,
Ms. Michelle Jacqueline Degoumois, Bahnhofplatz 9, Postfach 1175,
8021 Zürich, ☎ +41 44-226 4042, www.thebahamas.ch.

Auf den Bahamas

Deutsches Honorarkonsulat,
Hermann-Josef Hermanns, Honorarkonsul,
Nassau Sandyport Office Center, Lagoon Court Building, Suite 115, Nassau,
☎ 327-1163, nassau@hk-diplo.de.

Schweizer Honorarkonsulat,
Lyford Cay, Resolute Rd., Nassau, ☎ 362-5539, nassau@honrep.ch.

Österreichisches Honorarkonsulat,
Caves Village, Nassau, ☎ 327-8278, info@austriaconsulnassau.com,
http://austriaconsulnassau.com/de.

Drogen

Der Besitz und Konsum von Drogen jeder Art werden auf den Bahamas sehr hart bestraft. Halten Sie sich daher von jeglichen Anbietern fern. Es ist schon so mancher wegen einer Partylaune in Schwierigkeiten geraten.

Einkaufen

Die Touristenzentren der Bahamas, Nassau und Lucaya, sind ein **Shopping-Paradies**. Designermode, Uhren, Schmuck, Sommerkleidung und Parfum – **internationale Markenprodukte** eben – werden in edlen Boutiquen und Shoppingzentren angeboten. Für den Fall, dass man das eine oder andere für seinen Strandurlaub vergessen hat, ist es beruhigend zu wissen, dass man hier so gut wie alles zollfrei erwerben kann. Viele internationale Marken haben sogar ihre eigenen Dependancen. Die **Bay Street** ist das kommerzielle Herz **Nassaus**. Dabei säumen schöne alte Häuser die belebte Geschäftsstraße, die zum Bummeln einlädt.

Auf **Grand Bahama Island** gibt es zwei Einkaufzentren: In **Freeport** wartet der **Straw Market** mit etlichen großen und kleinen Läden. Im Nachbarort **Lucaya** liegt am Jachthafen der nette **Port Lucaya Marketplace**. Nachts beliebte Ausgehmeile, wandelt er sich tagsüber in ein Einkaufszentrum.

In den Kaufhäusern und noblen Boutiquen sind die **Preise zwar zollfrei, jedoch nicht verhandelbar**.

Um den Verkauf von **Produkten mit gefälschtem Markenzeichen** zu vermeiden, sollte man auf das **Zeichen mit dem rosa Flamingo** achten, das vom Duty Free Promotion Board an Läden mit lauteren Geschäftsmethoden vergeben wird.

Da die Preise auf den amerikanischen Markt abgestimmt sind, lohnt immer ein **Preisvergleich**. Nicht immer ist das zollfreie Angebot günstiger als ein vergleichbares Angebot über ein Internetportal. Aber das Shoppen selbst soll ja auch Spaß machen, und da sind Sie in den Läden der Bahamas richtig.

Als hilfreich für die Einkaufsplanung kann sich auch ein Blick in die kostenlos in Geschäften ausliegenden und bei den Touristenämtern erhältlichen Broschüren wie „**What-to-Do**“ (www.bahamasnet.com) erweisen.

Achtung

Vorsicht ist bei den Conch-Muscheln und anderen Muscheln sowie allen Produkten aus Korallen geboten, da sie unter das Washingtoner Artenschutzübereinkommen fallen und nicht in die EU eingeführt werden dürfen.

Wer etwas **typisch Bahamaisches** mit nach Hause nehmen will, sollte nach **Produkten aus Stroh**, **bunten Androsia-Batikstoffen**, **Gewürzen**, **Tees**, **Marmeladen**, **Rum** und **Rumkuchen** Ausschau halten. Am westlichen Ende der Bay Street in **Nassau** befindet sich der **Straw Market**, ein lebhafter und sehr touristischer Strohmarkt, der sein Angebot längst auf die üblichen, bedruckten T-Shirts ausgedehnt hat. Hier werden aus Stroh oder Palmenblätter geflochtene Hüte, Taschen und Körbe angeboten. Zudem werden auf dem Markt die **typische Batikbekleidung** aus Andros und weitere Souvenirs einheimischer Produktion angeboten.

Auf Andros selbst gibt es eine große Auswahl der Batikware in der **Androsia Hand Made Batik Factory** in Fresh Creek. Hier werden bis heute in Handarbeit die in vielen Souvenir- und Bekleidungsgeschäften angebotenen Tücher, Röcke und Hemden gefertigt. Androsia gehört der Familie Birch, die auch die Small Hope Bay Lodge (s. S. 167) betreibt. 1973, im Jahr der bahamaischen Unabhängigkeit, wurde Androsia von Rosi Birch in der Small Hope Bay Lodge mit zwei Zielen gegründet: die einheimische Gemeinschaft auf Andros sinnvoll in Lohn und Brot zu setzen und dabei ein Produkt herzustellen, das mit seinem Design und seiner Farbigkeit die Schönheit der Bahamas widerspiegelt. In den Spitzenzeiten beschäftigte die Familie Birch hier mehr als 100 Bahamerinnen und Bahamaer. Heute sind es um die elf Angestellte, die nach wie vor „strictly bahamian“ produzieren. Die Farbenpracht ist überwältigend. Kein Wunder, dass die meisten der führenden Resorts und Restaurants der Bahamas ihre Uniformen individuell von Androsia fertigen lassen. Rund 20 Shirts produziert Androsia heute täglich, meist online geordert. Für das Verfahren und die Stempelmotive begab sich Rosie Birch nach Indonesien, um dort die Batikherstellung aus erster Hand zu erlernen. Die Muster werden übrigens in Handarbeit über Formen und Wachs auf die Stoffe aufgebracht – eben Batik, wie man es in der Schule kennengelernt hat. Der Besuch in der Fabrik und ein kleiner Einkaufsbummel im Shop lohnen sich auf jeden Fall. Und wer sich ein wenig in Batik einarbeiten will, kann einen Einführungskurs besuchen.
Androsia Hand Made Batik Factory, Androsia St., Fresh Creek, Andros Town, Andros, ☏ 376-9339, www.androsia.com, Mo–Fr 9.30 bis 16 Uhr.

Hinweis

Einige der großen Geschäfte liefern auch an die Heimatadresse in Europa. Wer also einen „Großeinkauf“ plant, sollte sich nach dem entsprechenden Kundenservice erkundigen.

Holzschnitzereien, Aquarelle und anderes Kunsthandwerk sind oft auch in zu kleinen Läden umfunktionierten Wohnzimmern und in den Dörfern am Straßenrand der Out Island zu finden. Hier kann man auch den Frauen bei der Arbeit zuschauen, wie sie z.B. die Korbwaren herstellen. Auf den Märkten und bei fliegenden Händlern können Sie **feilschen**, wie Sie Lust haben, und wenn Sie hartnäckig genug sind, auch gute Preise erzielen.

Wer es hochprozentig mag, der wird kaum an den zahlreichen Spirituosenläden mit einheimischem **Rum** vorbeigehen können. Eine besondere Spezialität ist der ein paar Jahre gelagerte **Anejo Rum**, der einem Cognac gleichkommt – und viel zu schade für einen Grog ist.

Eine weitere „Spezialität“ der Bahamas sind die Produkte der **Perfume Factory** in Freeport (Fragrance of the Bahamas, www.perfumefactory.com). Hier können Sie sich sogar ihre ganz persönliche Duftnote anmischen lassen.

Einreisebestimmungen

Besucher aus Deutschland, Österreich und der Schweiz benötigen zur Einreise einen Reisepass, der noch sechs Monate gültig ist, sowie ein Rückreiseticket. Bereits im Flugzeug wird ein Einreiseantrag (Immigration Arrival Card) verteilt, der ausgefüllt werden muss. Übersteigt die Aufenthaltszeit mehr als drei Monate (für Schweizer acht Monate), muss ein Visum beantragt werden. Wer über die USA einreist, muss unbedingt die **Einreisebestimmungen für die Vereinigten Staaten** beachten.

Achtung

Bewahren Sie den Durchschlag des Einreiseantrags (**Immigration Arrival Card**) gut auf, da dieser bei der Ausreise wieder vorgezeigt werden muss. Wer möchte, kann auf der Rückseite des Formulars, der **Departure Card**, den Aufenthalt auf den Bahamas positiv oder negativ kommentieren.

Elektrizität

Die Stromspannung beträgt 120 Volt/60 Hz Wechselstrom.

Für elektrische Geräte benötigt man einen Adapter wie für die amerikanischen Flachsteckdosen. Da man sich in der Regel nicht darauf verlassen kann, dass das Hotel genügend Adapter zur Verfügung hat, sollte man sich bereits zu Hause einen entsprechenden Adapter besorgen. Ob für die mitgebrachten Geräte ein Transformator nötig ist, sollte man vor der Reise klären.

Fahrrad fahren

Besonders auf den **Out Islands** eignet sich für Inselerkundungen die Fahrt mit dem Fahrrad. Hier herrscht kaum Verkehr und als Radfahrer bietet sich oft die Gelegenheit zu einem netten Gespräch mit den Bahamaern. Viele der Hotels verleihen Fahrräder an ihre Gäste, einige Häuser in Nassau bieten auch organisierte Ausflüge mit dem Fahrrad an.

Vor dem Ausflugsstart sollte man sich ausreichend mit Sonnenschutzmittel und Getränken ausrüsten, da die Sonne und die hohen Temperaturen ihren Tribut fordern. Außerdem sollte man sich am ersten Tag nicht zu viel vornehmen und erst einmal ausprobieren, welche Strecken gut zu schaffen sind.

Feiertage

New Year's Day (Neujahrstag)	1. Januar
Good Friday (Karfreitag)	März/April
Easter Sunday & Monday (Ostersonntag/ -montag)	März/April
White Sunday & Monday (Pfingstsonntag/ -montag)	7 Wochen nach Ostern
Labour Day (Tag der Arbeit)	1. Freitag im Juni
Independence Day (Unabhängigkeitstag)	10. Juli
Emancipation Day (Tag der Sklavenbefreiung)	1. Montag im August
Discovery Day (Entdeckung durch Christoph Kolumbus)	12. Oktober
Christmas Day (Weihnachten)	25. Dezember
Boxing Day (Beginn der Junkanoo-Paraden)	26. Dezember

Fotografieren

Die Bahamas sind ein Paradies für Hobby-, Amateur- und Profifotografen. Selbst wer sich irgendwann an den immer schönen Stränden sattgesehen hat, findet problemlos neue Motive in Nationalparks und am Straßenrand. Die Bahamaerinnen und Bahamaer lassen sich recht gerne fotografieren, vor allem auf den Out Islands. Natürlich ist es immer besser, um Erlaubnis zu fragen oder später – im Zeitalter der E-Mail – einfach einen digitalen Abzug an den/die Fotografierten zu schicken.

Die tropischen Lichtverhältnisse erfordern meist recht niedrige ISO-Zahlen. Höher als 100 oder 200 ASA ist angebracht für die Unterwasserfotografie und Innenaufnahmen. UV-Filter und Sonnenblende sind für Außenaufnahmen eine gute Sache, bei der anschließenden Bildbearbeitung z.B. mit Photoshop allerdings längst keine Notwendigkeit mehr. Lichtreflexe auf dem Wasser lassen sich durch Polarisationsfilter abschwächen. Die besten „Fotografier-Zeiten" sind immer dann, wenn die Sonne schräg steht und Schatten wirft, also der frühe Morgen und der späte Nachmittag.

Für Unterwasseraufnahmen können bei den vielen Tauchausrüstern entsprechende Kameras unterschiedlicher Qualität gemietet werden. Unterwasserfotografie ist bei der vorherrschenden (Weit-)Sicht, für die die Gewässer der Bahamas berühmt sind, problemlos möglich. Wer tiefer taucht und fotografieren will, wird um ein Blitzlicht nicht herumkommen. Gleiches gilt auch für Besuche der Straw Markets und für Nachtaufnahmen, etwa beim abendlichen Buffet, der Show oder dem Barbecue am Strand.

Alle großen Fotomarken sind in Nassau oder Freeport/Lucaya in diversen Shops vertreten, sodass Speicherkarten, Akkus, Filme, Batterien und Kamerazubehör an Ort und Stelle gekauft werden können – allerdings sind die Preise meist höher als z. B. in Deutschland.

Tipp
Nur wer mit dem Flugzeug über den Bahamas unterwegs ist, wird die Farbenpracht der Insel, der Korallenriffe und vor allem des Wassers vollständig erfassen können. Damit man einen guten Sitzplatz hat und schnell „schießen" kann, sollte man beim Check-In nach einem Fensterplatz fragen. Was bei etlichen Fluglinien wie Southern Air kein Problem ist, da es nur Fensterplätze gibt. Dann daran denken, dass Tragfläche oder Propeller eigentlich immer im Weg sind beim Blick auf das beeindruckende Blau. Daher am besten einen Fensterplatz ganz hinten oder ganz vorne wählen. Das Flugmaterial ist nicht immer neu. Daher kann es passieren, dass die Scheibe zerkratzt ist oder verschmiert. Beim ersten hilft es manchmal, den Platz zu wechseln – wenn möglich, bei zweitem hilft ein Lappen. Nicht vergessen: sehr kurze Belichtungszeit wählen, damit das Bild nicht verwackelt.

Fremdenverkehrsämter

Für Deutschland, Österreich, Schweiz und Osteuropa
Bahamas Tourist Office, c/o Majunke International Sales, Claudia Majunke, Limburger Str. 3, D-61462 Königstein, ☏ +49 6174 9599640, www.bahamas.de.

Auf den Bahamas
Bahamas Ministry of Tourism, P.O. Box N-3701 Nassau, British Colonial Hilton, Bay St., Nassau, ☏ 302-2000, www.bahamas.com.

Die Adressen und Telefonnummern für die lokalen Fremdenverkehrsämter auf den unterschiedlichen Inseln sind in den Reisekapiteln bei den entsprechenden Reisepraktischen Informationen aufgeführt.

Führerschein

Ein europäischer Führerschein ist auf den Bahamas die ersten drei Monate nach der Einreise gültig. Man benötigt keinen internationalen Führerschein.

Geld

Gängige Zahlungsmittel auf den Bahamas sind der **Bahama-Dollar** (B$, *Bahamian Dollar*) und der gleichwertige US$, d. h. sie stehen im Verhältnis 1:1. 100 Cent entsprechen 1 Bahama-Dollar. Im Land kann man sowohl mit US$ als auch mit B$ bezahlen. Ein paar Tage vor der Abreise sollte man darauf achten, die B$ auszugeben, da diese in europäischen Banken nicht zurückgetauscht werden. Bei höheren Summen lohnt es sich auch, die Bahama-Dollar in US$ umzutauschen. Hier gibt es keine Ausfuhrbeschränkung. **Banknoten** sind im Wert von 50 Cent, 1, 3, 5, 10, 20, 50 und 100 B$ auf dem Markt. Einen 3-$-Schein wird man jedoch nicht häufig zu Gesicht bekommen, da er inzwischen Sammlerwert hat. An **Münzen** sind 1-, 5-, 10-, 15- und 25-Cent-Stücke im Umlauf. 15-Cent-Münzen sind recht selten, ebenso wie Münzen mit Dollarbeträgen.

Hinweis

Die Einfuhr von Bahama-Dollar ist nur mit Genehmigung der Central Bank of the Bahamas gestattet. Daher wird die Mitnahme von US$ empfohlen. Die Ausfuhr darf die Summe von 70 B$ nicht überschreiten.

Es empfiehlt sich an Bargeld die Mitnahme von **US$ oder US$-Reisechecks**. An **Kreditkarten** werden Diners Club, Visa, MasterCard und American Express in den meisten Hotels akzeptiert. Erkundigen Sie sich am besten gleich bei der Buchung der Unterkunft. Auf den Out Islands kann es manchmal schwierig sein, mit der Kreditkarte zu bezahlen. Mit den gängigen Kreditkarten (versehen mit Cirrus-, Visa/Plus- und Maestrozeichen) kann auch per PIN Bargeld an den zahlreichen Bankautomaten (ATM) gezogen werden. Die Gebühren sind von Bank zu Bank unterschiedlich, man sollte sich vor der Abreise bei der Hausbank erkundigen. **Geldwechselmöglichkeiten** bestehen in den örtlichen Banken, in Hotels und an den Flughäfen.

Gesundheit/Notfälle

s. auch unter „Ärzte“, „Impfungen“

Die allgemeine **Notfallnummer** für Polizei, Krankenwagen und Feuerwehr ist ☎ **919** oder **911**.

Auf den **Family Islands** und falls Sie Probleme mit einer Notfallnummer oder die entsprechende Information nicht zur Hand haben, sollten Sie immer zuerst das Hotelpersonal fragen.

Für einen **Krankentransport per Flugzeug** in ein größeres Krankenhaus in Nassau oder in Florida stehen u.a. folgende Einrichtungen zur Verfügung:
Air Ambulance Services, ☎ 377-1606, https://aaslifeflight.com.
Bahamas Air Sea Rescue (BASRA), ☎ 325-8864, www.basra.org.

Verhalten im Notfall: Wenden Sie sich am besten gleich an einen Einheimischen mit der Bitte um Hilfe. Und fragen Sie im Hotel gleich das Personal.

Hinweis

Die Telefonnummern von Krankenhäusern und -stationen sowie der Polizei sind in den jeweiligen Reisepraktischen Informationen aufgeführt.

Laut Auswärtigem Amt besteht auf Great Exuma ganzjährig ein minimales Risiko einer Malariainfektion *(Plasmodium falciparum)*. Aktuell gebe es, wie in anderen Gebieten der Region, inzwischen auch Fälle von Chikungunya auf den Bahamas. Die Symptome gleichen denen von Dengue-Fieber. Dengue wird landesweit durch den Stich der tagaktiven Mücke *Aedes aegypti* übertragen. Wegen der **mückengebundenen Infektionsrisiken** (Malaria, Dengue) ist ein ausreichender Mückenschutz wichtig. Als Schutz dienen das Tragen von körperbedeckender heller Kleidung (lange Hosen/Hemden) und das wiederholte Auftragen von Insektenschutzmitteln auf den freien Körperstellen ganztägig (Dengue) und in den Abendstunden und nachts (Malaria). Wenn möglich, empfiehlt es sich, unter einem Moskitonetz zu schlafen.

Gegen mögliche **Durchfallerkrankungen** hilft es einige Regeln zu beachten: Nie Leitungswasser trinken, sondern nur Wasser aus Flaschen. Bei Nahrungsmitteln gilt der Grundsatz: Kochen oder Schälen. Fliegen und Mücken von Lebensmitteln fernhalten. Die Hände möglichst oft mit Seife waschen, immer aber nach dem Toilettengang und immer vor der Essenszubereitung und vor dem Essen.

Durch ungeschützte sexuelle Kontakte und bei Drogengebrauch (unsaubere Spritzen etc.) besteht grundsätzlich das Risiko einer **HIV/AIDS-Infektion**. Kondombenutzung wird stets, vor allem bei Gelegenheitsbekanntschaften empfohlen.

Aktuelle Gesundheitsempfehlungen hält das Auswärtige Amt bereit (online unter www.auswaertiges-amt.de).

Heiraten

Wer sich die Reiseprospekte zu den Bahamas anschaut, wird bald merken, dass die Bahamas ein konstant gut gehender Markt für Heiratswillige sind. In Martin Scorseses Kinoerfolg „The Wolf of Wall Street" heiratet der von Oscarpreisträger Leonardo DiCaprio gespielte Wall-Street-Broker Jordan Belfort seine Freundin im The Ocean Club auf Paradise Island – bei blauem Himmel und türkisfarbenem Meer. Anschließend schenkt er ihr eine Jacht, schön in Szene gesetzt in der Marina des Atlantis Resort, und dreht mit ihr ein paar Runden vor traumhafter bahamaischer Kulisse.

Heiraten auf den Bahamas, z.B. in den Sandals Resorts

Aber auch, wer nicht ein betrügerischer Wall-Street-Broker ist, kann sich eventuell eine Hochzeit auf den Bahamas leisten. So gibt es zahlreiche Anbieter, die eine Hochzeit mit karibischem Ambiente in romantisch lauer Sommernacht von A bis Z organisieren: Von Blumen, Champagner und Hochzeitstorte bis zur Organisation eines Friedensrichters oder Pfarrers. Ein Hochzeitsfoto, z.B. vor einem Wasserfall oder einem Hibiskusstrauch im Botanischen Garten von Grand Bahama Island, sind dabei nur eine kleine Auswahl von Hintergrundmotiven. Sie können natürlich auch an einem der zahlreichen einsamen Strände oder im Tauchanzug unter Wasser den Bund der Ehe eingehen. Am Ziel der anschließenden Hochzeitsreise sind Sie dann ja schon.

Eine Hochzeit auf den Bahamas formal durchzuführen, ist recht einfach:
Beide Partner müssen zum Zeitpunkt der Beantragung der Heiratsgenehmigung seit mindestens 24 Stunden auf den Bahamas sein. Man braucht lediglich einen amtlichen Lichtbildausweis (Reisepass), der durch eine Regierungsbehörde im Wohnsitzland ausgestellt ist. Beide Partner müssen den Beweis über ihr Ankunftsdatum auf den Bahamas erbringen. Die Einwanderungskarte und der Einreisestempel für die Bahamas sind erforderlich.

Viele Länder fordern eine „Apostille" an, ein offizielles Dokument wie die internationale Heiratsurkunde, die von dem ausstellenden Land beglaubigt werden muss. Auf den Bahamas bedeutet das, dass eine Apostille (ein spezieller Stempel) von der entsprechenden Behörde angebracht wird, um zu beglaubigen, dass das Dokument eine wahrheitsgetreue Kopie vom Original ist. Die Apostille kann Ihnen innerhalb von 30 Tagen nach Beantragung zur Verfügung stehen. Die Kosten betragen 10 $ pro Dokument, für das eine Apostille erforderlich ist, und müssen beim Finanzministerium eingezahlt werden.

Wer auf einer der Out Islands heiraten möchte, kann eine Heiratsgenehmigung beim Hochkommissariat dieser Insel erhalten und muss nicht nach Nassau kommen. Die Genehmigung gilt für einen Zeitraum von drei Monaten. Die Gebühr für die Genehmigung beträgt 100 $. Zusätzliche Heiratsurkunden sind für 20 $ pro Urkunde erhältlich. Heiratsgenehmigungen werden im Haupt-Zivilstandsamt (Registrar General) in Nassau ausgestellt (mit Ausnahme der Hochzeiten, die auf den Out Islands stattfinden). Das Büro ist Mo–Fr 9.30–16 Uhr geöffnet.

Infos

Registrar General's Department, P.O. Box N-532, Nassau, ☎ 397-9179, www.bahamas.gov.bs/rgd. Aktuelle Infos auch unter: www.bahamas.de.

info

„Free Wedding"

„Destination Weddings" ist auf den Bahamas ein sehr großes Thema. Ganze Festgesellschaften werden in den USA in Flugzeuge gepackt und zu einem Resort gebracht, in dem sich Paare das feierliche Ja-Wort geben. Die Möglichkeiten, so eine Hochzeit zu einem einmaligen Erlebnis zu machen, sind beinahe unbegrenzt und viele Resorts bieten komplette Sorglos-Pakete an.

Seit 1994 werden z.B. in den „Sandals"-Resorts am Cable Beach und auf Great Exuma Hochzeiten veranstaltet, einige Tausend sind es seitdem geworden. Es gibt in jedem Hotel ein „Wedding Office" in dem die „Wedding Planner" mit dem Brautpaar die Hochzeit durchsprechen, den Trauungsort auswählen und alles vor Ort organisieren. Jedes Brautpaar hat einen festen Hochzeitsplaner als Ansprechpartner, der ihm während des Aufenthalts zur Seite steht. Alle erforderlichen Formalitäten für deutschsprachige Paare werden bereits im Vorfeld der Reise vom „Sandals"-Büro in Düsseldorf vorbereitet.

Brautpaare können das kostenlose Hochzeitsarrangement „Free Wedding" buchen, das auch bei den deutschen Paaren sehr beliebt ist – ab drei Übernachtungen ist das Paket im Reisepreis inklusive. Im Arrangement ist vom Hochzeitsplaner bis zum kontinentalen Frühstück im Bett und Hochzeitsfoto alles drin.

Interessant sind die Bahamas aber nicht nur zum Heiraten, sondern natürlich auch als romantisches Traumreiseziel für die Flitterwochen. Auch dafür hat Sandals ein eigenes Arrangement: Beim kostenlosen „A Romantic Gesture" erwartet das Paar u.a. gekühlter Sekt auf dem Zimmer, ein mit Rosen dekoriertes Bett sowie Frühstück im Bett am ersten Tag nach der Ankunft. Voraussetzung für das Arrangement ist lediglich, dass das Paar vor der Anreise online eincheckt und eine Heiratsurkunde vorlegt. Auch die Erneuerung des Eheversprechens ist als Arrangement mit allem Drum und Dran buchbar.

Informationen und Eindrücke über verschiedene Arrangements unter: www.sandals.com/weddingmoons.

Impfungen

s. auch „Gesundheit/Notfälle"

Es sind keine speziellen Impfungen für die Einreise vorgeschrieben. Das Auswärtige Amt empfiehlt: „die Standardimpfungen gemäß aktuellem Impfkalender des Robert Koch Instituts für Kinder und Erwachsene anlässlich jeder Reise zu überprüfen und zu vervollständigen. Dazu gehören für Erwachsene die Impfungen gegen Tetanus, Diphtherie, Pertussis (Keuchhusten), ggf. auch gegen Polio (Kinderlähmung), Mumps, Masern, Röteln (MMR), Influenza, Pneumokokken und Herpes Zoster (Gürtelrose). Als Reiseimpfungen werden Impfungen gegen Hepatitis A, bei Langzeitaufenthalt oder besonderer Exposition auch gegen Hepatitis B und Tollwut empfohlen." Aktuelle Informationen unter: www.auswaertiges-amt.de.

Internet

In der Regel bieten alle größeren Hotels Internetzugänge mit eigenen Computern oder WLAN (WiFi) an. Hier kann man **E-Mails** verschicken und mit dem Smartphone oder dem eigenen Laptop online gehen. Gelegentlich kostet der WiFi-Service einen kleinen Aufpreis. Nicht nur auf den Out Islands kann es passieren, dass das WiFi einer gewissen Wetterunsicherheit unterliegt. Bei heftigem Regen und/oder Sturm bricht das WiFi schon mal zusammen. Normalerweise ist die Reparatur aber immer schnell gemacht.

Es gibt noch ein paar **Internetcafés** auf den größeren Inseln, die z. T. recht gut mit Notebook-Anschlüssen, Webcams, Scanner und Kopierer ausgestattet sind.

Online-Informationen zu den Bahamas

- **www.bahamas.com** und der deutschsprachige Ableger **www.bahamas.de** sind sehr gute und zuverlässige Informationsquellen.
- Hinter **https://bahamasvisitorsguide.com** verbirgt sich ein Nassauer Verlag, der für alle touristisch entdeckten Inseln jeweils einen jährlich erscheinenden, bunten und informativen „Visitors Guide" als Heft herausbringt. Dieses liegt in vielen Hotels und Touristeninformationen aus.
- Für Naturliebhaber ist die Website des Bahamas National Trust, **www.bnt.bs**, eine Fundgrube zu Flora und Fauna der Inseln.
- **www.meine-bahamas-reise.de** ist eine informative Quelle, die alles zusammenträgt, was für Besucher der Insel interessant sein könnte.
- Majestic Tours Ltd. & Majestic Holidays Ltd. Head Office aus Hillside Manor/Nassau, ist der größte Touranbieter auf den Bahamas. Die Website **www.majestic holidays.com** erzählt viel über Geschichte und Jetztzeit der Inseln.
- **www.myoutislands.com** hat logischerweise die Förderung des Tourismus auf den Out Islands im Fokus. Es werden Highlights vorgestellt und auch konkrete Reisetipps gegeben.
- **www.savethebays.bs** ist die Website einer professionellen „Non-Profit"-Organisation, die es sich zum Ziel gesetzt hat, auf Umweltzerstörungen auf den Bahamas hinzuweisen und die Öffentlichkeit zu alarmieren. Mit allen ihnen zur Verfügung stehenden Mitteln wird versucht, Gefahren für die Umwelt abzuwenden.

Kartenmaterial

Die **Karten amerikanischer Firmen** sind das Beste, was es auf dem Markt gibt. Sie sind in größeren europäischen Buchhandlungen zu bekommen. Vor Ort ist der Erwerb von gutem Kartenmaterial schon schwieriger. Wer plant, ausführliche Touren auf den **Out Islands** zu unternehmen, sollte auf jeden Fall in Nassau oder Freeport einen Buchladen aufsuchen und nach einem Exemplar des „**Atlas of the Bahamas**" fragen. Hier sind alle Touren auf den Out Islands rot markiert. Auf den Out Islands selbst Kartenmaterial zu bekommen, ist äußerst unwahrscheinlich.

Stadtpläne für Nassau und Freeport/Lucaya sind kostenlos bei den Fremdenverkehrsämtern erhältlich. Recht gute Pläne sind auch in der Broschüre „**What-to-Do**" oder in den Heften „**Bahamas Visitors Guide**" zu finden, die in vielen Geschäften, Hotels und Touristeninformationen ausliegen. Manche Hotels haben auch eine eigene, meist handgezeichnete Karte mit den schönsten Stränden und wichtigsten Sehenswürdigkeiten.

Kasinos

Wer sich für Glücksspiel interessiert, kann im „Baha Mar“ am Cable Beach, im „Atlantis“ auf Paradise Island, auf Grand Bahama Island im „Grand Lucayan“ oder im Resorts World Bimini sein Glück versuchen. Erwarten Sie aber kein „Baden-Baden-Ambiente“. Anstelle der eher ruhigen Atmosphäre um den Roulettetisch begleitet Sie auf den Bahamas das Automatengeklingel im „Las-Vegas-Stil“.

Kirchen/Religion

Die Kirche spielt im Leben der Bahamaer eine große Rolle. Bei einer Tour durch die Stadt oder über Land fällt auf, dass es sehr viele Kirchen gibt und am Sonntag fast jeder Bahamaer festlich gekleidet zum Gottesdienst geht (besonders eindrucksvoll ist die Hutparade der Damen!). Immerhin sind 95 % der Bahamaer Christen, davon 34,9 % Baptisten, 13,7 % Anglikaner, 12 % Katholiken, 8,9 % Pfingstkirchler, 4,4 % Adventisten, 3,6 % Methodisten und 17,6 % andere Richtungen.

Auch wer zu Hause nie in die Kirche geht, sollte auf den Bahamas einmal einen **Gottesdienst** besuchen, um einen besseren Eindruck vom Leben auf diesen Inseln zu gewinnen. Zu empfehlen ist sicher ein Baptistengottesdienst, da man dort bei Gospelgesängen und heftigen Predigten eine ganz andere Art von Glaubensausübung kennenlernt, als man es aus Europa gewohnt ist. Am besten gehen Sie im Rahmen des **People-to-People-Programms** (s. S. 78) zusammen mit Ihren Gastgebern dorthin, da Sie dann gleich in die Gemeinde eingeführt werden und hinterher auch Fragen stellen können.

Kleidung

Da auf den Bahamas das ganze Jahr hindurch ein sommerliches Klima herrscht, gehört vornehmlich leichte **Sommerbekleidung** ins Gepäck. Der „Notpullover“ für einen möglicherweise frischen Abend am Wasser sollte jedoch nicht fehlen. Im Allgemeinen reicht leger-sportliche Kleidung aus. Für ein Abendessen in einem besseren Restaurant oder für eine Veranstaltung in einem guten Hotel sollten Sie jedoch auch die bessere Hälfte Ihres Kleiderschranks berücksichtigen. Eine Krawatte oder das „kleine Schwarze“ nehmen ja nicht viel Platz im Koffer ein. Wenn Sie ein Zimmer in einer luxuriösen Hotelanlage gebucht haben, ist darüber hinaus eine größere Variationsbreite an guter Kleidung angemessen. Auf keinen Fall zu vergessen ist natürlich **Badebekleidung**. (Auf Freikörperkultur sollten Sie auf den Bahamas mit Rücksicht auf das dort herrschende Verbot in der Öffentlichkeit verzichten!)

Kreuzfahrten

Um die Bahamas richtig kennenzulernen, ist eine Kreuzfahrt nicht unbedingt der geeignete Weg. Kreuzfahrtgäste sind in der Regel nur für einige Stunden oder einen Tag auf New Providence oder Grand Bahama Island und können nur einen kurzen Eindruck des Bahamas-Feelings erhaschen.

Kriminalität

In Nassau, Freeport und Lucaya sollten Sie besonders in den Abend- und Nachtstunden etwas vorsichtig sein. Besonders Nassau genießt nicht unbedingt berechtigterweise vor allem bei Kreuzfahrten den Ruf, gefährlich zu sein. Tatsächlich passiert ein Großteil der Verbrechen in Nassau „Over the Hill", d. h. in den Quartieren der Einheimischen hinter dem Torbogen, der unterhalb des Government House die Stadt trennt. In Nassau Downtown dagegen ist ein Aufenthalt normalerweise gefahrlos möglich.

Auf den Out Islands ist jedoch die Kriminalitätsrate so gering, dass es in einigen Hotels nicht einmal Zimmerschlüssel gibt. Trotzdem sollte man Geld, Schecks und Wertgegenstände an der Rezeption verwahren lassen oder den zimmereigenen Safe nutzen.

Maßeinheiten

Gewichte

1 ounce	=	28,35 g
1 pound (lb.)/16 oz.	=	453,59 g
1 ton/2.000 lb	=	907 kg

Abmessungen

1 fluid ounce	=	29,57 ml
1 pint (16 fl. oz.)	=	0,47 l
1 quart (2 pints)	=	0,95 l
1 gallon (4 quarts)	=	3,79
1 barrel (42 gallons)	=	158,97 l

Flächen

1 square inch (sq.in.)	=	6,45 cm²
1 square foot (sq.ft.)	=	929 cm²
1 square yard (sq.yd.)	=	0,84 m²
1 acre (4.840 sq.yd.)	=	4.046,8 m²
1 sq.mi. (640 acres)	=	2,59 km²

Längen

1 inch (in.)	=	2,54 cm
1 foot (ft.)/12 in.	=	30,48 cm
1 yard (yd.)/3 ft.	=	0,91 m
1 mile/1.760 yd.	=	1,61 km

Temperaturen

23 °F	=	-5 °C
32 °F	=	0 °C
41 °F	=	5 °C
50 °F	=	10 °C
59 °F	=	15 °C
68 °F	=	20 °C
73,5 °F	=	23 °C
77 °F	=	25 °C
86 °F	=	30 °C
95 °F	=	35 °C
104 °F	=	40 °C

Für die Umrechnung muss man von der jeweiligen Fahrenheit-Temperatur die Zahl 32 abziehen, mit 5 multiplizieren und durch 9 dividieren, z. B. 0 °C = 32 °F, 25 °C = 77 °F, 100 °C = 212 °F.

Medien

Ein vortreffliches Informationsmedium, das auch und vor allem auf den Out Islands als ständige Quelle von Geschichten geschätzt wird, ist die Website **https://bahamaspress.com**. Hier ist man immer auf dem Laufenden über die Ereignisse auf den Bahamas.

Auf New Providence informieren die beiden **Zeitungen „Nassau Guardian"** (https://thenassauguardian.com) und **„Tribune 242"** (www.tribune242.com) über das Tagesgeschehen, während auf Grand Bahama Island die **„Freeport News"** (http://freeport.nassauguardian.net) diesen Zweck erfüllt. Darüber hinaus werden auf diesen Inseln amerikanische Tageszeitungen, wie „New York Times" oder „US Today", verkauft. Auf vielen Out Islands wird man jedoch auf eine aktuelle Ausgabe verzichten müssen.

Der staatliche Sender „Broadcasting Corporation of the Bahamas" hat vier **Radioprogramme**: **ZNS** (https://znsbahamas.com) ist das bekannteste bahamaische Programm und wird bereits seit 1936 gesendet. Hier wird viel über aktuelle Themen und Religion gesprochen, es gibt Musik und Sportinformationen. Seit 1993 sind auch private Programme zugelassen, die in der Regel moderne Musik senden. **ZNS TV** ist der staatliche **Fernsehsender** der Bahamas, den man auf Kanal 13 empfangen kann. Die Themen der Sendungen sind in der Regel auf die Bahamas bezogen. Beherrscht wird der bahamaische Fernsehschirm ohnehin von amerikanischen Sendern, denn viele Bahamaer haben eine Satellitenschüssel.

Mehrwertsteuer/VAT

Seit 1. Januar 2015 gibt es auf den Bahamas eine Mehrwertsteuer. Diese „Value Added Tax" (VAT) in Höhe von 7,5 % ist – wie in der Europäischen Union – eine Steuer, die auf den Preis des Produkts oder eine Leistung aufgeschlagen wird.

Motorroller

Motorroller (Scooter) sind ein beliebtes und unkompliziertes Fortbewegungsmittel auf den Bahamas. In der Regel ist ein entsprechendes Gefährt (mitsamt Helm) beim Hotel oder an der Straße zu mieten. Ein Scooter zur Miete kostet für einen Tag rund 60 $. Allerdings sollte man nicht in Badehose und Bikini über die Inseln fahren: Bei einem Sturz ist das Verletzungsrisiko ungleich höher als im bekleideten Zustand. Gleichzeitig holt man sich schnell und unbemerkt einen Sonnenbrand.

Nationalparks und Schutzgebiete

Die **Nationalparks und Schutzgebiete der Bahamas** werden vom **Bahamas National Trust** unterhalten. Sie beherbergen zahlreiche bedrohte Biosysteme – darunter eines der weltweit größten Unterwasserhöhlensysteme – und schützen bedrohte Tierarten.

Einer der größten Erfolge des Bahamas National Trust ist die Bewahrung der ehemals bedrohten Kolonie von **westindischen Flamingos**, die heute mit rund 80.000 Tieren auf Great Inagua lebt. Ähnlich wichtige Programme dienten z. B. der Verhinderung des Aussterbens der **Grünen Schildkröte** und des **Bahamas-Papageis** (Bahama Parrot), der heutzutage wieder mit geschätzten 8.000 bis 13.000

Exemplaren auf Inagua und rund 3.000 bis 5.000 Papageien auf Great Abaco vertreten ist.

Insgesamt gibt es **32 Nationalparks und Schutzgebiete**. Der größte Nationalpark ist der knapp 526.000 ha umfassende West Side Nationalpark auf Andros, zu dem außer umfangreichen Mangroven- und Feuchtgebieten zwei spektakuläre Teile des Andros Barrier Reef gehören, dem drittgrößten Barrier Reef der Welt.

Der Bahamas National Trust als gemeinnützige Organisation setzt sich zudem für die Bewahrung historisch wichtiger Gebäude und landschaftlich schöner Abschnitte der Bahamas ein. Er verwaltet, betreut und erschließt die Nationalparks und setzt sich für Forschungsaufträge ein, die die Bahamas betreffen. In diesem Zusammenhang arbeitet diese Organisation sehr eng mit einigen Universitäten in den Vereinigten Staaten zusammen. Regelmäßig werden auch Schulungen für Kinder und Erwachsene durchgeführt.

Informationen über die Nationalparks und geschützten Landschaften auf den Bahamas gibt es beim **Bahamas National Trust**, P.O. Box N-4105, The Retreat, Village Rd., Nassau, ☎ 393-1317, www.bnt.bs. Weitere Infos zu den Schutzgebieten sind in den Reisepraktischen Informationen und den Reisebeschreibungen der jeweiligen Inseln zu finden.

info

Übersicht über die wichtigsten Nationalparks

Abaco National Park, The Abacos: In diesem Park kann man auf einem großen Areal in dem für einige Inseln typischen Pinienwald wandern und auch den Bahama Parrot, eine bahamaische Papageienart, antreffen.

Exuma Cays Land & Sea Park, The Exumas: Ein Teil der Cays der Inselgruppe der Exumas wurde zusammen mit den sie umgebenden Gewässern schon 1958 zum Nationalpark erklärt, um diese Landschaft in ihrer Gesamtheit zu erhalten. In dem Park kann man sich an der wunderschönen Unterwasserwelt der flachen Karibischen See und den herrlichen Stränden der Cays erfreuen. Auf einem Cay gibt es noch die letzte auf den Bahamas verbliebene Leguankolonie.

Harrold & Wilson Ponds National Park, New Providence: 2002 wurde der Park gegründet und ist jetzt die geschützte Heimat von mehr als hundert Vogelarten, darunter eine besonders hohe Konzentration von Ibissen, Kormoranen und Reihern.

Inagua National Park, Great Inagua: Dieser hauptsächlich aus Seenlandschaft bestehende Park im Inneren Inaguas beherbergt die größte Flamingokolonie der Karibik und ist ein Paradies für Vogelkundler.

Leon Levy Native Plant Preserve, Eleuthera: Jüngster Neuzugang (2009) und gegründet durch die private Initiative der US-Amerikanerin Shelby White. Ihr Mann, Leon, hatte ein Vermögen an der New Yorker Börse gemacht – auf den Bahamas fand das Paar seine zweite Heimat.

Als Leon 2003 verstarb, gründete Shelby ihm zu Ehren das Naturschutzgebiet. Das Leon Levy Native Plant Preserve spiegelt die Geschichte Eleutheras und der Bahamas in Flora und Fauna.

Little Inagua National Park: Der südlichste Nationalpark ist die Insel Little Inagua und liegt ca. 600 km von Nassau entfernt. Sie gehört zu den größten unbewohnten Inseln der Karibik und soll auch zukünftig ihre Unberührtheit bewahren. Little Inagua gilt u. a. als beliebter Brutplatz für die gefährdeten Wasserschildkröten.

Lucayan National Park, Grand Bahama Island: Naturbelassener Mangrovensumpf am Gold Rock Creek. Eines der längsten Höhlensysteme der Welt kann man hier zu Wasser und zu Land, tauchend oder von einem Boot aus erforschen.

Moriah Harbour Cay National Park, The Exumas: Moriah Harbour Cay und das Meergebiet drumherum sind ein Ausschnitt eines sehr lebendigen Ökosystems zwischen Great und Little Exuma. Dazu gehören unberührte Strände, Sanddünen, von Mangroven gesäumte Flüsschen und Seegrasfelder, in denen eine beeindruckende Vielfalt an Vögeln nistet. Viele Meerestiere finden in dem Wurzelwerk sicheren Lebensraum.

Pelican Cays Land & Sea Park, The Abacos: Ebenso wie der Park auf den Exumas wurde die Natur hier sowohl zu Wasser als auch zu Land unter Schutz gestellt. Auf einer Bootstour und mit Schnorchelbrille ist er ein großes Erlebnis.

Peterson Cay National Park, Grand Bahama Island: Ein unter Naturschutz gestelltes Riff, das man mit einem Boot erreichen kann, ist hier durch die Schnorchelbrille zu „besichtigen".

Primeval Forest, New Providence: Der Urwald liegt im Westen von New Providence. Das Gebiet besteht aus dem immergrünen, tropischen Hardwood Forest, auch als Blackland Coppice bekannte Bäume, die sehr selten sind.

Rand Nature Centre, Grand Bahama Island: Ein Spazierweg führt durch eine Anpflanzung von einheimischen bahamaischen Gewächsen. Die typische Tierwelt ist mit Papageien, Vogel- und anderen Tierarten repräsentativ vertreten.

The Retreat, New Providence: Hier ist das Hauptquartier des Bahamas National Trust. Im Retreat sind fast 200 unterschiedliche Palmenarten zu bestaunen – eine der größten privaten Palmensammlungen der Welt.

Union Creek Reserve, Great Inagua: Dieser kleine Park wurde zur Erhaltung und Erforschung eines für die Bahamas typischen, von den Gezeiten abhängigen Bachs („Creek") gegründet. Solche Creeks dienen auch als Brutgebiet der gefährdeten Grünen Meeresschildkröte.

Walker's Cay National Park ist das nördlichste Schutzgebiet und liegt nicht weit von Floridas Küste entfernt – mit herrlichen Korallenformationen und einer äußerst vielseitigen Meeresfauna.

West Side National Park, Andros: Der 2002 gegründete Park beherbergt ein großes Sumpfgebiet und Mangrovenwald sowie zwei spektakuläre Teile des Andros Barrier Reef.

Öffnungszeiten

Die Geschäftszeiten sind auf den Bahamas recht variabel – bis auf Sonn- und Feiertage, an denen die Geschäfte geschlossen sind. In der Regel sind aber Mo–Sa die meisten Geschäfte 9–17.30 Uhr geöffnet (Supermärkte sind häufig schon ab 7 Uhr geöffnet und manche Geschäfte schließen erst um 18 Uhr).

Auf den **Out Islands** kann es auch passieren, dass ein Geschäft gerade geschlossen hat, weil etwa der Besitzer zum Fischen gegangen ist, oder dass ein Laden nur aufgemacht wird, wenn gerade Bedarf ist. Auch können sich Öffnungszeiten nach einer Art touristischem Wecker richten und dann öffnen, wenn z. B. gerade die Fähre aus der Hauptstadt eintrifft. Scheuen Sie sich also nicht, im Ort nachzufragen, an die Tür zu klopfen oder die an der Eingangstür genannte Telefonnummer anzurufen.

People-to-People-Programm

Die beste Möglichkeit, nicht nur Land, sondern auch die Menschen kennenzulernen, bietet das People-to-People-Programm. Bereits 1977 wurde dieses „interkulturelle" Programm von der bahamaischen Tourismusbehörde in Nassau ins Leben gerufen. Heute gehören rund 1.500 Bahamaer auf ehrenamtlicher Basis zum festen Stamm des „Besuchs"-Programms. Das People-to-People-Programm gibt es auch auf den Out Islands wie Abaco, Exuma, Bimini, Cat Island, San Salvador.

Dabei fungieren Einheimische als persönliche Gastgeber für die Besucher der Inseln. Dafür werden aus Hunderten von Bewerbern nach bestimmten Kriterien die geeigneten Bahamaer ausgewählt. Wie die gemeinsame Zeit verbracht werden soll, hängt von den Besuchern und den Gastgebern ab. Von Inselbesichtigung, College-Besuch bis zur Restaurantauswahl durch den einheimischen Spezialisten, vom Discobesuch bis zum Kirchgang – fast alles ist möglich.

Wer an dem Programm teilnehmen möchte, ruft am besten vor Reiseantritt unter der unten angegebenen Telefonnummer des Bahamas Ministry of Tourism an und legt seine Interessen dar – oder meldet sich online an unter **www.bahamas.com/de/people-people-programm**. Daraufhin bekommt man eine Telefonnummer, über die man sich mit einem Bahamaer privat verabreden und etwas mit ihm oder ihr oder gleich einer ganzen Familie unternehmen kann.

Wer auf **Long Island** urlaubt und keine Zeit oder Gelegenheit hat, einen ganzen Tag am Programm teilzunehmen, der kann den Nachmittag auf einer „Tea Party" verbringen. Diese werden an wechselnden Orten veranstaltet, zum Programm gehören Kunst, eine Live-Band und leckere bahamaische Genüsse.

i Infos
Bahamas Ministry of Tourism, People-to-People Office, ☎ 326-5371, 328-7810, www.bahamas.com/our-people-people-experience-0. Vor Ort wendet man sich an die lokale Touristeninformation oder den Concierge-Service im Hotel.

Post

Die Post wird mit bahamaischen Briefmarken frankiert (amerikanische Marken werden nicht akzeptiert). Briefmarkensammler, die an schönen Motiven interessiert sind, werden aber sicher nicht nur für ihre Post, sondern auch fürs Album etwas Passendes finden. Ein Luftpostbrief (First Class Letter) nach Deutschland, Österreich oder in die Schweiz kostet 70 Cent, eine Postkarte 50 Cent. In der Regel dauert die Post 7–10 Tage. Es ist aber damit zu rechnen, dass sie von den Family Islands aus nach Europa in manchen Fällen auch zwei bis drei Wochen unterwegs ist.

Die Postämter sind auf den Bahamas normalerweise Mo–Fr 8.30–17.30 und Sa 8.30–12.30 Uhr geöffnet.

Reisezeit

Die beste Reisezeit für die Bahamas ist von Dezember bis Mai (s. hierzu „Klima", S. 19).

Restaurants

Auf den Bahamas kann man ausgezeichnet essen gehen. Vom frischen Conch-Salat an einem Verkaufsstand auf Potter's Cay bis zum fünfgängigen Menü im Restaurant der Luxusklasse wird in dieser Beziehung auf den Bahamas alles geboten, was das Herz von Freunden kulinarischer Köstlichkeiten höherschlagen lässt.

Detaillierte Informationen, die die Auswahl der Restaurants möglicherweise etwas erleichtern können, sind unter den Reisepraktischen Informationen zu den jeweiligen Orten/Inseln zu finden.

Sicherheit

Wichtige Reisedokumente sollten im Hotelschließfach oder im Safe, der meist im Schrank des Hotelzimmers untergebracht ist, deponiert werden.

Frauen können ohne Bedenken alleine die Bahamas bereisen. Wie in jedem anderen Land auf der Welt, sollte jedoch vermieden werden, nachts alleine unterwegs zu sein. Im Land sind – außer in Nassau und „Over the Hill" – keine besonderen Sicherheitsrisiken bekannt.

Sport

Funsportarten

Besonders die Hotels auf New Providence, Paradise Island und Grand Bahama Island bieten Wasserski, Jetski, Parasailing, Bananaboat Riding und Wasserfahrräder an.

Golf

Der erste Golfplatz auf den Bahamas wurde bereits 1929 gegründet. Heute gibt es den Cable Beach Golf Course in Nassau immer noch, allerdings unter dem Namen Royal Blue Golf Club. Insgesamt stehen golfbegeisterten Urlaubern und Einheimischen acht Plätze zur Verfügung, die vorwiegend von renommierten Architekten wie Dick Wilson, Joe Lee und Robert Trent Jones Jr. gestaltet wurden. Neben landschaftlicher Schönheit und sportlicher Herausforderung punktet die Golfdestination Bahamas mit idealem Klima das ganze Jahr über.

Grand Bahama Island

Reef Course

Robert Trent Jones Jr. hat den 18-Loch-Platz mit einer Länge von 6.339 m entworfen. Der Par-72-Kurs bietet 57 Bunker, 14 Löcher und malerische Seen. Infos: www.grandlucayan.com/reef-club.

The Ruby

18-Loch-Platz, seit 1964, neu gestaltet 2002 von Jim Fazio, nach zwei Hurrikans zwischendurch geschlossen, aber 2008 renoviert, wiedereröffnet und deutlich einfacher zu spielen als The Reef. Infos: www.golfadvisor.com/courses/35102-ruby-golf-course.

Fortune Hills Golf & Country Club

Der 9-Loch-Platz ist rund 3 km lang mit einem Slope-Wert von 125. Er wurde von Joe Lee und Dick Wilson 1972 gestaltet. Infos: www.golfadvisor.com/courses/19487-fortune-hills-golf-country-club.

The Abacos

The Abaco Club on Winding Bay

Der exklusive Golf & Sport Club liegt auf einer Halbinsel mit kilometerlangem, pudrigem Sandstrand und Dünenlandschaften. Vom Clubhaus aus geht ein traumhafter Blick über die Winding Bay und den 18-Loch-Platz, der von Donald Steel gestaltet wurde. Die letzten Fairways und Greens des 6.568 m langen Platzes liegen erhöht und bieten einen direkten Blick auf den Ozean. Das 18. Loch liegt auf 10 m Höhe und führt am Meer entlang. Es heißt, es wäre eines der besten Abschluss-Fairways eines Golfplatzes. Zudem gibt es neben Driving Range und Putting Green eine Akademie und einen Pro-Shop. Infos: https://theabacoclub.com/golf.

Treasure Cay Golf Course

Das Besondere am Treasure Cay-Golfplatz ist, dass generell keine Abschlagszeiten erforderlich sind. Der Platz hat 18 Löcher und wurde von Dick Wilson direkt am Meer entworfen. Mit einer Strecke von knapp 6.400 m von den blauen Abschlägen und mit 66 strategisch platzierten Sand-Bunkern ist der Golfplatz eine anspruchsvolle Herausforderung mit Meereswinden und engen Fairways. Infos: http://treasurecay.com/golf.

New Providence

Royal Blue Golf Club

Der 2017 (wieder-)eröffnete Golfplatz in Cable Beach gehört zum Gesamtkonzept des benachbarten Baha Mar Resort. Kein Geringerer als Golf-Legende Jack Nicklaus gestaltete den 18-Loch-Platz und hinterließ hier eindrücklich seine Handschrift. Infos: https://bahamar.com/experiences/golf.

Ocean Club Golf Course
Der 18-Loch-, Par-72-Championship-Platz wurde von Tom Weiskopf entworfen. Der PGA-Platz bietet landschaftliche Abwechslung auf 6.500 m sowie einen Pro-Shop und ein neues Clubhaus. Er gehört zum Atlantis Resort und liegt direkt am Meer auf Paradise Island. Infos: www.atlantisbahamas.com/thingstodo/golf.

Golfplatz des Sandals auf Great Exuma

The Exumas: Sandals Emerald Reef Golfclub
Das Sandals Emerald Bay Hotel auf Great Exuma besitzt einen eigenen 18-Loch-Golfplatz am Meer, der von Greg Norman entworfen wurde. Die ersten neun Löcher des anspruchsvollen Platzes schlängeln sich durch Mangrovenfelder, die letzten neun entlang der felsigen Küste. Infos: www.sandals.com/golf/bahamas.

Reiten
Möglichkeiten zum Reiten gibt es auf New Providence, Grand Bahama Island.

Segeln, Jetski und Surfen
Wo es eine touristische Infrastruktur auf den Bahamas gibt, sind die Strände in der Regel gut mit sportlichem Zubehör zum Mieten ausgestattet: Vermietet werden Surfbretter, kleine Segelboote, Motorboote (Scooter) oder Kanus sowie Wasserski und Jetski. Viele Hotels bieten ihren Gästen auch die Möglichkeit zum Segeln. Segelschulen bieten Kurse für Anfänger und Fortgeschrittene, bei Charterfirmen kann man Segelboote und Jachten mieten, wahlweise mit oder ohne Begleitcrew.

Tauchen & Schnorcheln
Die Bahamas sind ein Paradies für Taucher und Schnorchler. Die Inselgruppe liegt direkt am drittgrößten Barriereriff der Welt. Neben spektakulären Tauchgängen entlang teils kilometertief abfallender Meereswände und der großen Fischvielfalt sind die zahllosen Wracks und „Blue Holes“ Attraktionen für Unterwassersportler. Wer keinen Tauchschein besitzt, kann die Unterwasserwelt auch schnorchelnd *(snorkeling)* erkunden. Das türkisblaue, glasklare Wasser ist für seine enormen Sichtweiten berühmt, sodass Schnorchler Fische und Korallengärten problemlos von der Wasseroberfläche aus beobachten können.

Begegnung mit einem Lionfish, der durch seine starke Vermehrung eine Bedrohung für die Korallenriffe ist

Ein Tauchgang kostet im Schnitt 60–100 $. Vieltaucher sparen Geld, wenn sie gleich ganze Pakete buchen. Hotels bieten ihren Gästen z. T. vergünstigte Tauchgänge und Kurse an. Schnorchelausrüstungen können überall auf den Bahamas ausgeliehen werden. Zu beachten ist, dass das Tauchen in „All-inclusive"-Resorts wie beispielsweise den „Sandals" auf New Providence und Great Exuma zwar inklusive ist und täglich zwei Boots-Tauchgänge angeboten werden, aber z. B. ein Neopren-Anzug extra kostet und die Betreuung durch Guides und Divemaster eher oberflächlich ist. Wer ein intensives Tauchbriefing vor dem Tauchgang erwartet, könnte enttäuscht werden. Das All-inclusive-Tauchen ist also eher etwas für routinierte Taucher. Anfänger (Open Water Diver) könnten sich bei dem wenig vorhandenen Service recht verlassen vorkommen.

Dekompressionskammern gibt es in Freeport und in Nassau. Infos zum Tauchen auf den Bahamas gibt es z. B. online bei **www.bahamasdiving.com**, der Website der **Bahamas Diving Association**. Adressen für Ausrüster und Tipps für gute Tauchgründe sind in den Reisepraktischen Informationen aufgeführt.

Tennis

Die großen Hotelanlagen auf New Providence verfügen in der Regel über recht gute Tennisplätze. Auf anderen Inseln ist die Qualität sehr unterschiedlich. Nicht jeder Tennisplatz, der im Prospekt noch schön aussieht, ist dann in der Realität gut bespielbar.

Sprache

Die Landessprache der Bahamas ist **Englisch**. Gesprochen wird es von den Bahamaern mit einem recht charmanten Akzent. Solange sie sich an die hochsprachliche Version halten, kann man sie mit dem üblichen Schulenglisch sehr gut verstehen, wenn sie allerdings in ihren Dialekt verfallen, wird das schon schwieriger. Dazu kommt, dass sich die Dialekte nicht nur von Insel zu Insel unterscheiden, sondern sogar auf der Insel selbst. Besucher treffen z. B. auf Eleuthera gleich auf mindestens drei Dialekte, die alle ihren Charme haben und sich vor allem durch die unterschiedliche Betonung von Silben unterscheiden.

Strände

Auf den Bahamas gibt es **wunderschöne Strände** – vielleicht die schönsten Strände der Welt. Auf jeden Fall landen einige davon regelmäßig in den weltweiten

Top Ten, wie z.B. der Strand auf der Halbinsel Treasure Cay/Abaco. Sicher ist: Vom Hotel oder Resort ist es nicht weit bis zum Strand, und dieser Strand wird normalerweise schön sein. Das einzige, was Urlauber befürchten müssen, sind die nachhaltigen Bisse der Sandmücken *(sandflies)*, die natürlich auch nicht vor den Resortinseln haltmachen.

Pink Sands Beach auf Harbour Island

Da es auch sehr viele und sehr unterschiedliche Strände gibt, ist für jeden Geschmack etwas dabei. Ob man nun einen „Partystrand" **mit viel Rummel** oder die **romantische Einsamkeit** eines langen Strands an einem entlegenen Fleckchen auf den Family Islands vorzieht, man findet mit Sicherheit den idealen Strand für seinen persönlichen Geschmack.

Infos zu Stränden und Strandaktivitäten sind unter den Reisepraktischen Informationen aufgeführt.

Taxi

Taxifahren kann schnell zum teuersten Posten im Reiseetat werden. Das liegt einerseits daran, dass an den Flughäfen ein Taximonopol herrscht, während es normalerweise keinen öffentlichen Nahverkehr rund um die Flughäfen gibt. Wer also unvorbereitet ankommt, der muss sich einem Taxi anvertrauen. Kein Problem z.B. auf Bimini, wo der Transport vom Flughafen nach Nord Bimini mit Taxi und Fähre fixe 5 $ kostet. Teuer wird es dann, wenn die Wege länger werden. Wer z.B. in Marsh Harbour/Abaco landet mit dem Ziel Treasure Cay, der muss für die 25 Min. Taxifahrt gut 90 $ hinblättern. Eine Fahrt über die Insel kann dann recht schnell mit 200 $ oder mehr zu Buche schlagen. Als **Trinkgeld** werden 15 % des Fahrpreises empfohlen.

Tipps

- Genau recherchieren, welcher Zielflughafen der richtige ist. Etliche Out Islands haben mehr als einen Flughafen. Der richtige ist normalerweise der, der am nächsten zum Wunschziel liegt.
- Beim Hotel nachfragen, ob der Transport organisiert werden kann und eventuell inklusive ist.
- Falls nicht: Nachfragen, was das Taxi zum Hotel kosten darf.
- Wer mehr von der Insel sehen und sich nicht einer geführten Rundtour anschließen möchte, sollte sich ein Auto mieten. Das ist deutlich günstiger als Taxifahren und schont den Geldbeutel.

Telefonieren

Wichtige Telefonnummern

Vorwahl

Vorwahl für die Bahamas: 001 242
Internationale Vorwahl
nach Deutschland: 01149
nach Österreich: 01143
in die Schweiz: 01141

Notfall, Konsulat, Touristeninformation

Notrufnummer (Feuerwehr, Ambulanz, Polizei): ☎ 919 oder 911
Deutsches Honorarkonsulat auf den Bahamas: ☎ 327-1163
Touristeninformation Nassau: ☎ 302-2000

Festnetz

Von den Bahamas kann man direkt ins Ausland telefonieren. Von einigen Inseln (vor allem von den Family Islands) bekommt man über eine Vermittlung („0" = Operator) eine internationale Verbindung. Die Gespräche über die Vermittlung sind teurer als die direkte Verbindung. Die Gebühren sind in den Hotels am höchsten. Faxen ist leider oft nicht viel billiger.

Tipp

Wer telefonieren und/oder Google Maps oder ähnliche Dienste auf dem Smartphone oder Tablet nutzen will, kauft sich am besten gleich zu Beginn der Reise eine SIM-Card bei BTC (www.btcbahamas.com/explore/mobile) oder Aliv (www.bealiv.com), den beiden lokalen Providern. Hier kann man sich Prepaid-Minuten und/oder –Datenvolumen auf die Karte laden lassen. Bei einer Laufzeit von 90 Tagen erhält man dann eine bahamaische Nummer (242) und kann problemlos national und international telefonieren. Weit verbreitet als Informations- und Kommunikationsmedium ist WhatsApp.

Um aus dem Ausland einen Teilnehmer auf den Bahamas zu erreichen, muss man die **internationale Vorwahl 001** wie für die Vereinigten Staaten und dann die **Vorwahl der Bahamas 242** wählen.

Innerhalb der Bahamas wählt man die siebenstellige Nummer ohne die Vorwahl (242), auch wenn man einen Teilnehmer auf einer anderen Insel anruft. Über die Vermittlung geht es mittels eines „Over Seas Operator".

Telefonzellen

Auf den Family Islands gibt es nur wenige Telefonzellen. Dort ist das Hauptgebäude der staatlichen Telefongesellschaft BaTelCo häufig die beste Möglichkeit, einen Anruf zu tätigen, falls kein Hotel in der Nähe sein sollte.

Mobil telefonieren

Der Netzstandard auf den Bahamas ist, wie in den USA, GSM 1900. Die Roamingkosten mit der eigenen, heimischen SIM-Card allerdings können gewaltig sein.

Trinkgeld

In **Restaurants und Bars** fallen 15 % Bedienungsgeld an, die oft automatisch auf der Rechnung ausgewiesen werden. Eine kleine Aufmerksamkeit nach eigenem Ermessen ist natürlich trotzdem willkommen, wenn man mit dem Service sehr zufrieden war. Dies gilt mit Einschränkung auch für **Hotels**. Hier sollte man sich vorher aber erkundigen, ob Trinkgelder automatisch mit auf die Hotelrechnung gesetzt werden. Wenn das nicht der Fall ist, sind 15 % der übliche Satz für Serviceleistungen. Für das Zimmermädchen sollte man 1–2 $ pro Tag einrechnen. Ein Page bekommt pro Koffer in der Regel 1 $, das gilt aber nicht für jedes kleine Gepäckstück. Bei **Taxifahrten** sind ebenfalls 15 % Trinkgeld, das nicht mit im Preis ist, angemessen. Trinkgeld ist übrigens nach wie vor steuerfrei, es wird keine VAT (s. Mehrwertsteuer) fällig.

Trinkwasser

Das Leitungswasser auf den Bahamas ist stark gechlort und als Trinkwasser nicht zu empfehlen. Abgekochtes Wasser kann z. B. zur Zubereitung von Tee verwendet werden. Zum Trinken sollte man Mineralwasser aus Flaschen kaufen.

Unterkünfte

Auf den Bahamas gibt es eine große Auswahl an Unterkünften. Dabei werden nicht nur hochpreisige, exklusive Hotelzimmer in Luxusresorts angeboten, es gibt auch die Möglichkeit, in günstigeren Gästezimmern zu übernachten (s. u.). Hotels gibt es in jeder Größe und Preisklasse, angefangen bei kompletter Ausstattung mit Zimmerservice, Swimmingpool und jeglicher Art von Entertainment bis hin zu einfachen Inns. Klar muss aber sein, dass es keine echten Preisbrecher gibt. Auch für ein recht einfaches Hotel, wie das Towne Hotel in Nassau (www.townehotel.com), werden für ein brauchbares, aber nicht überragendes Doppelzimmer 100 $ fällig.

In der Regel werden die Unterkünfte als **Pauschalpaket** angeboten, die auf jeden Fall wesentlich günstiger sind, als wenn man sich erst vor Ort ein Zimmer sucht. Vor Ort ein Zimmer zu suchen, ist normalerweise keine gute Idee. Die „Walk In Rate" oder „Rack Rate", der Preis, der direkt am Counter verlangt wird, ist meist höher als der Preis online. Wer also eine bestimmte Unterkunft im Auge hat, sollte erst einmal deren Website checken. Hier gibt es immer eine „Online Rate", die deutlich unter dem Normalpreis liegt.

Noch besser ist es, sich über die gängigen Internetplattformen wie www.expedia.com, www.agoda.com oder www.booking.com zu informieren und aus deren Kontingenten heraus zu buchen.

Für private Gästezimmer ist das Online-Portal „Airbnb" (www.airbnb.com) eine gute Adresse. In Nassau gibt es mittlerweile etliche **private Unterkünfte** schon für rund 50 $, und es kommen immer mehr hinzu. Man sollte sich allerdings darüber im Klaren sein, dass diese Unterkünfte nicht unbedingt in Downtown sind, sondern durchaus „Over the Hill", in Dunmore Village oder Fox Hill – bekannt wegen des dortigen Gefängnisses. Diese Gegenden gelten für Urlauber nicht unbedingt als sicher, aber man kommt unmittelbar in Kontakt mit den Einheimischen. Manche Unterkünfte sind mit öffentlichen Verkehrsmitteln erreichbar, andere nur mit einem Taxi. Meist aber kann der Anbieter der privaten Unterkunft auch den An- oder Abtransport organisieren.

Es ist wichtig, auch das **Kleingedruckte** bei der Hotelbuchung zu checken. Denn es ist gut möglich, dass unterschiedliche Arten von örtlichen Steuern, Strom- und/oder Wasser-Zuschlägen, Reinigungs- und Abnahmekosten oder WiFi-Gebühren auf den eigentlichen Zimmerpreis aufgeschlagen werden. Damit kann sich der Preis locker um 25 % verteuern. Also immer schauen und im Zweifelsfall nachfragen, ob im genannten Endpreis bereits alle Steuern und Abgaben inklusive sind.

Da es die unterschiedlichsten Pakete mit variierenden Preisen gibt, wurden in den Reisepraktischen Informationen die Standardpreise für ein Doppelzimmer aufgelistet. Je nach Saison und Buchungsvariante können die tatsächlichen Preise in der Regel erheblich darunter liegen.

Übernachtungskategorien

$	bis 100 $
$$	100–200 $
$$$	200–300 $
$$$$	300–500 $
$$$$$	ab 500 $

Preise pro Person mit Übernachtung im DZ und Frühstück

Was die **Klassifikation der Hotels** auf den Bahamas angeht, so gibt es nicht wirklich Standards, an denen man sich orientieren kann. Begriffe wie „deluxe" oder „First Class" werden oft sehr großzügig interpretiert. Und auch in diesen Hotels kann es einem passieren, dass man unter der Dusche steht und kein Wasser aus dem Duschkopf kommt. Ein gängiges Unterscheidungsmerkmal aber ist „All inclusive". Auch wer von dem Konzept nicht viel halten mag, da es einem die Wahlfreiheit raubt, sollte sich das auf den Bahamas gut anschauen. Der Vorteil von „All inclusive" ist im wahrsten Sinne des Wortes, dass eben alles inklusive ist. Also von Frühstück bis zu Mitternachtsbuffet, vom morgendlichen Kaffee über das Kalik-Bier an der Poolbar bis hin zum „Dirty Banana Cocktail" nach dem Abendessen. Auch verfügen die Resorts normalerweise nicht nur über ein oder zwei Restaurants, sondern gleich über fünf oder mehr – vom Italiener bis zum Sushi-Shop, damit bei den Gästen auch in Sachen Verpflegung ja keine Langeweile aufkommt. Das klassische Frühstücks-, Mittag- und Abendbuffet gibt es meist trotzdem. Ein weiterer Aspekt des „All inclusive" sind die Freizeitangebote, die inklusive sind.

Folgende Abkürzungen sind auf den Bahamas üblich:
EP (European Plan): Übernachtung ohne Mahlzeiten
CP (Continental Plan): Übernachtung und Frühstück
MAP (Modified American Plan): Halbpension, d.h. Frühstück und Abendessen
AP (American Plan): Vollpension, d.h. drei Mahlzeiten am Tag

All inclusive: Im Zimmerpreis sind alle Mahlzeiten enthalten sowie Getränke, die Benutzung der Sport- und Freizeiteinrichtungen und oft auch Trinkgelder und Ausflugsangebote.

Ruhige Lage: das Orange Hill Beach Inn auf New Providence

Wer sich vorab über die Zimmerauswahl, Ausstattung und aktuellen Preise der verschiedenen Hotels des Urlaubsziels informieren möchte, sollte sich rechtzeitig bei Reisebüros und Spezialveranstaltern beraten lassen. Ausgewählte Hotels mit Internetadresse und eine Beschreibung der einzelnen Unterkünfte stehen in den Reisepraktischen Informationen für die jeweilige Insel. Detaillierte Informationen zu Unterkünften finden Sie auch unter www.bahamas.com bzw. www.bahamas.de.

Tipp

Manche Resorts und Reiseanbieter haben sog. „**Fly Free Specials**" im Angebot. Hier kann man bei Buchung gleich entscheiden, ob man ein anderes Hotel/Resort derselben Kette auf einer anderen Insel besuchen will. Bei Buchung eines Aufenthalts von mindestens drei oder vier Nächten ist der Flug im Angebot inklusive.

Verhalten im Alltag

Die Gewohnheiten und das Leben der Einwohner auf den Bahamas stehen ganz im Zeichen des **karibischen Lebensgefühls**. Diese gewisse Gelassenheit empfindet der urlaubsreife Reisegast oft als angenehme Abwechslung zur hektischen Arbeitswelt. Die hiesige Entspanntheit ändert sich allerdings auch nicht, wenn es um pünktliche An- und Abfahrtszeiten geht oder man es selbst plötzlich eilig hat. Auch dann bestimmt die sog. „**Bahamian Time**" das Leben auf diesen Inseln. Nach dem Motto „Alles braucht seine Zeit" geht es hier ohne Hektik durchs Leben.

Deshalb genießen Sie einfach die Freiheit, sich und anderen Zeit lassen zu können, was ja erst eine richtige Urlaubsatmosphäre ausmacht. Ärgern Sie sich nicht, wenn es nicht nach Ihrem gewohnten Tempo geht, der Hotelmanager nicht erscheint oder der Taxifahrer nicht wartet. Lassen Sie sich auf den Rhythmus der Inselbewohner ein. Grundsätzlich sind Bahamaer sehr zuverlässig, aber Pünktlichkeit nach europäischen Maßstäben hat hier nicht die oberste Priorität. Und was nicht vergessen werden sollte: Auf den Bahamas werden Sie nie verloren gehen. Egal ob man eine Panne mit dem Auto hat, sich verfährt, die Tankstelle, der Supermarkt oder der Liquor

Store geschlossen ist, einfach hupen oder die nächsten Menschen ansprechen. Denn es gibt normalerweise immer eine Lösung für das Problemchen.

Kleidung

Bei den angenehmen Temperaturen ist es sehr verlockend, auf den Bahamas von morgens bis abends in Badesachen herumzulaufen. Doch die Bahamaer legen großen Wert auf angemessene Kleidung. Nehmen Sie darauf Rücksicht und tragen Sie ihre Strandmode nur dort, wofür sie auch gemacht wurde: am Strand.

Fotografieren und Filmen

Die Bahamas ohne Fotoapparat sind wie Baden ohne Wasser! Hier können Sie traumhafte Strandfotos machen und romantische Sonnenuntergänge festhalten. Wenn Sie allerdings Fotos von Einheimischen machen, sollten Sie immer zuerst um Erlaubnis fragen und nicht einfach ihre Privatsphäre stören. Auch sollten Pietät und Respekt beim Filmen und Fotografieren eine Selbstverständlichkeit sein. Und wenn Sie gefragt werden, ob Sie der abgelichteten Person einen digitalen Abzug per E-Mail schicken können, überlegen Sie gut, ob Sie dieses Versprechen einhalten können. Ansonsten freut sich jemand umsonst auf Elektropost aus Europa.

Visum

Für den Ferienaufenthalt als Tourist besteht keine Visumspflicht, wenn man nicht länger als drei Monate auf den Bahamas bleibt. Erforderlich für die Einreise sind ein Reisepass, der noch sechs Monate gültig ist, und ein Rück- oder Weiterflugticket.

Zeit

Auf den Bahamas gilt die **Eastern Standard Time**, d.h. von der Mitteleuropäischen Zeit (MEZ) sind sechs Stunden abzuziehen. Wenn es in Mitteleuropa 12 Uhr mittags ist, beginnt um 6 Uhr morgens der Tag auf den Bahamas. Die Umstellung von Winter- auf Sommerzeit bzw. umgekehrt erfolgt auf den Bahamas am ersten April- und am letzten Oktobersonntag.

Zoll

Zollfrei sind z.B. 200 Zigaretten oder 50 Zigarren oder 450 g Tabak und 1 Liter Alkohol. Offiziell müssen alle Waren über einem Wert von 100 B$, die nicht für den persönlichen Bedarf bestimmt sind, angegeben werden, ebenso wie Geldmengen, die die Summe von 10.000 B$ übersteigen. Waffen, auch Schreckschusspistolen, Taucher- und Bootssignalpistolen dürfen nur mit besonderer Einfuhrgenehmigung in die Bahamas eingeführt werden.

Bei der Rückreise gelten die im Heimatland üblichen Zollbestimmungen. Die dekorativen **Conchmuscheln** unterliegen dem Washingtoner Artenschutzabkommen und dürfen nicht in die EU eingeführt werden.

Das kostet Sie das Reisen auf den Bahamas

Stand Juli 2019

Die Grünen Seiten wollen Ihnen Preisbeispiele für den Urlaub auf den Bahamas geben, damit Sie sich ein realistisches Bild über die Kosten einer Reise und eines Aufenthalts machen können. Natürlich sollte man die Preise nur als vage Richtschnur auffassen.

Wechselkurs
Der Bahama-Dollar (B$) ist im Verhältnis 1:1 fest an den US$ gebunden.

1 € = 1,13 B$, 1 B$ = 0,88 €
1 CHF = 1,01 B$, 1 B$ = 0,98 CHF

Beförderungskosten

Flug

Die Flugpreise für eine Reise auf die Bahamas bewegen sich zwischen 650 und 1.200 €, je nach Saison und Verbindung. **British Airways** (www.britishairways.com) fliegt z.B. von Deutschland, der Schweiz und Österreich über London-Heathrow. British Airways bietet den einzigen Direktflug von Europa auf die Bahamas: London-Heathrow – Nassau.

Delta Airlines (www.delta.com) fliegt über Atlanta, American Airlines (www.americanairlines.com) über New York und Miami. Dort heißt es umsteigen in die Flieger der Tochtergesellschaft **American Eagle** (www.americanairlines.com).

Inlandsflüge mit dem größten regionalen Anbieter, der staatlichen Fluggesellschaft **Bahamasair** (www.bahamasair.com), kosten etwa 140–160 $ (ca. 70–100 $ für ein One-Way-Ticket). Die Preise der Konkurrenz liegen auf ähnlichem Niveau. Der Onlinevergleich lohnt sich aber alleine schon wegen der unterschiedlichen Flugzeiten.

Charterflüge sind teurer und werden entsprechend nach Größe des Flugzeugs (z.B. 5- oder 9-Sitzer) und den Flugstunden berechnet. Die Preise liegen je nach Strecke zwischen 500 und 3.300 $ pro Charter für einen 5-Sitzer. Beispiele: Nassau – Abaco (Marsh Harbour): 91 Meilen, 45 Minuten, 1.200 $; Nassau – Berry Islands (Big Whale Cay): 26 Meilen, 15 Minuten, 600 $.

Mietwagen

Die Kosten bewegen sich zwischen 50 und 100 $ pro Tag zuzüglich Benzinkosten und gewünschter Versicherung. Je weiter die Insel von der Hauptinsel New Providence entfernt und je kleiner die Insel ist, desto höher liegen die Kosten. Das gilt für den Mietwagen und das Benzin. Für längere Vermietungsfristen können Rabatte ausgehandelt werden. In der Regel wird die Bezahlung mit Kreditkarte erwartet, damit umgeht man die Hinterlegung einer Kaution.

Schiff

Eine Überfahrt innerhalb der Bahamas mit einem **Postboot** kostet je nach Insel zwischen 50 und 80 $. Mit **Bahamas Ferries** (http://bahamasferries.com) kosten die One-Way-Trips pro Person rund 75 $.

Taxi

Auf New Providence und Grand Bahama haben alle Taxis Taxameter, die Fahrpreise sind von der Regierung vorgeschrieben. Es werden 3 $ für die erste ¼ Meile verlangt, und 40 Cent für jede weitere. Da das Taxameter häufig kaputt ist oder dessen sinnvolle Nutzung angezweifelt wird, kann man auch einen Festpreis aushandeln. Oder er ist (eigentlich) vorgeschrieben: So kostet die Fahrt vom Nassau International Airport nach Cable Beach offiziell 22 $, bis nach Paradise Island 38 $ (zzgl. 2 $ Brückenmaut). Mehr als zwei Personen und Extra-Gepäck kosten Aufpreis (4 $). Sobald es dunkel wird, steigen die Preise.

Öffentliche Verkehrsmittel

Der Jitney-Fahrpreis für die Strecke Nassau – Cable Beach beträgt 1,25 $.

Motorroller und Fahrräder

Motorroller (Scooter) kosten ca. 55 $ pro Tag, Fahrräder ca. 20 $.

Aufenthaltskosten

Unterkunft

Auf den Bahamas gibt es eine große Auswahl an Unterkünften, die von Zimmern in Privathäusern über kleine Pensionen und Feriendörfer bis hin zu Luxusresorts mit Privatstrand reichen. Hotels sind zudem in jeder Größe und Preisklasse vorhanden, angefangen bei kompletter Ausstattung mit Zimmerservice, Swimmingpool

Bungalow mit eigenem Steg ins Meer: Compass Point Beach Resort auf New Providence

und jeglicher Art von Entertainment bis zu einfachen Inns. Einfache Zimmer sind für rund 50 $, zu haben, Mittelklassehotels liegen bei 100–300 $, und richtig viel Luxus gibt es ab 500 $.

Freizeitaktivitäten

Tauchen: ein Tauchgang kostet im Schnitt 80–100 $;
Reiten: ca. 100 $ für 1 Std.

Briefmarken

Ein Luftpostbrief *(First Class Letter)* nach Deutschland, Österreich oder in die Schweiz kostet 70 Cent, eine Postkarte 50 Cent.

Benzin

Benzin ist ohne Probleme in Nassau und Freeport erhältlich. Auf den Out Islands ist das schon schwieriger. Auch die Preise variieren dort von Insel zu Insel. Je weiter die Insel vom Zentrum der Bahamas entfernt ist, desto teurer. Durchschnittlich muss man mit rund 4,20–7 $ (2019) pro Gallone rechnen (1 US Gallon = 3,787 l).

Essen und Trinken

Restaurants

Für ein Mittagessen kann man auf den Bahamas ab 15 $ in einem einfachen einheimischen Restaurant rechnen. Ein Abendessen sollte mit 30–50 $ pro Person in einem Restaurant mittlerer Preisklasse veranschlagt werden, in den schickeren Restaurants kostet es ab 50 $. Dazu kommen die Getränkekosten von ca. 2–5 $ für alkoholfreie Getränke, rund 3 $ für Tee/Kaffee, 4–6 $ für einheimisches Bier (Importbier ist etwas teurer). Eine Flasche Wein bekommen Sie ab 35 $.

Lebensmittel

Rund 80 % aller Lebensmittel müssen importiert werden, vor allem aus den USA. Daher liegen die Preise in der Regel deutlich über dem Niveau in Deutschland oder den USA. Durchschnittliche Lebensmittelpreise in einem lokalen Supermarkt:

1 l Milch	3,37 $	12 Eier	5,19 $
1 kg Tomaten	4,10 $	500 g lokaler Käse	5,20 $
2 l Coca-Cola	4,20 $	1 Brot	3,38 $
1 kg Äpfel	5,45 $	500 g Schinken	6,00 $
0,5 l lokales Bier	3,00 $	1 Flasche Importwein	22,00 $

Trinkgeld

In den meisten Restaurants ist ein Trinkgeld *(Service Charge)* von 15 % bereits im Endpreis enthalten. Sollte dies nicht der Fall sein, wird ein Trinkgeld in etwa dieser Höhe erwartet. Taxifahrer erhalten in der Regel 15 %, Kofferträger 1 $ pro Gepäckstück.

Mehrwertsteuer/VAT

Seit 1. Januar 2015 wird auf den Bahamas auf so gut wie alle Produkte und Leistungen eine Mehrwertsteuer (VAT) in Höhe von 7,5 % erhoben. Dafür entfällt die Hotel Guest Tax in Höhe von 10 %.

3. REISEN AUF DEN BAHAMAS

Die Inselwelt der Bahamas im Überblick – von Norden nach Süden

Die **Inselwelt im Norden** der Bahamas bietet im Gegensatz zum Süden nicht nur schöne, weiße Strände, leuchtende Korallenriffe, Mangrovenwälder und eine faszinierende Unterwasserwelt, sondern teils auch eine komplette touristische Infrastruktur mit Geschäften, Bars, Restaurants und quirligem Nachtleben. Aktives Strandleben und Entertainment sind hier problemlos zu finden. Die touristisch am besten erschlossenen Inseln sind New Providence – mit der Hauptstadt Nassau, Cable Beach und Paradise Island – und Grand Bahama Island mit Freeport und Lucaya. Der Vorteil dieser Inseln ist, dass es hier selbst in der Hochsaison oft noch verhältnismäßig günstige Pauschalangebote gibt.

Alle anderen Inseln werden als **Out Islands** bezeichnet, sie sind wesentlich weniger touristisch und teils völlig einsam. Andros, The Exumas und The Abacos bieten etwa eine gute Mischung aus touristischer Infrastruktur und Naturerlebnis. Für absolute Individualisten und Abenteurer sind die dünn besiedelten Inseln mit raren Übernachtungsmöglichkeiten auf Acklins and Crooked Island, Mayaguana oder Inagua südlich der Crooked Island Passage genau richtig.

Naturerlebnis

Die nördlichen Inseln

Grand Bahama Island

An der 100 km langen Südküste dieser nördlichsten Insel des Reisegebiets reiht sich von Xanadu Beach bis Pelican Point ein feiner Sandstrand an den nächsten. In Lucaya, dem touristischen Zentrum der Insel, haben sich die meisten Hotels angesiedelt, und für Einkaufs- und Kasinovergnügungen, Nachtclubs, Golf- und Tennisplätze ist die Infrastruktur dieser Insel maßgeschneidert. Wer Boot- und Strandpartys liebt, hat hier die besten Voraussetzungen für eine entsprechende Abwechslung. Aber auch Freunde der Natur kommen auf ihre Kosten. Touren durch den Lucayan National Park mit seinem gewaltigen, z. T. unter Wasser liegenden Höhlensystem und den wunderschön verwunschenen Pfaden durch die Mangroven zählen zu den großen Naturattraktionen der Insel.

Mangrovensümpfe

The Abacos

Die Abaco-Inseln gelten als Paradies für Segler und Motorbootfahrer und bilden die Hochburg des bahamaischen Schiffbaus mit Man-O-War Cay als traditionellem Zentrum. Kleine Handwerksbetriebe bauen hier Boote aus einheimischen Hölzern. Auf Green Turtle Cay kann man einen Ausflug unternehmen in eine Stadt, die immer noch in der Gründerzeit zu leben scheint: New Plymouth. Das Mekka für Segler und überhaupt jegliche Bootsbesitzer ist vor allem im Juli zur Regatta des „Green Turtle Yacht Club" der Anlaufpunkt für Wassersportler. Neben der beliebten Wasserwelt bieten die Abacos auch wunderschöne Strände und eine gute touristische Infrastruktur. Resorts auf Walker's, Green Turtle Cay oder Treasure Cay bieten Rundumversorgung. In dem im einsamen Süden von Abaco liegenden Abaco National Park leben noch rund 1.000 der bedrohten Bahama- oder Abaco-Papageien.

Bimini

Ernest Hemingway hat die Biminis mit seinen Büchern („Inseln im Strom" und „Der alte Mann und das Meer") weltberühmt gemacht. Er selbst lebte hier 1935–1937. Am 31. Dezember 2005 brannte leider die Hauptattraktion der Inseln – seine Stammkneipe und daher weltberühmte Bar „The Complete Angler" – bis auf die Grundmauern nieder. Alte Fotos, auf denen er an der Mauer der Bar lehnte, wurden zerstört. Erhalten ist noch sein altes Cottage Blue Marlin. Im Nordosten von Alice Town (North Bimini) gibt es feinsandige Strände, etliche ruhige Buchten bieten geschützte Ankerplätze. Die südlichen Inseln sind weitgehend unerschlossen.

The Berry Islands

Diese kleine Inselgruppe misst 70 km^2 und ist vor allem ein Paradies für Taucher und Freizeitkapitäne, die gerne etwas abseits des Rummels – wie etwa auf Paradise Island – ihren Urlaub verbringen. Die meisten der Inseln sind unbewohnt oder in Privatbesitz.

Bimini: Schwimmen mit Delfinen

New Providence (Nassau/Paradise Island/Cable Beach)

Die verhältnismäßig kleine Insel New Providence mit der größten Bevölkerungsdichte des Landes ist das historische Herz des Inselstaats. Mit der quirligen Hauptstadt Nassau bietet die Insel den belebtesten Teil der Bahamas. Der historische Stadtkern mit kolonialer Architektur und moderner touristischer Infrastruktur bietet jede Art von Entertainment gleich neben wunderschönen Stränden wie Cable Beach und Cabbage Beach auf Paradise Island.

Eleuthera

Eleuthera ist wohl die abwechslungsreichste Insel der Bahamas. Hier, so heißt es, finde man die ursprünglichen Bahamas: verträumte kleine Hotelanlagen, Fischerdörfer, Ananasfelder, sanfte Hügel mit tropischen Gärten und Palmenalleen, alles da. Im Süden ist der 1.000 Einwohner zählende Ort Rock Sound berühmt für das Ocean Hole, ein fast kreisrundes Loch mit 75 m Durchmesser. Die Glass Window Bridge gilt – nicht nur bei den Bahamaern – als eines der Weltwunder der Neuzeit. Auf der Atlantikseite von Nord-Eleuthera liegt Harbour Island, weltberühmt für den rosafarbenen Strand (Pink Sands Beach). Dunmore Town, in früheren Zeiten Hauptstadt der Bahamas, ist heute ein pittoreskes Kleinod aus der Gründerzeit und Touristenmagnet.

The Exumas

Great Exuma ist mit 60 km Länge die größte der insgesamt 365 Riffinseln der Exumas, die sich über 160 km wie an einer Perlenkette von Norden nach Süden verteilen. Kein Wunder, dass ein beliebter Werbespruch heißt: „Für jeden Tag des Jahres eine Insel". Die meisten von ihnen sind unbewohnt. Der Hauptort George Town liegt ganz im Süden und bietet einen schönen Blick auf Stocking Island, das für seine weißen Strände und den Mystery Cave, ein weit verzweigtes Unterwasser-Höhlensystem, berühmt ist. Am Elisabeth Harbour findet jedes Jahr im April eine Out-Islands-Regatta mit traditionellen Booten statt. Die Exumas sind mit dem Exuma Cays Land & Sea Park und ihren vielen anderen Cays ideal für Taucher und Leute, die die Welt gerne von einem Boot aus erleben. Auf Allan's Cay findet man noch „Bahamaische Drachen" (Leguane), die recht selten geworden sind. Taucher und Schnorchler sollten sich eine Tour zu der berühmten Thunderball Grotto nicht entgehen lassen, und ein Ausflug zu den schwimmenden Schweinen von Big Major Cay gehört zum touristischen Pflichtprogramm.

Andros

Die größte Insel der Bahamas gilt als „Bonefishing Capital" der Bahamas und ist vor allem durch das vor ihrer Ostküste gelegene 225 km lange Barriereriff bekannt, das damit länger als die Insel selbst ist (167 km lang, 64 km breit). Es ist das drittgrößte Barriereriff der Welt und fällt bis zu 1.800 m an der Kante des Kontinentalschelfs zur Tiefsee ab. Die Tongue of the Ocean, die in der Tiefe gelegene enge Schlucht des Riffs, und auch die große Anzahl an Blue Holes machen Andros zu einem Eldorado für Taucher. Auf den drei Teilen der Insel kann man einen riesigen Nationalpark und unberührte Mangrovenwälder erleben.

Die südlichen Inseln

Die weit verstreuten Inseln im Süden der Bahamas zeichnen sich aus durch oft einsame, hervorragende Strände, spärliche Vegetation und exzellente Tauch- und Angelmöglichkeiten.

Long Island

Hai-Tauchen

Die ihrem Namen alle Ehre machende 100 km lange und bis zu 5 km breite Insel ist vor allem für die bis zu 200 m tiefe Unterwasserhöhle („Blue Hole") und das spektakuläre Hai-Tauchen (Tauchgänge mit Haifütterung) am Riff von Stella Maris bekannt. Die meisten der rund 3.000 Einwohner leben in winzigen Dörfern mit bunten Holzhäusern entlang der einzigen Inselstraße. Mangoplantagen und Salzteiche, die Hauptwirtschaftszweige der Einwohner, säumen die Wege.

San Salvador

Die San Salvadorianer sind sich sicher: Hier hat Christoph Kolumbus im Jahr 1492 zum ersten Mal den Boden der Neuen Welt betreten. Mit diesem geschichtlichen Hintergrund und wunderschönen Stränden könnte die eine Flugstunde von Nassau entfernte Insel wesentlich mehr Touristen anziehen, als das heutzutage der Fall ist.

Cat Island

Kilometerlange Sandstrände

So stellt man sich die Karibik vor: kilometerlange, cremefarbene Sandstrände, grün bewaldete Hügelketten, und auf dem höchsten „Berg", dem Mount Alvernia (63 m) der 76 km langen und nur wenige Kilometer breiten Insel, thront die unbedingt sehenswerte Einsiedelei „The Hermitage". Daneben gibt es etliche Ruinen der einst blühenden Baumwollplantagen, die den Wohlstand der Insel ausmachten. Heute leben die Insulaner vor allem von Brandrodung und der Rinde der Cascarilla, die überwiegend in Italien zu Arzneimitteln, Duftstoffen und Campari verarbeitet wird. Nicht zu vergessen die Tauchgründe, die zu den besten der Bahamas zählen.

Acklins and Crooked Island

Die größte Attraktion der Inselgruppe ist die Einsamkeit, die es hier im Überfluss gibt. Von einer Infrastruktur für Touristen kann kaum gesprochen werden. Auf Crooked Island halten sich ein Hotel und einige kleine Pensionen. Dafür gibt es vor der Nordküste der Insel ein 80 km langes Barriereriff (Taucherparadies), einsame Sandbuchten mit feinstem Korallensand, Mangrovensümpfe und zahlreiche Tropfsteinhöhlen mit Stalaktiten und Stalagmiten ungewöhnlichster Arten und Formen. Auf zwei winzigen Inseln der Gruppe, Long Cay im Nordwesten und Castle Island im Süden, leben sehr seltene und scheue Leguane der Gattung Anolis.

Mayaguana

Unberührtes Naturparadies

Bis 1812 war Mayaguana, die ihren ursprünglichen Arawak-Namen behalten hat und die östlichste Insel der Bahamas ist, unbewohnt. Und auch heute ist die Besiedlung des unberührten Naturparadieses mit knapp einem Bewohner pro Quadratkilometer sehr spärlich. Obwohl es sogar ein paar Unterkünfte im Hauptort Abraham's Town gibt, verirren sich nur sehr selten Touristen auf diese Insel. Der ideale Ort also für Individualreisende, die genügend Abenteuerlust haben, um die einsamen, traumhaften Strände, dichten Mangrovenwälder und das Buschland von Mayaguana zu erkunden.

Inagua

Flamingo-Kolonie

Auch die südlichste und zusammen mit der unbewohnten Nachbarinsel Little Inagua das drittgrößte Eiland des Inselstaats ist touristisch kaum erschlossen und mit rund 1.000 Bewohnern spärlich besiedelt. Die beherrschende Bevölkerungsgruppe besteht aus 80.000 Flamingos, die auf Great Inagua ihr Hauptquartier der Bahamas aufgeschlagen haben. Kilometerlange Salzfelder sind typisch für die Insel, die viel näher an Haiti als an der Hauptstadt Nassau liegt. Ein Besuch einer Salzanlage ist neben der außergewöhnlichen Vogelwelt eine weitere Attraktion der Insel.

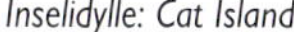

Inselidylle: Cat Island

New Providence

Telegramm New Providence

Name	New Providence
Fläche	207 km²
Einwohnerzahl	274.000
Einwohnerzahl pro km²	1.300
Größter Ort	Nassau
Weitere Orte	Fox Hill, Carmichael Village, Adelaide Village, Gambier Village
Wichtigste Wirtschaftszweige	Tourismus, Finanzwirtschaft
Touristisches Potenzial	Strände mit gutem Wassersportangebot, Downtown Nassau, historische Gebäude, Nachtleben, The Retreat, Botanischer Garten, Unterwasserpark BREEF

Geschützter Hafen

Diese für die Bahamas mit ihren 207 km² recht kleine Insel verdankt ihre Bedeutung der günstigen verkehrstechnischen Lage an der Tongue of the Ocean, die sich als Northeast Providence Channel an der Nordseite der Insel entlangzieht, und dem durch Paradise Island gut geschützten natürlichen Hafen von Nassau. Dieses recht flache Eiland, auf dem sich nur ein Hügelrücken von Nassau bis Love Beach nicht weit von der Küste erhebt, ist ansonsten recht flach und von einigen Süßwasserseen durchbrochen. Der große **Lake Killarney**, der auch entscheidend für die Wasserversorgung der Bevölkerung ist, bildet das größte Binnengewässer der Insel. An der Küste findet man viele **schöne Strände** und entsprechende Hotelanlagen. Besonders beliebt sind die Küste von **Paradise Island**, das Nassau nördlich vorgelagert ist, und **Cable Beach** westlich von Nassau.

Die Hauptstadt erfuhr durch die Jahrhunderte ein wechselvolles Schicksal, konnte sich jedoch als **Handelszentrum** der Bahamas bis zum heutigen Tag behaupten. Auf New Providence leben mit den ca. 274.000 Einwohnern gut zwei Drittel der Gesamtbevölkerung der Bahamas. Entsprechend urban ist die Struktur der Insel. Hier gibt es die meisten Hotels und Restaurants auf den Bahamas, und der **Kreuzfahrthafen** ist das Tourismuszentrum Nummer eins.

Entfernungen

Nassau Downtown – Cable Beach 10 km
Nassau Downtown – Paradise Island 2 km
Nassau – Gambier Village 15 km
Nassau – Mount Pleasant 20 km
Nassau – Adelaide Village 18 km

Geschichte

Die Geschichte von New Providence ist die von Nassau. Seit der Besiedlung 1656 durch **Puritaner** von den Bermudas nahm sie einen wechselhaften Verlauf mit vielen Höhen und Tiefen. Nassau, das 1695 nach dem Prinzen von Oranien-Nassau (William III. von England) seinen heutigen Namen erhielt, hieß bis zu diesem Zeitpunkt nach Charles II. von England **Charles Towne**. Auch New Providence hatte anfangs einen anderen Namen. Die Insel wurde zuerst nach dem ehemaligen Gouverneur der Bermudas **William Sayle's Island** benannt. Sayle hatte 1648 eine Gruppe bermudischer Puritaner nach Konflikten mit den Anglikanern auf die Bahamas geführt. Der Versuch, auf Eleuthera ein eigenes Staatswesen und gewinnbringende Plantagen aufzubauen, schlug zwar fehl, aber jene Puritaner, die schließlich nach New Providence kamen, konnten sich ganz gut über Wasser halten.

Etwa 20 Jahre nach ihrer Besiedlung entdeckten die Piraten der Region, dass New Providence mit seinem günstig gelegenen und leicht zugänglichen, natürlichen Hafen bei Nassau ein guter Ort für ihre „Geschäfte" war. Nassau wurde somit Ende des 17. Jh. und Anfang des 18. Jh. zur **Piratenhochburg** der Karibik. Da der Weg von den reichen Kolonien Spaniens und Frankreichs in Süd- und Mittelamerika dem Golfstrom folgend zurück nach Europa durch die Gewässer der Bahamas führte, wurden die schwimmenden Schatztruhen häufig von Seeräubern geentert.

Redaktionstipps

- Unbedingt die **bahamaische Küche** probieren. Wer sich selbst (noch) nicht an das Thema herantraut, macht mit bei einer Führung der „Tru Bahamian Food Tours" (S. 129).
- Ein Besuch im **Graycliff**, einem Gesamtkunstwerk mit Hotel, Fünf-Sterne-Restaurant, Zigarrenfabrik und Chocolaterie (S. 110, 125, 128).
- Einen **Conch-Salat** auf Potter's Cay oder am Fish Fry probieren ist ein absolutes Muss (S. 115, 119).
- Bahamaer kennenlernen über das **People-to-People-Program** (S. 78, 124).
- Spaziergang durch das **historische Nassau** (S. 108).
- Das **Balcony House** in Nassau besuchen (S. 111).
- Ein Nachmittag im **Clifton Heritage National Park** (S. 122).
- Ein Abend im **Atlantis** (S. 116, 131).
- **Strandvergnügen** am Cable Beach oder Cabbage Beach (S. 120, 134).

Kreuzfahrtschiffe vor dem Atlantis Paradise Island

info

Lebensunterhalt als „Wrecker"

Es waren nicht nur Piraten, die sich ganze Schiffe und damit ihre Ladungen zu eigen machten: Große Teile der bahamaischen Bevölkerung betätigten sich von Mitte des 17. bis ins 19. Jh. hinein als **„Wrecker"** (Wreck = engl. für Schiffswrack). Einer heute widerlegten Legende nach ließen findige Bahamaer in der Dunkelheit einen Esel den Strand hinauf- und hinablaufen. Der Esel hatte eine Laterne um den Hals und sollte passierende Schiffe verwirren auf der Suche nach einem leitenden Licht durch die Korallenriffe. Klar war dann aber, dass das Korallenriff vor dem Strand des Esels ein besonders massives war und das Schiff auflaufen musste. War das erwartungsgemäß passiert, machten sich die Wrecker, die das Ganze beobachtet hatten, an die Arbeit und plünderten das Schiff. Die Wissenschaft hat geklärt, dass Laternen um Eselhälse kaum in der Lage waren, Schiffe zu leiten, da das Licht schlichtweg nicht weit genug strahlte. Trotzdem gab es die beleuchteten Esel wohl. Sie wurden von den Wreckern eingesetzt, um den Weg zum gestrandeten Schiff zu finden. Denn in der Tat strandeten etliche Schiffe im Laufe der Jahre in den flachen Gewässern, dem „baha mar" (spanisch für flaches Meer).

Den Wreckern ging es gut. So gut, dass die Regierung der Bahamas bald Lizenzen für das Wrecking vergab und das Plündern aufgelaufener Schiffe durch eine Satzung regelte: So wurde der erste Wrecker, der das Schiff erreichte, zu einer Art Projektleiter und allgemeiner Ansprechpartner. Alles sollte seine Ordnung haben. 1856 etwa verfügten 2.679 Menschen aus einer damaligen Gesamtbevölkerung von rund 27.000 über eine Lizenz zum Wrecken, die Regierung kassierte 15–40 % der Einnahmen. Man kann sich vorstellen, wie groß der Aufschrei war, als auf den Bahamas ab Anfang des 19. Jh. die ersten Leuchttürme gebaut wurden. Bei manch einem wurden zwar noch die Lichter im wahrsten Sinne des Wortes „ausgeschossen", aber zum Ende des 19. Jh. und 37 Leuchttürme später, war es vorbei mit dem Wrecking als sicherer Einnahmequelle.

Piratenangriffe

Die häufigen Piratenüberfälle auf Handelsschiffe hatten mehrfache Angriffe von spanischer und französischer Seite zur Folge. Unter besonders schweren Beschuss geriet die Stadt zwischen 1703 und 1706. Trotz eines Forts war Nassau den Angriffen recht hilflos ausgeliefert. Doch die Piraten konnten nicht „ausgeräuchert" werden. Die englische Regierung, die die Übergriffe auf spanische und französische Schiffe lange Zeit mit Wohlwollen geduldet hatte, da so ihre Feinde geschwächt wurden, versuchte, dem Sittenverfall in Nassau zu diesem Zeitpunkt auch vergeblich ein Ende zu setzen. Es muss damals hoch hergegangen sein.

Bis zu **3.000 Piraten** und unter ihnen die gefürchtetsten Männer und Frauen der karibischen Gewässer bevölkerten damals die Stadt. Natürlich hatten diese ihre eigenen Vorstellungen von einem guten Leben, und bürgerliche Tugenden bestimmten diese sicher ebenso wenig wie ein ausgeprägter Sinn für Recht und Ordnung.

1717 wurden die Bahamas offiziell zur **britischen Kronkolonie** ausgerufen.

Posen vor dem Piratenmuseum in Nassau

Um der Lage wieder Herr zu werden, bestimmte die britische Regierung sogar einen ehemaligen Piraten zum **ersten Gouverneur** der Bahamas und verfügte eine Generalamnestie für Freibeuter. **Woodes Rogers**, der in seiner Piratenkarriere zu zweifelhaftem Ruhm gekommen war, sollte mit Verhandlungen und starker Hand Ordnung schaffen. Die Verhältnisse in Nassau besserten sich, aber der erhoffte wirtschaftliche Aufschwung ließ noch lange auf sich warten. Während des amerikanischen Unabhängigkeitskriegs wurde Nassau 1776 von **Revolutionstruppen** unter der Führung von **Ezekiel Hopkins** eingenommen. Fort Nassau und das 1742 fertiggestellte Fort Montagu erwiesen sich als ineffektive Verteidigungsanlagen. Im Gegensatz zu den Spaniern, die Nassau 1782 für ein Jahr lang besetzten, verschwanden die Amerikaner nach einigen Wochen. Befreit wurde die Stadt damals von Loyalisten unter der Führung von **Andrew Deveaux**.

Nach der Niederlage der Engländer und der königstreuen **Loyalisten** 1781 in Yorktown stieg die Bevölkerungszahl der Bahamas sprunghaft an. Viele englandtreue Amerikaner wichen damals auf die Bahamas aus, da sie mit der neuen Regierungsform in Amerika nicht einverstanden waren. Sie brachten die **Plantagenwirtschaft** im größeren Stil mit auf die Inseln, ebenso wie ihre Sklaven. Der Bevölkerungsanteil der Schwarzen stieg damals auf 75 %. Der wirtschaftliche Boom hielt aber nur bis zum Beginn des 19. Jh. an, da die Plantagen wegen einer zu dünnen Humusschicht und der teilweise zu hohen Transportkosten von den Out Islands unrentabel wurden. Die Proklamation der **Abschaffung der Sklaverei** 1834 und die endgültige Ausführung 1838 versetzte der Plantagenwirtschaft auf den Bahamas den endgültigen Todesstoß.

Unrentable Plantagen

Lord Dunmore, ehemaliger Gouverneur von Virginia, war 1787 Gouverneur der Bahamas geworden und hatte mit dem Bau von Fort Fincastle und Fort Charlotte das Stadtbild von Nassau geprägt. Die Bahamas sanken jedoch nach 1800 wieder in den ökonomischen Dornröschenschlaf, und die Stadt wurde nie wieder angegriffen, sodass diese Befestigungsanlagen nie ihre Feuerprobe bestehen mussten. Bis Anfang des 19. Jh. hatte Nassau sich entlang der Bay Street in östliche und westliche Richtung ausgedehnt.

Befreite Sklaven

Mit der **Abschaffung des Sklavenhandels** 1807 und der Sklaverei 1834 benötigte die befreite schwarze Bevölkerung neuen Wohnraum. Die britische Marine brachte nach 1807 befreite Sklaven von Schiffen, die sich nicht an das Gesetz hielten, nach Nassau, wo sie von der britischen Regierung als frei erklärt wurden. Der damalige Gouverneur Lewis Grant gründete daher 1821 über dem Hügel („Over the Hill") Grant's Town, sodass sich die Stadt von dem Zeitpunkt an auch nach Süden ausdehnte.

Aufwärts ging es aber erst wieder während des **Amerikanischen Bürgerkriegs**, als die Bahamas die Basis für die „Blockade Runners" wurden, die die Blockade der Nordstaaten durchbrachen und die Südstaaten versorgten. Zwischen 1861 und 1865 floss der Champagner in Nassau wieder literweise, denn hier trafen sich schwerreiche Kriegsgewinnler, Baumwollhändler und die Südstaatenelite.

Blühender Schmuggel

Nach dem Ende des Amerikanischen Bürgerkriegs ging man in Nassau wieder zum Alltag über. Auf den Bahamas wurde damals mit Schwammfischerei, Bootsbau und Ananasanbau Geld verdient. Der nächste Boom war auch durch eine Änderung der amerikanischen Verhältnisse bedingt. Als 1919 die **Prohibition** in den Vereinigten Staaten gesetzlich in Kraft trat (bis 1933), waren die Bahamas wieder durch ihre geografische Lage prädestiniert, als Basis für die **Schmuggler** („Rum Runners") zu dienen. Obwohl die größten Lagerhallen für den in den Vereinigten Staaten trotz des Verbots so heiß begehrten Alkohol auf Grand Bahama Island standen, profitierte natürlich auch Nassau vom wirtschaftlichen Aufschwung.

Bei Ankunft im Kreuzfahrtterminal in Nassau darf zur Begrüßung getrommelt werden

Bis 1967 bestimmte die weiße Minderheit die politischen und ökonomischen Geschicke des Landes. Die sog. „**Bay Street Boys**“ hatten bis zur Machtübernahme der schwarzen Mehrheit alle Fäden in der Hand. Da sie ihre Geschäfte in der Bay Street in Nassau abzuwickeln pflegten, bekamen sie diesen Spitznamen, der gelegentlich auch als Schimpfname gebraucht wird. 1967 übernahm dann zum ersten Mal die schwarze Mehrheit die Regierung. 1973 wurden die Bahamas **unabhängig**.

Eindämmung des Drogenhandels

Neben der zunehmenden Bedeutung des Tourismus für die Wirtschaft nach dem Zweiten Weltkrieg erlebte die Stadt in den 1970er- und 1980er-Jahren einen weiteren wirtschaftlichen Höhepunkt durch den **Drogenhandel**. Die Bahamas wurden zur Brücke für den Handel mit Kokain aus Südamerika in die Vereinigten Staaten. Durch Regierungsabkommen zwischen den USA und den Bahamas und strengere Kontrollen konnte der Drogenhandel in den Folgejahren mehr und mehr unterbunden werden.

Das **heutige Nassau** gibt sich ganz hauptstädtisch und ist noch ein wenig „funky“ wie die Nassauer Band „The Beginning of the End“ 1971 in ihrem Gassenhauer „Funky Nassau“ textete – in Euphorie und am Vorabend der bahamaischen Unabhängigkeit, die 1973 folgte:

„Nassau's gone funky
Nassau's gone soul
We've got a doggone beat now
We're gonna call our very own
Nassau rock
And Nassau roll
Nassau's got a
Whole lot of soul (...)“

„Soul“ der Stadt

Man muss sich schon ein bisschen mehr Zeit nehmen, um Nassaus „Soul“ zu finden. Äußerlich gibt es einen ausladenden internationalen Flughafen, benannt nach Sir Lynden O. Pindling, dem ersten Premierminister des Commonwealth of The Bahamas. Es gibt Bibliotheken und Museen, die Stadt ist als internationaler Finanzplatz anerkannt und als Konferenzort und Reiseziel vor allem für „Incentive“-Reisen und -Ausflüge mit abwechslungsreichem Programm beliebt. Etliche ausländische Unternehmen haben sich hier niedergelassen. Konkret mit den Händen gearbeitet wird noch in der Konservenindustrie und der Fischerei, in der Rumdestillation und dem Bootsbau. Der Tiefwasserhafen zieht täglich ganze Heerscharen von Kreuzfahrtschiffen und -Touristen an, die per Schnelldurchlauf durch die Attraktionen geschleust werden.

Doch sollte man nicht vergessen, dass Nassau als eine der malerischsten Städte der Westindischen Inseln gilt. Nicht zu Unrecht: Auch wenn vielleicht der Sonntag kein guter Tag zum Shoppen und für Museumsbesuche ist, da so gut wie alles geschlossen ist, lohnt sich doch ein morgendlicher Spaziergang. Vor den Kirchen sammelt sich die gläubige Gemeinschaft, fein herausgeputzt und plaudert vor und nach dem Gottesdienst über dies und das. Ganz sicher spielt irgendwo eine Kapelle, die Stadt fühlt sich sonntäglich-feierlich an und zeigt ein Stück ihrer Seele.

New Providence heute

New Providence bildet mit der Hauptstadt Nassau das **ökonomische Herz** der Bahamas. Die beiden bedeutendsten Wirtschaftszweige des Landes, der Tourismus und die Finanzwirtschaft, prägen das Stadtbild. Auf New Providence gibt es mehr Banken und Hotels als auf jeder anderen Insel des Staates. Zusätzlich zu den rund 274.000 Inselbewohnern besuchen jährlich Millionen von **Touristen** die Insel. Viele von ihnen kommen mit den Kreuzfahrtschiffen nur für einen kurzen Aufenthalt, aber auch für einen längeren Urlaub wird viel geboten. Das zweite wirtschaftliche Standbein, die Finanzwirtschaft, entwickelte sich nach der Verabschiedung des **International Business Companies Act** 1990, der ähnliche Bankgesetze wie in der Schweiz einführte, sehr gut. Bis heute haben sich die Bahamas zu einem der größten „Offshore"-Finanzzentren der Welt gemausert, der Handel mit Geld ist der zweitwichtigste Wirtschaftszweig des Landes geworden.

Finanzwirtschaft

Doch wo viel Geld im Spiel ist, kommt es zu Missbrauch. So waren die Bahamas lange eine „sichere Bank" in Sachen Kapitalflucht, Schwarzgeld und Steuerhinterziehung. Im Jahr 2000 musste die Regierung auf Druck der internationalen Organisationen „Financial Action Task Force" (FATF) und der OECD einlenken und die Finanzgesetzgebung ändern. Nachdem das geschehen war, wurden die Bahamas 2001 wieder von der „schwarzen Liste" gestrichen – als einer der ersten Staaten, die es auf die Liste geschafft hatten.

Als eine der weltweit größten Steueroasen waren die Bahamas 2016 von den Enthüllungen der sog. „Panama Papers" sowie der „Bahamas Leaks" direkt betroffen: Hier gab es über 175.000 Briefkastenfirmen als Versteck für unversteuertes bzw. schmutziges Geld. Unter dem Druck der OECD erklärten sich die Bahamas nach der Aufdeckung zwar ab 2018 zum automatischen Informationsaustausch in Steuerfragen (AIA-Standard) bereit – allerdings nicht mit allen Staaten der Welt.

Arbeitgeber Tourismusindustrie

Der größte „Arbeitgeber" ist die Tourismusindustrie. Die Situation auf dem Stellenmarkt zieht viele Leute von den Family Islands nach New Providence. Nicht alle von ihnen gehen gern in die Hauptstadt, aber der **Arbeitsmarkt** und die besseren Ausbildungsmöglichkeiten zwingen sie, ihre Heimatinsel zu verlassen. Am Wochenende sind Heerscharen von Bahamaern unterwegs, um ihre Familien auf den Family Islands zu besuchen.

Das traditionsreiche Nassau hat sich zu einer modernen Stadt mit den entsprechenden Problemen entwickelt. In der Rush Hour, zur „Dinnerzeit" und sonntags vor dem Gottesdienst erstarrt der Verkehr zum Stau. Die hohe Anzahl an meist illegal auf den Bahamas lebenden **Haitianern** führt nicht nur in Nassau gelegentlich zu sozialen Spannungen. Die Haitianer kamen früher als Gastarbeiter und dann als politische Flüchtlinge.

Infolge der hohen Bevölkerungsdichte ist die **Arbeitslosigkeit** in Nassau mit rund 20 % verhältnismäßig hoch. Anders als auf den Family Islands ist Kriminalität hier kein Fremdwort, sondern „Over the Hill" Alltag, auch wenn es in Nassau, verglichen mit anderen Städten der Karibik, recht ruhig zugeht.

National Art Gallery in Nassau in einer nachgebauten Villa aus dem 19. Jh.

Kolonialer Stil mit karibischem Charme

Die Hauptstadt der Bahamas ist aber auf jeden Fall einen Besuch wert, da sie kolonialen Stil mit karibischem Charme auf eine ganz eigene Art verbindet. Für den Touristen ist in jeder Form gesorgt. Es gibt eine große Vielfalt an Restaurants. Die Hotels bieten einen hohen Standard und verwöhnen ihre Gäste mit gutem Service und einem breiten Freizeitangebot. Die Innenstadt ist mit ihren historischen Bauten geschichtsträchtiger als der Rest aller anderen Bahamas-Inseln, und in den vielen kleinen Geschäften lässt es sich gut einkaufen.

Ein Bummel durch die Innenstadt Nassaus ist sowohl für Einkaufslustige als auch für historisch Interessierte zu empfehlen. Neben Fort Fincastle, Queen's Staircase und dem Government House gibt es hier noch eine Menge zu sehen. Wer sich lieber der Tier- und Pflanzenwelt widmen möchte, kann den Zoo, den Botanischen Garten oder The Retreat mit 200 unterschiedlichen Palmenarten besuchen. An einem der vielen Strände kann man natürlich auch gut den Tag verbringen. Aufgrund des breiten Wassersportangebots und der Strandbars wird es einem dort bestimmt nicht langweilig werden.

Außerhalb von Nassau bietet eine Tour über Compass Point zum Clifton Heritage National Park etwas Abwechslung zum Strandleben. Auf dem Weg sollte man Fort Charlotte nicht auslassen. Wer sich lieber beim Golf vergnügt, hat dazu auch gute Gelegenheit. Der Platz auf Paradise Island ist wegen seiner guten Aussicht sehr geschätzt. Hier sollte man sich unbedingt auch The Cloisters und Versailles Gardens ansehen.

Was man aber auf keinen Fall versäumen sollte, ist eine Runde auf Potter's Cay, wo das bunte Treiben zwischen den Postschiffen, den Conch-Imbissen und Marktständen die richtige Urlaubsatmosphäre aufkommen lässt.

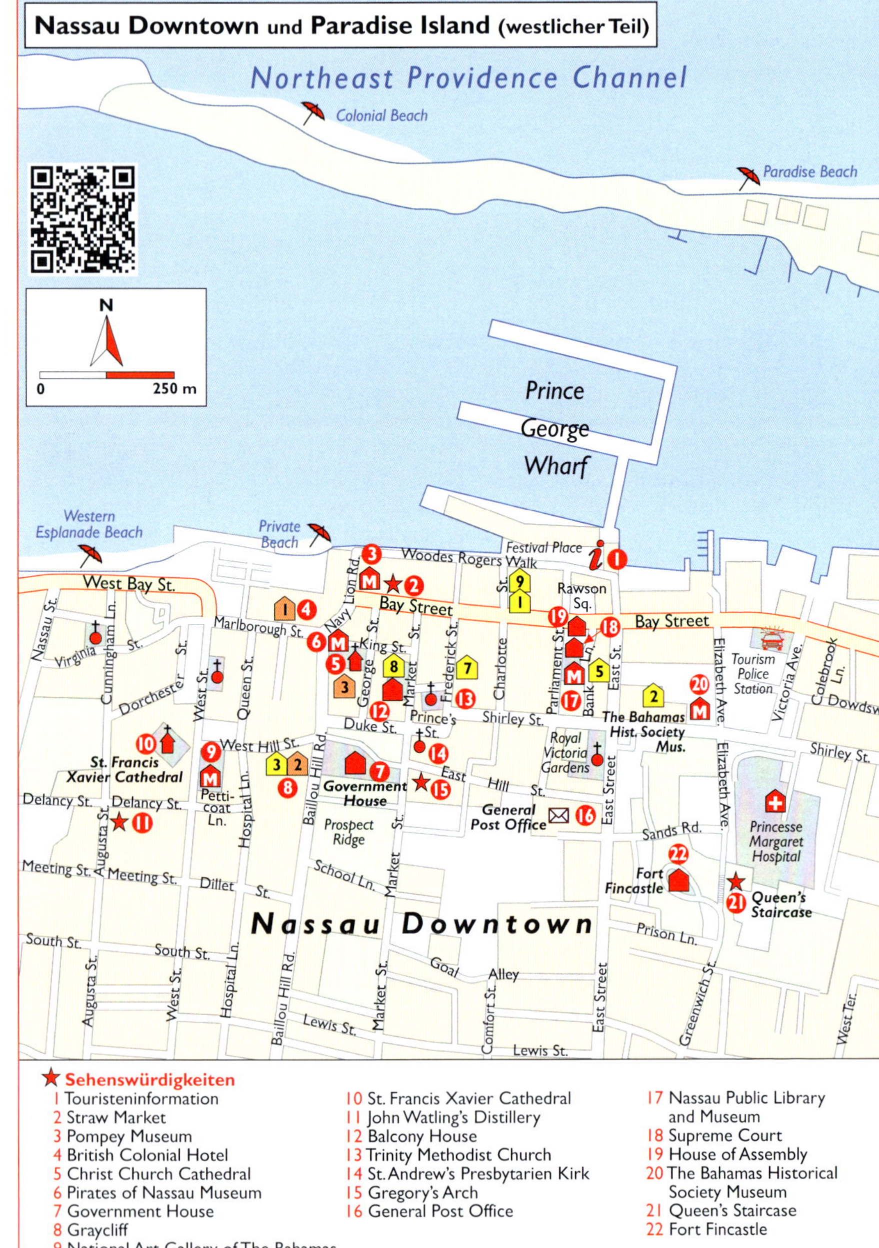

Nassau Downtown und Paradise Island (westlicher Teil)
Northeast Providence Channel
Colonial Beach
Paradise Beach
N
0
250 m
Prince George Wharf
Western Esplanade Beach
Private Beach
Festival Place
Woodes Rogers Walk
West Bay St.
Bay Street
Rawson Sq.
Marlborough St.
Navy Lion Rd.
King St.
Nassau St.
Virginia St.
Cunningham Ln.
Dorchester St.
West St.
Queen St.
George St.
Market St.
Frederick St.
Charlotte St.
Parliament St.
Bank Ln.
East St.
Elizabeth Ave.
Tourism Police Station
Victoria Ave.
Colebrook Ln.
Dowdswel
Duke St.
Prince's St.
Shirley St.
The Bahamas Hist. Society Mus.
Royal Victoria Gardens
West Hill St.
Baillou Hill Rd.
St. Francis Xavier Cathedral
Government House
East Hill St.
Delancy St.
Petti-coat Ln.
Hospital Ln.
Augusta St.
Prospect Ridge
General Post Office
East Street
Sands Rd.
Princesse Margaret Hospital
Meeting St.
Dillet St.
School Ln.
Fort Fincastle
Queen's Staircase
Nassau Downtown
Prison Ln.
South St.
Goal Alley
Comfort St.
Greenwich St.
West Ter.
Lewis St.
Sehenswürdigkeiten
1 Touristeninformation
2 Straw Market
3 Pompey Museum
4 British Colonial Hotel
5 Christ Church Cathedral
6 Pirates of Nassau Museum
7 Government House
8 Graycliff
9 National Art Gallery of The Bahamas
10 St. Francis Xavier Cathedral
11 John Watling's Distillery
12 Balcony House
13 Trinity Methodist Church
14 St. Andrew's Presbytarien Kirk
15 Gregory's Arch
16 General Post Office
17 Nassau Public Library and Museum
18 Supreme Court
19 House of Assembly
20 The Bahamas Historical Society Museum
21 Queen's Staircase
22 Fort Fincastle

Hotel
1 Atlantis Paradise Island
Essen & Trinken
1 Café Martinique
2 Chop Stix
3 Dune
4 Anthony's Grill
5 Jimmy Buffett's Margaritaville Bahamas
Pirates Cove
Paradise Beach
Cabbage Beach
Atlantis Lagoon
Paradise Island
Dolphin Cay
Sheraton Grand Resort
Atlantis Paradise Island Royal Towers
Atlantis Marina
Marina Village
Paradise Beach Dr.
Casuarina Beach
Casino Drive
Paradise Island Dr.
Shoppers Mall Rd.
Harbour Dr.
Versailles Garden, The Cloisters
Nassau Harbour
Southbound Rd.
Hurricane Hole
Paradise Island Br.
Potters Cay
Sir Sidney Poitier Br.
Bay Street
East Bay St.
Christie St.
Armstrong St.
Moss Ln.
Dowdswell St.
Hall Ln.
Collins Ave.
Mt. Royal Ave.
Sweeting St.
Sears Rd.
Shirley St.
Church St.
Alice St.
Ernest St.
Mackey St.
Okra Hill
National Centre for the Performing Arts
William's St.
Buen Retiro Rd.
Shirley Park Ave.
Shirley Shope
Retirement Rd.
Albury Ln.
Laud Alley
Bilney Ln.
East Ter.
Warwick St.
Shirlea Rd.
Lancaster Rd.
Ivanhoe Rd.
Windsor Rd.
Yonder Rd.
St. James Road
Unterkünfte
1 British Colonial Hilton
2 Graycliff
3 The Towne Hotel
Essen & Trinken
1 Athena Café & Bar
2 Café Matisse
3 Graycliff
4 Poop Deck Restaurant
5 Taj Mahal
6 Double Dragon
7 Bahamian Cookin'
8 Pepper Pot Grill & Juice Bar
9 The Bearded Clam Sports Bar
© graphic

Spaziergänge in der Innenstadt von Nassau

Da die Sehenswürdigkeiten in Nassau nicht sehr weit voneinander entfernt sind, sollte man die Innenstadt zu Fuß erkunden. Es geht los auf dem **Rawson Square**. Hier kann man sich bei der **Touristeninformation (1)** gleich einen Stadtplan und einige gute Tipps holen. Wer von hier in nördliche Richtung geht, kommt zur **Prince George Wharf**. Hier legen die riesigen Kreuzfahrtschiffe an, die viele amerikanische Tagestouristen nach Nassau bringen. Man sollte sich nicht wundern, wenn man plötzlich fast von einer großen Gruppe „baseballbemützter" US-Amerikaner umgerannt wird. Bevor die Kaianlagen erreicht werden, belagern einen die Damen des „**Hair Braiding Centre**". Wer will, kann sich gleich sein Äußeres mit geflochtenen Zöpfchen auf bunte Urlaubsstimmung „stylen" lassen.

Anlegestelle der Kreuzfahrtschiffe

Ein Stück weiter kann man dann die größten **Kreuzfahrtschiffe** der Welt bewundern. Der Grundstein für diese Hafenanlage wurde zur Zeit der „Rum Runners" gelegt, als der alte Hafen von Nassau nicht mehr ausreichende Kapazitäten bot, um die Vereinigten Staaten illegal mit Alkohol zu versorgen. Benannt wurde sie nach Prince George, Duke of Kent. Heute können an den Kaianlagen der Prince George Wharf bis zu sieben große Kreuzfahrtschiffe gleichzeitig festmachen. Nassau verfügt somit über den größten Kreuzfahrthafen der Karibik. Es ist schon ein recht imposanter Anblick, diese schwimmenden „Luxushochhäuser" nebeneinander zu sehen.

Vom Ausblick zurück Richtung Innenstadt, lohnt es sich, hinter dem Hair Braiding Centre rechts in den **Woodes Rogers Walk** einzubiegen. Dort reihen sich bunte Stände mit Muscheln, T-Shirts und Buden, an denen Cocktails und andere Leckereien aufs Probieren warten. Ein paar Schritte weiter folgt auf der linken Seite der **Straw Market (2)**. Das Gebäude vermittelt noch ein wenig Marktatmosphäre, auch wenn es hier von Souvenirhändlern nur so wimmelt. Hier gibt es, neben den üblichen T-Shirts und Souvenirs, die originalen Strohwaren, die typisch für die Bahamas sind. Häufig flechten die Marktfrauen, während sie auf Kundschaft warten, sodass man zusehen kann, wie die Hüte und Taschen entstehen. Die Herstellung von landestypischen Holzschnitzereien kann man hier ebenfalls beobachten.

Einkaufsbummel im Straw Market

Wenn man den Straw Market in Richtung Bay Street verlässt und in diese rechts einbiegt, hat man es bis zum **Pompey Museum of Slavery & Emancipation (3)** zur rechten Hand nicht mehr weit. Das Museum wurde bei einem Brand 2011 schwer beschädigt. Ein Großteil der Exponate konnte gerettet werden, sodass das Museum nach seiner Instandsetzung Ende 2014 wiedereröffnet werden konnte. Das Pompey Museum ist nach dem Anführer eines **Sklavenaufstands** auf Great Exuma benannt und beschäftigt sich mit der Geschichte der schwarzen Bevölkerung der Bahamas. Mit vielen unterschiedlichen Ausstellungsstücken, Fotos und einem Video wird hier auf eindringliche Art und Weise gezeigt, welchen Leidensweg die Sklaven von ihrer Gefangennahme an der afrikanischen Westküste und ihrer Verschleppung als Arbeitssklaven auf die Plantagen in den Süden der USA nahmen, bis sie mit den ausgewanderten Loyalisten im amerikanischen Unabhängigkeitskrieg auf die Bahamas kamen und wie sie hier lebten. Die Ausstellung verdeutlicht außerdem die weitere geschichtliche Entwicklung der Lebensbedingungen der schwarzen Bevölkerung auf den Bahamas. Untergebracht ist das Museum im **Vendue House**, das Mitte des 18. Jh. ursprünglich als einstöckiges Haus gebaut worden war und als Auktions- und Handelshaus diente. Hier wurden bis ins 19. Jh. auch die Sklaven versteigert und verkauft.

Geschichte der schwarzen Bevölkerung

Pompey Museum of Slavery & Emancipation, *Bay St., ☏ 356-0495, 325-2315, www.ammcbahamas.com/pompey-museum, Mo–Mi, Fr–Sa 9.30–16.30, Do bis 13 Uhr, Erw. 3 $, 6–12 Jahre 1 $.*

Vom Pompey Museum aus sieht man schon das **British Colonial Hotel (4)** an der Marlborough Street (s. S. 125). Das im spanisch-amerikanischen Stil erbaute Hotel, heute British Colonial Hilton, wurde in dieser Form 1923 wiedereröffnet, nachdem das alte Hotel aus Holz ein Jahr zuvor abgebrannt war. Die Architektur der alten Flageler-Hotels in Florida hat hier deutlich ihre Spuren hinterlassen. In der Bar dieses eleganten und traditionsreichen Hauses wurden Szenen für die zwei Bond-Filme „Thunderball" und „Never Say Never Again" gedreht. Wer sich also gern in alte Kinotage zurückversetzen lassen will, schaut einfach mal rein und genießt die herrliche Aussicht auf die Hafeneinfahrt von Nassau. An dieser Stelle stand früher das **Fort Nassau**, die erste Verteidigungsanlage der Bahamas überhaupt. Vor dem Hotel erhebt sich die Statue des ersten Gouverneurs der Bahamas, Woodes Rogers, der 1718 sein Amt antrat, um unter den Piraten aufzuräumen. Rogers war jedoch vor seiner Ernennung selbst ein Pirat.

Von der Marlborough Street aus gelangt man stadteinwärts über die King Street auf die George Street, wo man auf die **Christ Church Cathedral (5)** zukommt. Diese etwas unscheinbare anglikanische Kirche wurde 1837 gebaut und ist die älteste Kirche in Nassau. Der erste Vorgängerbau geht auf das Jahr 1670 zurück. Einen Hingucker wert sind die farbig bemalten Fenster, die einmalig sind auf den Bahamas.

Direkt gegenüber in der King Street befindet sich das 2003 eröffnete **Pirates of Nassau Museum (6)**. Hier werden alle interaktiven Hebel in Bewegung gesetzt, um das für Nassau „Goldene Zeitalter" der Piraterie wieder aufleben zu lassen. Das Piratenschiff

Die Christ Church Cathedral ist die älteste Kirche in Nassau

„Revenge" lädt zum Entern ein, Piraten erzählen aus ihrem Leben und Woodes Rogers wird vorgestellt, ein zum Gouverneur mutierter Pirat, der seinen ehemaligen Kumpels auf Geheiß der britischen Krone mit harter Hand den Garaus machte.

Zeitalter der Piraten

Pirates of Nassau Museum, *King St., ☎ 356-3759, www.piratesofnassau.com, Mo–Sa 8.30–17.30, So 9–14 Uhr, Erw. 13,50 $, 4–17 Jahre 6,75 $.*

Geht man die George Street weiter hinauf Richtung Süden, sieht man ein großes Gebäude in Rosa und Weiß: das **Government House (7)**. Seit 1801 ist es die Residenz des Generalgouverneurs. Das Gebäude im georgianisch-kolonialen Stil wurde nach seiner Verwüstung durch einen Hurrikan in den 1930er-Jahren wieder neuerrichtet. Während des Zweiten Weltkriegs residierten hier der Herzog und die Herzogin von Windsor (Gouverneur 1940–1945). Seit 1830 blickt eine **Statue von Christoph Kolumbus** vor dem Anwesen über die Innenstadt. Zu besichtigen ist das Haus allerdings nicht, da es heute noch Residenz des Generalgouverneurs ist.

Sozusagen gleich um die Ecke (Blue Hill Rd./West Hill St.) befindet sich das **Graycliff Hotel (8)**, das im Jahr 1740 von dem Piraten John Howard Graysmith als Altersruhesitz gebaut wurde. Heute ist dieses wunderschöne Beispiel georgianisch-kolonialer Architektur ein Hotel (s. S. 125) als Gesamtkunstwerk mit eigener Zigarrenfabrik, einem unerreichten, über 250.000 Flaschen schweren Weinkeller, einer Chocolaterie und einem sehenswerten Pool in strahlendem Blau, dessen Kacheln von einem italienischen Künstler handbemalt wurden. Man kann durch das Haus und den Garten streifen und einen Hauch Geschichte spüren. Wer sich etwas Besonderes gönnen will, sollte sich ein Essen im Restaurant leisten. Es war immerhin eines der ersten Fünf-Sterne-Restaurants der Karibik. Die Inhaberfamilie des Hotels, Garzaroli, hatten schon immer ein Händchen für das Ausgefallene. Für ihre Zigarrenfabrik etwa, die man auch besuchen kann, holten sie sogar den ehemaligen persönlichen Zigarrenroller Fidel Castros aus Kuba nach Nassau.

Da den Garzaroli die Ideen nicht ausgehen, gründeten Sie im Sommer 2014 das **Heritage Museum of the Bahamas** im historischen Mountbatten House gegenüber dem Graycliff. Hier kann man sich über die unterschiedlichsten Facetten der Geschichte der Bahamas informieren – von der Steinzeit bis heute, vom hier gefundenen Meteorit über einen Haizahn bis zum Souvenir-T-Shirt.

Heritage Museum of the Bahamas, *West Hill St., ☎ 302-9150, Mo–Fr 9–17 Uhr, Erw. 12,50 $ (Audioguide inkl.), Eintritt mit Führung 18,50 $.*

Kunst der Bahamas

Gleichzeitig soll die West Hill Street zu einer Fußgängerzone werden, denn an ihrem Ende liegt ein weiterer Kulturtempel in Nassau, die **National Art Gallery of The Bahamas (9)**. 1996 beschloss die damalige Regierung, dass die Bahamas ein eigenes Kunstmuseum verdient hätten. Sieben Jahre später, 2003, wurde die National Gallery of The Bahamas in der picobello restaurierten Villa Doyle, die aus den 1860er-Jahren stammt, eröffnet. Zu sehen gibt es logischerweise Kunst von den Bahamas – von den Anfängen bis heute, alle namhaften Künstler wie Amos Ferguson, Maxwell Taylor und Antonius Roberts sind vertreten.

National Art Gallery of The Bahamas, *Villa Doyle, Ecke West & West Hill St., ☎ 328-5800, www.nagb.org.bs, Di–Sa 10–17, So 12–17 Uhr, Erw. 10 $, bis 12 Jahre frei.*

Am Ende der West Hill Street trifft man auf die West Street, an der die älteste katholische Kirche der Insel steht. Die **St. Francis Xavier Cathedral (10)** wurde 1886 fertiggestellt und seitdem um zwei Flügel erweitert. Errichtet wurde sie von der Erzdiözese New York, die damals für die Mission auf den Bahamas zuständig war. Von der Straße aus erscheint diese Kirche architektonisch recht unansehnlich, aber wenn man um das Gebäude herumgeht, entfaltet sich doch noch etwas von der alten Schönheit.

Die West Street geht es ein paar Meter weiter den Hügel hinauf, dann rechts in den Delancy Street. Schon von Weitem grüßen die farbenprächtigen, renovierten Holzhäuser der **John Watling's Distillery (11)**. Auf dem historischen Buena Vista Estate, gebaut 1789, kann man sich einen Überblick verschaffen, wie bis heute Rum gemacht wird – von den Grundstoffen bis zur Abfüllung in die Flaschen. Zu besichtigen ist die historische Wasserquelle, und ein kleiner, beschilderter Rundgang illustriert den Weg des Rums. Mit ein bisschen Glück wird in der Halle gerade gearbeitet, hier ist die Produktion gläsern. Zum Abschluss des Rundgangs besucht man den kleinen Shop – natürlich mit hauseigenem Rum im Angebot – und den historischen Probierraum für den gewünschten Cocktail.

Rum-produktion

John Watling's Distillery, *17 Delancy St., ☏ 322-2811, www.johnwatlings.com, tgl. 10–18, Fr bis 21 Uhr, Eintritt frei.*

Geht man die West Hill Street und Duke Street am Government House vorbei wieder zurück und biegt links in die Market Street ein, so kann man sich dort ein weiteres altes Gebäude der Stadt ansehen, das zweistöckige **Balcony House (12)**. Wer sich für die Geschichte der „Wrecker" interessiert (s. S. 100) wird hier

Hauseigenen Rum kann man in der John Watling's Distillery erstehen

Die Mahagoni-Treppe im Balcony House stammt aus einem Schiffswrack

fündig: Die in den ersten Stock führende Mahagoni-Treppe stammt aus einem geplünderten Schiff des 18. Jh. und ist wunderbar in das Ambiente des Holzhauses integriert worden. Das Haus selbst gilt als Nassaus ältestes noch stehendes Holzgebäude. Der Name stammt vom großzügigen Balkon, der das pinkfarbene Balcony House zur Market Street hin schmückt. Ein Geheimnis des Gebäudes und des bahamaischen „Clapboard Houses"-Baustils ist die Durchlüftung. So gibt es in den Zimmern unterhalb der Decke großzügige Aussparungen für frischen Wind, und das Haus steht auf Stelzen. Sehenswert sind die Zimmer mit ihrer historischen Möblierung und auch das Bad mit seinen handbemalten Kacheln. Das Haus blickt auf eine interessante Geschichte zurück: So lebte hier eine Zeit lang Stephen Dillet. Er war 1833 der erste farbige Bahamaer, der ins Parlament gewählt wurde. Und nicht zu vergessen der Schöpfer von James Bond: Der Autor Ian Fleming wohnte 1962 bei den Dreharbeiten zu „James Bond jagt Dr. No" im Balcony House.

Balcony House Museum, *Market St., ☎ 326-2566, www.ammcbahamas.com/balcony-house, Mo, Mi, Fr 9.30–16.30, Do bis 13 Uhr, Eintritt: Spende.*

Über die Market Street in Richtung Trinity Place gelangt man rechts hinter der Zentralbank zur **Trinity Methodist Church (13)**. Ein Jahr nach ihrer Fertigstellung wurde sie 1866 durch einen Hurrikan zerstört. An der neuen Kirche, die 1869 wiederaufgebaut wurde, verdienen besonders die schönen Fenster Beachtung. Auf eine weitere Kirche, die **St. Andrew's Presbyterian Kirk (14)**, stößt man, wenn man die Frederick Street wieder in Richtung Süden und dann rechts in die Princess Street geht.

Biegt man hinter der Kirche in südliche Richtung in die Market Street ein, sieht man dort das alte Tor nach **Grant's Town**, den **Gregory's Arch (15)**. Das Tor wurde Mitte des 19. Jh. nach dem Gouverneur John Gregory benannt. Es verband die von Weißen bewohnte Innenstadt von Nassau mit Grant's Town, dem 1921 gegründeten Stadtteil für die schwarze Bevölkerung. Wer hier durchgeht oder -fährt, begibt sich nicht nur geografisch „Over the Hill" und damit in einen wenig begangenen Teil der Stadt. Hier gibt es zwar keine Sehenswürdigkeiten, aber das „andere" Nassau ist deswegen nicht weniger interessant. Wer mit einem eigenen Fahrzeug unterwegs ist, sollte den Abstecher zum Tonique Williams-Darling Highway unternehmen und sich in der **Bäckerei Original Patties** ein paar leckere Patties holen: Diese mit Hühnchenfleisch, Rind oder Gemüse gefüllten Teigtaschen sind heiß gemacht einfach köstlich – ein netter Snack für rund 2 $, der hier direkt aus dem Ofen kommt.

Patties für unterwegs

Original Patties Bakery, *Tonique Williams-Darling Hwy., ☏ 341-1871, www.originalpatties.com, Mo–Sa 7–20 Uhr.*

Auf dem Weg zurück in die Innenstadt kommt man am **General Post Office (16)** (Hauptpostamt) vorbei, wenn man von der East Hill Street in östliche Richtung abbiegt. Vom Postamt aus führt die Parliament Street den Hügel hinunter wieder auf die Bay Street der Innenstadt. Hier folgt bald die 1797 erbaute, auffällig achteckige **Nassau Public Library and Museum (17)**. In den Anfangszeiten ein Gefängnis, wurde das Gebäude 1873 zur Bücherei umgewidmet. In den ehemaligen Zellen stehen jetzt Bücherregale und Studiertische. Auf den unterschiedlichen Etagen kann man alte Stiche, Skeletteile und Siegel bewundern. Von oben bietet sich zudem ein schöner Ausblick in Richtung Parlament.
Nassau Public Library and Museum, *Shirley St. (Eingang an der Nordseite), ☏ 322-4907, Mo–Do 10–17.45, Fr 10–16.45, Sa 10–15.45 Uhr, Eintritt frei.*

Oberster Gerichtshof

Von hier aus ist es nur noch ein Steinwurf zu den Parlamentsgebäuden. Wenn man in Richtung Bay Street läuft, folgt nördlich der Bibliothek der **Supreme Court (18)**, das Oberste Gericht der Bahamas. Da die Bahamaer nach englischer Tradition Recht sprechen, tragen die Richter auch die adäquate Robe und dazu die weißen Perücken. Ein Stückchen weiter am Rawson Square gilt es, die Statue von **Queen Victoria** (1819–1901) zu bewundern, die recht jugendlich dargestellt ist. Sie wurde zum Geburtstag der Queen am 24. Mai 1905 vier Jahre nach ihrem Tod aufgestellt.

Zur Linken sieht man das **House of Assembly (19)**, in dem 38 Parlamentarier ihr Amt wahrnehmen. Die Funktion des House of Assembly entspricht in etwa dem britischen Unterhaus. Direkt hinter der Statue liegt zentral das Senatsgebäude, in dem die 16 Mitglieder des Senats tagen. Im Gebäude zur Linken sind Büros der Regierung untergebracht. Diese drei Gebäude im Südstaatenstil sind zwischen 1790 und 1813 nach dem Vorbild von entsprechenden Gebäuden in New Bern gestaltet, der alten Hauptstadt des amerikanischen Bundesstaats North Carolina. Darin spiegelt sich das Selbstverständnis der Loyalisten wider, die nach ihrer Immigration Ende des 18. Jh. die Macht auf den Bahamas übernahmen.

Rundgang im östlichen Teil von Nassau

Geschichte der Bahamas

Der zweite Rundgang ist zwar mit etwas Treppensteigen verbunden, er lohnt sich jedoch wegen der einmaligen Aussicht vom Fort Fincastle. Etwa 300–400 m vom Rawson Square entfernt zweigt die Elizabeth Avenue von der Bay Street ab. Wenn man hier in Richtung Süden rechts abbiegt, kommt man an der Ecke Shirley Street zum **The Bahamas Historical Society Museum (20)**. In diesem kleinen Museum kann man nicht nur etwas über die Geschichte der Bahamas lernen, sondern auch etwas über die unterschiedlichen Arten von Schwämmen, die ein halbes Jahrhundert eine der größten Einnahmequellen der Inselgruppe waren. Von Funden aus der präkolumbianischen Zeit, über einen loyalistischen Nachttopf bis zu einer interessanten Muschelsammlung kann man sich hier an den unterschiedlichsten Gegenständen erfreuen. Fotografien, Karten und Drucke geben erläuternde Informatio-

Von Sklaven in den Felsen gehauen: Queen's Staircase

nen. Wer wissen will, ob Blackbeard ein Pirat oder eine Korallenart ist, sollte einen Besuch dieses Museums nicht versäumen.

The Bahamas Historical Society Museum, *Elizabeth Ave., ☏ 322-4231, www.bahamashistoricalsociety.com. Mo, Di, Do, Fr 10–16, Sa 10–12 Uhr, Aug. geschl., Erw. 1 $, Kinder 50 Cent.*

Ein Stück weiter die Elizabeth Avenue hinauf geht es am **Princess Margaret Hospital** vorbei, dem größten staatlichen Krankenhaus der Bahamas, und direkt auf **Queen's Staircase (21)** zu. Bevor man die 65 Stufen der Felsentreppe zum **Fort Fincastle (22)** auf Bennet's Hill hinaufsteigt, kann man sich im Schatten des Felsens noch etwas bei den Souvenirständen umsehen. Die Treppe wurde von Sklaven 1793 auf Befehl von Gouverneur **Lord Dunmore** in den Kalksandsteinfelsen gehauen, um eine Verbindung zwischen Fort und Stadt zu schaffen. Ihren Namen erhielten die Stufen allerdings erst 1884 anlässlich des 65. Geburtstags der britischen Königin Victoria. Auch Fort Fincastle wurde 1793 fertiggestellt und war ebenso wenig wie das ebenfalls in der Regierungszeit Lord Dunmores entstandene Fort Charlotte je in eine Kriegshandlung verwickelt. Anfang des 19. Jh. diente es als Leuchtturmersatz. Heute ist es Touristenattraktion; interessant – da ungewöhnlich – ist immerhin seine Form.

Fort Fincastle, *Elizabeth Ave., ☏ 322-7500, tgl. 8–16 Uhr, Eintritt 5 $.*

Über einen Weg westlich des Forts geht es zur Sands Road, über die man, wenn man links abbiegt, auf die East Street gelangt und von dort in nördlicher Richtung wieder zur Bay Street. Da die East Street weniger von Touristen frequentiert ist, vermittelt sie einen Eindruck davon, wie Nassau jenseits der „Hochglanzquartiere" aussieht.

Paradise Island und Potter's Cay

Wege nach Paradise Island

Es gibt drei Möglichkeiten, nach Paradise Island zu kommen, wenn man den knapp 2 km langen Weg entlang der Bay Street nicht laufen will. So kann man eine Fähre von Prince George Wharf nehmen (hin und zurück 6 $) oder mit dem Taxi fahren (ein Weg ca. 12 $). Die interessantere Variante ist eine Busfahrt mit einem Jitney, dem öffentlichen Minibus. Die Busse fahren Ecke Frederick St./Bay St. ab. Der Bus

(1,25 $) fährt nur bis zur Paradise Island Bridge, aber das bunte Treiben auf Potter's Cay unterhalb dieser Brücke sollte man ohnehin nicht versäumen.

Domino am Potter's Cay

Der ausgezeichnete **Conch-Salat** an einem der dortigen Stände (s. S. 41) zählt zu den kulinarischen Highlights in Nassau. Das Obst- und Gemüseangebot auf dem Markt ist für Europäer schon exotisch anzuschauen. Von **Potter's Cay** aus legen auch die Postschiffe zu den anderen Inseln der Bahamas ab. Sie befördern nicht nur Post, sondern auch Fracht und Passagiere. Vor der Einrichtung der Fluglinien waren diese Schiffe die einzige Verbindung der Inseln untereinander. Viele Bahamaer erinnern sich nicht wirklich gerne zurück an die langen Nächte unter Deck in Enge und Dieselgestank.

Exklusiver Jachthafen

Über die Paradise Island Bridge, von der aus sich ein schöner Ausblick über den Hafen von Nassau ergibt, gelangt man auf die gleichnamige Insel. Von der Brücke aus sieht man auf der rechten Seite schon das **Hurricane Hole**, einen der exklusivsten Jachthäfen der Bahamas. Paradise Island selbst bietet keine Sehenswürdigkeiten im eigentlichen Sinne, ist aber insofern doch interessant zu sehen, da man hier erfährt, wie mit amerikanischer Denke ein modernes Urlaubsparadies scheinbar optimal gestaltet werden kann. Paradise Island hat die schönsten Strände von New Providence und seinen Namen sicher nicht umsonst bekommen, aber man muss auch den gutorganisierten Serviceurlaub mögen, um sich hier wohlzufühlen. Die Hotels haben einen hohen Standard und lassen kaum Wünsche offen. Ein riesiges Kasino befindet sich ebenfalls auf Paradise Island, sodass man außer am Strand sein Glück auch an den Spielautomaten suchen kann.

„Schweineinsel"

Ursprünglich hieß die Insel **Hog Island** („Schweineinsel"). Warum der Puritaner **William Sayle** dieser Insel den nicht gerade schönen Namen gegeben hat, bleibt bis heute den Spekulationen der Historiker überlassen. Sicher ist nur, dass er das schöne Eiland Mitte des 17. Jh. kaufte. In den 1930er-Jahren ging Paradise Island in den Besitz des schwedischen Industriellen Axel Wenner-Gren über, der hier außer der Verschönerung seines Domizils Shangri-La auch die Gartenarchitektur förderte. Er ließ nach französischem Vorbild am heutigen Paradise Island Drive (erste Straße rechts hinter dem Kreisverkehr) die **Versailles Gardens** anlegen.

Nach Wenner-Grens Tod kaufte der amerikanische Multimillionär **Huntington Hartford II** die Insel und nannte sie Paradise Island. In Florida fand er ein passendes Stück Architektur für seine Insel und erwarb Teile eines Klosters aus dem

Ein ungewöhnlicher Anblick: ein französisches Kloster und französische Gärten auf den Bahamas

Kloster aus Frankreich

14. Jh., das der Medienmogul William Randolph Hearst aus Frankreich importiert hatte. Heute ist **The Cloisters** ein seltsam anmutendes Kleinod auf einer unwirklichen Insel, aber es ist in der Tat sehr stimmungsvoll. Von hier bietet sich ein wunderschöner Blick auf den **Versailles Garden** auf der einen und auf die Wasserpassage zwischen Nassau und Paradise Island auf der anderen Seite. Die Skulpturen, die Hartford sammelte, ließ er im Garten aufstellen. Faust und Franklin D. Roosevelt sind hier verewigt, ein Großteil der Gärten gehört heute aber zum Hotel The Ocean Club.

Die Strände von **Paradise Island** gehören in der Regel jeweils zu einer Hotelanlage. Wer also auf der Insel wohnt, hat das Badevergnügen gleich vor der Haustür. Öffentlich zugänglich und unbedingt einen Besuch wert ist der tolle Strand **Cabbage Beach**. Dorthin kommt man, indem man vom Paradise Island Drive links auf den Ocean Club Drive fährt. Hier folgt bald ein Parkplatz. Der Fußweg zum Strand führt dann an einem Supermarkt und dem Ocean Club vorbei und mündet in einer grandiosen Aussicht.

Großes Freizeitgelände

Auch wenn es keine offizielle Sehenswürdigkeit ist, sollte man sich das Resort mit Freizeitgelände **Atlantis Paradise Island** und das Kasino am Casino Drive ansehen. Das Kasino ist für die Öffentlichkeit zugänglich, das restliche Gelände nicht. Wer mehr sehen will, muss Gast mit einem Tagespass sein oder an einer Tour teilnehmen. Die Anlage erinnert mit künstlichen Wasserfällen, Grotten und ihrem Rummel nicht nur ein bisschen an Disneyland. Ein Highlight ist das riesige im Hotel integrierte **Aquarium**, in dem sich Haie und Wasserschildkröten tummeln.
Atlantis Paradise Island, *One Casino Dr., ☎ 363-3000, www.atlantisbahamas.com. Infos und Anmeldung: www.atlantisbahamas.com/daybooking.*

Erkundung des östlichen Teils von New Providence

Hinweis

s. Karte hintere Umschlagklappe

Für diese Tour benötigt man ein Fahrzeug. Wer in der Innenstadt von Nassau startet, fährt am besten die Shirley Street (Achtung: die Bay Street ist in diesem Bereich eine Einbahnstraße) in östliche Richtung. An der Kreuzung, wo die Shirley Street, die bis dahin ebenfalls Einbahnstraße ist, wieder in beide Richtungen befahrbar wird, kann man abbiegen und sich die älteste Kirche von Nassau ansehen. Die **St. Matthews Church** wurde 1802 geweiht und stand damals am östlichsten Punkt von Nassau. Interessant ist vor allem der Friedhof mit vielen alten Gräbern.

Älteste Kirche von Nassau

Wieder auf der Shirley Street, geht es an der nächsten Ampel links in die Mackey Street und vor der Brücke rechts in die East Bay Street. Das letzte Gebäude („The Pink'Un") vor der Harbour Bay Shopping Mall zur rechten Hand ist etwas für Fans von **John Steinbeck**, da er hier den Winter 1940 verbracht hat – heute wird es als Kunstraum genutzt. Kurz vor einer scharfen Rechtskurve sieht man dann schon das **Fort Montagu**, das zwischen 1741 und 1744 fertiggestellt wurde. Es sollte den Ostzugang zum Hafen von Nassau verteidigen. 1776 wurde es jedoch von amerikanischen Revolutionstruppen eingenommen, ebenso wie 1783 von den Loyalisten, die sich gegen die Spanier durchsetzten. Diese hatten Nassau für kurze Zeit unter ihre Kontrolle gebracht. Fort Montagu ist das älteste noch erhaltene Fort auf der Insel. Man hat von dort einen schönen Blick über den Hafen von Nassau und die **Montagu Bay**.

Nach der scharfen Kurve geht die East Bay Street in die Eastern Road über. Wenn man diese bis East End Point weiterfährt, kommt man durch eine Wohngegend mit großen, schönen Häusern. Hier residieren die wohlhabenden Insulaner von New Providence. Am East End Point führt ein schmaler Fußweg zu den Überresten von **Blackbeard's Tower**, der außer seinem Namen wahrscheinlich nichts mit dem berüchtigten Piraten zu tun hat. Die Aussicht von dort ist aber die Fahrt wert.

Wer noch einen kleinen Abstecher nach **Fox Hill** machen will, fährt die Eastern Road weiter, bis zur Yamacraw Hill Road, die dann bis zur Fox Hill Road in Richtung Westen führt. Hier geht es rechts ab. Fox Hill ist ein recht lebendiger Ort, in dem man sich einen Eindruck vom Alltagsleben des bahamaischen Durchschnittsbürgers verschaffen kann. Hier stehen viele Häuser mit Satellitenschüsseln, am Straßenrand wird am Auto gebastelt, und in den Kneipen wird das Bier auch schon mal aus der Flasche getrunken. Benannt ist der Ort nach Samuel Fox, der nach seiner Befreiung zu einem nicht unbedeutenden Landbesitzer wurde. Fox Hill ist aber auch „berüchtigt" für **Her Majesty's Fox Hill Prison** (Gefängnis), das nicht gerade zu einem Besuch einlädt.

Ein Stück weiter sieht man schon das Benediktinerkloster **St. Augustine's Monastery** und das daran angeschlossene College (der beste Weg dorthin führt über den Prince Charles Drive, in den man an der Ampel links einbiegen muss, dann rechts in die St. Augustine Road). Die Baupläne wurden von **Father Jerome**, mit bürgerlichem Namen John Hawes, entworfen und die Gebäude 1946 fertiggestellt.

Entworfen von Father Jerome

Der zum Katholizismus konvertierte Architekt betrieb auf den Bahamas sehr engagiert die Mission voran und ist bei seiner Einsiedelei The Hermitage auf Cat Island begraben (s. S. 229). Dort verbrachte er seine letzten Jahre in Einsamkeit und innerer Einkehr. Von St. Augustine ist nur die Kapelle zu besichtigen.

Seltene und exotische Palmen

Am Ende der Tour steht noch ein Besuch in einer schönen Gartenanlage an. Wieder am Prince Charles Drive angelangt, biegt man jetzt rechts ab, um dann an der Village Road noch einmal rechts einzubiegen. Auf der rechten Seite ist nach einigen Querstraßen **The Retreat** erreicht, das Hauptquartier des **Bahamas National Trust**. Auf einem ca. 4,4 ha großen Gebiet gibt es fast 200 unterschiedliche Palmenarten zu bewundern. Diese stammen zum großen Teil aus der einmaligen privaten Sammlung von Arthur und Margaret Langlois, denen das Anwesen früher gehörte. Es gibt Führungen und eine Karte, anhand derer man sich frei im Gelände orientieren kann. Der Bahamas National Trust, der The Retreat heute betreut, hat sich zum Ziel gesetzt, die Natur auf den Bahamas so gut wie möglich zu bewahren. Diese Organisation ist auch für die Nationalparks zuständig.
The Retreat, *Village Rd., ☎ 393-1317, www.bnt.bs, Mo–Fr 9–17 Uhr, Erw. 10 $, 13–18 Jahre 5 $, 5–12 Jahre 3 $.*

Über die Village Road in Richtung Norden geht es wieder auf die Shirley Street. Wenn man von dieser an der Mackey Street rechts abbiegt, kommt man am Kreisverkehr vor der Brücke auf die Bay Street, die in westliche Richtung wieder direkt in die Stadt führt.

Erkundung des westlichen Teils von New Providence

Für die Erkundung des Westens von New Providence sollte man sich schon einen Tag Zeit nehmen, um auch wirklich etwas davon zu haben. Am besten mietet man sich ein Auto, da es zu umständlich und zeitaufwendig ist, mit dem Bus zu fahren und ein Taxi für einen Tagesausflug zu teuer ist.

Fort Charlotte

Befestigungsanlage

Von der Marlborough Street aus, die direkt am British Colonial Hotel vorbeiführt, muss man sich rechts halten, wenn sie auf die West Street trifft, um direkt auf die West Bay Street zu kommen. An schönen Häusern vorbei, kommt man nach kurzer Zeit zum **Fort Charlotte** auf der Anhöhe zur Linken. Lord Dunmore ließ es in den späten 1880er-Jahren noch bauen, um die Westeinfahrt des Hafens unter Kontrolle zu haben. Ebenso wie Fort Fincastle wurde auf dieses Fort nie ein Schuss abgefeuert. Der forcierte Bau von Befestigungsanlagen Ende des 18. Jh. war aber sicher nicht – wie häufig behauptet – ein Spleen von Lord Dunmore. Sicher hatten dabei nicht nur der Gouverneur, sondern auch die Bevölkerung die Besetzung durch die Spanier und Amerikaner in Erinnerung. Das Fort ist das größte der Bahamas und wurde nach Königin Charlotte benannt, vermählt mit George III., König

Warten auf Kundschaft: Shop am Fort Charlotte

von Großbritannien und Irland. Über eine Zugbrücke gelangt man hinter seine Mauern, wo auch die alten Kerker zu besichtigen sind. Ursprünglich war die Anlage mit 42 Kanonen bestückt. Heute hat man durch die Schießscharten eine wundervolle Aussicht über die Westeinfahrt des Hafens und kann auch den Leuchtturm von Paradise Island sehen.
Fort Charlotte, *Off Way, West Bay St., ☏ 302-2000, tgl. 9–16 Uhr, Erw. 5 $, bis 12 Jahre 2 $. Mi und Fr um 11.30 Uhr wird die Kanone nach einer militärischen Parade abgefeuert.*

Unterhalb des Forts befindet sich der **Clifford Park**. Wer Glück hat, wird Zuschauer eines Relikts aus der britischen Kolonialzeit, das im Haynes Oval ausgetragen wird. Auf den Bahamas spielt man nämlich auch Cricket. Man sollte sich lieber nicht nach den Regeln erkundigen. Man muss zwar offensichtlich nicht Brite sein, um sie zu verstehen, aber sie sind doch recht kompliziert. Im Clifford Park werden auch offizielle Feierlichkeiten abgehalten. Derzeit ist eine Aufwertung und Umgestaltung des Parks als grünes Freizeitgelände u. a. mit der Anlage neuer Spazierwege im Gespräch.

Cricket im Haynes Oval

Arawak Cay

Direkt gegenüber dem Fort liegt **Arawak Cay**, eine künstlich angelegte Insel. Auch wenn der hiesige „**Fish Fry**" einen recht touristischen Eindruck macht, sollte man es auf keinen Fall versäumen, hier einen kleinen Imbiss zu sich zu nehmen. Ein schöner Auftakt ist z. B. frisches Wasser aus der Kokosnuss, frisch aufgeschnitten an „Flo's Fruit Stand" an der West Bay Street, gegenüber dem Parkplatz von Arawak Cay. Am Fish Fry selbst fällt die Wahl des Imbisses schwer. Einen guten Ruf genießen: „The Anchorage", „Goldie's", „Curly's" und vor allem „Oh Andros". Aber

Imbiss am Fish Fry

Fisch und Meeresfrüchte

wirklich falsch kann man nichts machen. Hier gibt es Fisch und Meeresfrüchte nach original bahamaischer Art, man kann bei der Zubereitung zusehen. Wer zum Nachspülen etwas Härteres braucht, der kauft sich einen „Jagemeiter". Es erübrigt sich fast zu erwähnen, dass Freunde des Conch-Salats hier garantiert auf ihre Kosten kommen. Am Samstagabend und sonntags geht an dieser Budenpromenade die Post ab. Wer gern tanzt, ist hier dann genau richtig, da die Goombay-Musik hier auch noch live und ohne Kompromisse an europäischen Geschmack gespielt wird. Der Fish Fry auf Arawak Cay wird übrigens aus Geldern der staatlichen Lotterie finanziert, sicher keine schlechte Investition.

Botanischer Garten und Ardastra Gardens

In der Chippingham Road westlich des Forts befindet sich der **Botanische Garten** von Nassau. Die Anlage wurde 2017 bei einem Hurrikan schwer beschädigt und die Reparaturmaßnahmen lassen wohl auf sich warten. Wer will, kann einen Blick über den Zaun wagen.
Nassau Botanical Gardens, *Chippingham Rd., ☎ 323-5975.*

Direkt gegenüber liegt der größte **Zoo** der Bahamas. In Zeiten neuer Tierschutzstandards wirkt die Anlage inzwischen allerdings etwas aus der Zeit gefallen. Wer möchte, kann sich hier u. a. Flamingos (inkl. „Show"), Schlangen und Leguane ansehen oder einer Papageienfütterung (3-mal tgl.) beiwohnen.
Ardastra Gardens, Zoo and Conservation Center, *Chippingham Rd., ☎ 323-5806, www.ardastra.com, tgl. 9–17 Uhr, Erw. 18,75 $, 4–12 Jahre 9,50 $.*

Cable Beach

Die West Bay Street führt dann an **Saunders Beach**, an dem man gut baden kann, vorbei nach **Cable Beach**. Den etwas ungewöhnlichen Namen verdankt Cable Beach dem ersten Überseekabel, das von hier aus 1892 nach Florida verlegt wurde, um New Providence an den Rest der Welt anzuschließen. Blickfang an Cable Beach ist das **Baha Mar**, ein Resort, das 27 Etagen hoch, vier Hotels und ein Kasino schwer, die Landschaft beherrscht (s. S. 28). Immerhin flossen auch ökologische Aspekte beim Bau des Großprojekts mit ein. So wurden z. B. vor dem Strand Barrieren aufgebaut, um dem beständigen Abwandern des Sandstrands Einhalt zu gebieten. Auf der anderen Seite des Resorts wurden Straßen und Gebäude neu verlegt, beglei-

Pompey Market in Cable Beach

tet von einem schönen Parkgelände, das intensiv als morgendliche Joggingstrecke genutzt wird. Cable Beach selbst ist eine Mischung aus Resorts und Privatvillen mit einem Ortszentrum und Supermarkt.

Rock Point, The Caves und Gambier Village

Weiter an der Küste entlang, kommt man zum **Rock Point**. Hier wurden einige Szenen für den James-Bond-Film „Thunderball" („Feuerball") gedreht. Ein Stück weiter befinden sich auf der linken Seite **The Caves**, eine Höhle. Die Abfahrt zum Flughafen (Blake Road), hinter der man nach **Gambier Village** kommt, ist auch nicht weit von den Caves. Außer der schönen, weiß leuchtenden **Gambier Church** gibt es hier eine Menge Luxushäuser zu sehen. Diese haben nichts mehr mit den Hütten der ersten Siedler an diesem Ort zu tun. Nach dem Verbot des Sklavenhandels 1807 durch die britische Regierung wurden hier die freigelassen Schwarzen von aufgebrachten Sklavenhändlerschiffen angesiedelt.

Drehort von „Thunderball"

Compass Point Beach Resort

Weiter geht's zum farbenprächtigen **Compass Point Beach Resort**. Es lohnt für einen kleinen Halt und ein kühles Getränk und vor allem für den Blick auf die wunderbar bunten und fröhlichen 18 Bungalows, die hundertfach fotografiert geradezu idealtypisch für karibisches Lebensgefühl stehen. Das 1995 eröffnete Resort und vor allem der Eigentümer, der Jamaikaner Chris Blackwell, blicken auf eine interessante Geschichte zurück.

Bunte Bungalows

Mit den „Compass Point Studios" eröffnete Blackwell, der damals Inhaber des Musiklabels „Island Records" war, 1977 ein Tonstudio, in dem sich die Größen des Popgeschäfts bald die Klinke in die Hand geben sollten. U2 nahmen hier auf, Grace Jones ließ sich den letzten Schliff geben, und schon ab 1971 hatte Blackwell einen Musiker unter Vertrag, der bis heute auf den Bahamas ganz große Fußspuren hinterlassen sollte: Bob Marley (s. S. 36). Dem Reggaemusiker gefiel es auf New Providence so gut, dass er sich gemeinsam mit seiner Familie in Cable Beach ein Häuschen am Strand zulegte, das „Marley Resort". 1989 verkaufte Blackwell „Island Records" und zog anschließend über die gesamte Karibik verteilt etliche Resorts hoch – das Compass Point Beach Resort war dabei sein Gesellenstück

Lyford Cay

Nach **Lyford Cay**, ein Stück weiter südwestlich, kommt man nicht hinein, da dort mehr oder weniger unter Ausschluss der Öffentlichkeit die Millionäre und Promis von heute wohnen. Mit einem Besuch bei Sean Connery wird es also ohne offizielle Einladung Probleme geben. Er verbringt übrigens gerne viel Zeit auf den Bahamas. Nicht nur, weil hier etliche James-Bond-Filme gedreht wurden, er seiner Leidenschaft Golf nachgehen kann und das Klima angenehm ist. Vielmehr gefällt es ihm, dass er in Nassau Downtown spazieren gehen kann und von wirklich nieman-

„Sacred Space", Holzskulpturen von Antonius Roberts im Bahamas Clifton Heritage National Park

dem angesprochen oder um ein Autogramm gebeten wird. Ein Grund, warum sich etliche „Celebrities" zumindest einen Zweitwohnsitz auf den Bahamas gesichert haben. Johnny Depp gehört dazu, Oprah Winfrey und seit Sommer 2013 auch Popsternchen Miley Cyrus, die sich auf Treasure Cay/The Abacos ein kleines Stück Strand gesichert hat.

Bahamas Clifton Heritage National Park

Das westliche Ende von New Providence ist beim Clifton Point erreicht. Hier lohnt ein kurzer Stopp oder auch ein längerer, denn das gesamte Gelände ist seit 2004 der **Bahamas Clifton Heritage National Park** – der einiges zu bieten hat. Da sind etwa die berühmten Strände wie **Jaws Beach**, wo man die eine oder andere James-Bond-Kulisse wiedererkennen kann. Hier wurde 1987 „Der weiße Hai – Die Abrechnung" gedreht, der vierte Aufguss des „Weißen Hai". Im Original hieß der Film: „Jaws: The Revenge", daher der Name des Strands.

James Bond was here

Zum Nationalpark gehören die Überreste einer ehemaligen Plantage, vom Herrenhaus stehen noch die Ruinen, einige Sklavenhäuser wurden renoviert – und da gibt es die Steinstufen an der **Stone Wharf**. 22 Stufen wurden hier in den Stein und als enge Passage durch den Fels gemeißelt. 22 schicksalhafte Stufen, denn unten legten die Schiffe an, deren Ladung aus schwarzen Sklaven bestand. Die Sklaven mussten die Stufen hinaufsteigen, zwar jetzt auf festem Grund, aber nicht in die Freiheit. Vielmehr wurden sie ab hier auf die verschiedenen Plantagen verteilt, wo sie ihr elendes Dasein fristen mussten.

Gleich nebenan ist ein schöner Ort des Gedenkens entstanden: Der „Sacred Space", 2007 in Holz vom bahamaischen Künstler Antonius Roberts geschaffen, um den „Triumph der Hoffnung und den Willen zum Erhalt unseres Erbes" zu zeigen. Es sind weibliche Holzfiguren, entstanden aus den Stämmen unerwünschter Casuarina-Bäume, die in einem „Garden of Genesis" ihre geschwärzten Gesichter in alle Himmelsrichtungen recken. „Sacred Space" ist als Ort der Einkehr gedacht, ein Ort, um sich an die Vorfahren zu erinnern, an deren Geschichte und an die Auswirkungen auf das Leben im Jetzt und in der Zukunft.

Bahamas Clifton Heritage National Park, *Southwest Rd., Clifton Pier, ☎ 362-5121, http://cliftonheritage.org, Mo–Fr 9.30–17 Uhr, Erw. 10 $, Kinder 3 $, Führungen (50 Min.) 15 $ p. Pers. Es werden auch geführte Touren angeboten. Infos und Anmeldung: http://tourclifton.com.*

22 schicksalhafte Stufen an der Stone Wharf

Seit Oktober 2014 gibt es im Meer vor dem Clifton Heritage Park eine Attraktion, die laut Aussage der Verantwortlichen nicht weniger ist als „die größte Unterwasserattraktion der Welt": Der **BREEF Sir Nicholas Nuttall Coral Reef Garden** *(https://garden.breef.org)* ist ein Unterwasserpark, bei dem Skulpturen von namhaften Künstlern aus vielen Ländern der Welt betaucht, beschnorchelt oder vom Boot aus angeschaut werden können. Die Skulpturen aus PH-neutralen Materialien sollen sich im Laufe der Jahre zu einem künstlichen Korallenriff entwickeln und somit zu einem Gesamtkunstwerk werden.

Unterwasserpark

Zurück nach Nassau

Weiter auf der Straße folgen das größte Kraftwerk der Insel und die Commonwealth Brewery Ltd. In dieser 1987 errichteten Brauerei wird das nationale **Kalik-Bier** gebraut.

Kalik-Brauerei

Der nächste Ort **Adelaide Village** wirkt eher verschlafen. Es ist ebenso wie Mount Pleasant auf eine Gründung von befreiten Sklaven zurückzuführen und ein reines Wohnviertel. Die South West Road geht hier in die Adelaide Road über.

Weiter auf der **Carmichael Road** kommt man durch den gleichnamigen Ort, der möglicherweise die erste Siedlung freigelassener Sklaven auf New Providence war. Bis Nassau Innenstadt geht es jetzt durch mehrere unterschiedliche Wohngegenden. An der Blue Hill Road heißt es links abbiegen, um wieder zum British Colonial Hotel zu kommen.

Reisepraktische Informationen New Providence

Information

Bahamas Ministry of Tourism, *British Colonial Hilton, Bay St., Commerce Center, Suite 403, Nassau, ☎ 302-2000, www.bahamas.com/islands/nassau-paradise-island.*
Am Flughafen, *☎ 377-6806, und im* **Festival Place**, *dem Terminal für die Kreuzfahrtschiffe, ☎ 328-3182, gibt es Ableger des Ministry of Tourism.*
People-to-People-Program, *☎ 326-5371, 328-7810, www.bahamas.com/our-people-people-experience-0.*
www.nassauparadiseisland.com *ist eine bunte und bilderprächtige Website, die die Attraktionen von New Providence mit Schwerpunkt auf die Umgebung rund um Nassau vorstellt.*

Wichtige Telefonnummern

Notfall/Polizei, *☎ 919 oder 911.*
Polizei, *☎ 322-4444.*
American Express, *☎ 1-800-528-4800.*
VISA, *☎ 1-800-847-2911.*
MasterCard, *☎ 1-800-307-7309.*

Hinweis

s. Karten S. 106 (Nassau Downtown, Paradise Island westl. Teil) und hintere Umschlagklappe (New Providence und Paradise Island)

Im Krankheitsfall

Doctor's Hospital, *Collins Ave., ☎ 302-4600, www.doctorshosp.com.*
Princess Margaret Hospital, *Shirley St., ☎ 322-2861, www.pmh.phabahamas.org.*
Air Ambulance, *☎ 377-1606.*
Bahamas Air Sea Rescue *(BASRA), ☎ 352-8864.*

Banken

In der Innenstadt von Nassau gibt es eine Vielzahl an Banken, bei denen man Geld wechseln kann. Wegen der besseren Wechselkurse sollte man dort und nicht im Hotel tauschen. Wer US-Dollar aus dem Automaten ziehen will, sollte auf die Zeichen an den Geldautomaten achten. Nicht alle Automaten geben US-Dollar heraus, sondern nur Bahama-Dollar. Scotiabank z. B. bietet beide Währungen an.

Unterkunft

Letztendlich ist es Geschmackssache, in welcher Ecke von New Providence man seine Unterkunft wählt. In **Nassau** *ist man mitten in der Hauptstadt und mitten im Geschehen. Allerdings werden mit Einbruch der Dunkelheit recht schnell die „Bürgersteige hochgeklappt" und die arbeitende Bevölkerung verschwindet „Over the Hill". Downtown in der Nacht kann eine recht traurige Angelegenheit sein.* **Paradise Island** *hat den Vorteil, dass alles direkt vor der Tür liegt – vom wunderbaren Strand über den Amüsiertempel „Atlantis" und das Kleinod „The Cloisters" bis hin zu Nassau Downtown in Gehentfernung. Das quirlige* **Cable Beach** *hat sich mit dem Bau des* **Baha Mar** **(7)** *(s. S. 28) verändert und es bleibt abzuwarten, wie sich das Umland entwickelt und die beinahe dörflichen Strukturen verändern. Weiter an der Küste Richtung Westen bedeutet näher am Flughafen zu sein, damit verringern sich die Taxipreise deutlich. Wer also viel fliegen will oder muss, der kann sich Richtung* **Compass Point** *orientieren.*

Handbemalte Kacheln im Pool: Das Graycliff Hotel hat einen ganz besonderen Charme

Nassau

The Towne Hotel (3) $–$$, *40 George St., ☎ 322-8450, www.townehotel.com. Die Lobby ist bunt und lustig, die Zimmer sind hingegen eher einfach ausgestattet. Es gibt einen kleinen Pool, ein Restaurant und eine Terrasse. Mitten in Downtown gelegen, ist das Towne House die kostengünstige Alternative zu den Strandresorts.*

British Colonial Hilton (1) $$$–$$$$$, *1 Bay St., ☎ 302-9000, www.hiltonhotels.de. Dieses 1922 gebaute, traditionsreiche Hotel war nicht nur Drehort für James-Bond-Filme, sondern es steht auch an exponierter Stelle an der westlichen Hafeneinfahrt auf einem Grundstück, auf dem das erste Fort Nassaus gebaut wurde. Von der berühmten Bar und dem Bayside Restaurant aus hat man einen wunderschönen Ausblick aufs Wasser. Die Atmosphäre des vom einstigen Hotelkönig Floridas (Flagler) im spanisch-amerikanischen Stil wiedererrichteten Hauses ist international, und man ist im Zentrum Nassaus auch mitten im Geschehen.*

Graycliff (2) $$$$–$$$$$, *West Hill St., ☎ 302-9150, www.graycliff.com. Wer möchte nicht einmal in der ehemaligen Residenz eines richtigen Seeräubers wohnen? Wer im Graycliff bucht, kann dieses Erlebnis nachholen. Das 1740 gebaute Haus gehörte Kapitän John Howard Graysmith und ist ein Juwel unter den historischen Hotels. Es liegt schräg gegenüber dem Government House im alten Nassau. So illustre Gäste wie Winston Churchill und die Beatles haben hier schon gewohnt. Das Restaurant zählt zu den besten der Bahamas. Die Kacheln des ausladenden Pools sind handbemalt, in einem Nebengebäude werden Zigarren gerollt, die hauseigene Chocolaterie sorgt für Wohlgerüche und mit „Bahama Barrels“ wird sogar ein eigener Wein hergestellt.*

Paradise Island

Best Western Plus Bay View Suites (3) $$–$$$, *Bayview Dr., ☎ 363-2555, www.bayviewsuitesparadiseisland.com. Diese Anlage ist die Alternative zum Rummel der großen Hotels auf Paradise Island. In einem schön angelegten Garten kann man auf der eigenen Terrasse oder an einem der drei Pools sitzen und es sich gut gehen lassen. Die*

Apartments und Häuser sind alle sehr geräumig und mit einer Küche und ansprechendem Mobiliar ausgestattet, sodass man sich hier richtig zu Hause fühlen kann. Zum Strand sind es 7 Min. zu Fuß, zum Atlantis mit den Restaurants, dem Kasino und dem tropisch angehauchten Abendprogramm nur 5 Min. Die Hotelanlage ist zudem sehr familienfreundlich strukturiert.

Comfort Suites Paradise Island (2) $$$–$$$$, *Paradise Island Dr., ☎ 363-3680, www.comfortsuitespi.com. Dieses Hotel mit großen Zimmern und einem schönen Swimmingpool ist genau das Richtige für Leute, die unkomplizierten Komfort lieben. Da dieses Haus genau gegenüber dem Atlantis liegt, ist es nur ein Katzensprung, wenn man sich ins Nacht- und Kasinoleben stürzen will. Wenn man zum guten hauseigenen Restaurant eine Abwechslung sucht, findet man sie ebenfalls gleich über die Straße. Da die Comfort Suites einiges bieten, aber nicht teuer sind, stimmt das Preis-Leistungs-Verhältnis wie in kaum einem anderen Hotel.*

Atlantis Paradise Island (1) $$$$–$$$$$, *Casino Dr., ☎ 363-3000, www.atlantisbahamas.com. Diese Hotelanlage ist eine sehr amerikanische Stadt für sich. Wer sich in Las Vegas wohlfühlt, wird das Atlantis lieben. Man hat hier eine Anzahl guter Restaurants und Bars zur Auswahl. Für die Unterhaltung ist mit Varieté-Shows, einem breiten Wassersportangebot und natürlich nicht zuletzt dem Kasino gesorgt. Die Außenanlagen laden mit ihren Wasserfällen, Grotten und einem riesigen Open-Air-Aquarium zum Spazierengehen und Träumen ein. Die ganze Anlage versetzt einen in eine fantastische Welt, ob man nun im Swimmingpool badet oder einen Cocktail trinkt. Am Hausstrand Paradise Beach kann man sich dann der Sonne und dem Meer hingeben.*

The Ocean Club (4) $$$$$, *Ocean Club Dr., ☎ 363-2501, www.oneandonlyresorts.com. Das frühere One & Only wurde von Four Seasons Resorts übernommen, sonst hat sich nicht viel geändert. Das exklusive Hotel liegt am Garden of Versailles und an einem wunderschönen Strand. Es ist das ehemalige Anwesen des Millionärs Huntington Hartford II und verfügt über sehr gute Tennisplätze und eines der besten Restaurants der Insel. Man kann hier im privaten Whirlpool den Tag beginnen und sich rundum verwöhnen lassen. Auch James Bond gab sich hier schon ein Stelldichein in „Casino Royale" (2006).*

Westlicher Teil New Providence bis Cable Beach

Nettie's Place at Casuarinas (5) $$, *West Bay St., ☎ 327-7921. Inmitten von Casuarinas am Strand gelegen, trägt dieses schon ein wenig in die Jahre gekommene Hotel seinen Namen zu Recht. Es hat am Cable Beach eine gute Lage und ist eine prima Möglichkeit für weniger betuchte Urlauber, günstig und gut unterzukommen.*

Orange Hill Beach Inn (3) $$, *West Bay St., ☎ 327-7157, https://orangehill.com. Nur 10 $ mit dem Taxi vom Flughafen entfernt, ist es in der Ecke von New Providence zwar recht ruhig, aber es gibt einen Strand und Cable Beach ist nur fünf Fahrminuten entfernt. Eine Leserinnen-Meinung: „Das Orange Hill war o.k. Für den Preis bekommt man sonst kaum was in Nassau und Umgebung. Super ist die Nähe zum Flughafen mit nur 10 $ fürs Taxi! Das Personal ist auch sehr freundlich. Und der Strand dort hat mir auch gut gefallen. Kommt halt drauf an, was man mag. Wenn man lieber seine Ruhe haben möchte und etwas abseits von den anderen Touristen sein möchte, dann ist's dort echt schön."*

Ocean West Boutique Hotel (4) $$$, *West Bay St., Nassau, ☎ 698-6744, www.oceanwestbahamas.com. Für manche ein „Juwel in Nassau", für andere eine gute und einigermaßen preisgünstige Alternative zu den Resorts der Gegend. Auf jeden Fall ist das Ocean West bekannt für sein freundliches Personal. Und die Lage an der West Bay Street ist nicht ganz schlecht.*

Bahamas-Feeling im Compass Point Beach Resort

Compass Point Beach Resort (2) $$$–$$$$, *West Bay St., Gambia, ☎ 327-4500, www.compasspointbeachresort.com. Eine Augenweide, sofort Kamera zücken: Diese abseits des allgemeinen Trubels gelegene Anlage besticht nicht nur durch ihre interessante und farbenfrohe Architektur, sondern ist mit den 18 Häuschen (alle mit Kitchenette) ein netter Ort, um an einem schönen Strand Ferien zu machen. In der Anlage locken auch eine gute Bar und ein ansprechendes Restaurant.*
Breezes (8) $$$$, *West Bay St., ☎ 273-3937, www.breezes.com. Nennt sich „Super-Inclusive"-Resort, weil hier wirklich alles inklusive ist. Die Eintrittskarte ist ein farbiges Armband, dann läuft alles von selbst – vom Frühstücks- bis zum Mitternachtsbuffet, von Rum & Coke bis zum eiskalten Kalik-Bier am frühen Nachmittag, begleitet von einem Cheeseburger, gebraten in der Poolbar, danach ein Cocktail am Strand mit Blick auf das Volleyballfeld. Hier wird einiges geboten, Urlauber können und sollen ihre Sorgen an der Rezeption abgeben.*
Sandals Royal Bahamian (6) $$$$–$$$$$, *West Bay St., ☎ 327-6400, www.sandals.com. Der unmittelbare Mitbewerber um die All-inclusive-Klientel, die auch im „Breezes" zu finden ist. Im Sandals allerdings ist alles deutlich schicker – worauf schon der buchbare und sehr persönliche „Butlerservice" hinweist. Ursprünglich war diese luxuriöse Hotelanlage ein privater Club. Das „Couples Only"-Hotel – Alleinreisende und Familien sind nicht eingeladen – ist bekannt für die guten Restaurants – auch ein japanisches ist hier zu finden – und die beeindruckende Poolbar. Wem es rund um den Hauptpool zu laut ist, der lässt sich am „Quiet Pool" nieder. Man kann wählen zwischen einem Raum im Manor House oder einer Suite in einer Villa. Die Inneneinrichtung ist in jedem Fall englisch traditionell und sehr stilvoll gehalten. Tipp: Das Fitnesscenter des Sandals im 7. Stock besuchen. Die Aussicht über die Hotelanlage und Cable Beach ist gewaltig.*
The Island House (1) $$$$$, *Mahagony Hill, ☎ 698-6300, www.the-island-house.com. Das Hotel ist sehr chic, stylish und macht einen sehr frischen, unaufgeregten Eindruck. Die beiden Restaurants sind heiß begehrt, genauso wie die Yoga-Kurse. Wem es langweilig wird, der kann sich im hauseigenen Kino die neuesten Filme aus Hollywood anschauen.*

Restaurants

Es gibt nirgendwo auf den Bahamas so viele verschiedene Restaurants wie auf New Providence. Es folgt nur eine kleine Auswahl. Bei der Fülle des internationalen Angebots sollte man es auf keinen Fall versäumen, die **bahamaische Küche** *ausgiebig kennenzulernen.*

Nassau

Athena Café & Bar (1), *Charlotte St. North, ☏ 326-1296, www.athenacafenassau.com, Mo–Sa 9.30–17.30 Uhr. Seit 1995 am selben Ort und in den Händen derselben Familie. Hier bekommt man nicht nur gutes Essen, z. B. den exzellenten griechischen Salat mit bahamaischem Einschlag – vom Balkon aus kann man zudem, vielleicht bei einem griechischen Kaffee, die Aussicht genießen, die Bay Street hinauf und hinunter …*

The Bearded Clam Sports Bar (9), *International Bazaar, ☏ 323-4455, www.beardedclamnassau.com, tgl. 9–17 Uhr. Muss sich hinter Dino's Gourmet Conch Salad* *(s. S. 130)* *nicht verstecken, wenn es um Conch geht. Dafür ist die Atmosphäre noch ein wenig lockerer und das kalte Bier läuft schön die Kehle hinunter.*

Café Matisse (2), *Bank Lane, ☏ 356-7012, www.cafe-matisse.com, Di–Sa 12–15 und 18–23 Uhr. Hier gehen auch die Einheimischen hin, wenn sie mal ein wenig Abwechslung auf dem Esstisch brauchen. Die italienische Speisekarte kann sich sehen lassen, die Wände auch. Denn hier hängen, wer hätte es gedacht, Drucke des französischen Malers Henri Matisse. Reservierung empfohlen.*

Double Dragon (6), *East Bay St., ☏ 393-5718, http://doubledragonbahamas.com, Mo–Fr 12–16 und 16.30–22, Sa 12–22.30, So 12–22 Uhr. Wer keine Lust auf Conch oder bahamaische Küche hat und auch mit indischen Gerichten gerade nichts anfangen kann, der ist hier richtig: Das Double Dragon bietet feinste chinesische Küche und einen gut genutzten Takeaway.*

Graycliff (3), *12 West Hill St., ☏ 302-9150, www.graycliff.com, Mo–Fr 12–14.45 und 18.30–21.30 Uhr. Eines des besten Restaurants der Bahamas und sicher auch eines der teuersten. Aber die „Investition" lohnt sich. Das Ambiente der alten Piratenresidenz besitzt einen ganz eigenen Charme, und vielleicht trifft man ja hier sogar seinen Lieblingsstar aus Hollywood. Abendgarderobe. Reservierung erbeten. Sehen lässt sich auf jeden Fall auch die Weinkarte, und der Weinkeller selbst ist weit über die Landesgrenzen hinaus berühmt.*

Poop Deck Restaurant (4), *East Bay St. & West Bay St., ☏ 393-8175, http://thepoopdeck.com, tgl. 11.30–22.30 Uhr. Das Poop Deck gibt's gleich zweimal, in Nassau Eastbay und Sandyport/Cable Beach. Man sollte sich nicht vom Namen abschrecken lassen. In diesen Restaurants wird erstklassiges bahamaisches Essen mit Aussicht serviert. Auch bekannt für die Fischgerichte.*

Taj Mahal (5), *48 Parliament St., ☏ 356-3004, https://tajmahalbahamas.com, Mo–Sa 12–15 und 17.30–23, So 12–15 und 18–23 Uhr. Ein indisches Restaurant auf den Bahamas, warum nicht? Das Taj Mahal hält sich seit etlichen Jahren und kann auf eine treue Stammkundschaft zählen. Kein Wunder, die Currys sind köstlich, und es gibt sogar ein „Tandoori-style" Conch. Da kann ja nichts mehr schiefgehen. Reservierung empfohlen.*

Tipp

Manch ein bahamaisches Restaurantjuwel verbirgt sich in einer Seitengasse in Nassau Downtown. Auch ist die Beschilderung manchmal recht unscheinbar, man möchte sich nicht aufdrängen. Aber woher sollen Urlauber wissen, dass es im **Bahamian Coo-**

kin' (7) *(☏ 328-0334, http://bahamiancookin.com, Mo–Sa 11.30–16 Uhr) am Trinity Place die besten Peas 'n' Rice gibt, während* **Pepper Pot Grill & Juice Bar** (8) *(☏ 323-8177, Mo–Sa 11–17 Uhr) in der King Street einfach köstliche und würzige jamaikanische Küche serviert? Hier setzt* **Tru Bahamian Food Tours** *mit der „Bites of Nassau Food Tasting and Cultural Walking Tour" an. In rund 3 Std. geht es dabei zu Fuß durch Nassau. Geschichte wird am, im und vor dem Objekt – dem Restaurant, der Kirche, dem Museum – lebendig, und die Guides lassen dabei nichts unversucht, um ihre Gäste von der Einzigartigkeit der bahamaischen Küche zu überzeugen – was ihnen normalerweise gelingt. Sieben Orte werden besucht, die alle etwas mit Gaumengenüssen zu tun haben, dazwischen gibt es jede Menge Stadtgeschichte und Anekdoten. Am besten sollte man die Tour an den Anfang eines Bahamas-Aufenthalts setzen und in den folgenden Tagen vom neuen Wissen profitieren.*

Mit Alanna Rodgers unterwegs mit Tru Bahamian Food Tours

Tru Bahamian Food Tours, *☏ 1-800-656-0713, 601-1725, www.trubahamianfoodtours.com. Die „Bites of Nassau Food Tasting & Cultural Walking Tour" findet in der Saison 2-mal tgl. statt, pro Person kostet der interessante Spaß 69 $ – alle Mahlzeiten und Naschereien inklusive.*

Paradise Island

Café Martinique (1) *(Marina Village im Atlantis), Casino Dr., ☏ (888) 526-0386, www.atlantisbahamas.com/dining/finedining/cafemartinique, tgl. 18–22 Uhr. Wer wie James Bond speisen will, ist hier richtig. Denn das Café Martinique tauchte einst im 007-Klassiker „Thunderball" auf. Das muss man sich aber auch etwas kosten lassen. Hier kommt nur in den Topf und die Pfanne, was die bahamaische Inselwelt hervorbringt. Reservierung und „Resort Elegant" als Dresscode erbeten.*

Chop Stix (2) *(Coral Towers im Atlantis), Casino Dr., ☏ (888) 526-0386, www.atlantisbahamas.com/dining/finedining/chopstix, tgl. 18–22 Uhr. Gutes chinesisches Essen im Shanghai der früheren Jahre – zumindest legt dies das Dekor nahe. Reservierung erbeten. Wem nicht der Sinn nach chinesischem Essen steht, für den bietet das Atlantis noch einige andere Möglichkeiten. Man sollte sich treiben und verführen lassen – was im Atlantis kein Problem ist.*

Ein guter Tipp ist das **Marketplace** *im Royal Tower des Atlantis. Das Buffet ist beeindruckend und gilt als das beste auf Paradise Island.*

Dune (3) *(im The Ocean Club), Ocean Club Dr., ☏ 363-2501, www.fourseasons.com, tgl. 7–11, 12–15 und 18–22.30 Uhr. Für die Romantiker und Freunde der gediegenen Atmosphäre ist dies das richtige Restaurant. Die Küche bietet bahamaische und internationale Gerichte. Abendgarderobe, Reservierung erbeten.*

Anthony's Grill (4), *Paradise Island Shopping Plaza, ☎ 363-3152, www.anthonysgrillparadiseisland.com, tgl. 8–22.30 Uhr. Wer den großen Resorts und endlosen Buffets entfliehen will, ist hier richtig. Alles schön bunt hier, die Speisekarte ist karibisch/US-amerikanisch und die Drink-Auswahl an der Bar ist ausladend.*

Jimmy Buffett's Margaritaville Bahamas (5), *Marina Dr., ☎ 363-0400, www.margaritavillebahamas.com/welcome, So–Do 11–24, Fr–Sa 11–1 Uhr. Hier wird Livemusik gespielt, man kann das Tanzbein schwingen und zur Stärkung einen Cheeseburger oder Fish & Chips vertilgen. Alles in angenehmer Atmosphäre und – natürlich – begleitet von einem eiskalten Kalik.*

Westlicher Teil New Providence bis Cable Beach

Poop Deck at Sandyport *(s. Nassau, http://thepoopdeck.com), ist bekannt gut und zuverlässig. Wer ein Fahrzeug hat, ein Jitney (Nr. 10) oder ein Taxi nimmt, der fährt ein bisschen weiter Richtung Westen:*

Dino's Gourmet Conch Salad (1), *West Bay St., ☎ 677-7798, https://dinos-gourmet-conch-salad.business.site, Mo–Do 12–22, Fr–So 12–23 Uhr. „Alles, was Sie schon immer über Conch Salad wissen wollten". Koch Chris bereitet in seinem kleinen Shop direkt an der Straße die hiesige Delikatesse zu. Auf der anderen Straßenseite grüßt das Meer, wo die Conch herkommt, frisch natürlich.*

Travellers West (2), *809 West Bay St., Gambier, ☎ 327-7164, https://travellerswest.com, Mo, Mi, Do 11–23, Fr, Sa und So 11–2 Uhr. 1972 als „Traveller's Rest" gegründet, war das Lokal über Jahrzehnte die nächste Bier- und Cocktailkneipe zum Flughafen und daher sehr beliebt. Immerhin soll hier der „Banana Daiquiri" erfunden worden sein. Nach mehrfachem Besitzerwechsel und Renovierungsmaßnahmen auch heute als „Travellers West" ein netter Ort für bahamaische Küche und tropische Drinks – Blick aufs Meer inklusive.*

Sapodilla Restaurant (3), *West Bay St., ☎ 327-0611, www.sapodillabahamas.com, Di–Sa 18–24 Uhr. Hier ist „fine dining" angesagt, mit Pianist und Cigar Lounge. Viele Hochzeitsgesellschaften gönnen sich den Spaß. Gar nicht günstig, aber eine prächtige Speisekarte mit allem, was die karibische Küche zu bieten hat.*

Zigarrendreher präsentieren ihre Arbeit und Ware in verschiedenen Geschäften

Das Atlantis Paradise Island vereint Unterkünfte, Restaurants und Kasino

Nachtleben

The Atlantis Resort's Casino, *auf halbem Weg zwischen Royal Tower und Coral Tower, Casino Dr., ☎ 363-3000, www.atlantisbahamas.com/casino. Die größte Auswahl an Abendveranstaltungen der Bahamas. Hier kann man essen, trinken, spielen und sich die Anlage ansehen. Wer Lust hat, die Nacht tanzend zum Tag zu machen, und 40 $ Eintritt für männliche bzw. 25 $ für weibliche Gäste nicht scheut, der kann das* **Aura** *besuchen. Do–Sa geht's ab 22 Uhr los, um 4 Uhr ist schlagartig Schluss, die Lichter gehen an und die Rausschmeißer walten ihres Amtes. Das Aura ist nicht wirklich anders als viele Clubs in vielen anderen Städten der Welt, aber wer in Partylaune ist, kann wohlhabenden US-Amerikanern beim Abfeiern zuschauen. Es darf geraucht werden. Auch international bekannte DJs legen gelegentlich auf.*

Señor Frog's, *West Bay St., ☎ 323-1778, www.senorfrogs.com. „Food, Fiesta & Souvenirs" ist das Motto von Senor Frog's. Das gesamte Etablissement ist „auf den Frosch gekommen" – eine gute Adresse für einen nächtlichen Absacker.*

The Island House Cinema, *Mahagony Hill, ☎ 698-6300, www.the-island-house.com/cinema. Gehört zum schicken The Island House* (*s. S. 127*) *und ist ein mindestens genauso schickes Kino. Beim Filmgenuss kann man sich stärken (lassen) und dabei das Neueste aus Hollywood anschauen.*

Einkaufen

Im Folgenden werden nur Geschäfte erwähnt, in denen man typisch bahamaische Waren kaufen kann. In der Innenstadt von Nassau gibt es entlang der Bay Street darüber hinaus eine große Anzahl an Geschäften, in denen man zollfrei einkaufen und günstig Markenartikel erstehen kann.

Bahama Hand Prints, *Island Hand Prints Company Ltd., Island Traders Building, Ernest St., ☎ 394-4111, www.bahamahandprints.com, Mo–Fr 10–16, Sa 10–14 Uhr. Schicke, handbedruckte Stoffe, welche die Farbigkeit der Bahamas aufnehmen.*

Doongalik Studios Art Gallery, *18 Village Rd., ☎ 394-1886, www.doongalik.com, Mo–Mi 10–16, Sa 9–13 Uhr. Ein wenig außerhalb gelegen, aber der Weg lohnt sich. Wer sich über die zeitgenössische Kunstszene der Bahamas schlaumachen will, der ist hier* *richtig. Neben einer Galerie mit wechselnden Ausstellungen gibt es einen netten Shop in einem historischen Clapboard House. Schon allein der Garten mit Pool wäre den Besuch wert. Natürlich kann man auch Kunst kaufen – der Grundeinsatz ist erstaunlich gering.*

Genuinely Bahamian, *48 Davis St., ☎ 397-0068, www.genuinelybahamian.com. Hier gibt es alles, was die Bahamas an Gaumengenüssen auf der Pfanne haben – natürlich „truly bahamian": Rumkuchen, Kaffee, Tee, Gewürze, Marmeladen u. v. m.*

Pure Caribbean, *Prince George Plaza, ☎ 328-1234, Mo–Sa 10–18 Uhr. Hier gibt es die schärfste Sauce der Bahamas, sagt man. Kein Wunder, dass das gute Stück „Holy Shit Pepper" heißt. Wem das dann doch zu intensiv ist, probiert „Hot Mango". Ein schönes Mitbringsel ist auch Tee von den Bahamas – hier in allen möglichen Geschmacksrichtungen vorrätig.*

Tasty Teas, *21 Delancy St., ☎ 689-1101, www.tastyteasbahamas.com, tgl. 8.45–16.30 Uhr. Wie der Name schon sagt: Die ideale Adresse für leckere Teemischungen von den Bahamas – einfach mal probieren.*

Tortuga Rum Cake Company, *Frederick St. North, ☎ 326-1680, www.tortugarumcakes.com. Normalerweise ist ein „Rum Cake" ein Stück Kuchen, das in Rum ertränkt wurde. Die Tortuga Rum Cake Company aber hat den Rum Cake zur Kunstform erhoben: 90 % Kuchen, 10 % Rum, die Mischung macht's.*

Märkte

Festival Place, *Prince George Wharf, Bay St., ☎ 323-3182, tgl. 8–19 Uhr. Der Festivalplatz und das Hüttendesign wurden vom preisgekrönten einheimischen Architekten Jackson Burnside entworfen. Sein farbenfrohes Design soll den Stil der ursprünglichen Dörfer auf den Bahamas widerspiegeln. Allerdings wird das Gebäude seit einigen Jahren renoviert und es heißt, dass es auch privatisiert werden soll. Bis die Entscheidung getroffen ist, muss man mit Baustellen und geschlossenen Läden rechnen.*

Straw Market (2), *Bay St., Nassau, einen Block östlich vom British Colonial Hotel. Dies ist einer der größten Strohmärkte weltweit und sieben Tage die Woche von frühmorgens bis zum Abend geöffnet. Handeln unbedingt erwünscht!*

Sportangeln

Von Nassau aus muss man nicht weit fahren, um sich am Hochseeangeln erfreuen zu können, da die Insel direkt an der Tongue of the Ocean liegt, die die entsprechenden Wassertiefen hat.

Nassau Yacht Haven, *☎ 393-8173, www.nassauyachthaven.com.*

Wassersport

Ob **Parasailing, Surfen, Wasserski, Kite Boarding, Kanutouren, Schnorcheln, Tauchen** *oder* **Unterwasserspaziergänge** *– auf New Providence und Paradise Island kann man nahezu jede Wassersportart ausprobieren. Viele Hotels haben ein umfangreiches Sportprogramm und entsprechendes Material zum Ausleihen, das auch Besucher von außerhalb nutzen können. Besonders zum Tauchen und Schnorcheln bietet sich der* **Love Beach** *auf New Providence an.*

Tauchen/Schnorcheln

Aqua Cat Cruises, *3700 Hacienda Boulevard Suite G, Davis, Florida USA, ☎ (800) 327-9600, https://allstarliveaboards.com/aqua-cat-liveaboard-diving. Tauchen und Schnorcheln von der Luxusjacht Aqua Cat. Wöchentlich starten Tauchtouren zu den* *einsamen Exuma-Inseln. Ein besonderer Tipp ist eine Tour zum Exuma Cays Land & Sea Park.*

Bahama Divers, *Nassau, an der Paradise Island Bridge, ☎ 393-5644, www.bahamadivers.com. Wrack-, Riff- und Blue-Hole-Tauchtouren.*

Dolphin Encounters, *Blue Lagoon Island, ☎ 363-1003, www.dolphinencounters.com. Eine ganze Insel als Freizeitpark, 20 Fahrminuten von Paradise Island entfernt. Hier ist Schnorcheln angesagt, der Picknickkorb ist immer dabei und die Hängematte unter Palmen ruft. Das Highlight ist „Schwimmen mit Delfinen".*

Stuart Cove's Dive South Ocean, *beim South Ocean Beach & Golf Resort, im Südwesten von New Providence, ☎ 362-4171, https://stuartcove.com. Bietet außer den üblichen Tauchkursen und Hai-Tauchen auch Fahrten nach Exuma, Andros und die Berry Islands an.*

Golf

Royal Blue Golf Course, *☎ 788-8000, https://bahamar.com/experiences/golf. Der von der Golflegende Jack Nicklaus gestaltete und 2017 eröffnete Golfplatz in Cable Beach gehört zum Gesamtkonzept des benachbarten Baha Mar Resort (s. S. 28).*

Ocean Club Golf Course, *☎ 363-2501. Der 18-Loch-, Par-72-Championship-Platz wurde von Tom Weiskopf entworfen. Der PGA-Platz bietet landschaftliche Abwechslung auf 6.500 m sowie einen Pro-Shop und ein neues Clubhaus. Er gehört zum Atlantis Resort und liegt direkt am Meer auf Paradise Island. Infos unter www.atlantis.com.*

Reiten

Happy Trails Stables, *Norman Rd., Coral Harbour, ☎ 362-1820, www.ridingbahamas.com. Reitausflüge, Strandausritte etc. Der Transfer vom und zum Hotel ist in der Reservierung inbegriffen (ca. 25 Min. von Nassau entfernt).*

Wunderschöner Strand auf Paradise Island: Cabbage Beach

Strände

Die meisten großen Hotels auf **Paradise Island** *und in* **Cable Beach** *haben einen schönen Strand direkt vor der Haustür. Auf Paradise Island sind* **Paradise Beach, Pirates Cove, Cabbage Beach** *und* **Casuarina Beach** *sehr beliebt. In* **Cable Beach** *zieht sich der gleichnamige Strand an der Küste des Ortes entlang. Darüber hinaus sind* **Saunders Beach, Love Beach** *und* **Adelaide Beach** *zu empfehlen.*

Veranstaltungen

Bahamas Goombay Summer Festival, *Mitte August.*
Junkanoo Parade, *26. Dezember und 1. Januar.*

Sicherheit

Auch wenn man auf New Providence nicht, wie auf den Out Islands, die Türen des Hotelzimmers offenstehen lassen kann, so gilt Nassau Downtown nicht wirklich als gefährlich. Die hohe Verbrechensquote Nassaus resultiert aus Geschehnissen, die meist „Over the Hill" stattfinden und unter den Einheimischen ausgetragen werden. Da 90 % aller Besucher mit dieser weniger schönen Gegend der Hauptstadt keine Bekanntschaft machen werden, gelten für Nassau Downtown die üblichen **Vorsichtsmaßnahmen***: Vorsicht in stockdunklen Gassen, am besten nach Einbruch der Dunkelheit nur in einer Gruppe unterwegs sein, große Geldbeträge nicht in der Öffentlichkeit herzeigen, Rucksack und Jackentaschen immer verschließen, Kamera nicht gut sichtbar im Leihwagen liegen lassen. Cable Beach und Paradise Island gelten als recht sicher.*

Flüge

Der **Lynden Pindling International Airport** *(LPIA), ☎ 702-1010, http://nassaulpia.com, liegt 13 km westlich von Nassau am Lake Killarney und ist die Drehscheibe für den Flugverkehr auf den Bahamas. Es gibt drei Terminals:*
A: Domestic/International Departures and Domestic Arrivals;
B: U.S. and International Arrivals; C: U.S. Departures.
Man gelangt problemlos zu Fuß von einem Terminal zum anderen.

Transfer vom Flughafen: *Vor den Terminals des Flughafens stehen immer Taxis bereit. Eine Fahrt nach Cable Beach kostet offiziell 22 $. Nach Paradise Island muss man mit 38 $ rechnen. Viele Hotels bieten einen Shuttle Service an. Man sollte sich danach schon bei der Zimmerbuchung erkundigen. Der Minibus 12b verkehrt ab dem ersten Kreisverkehr vor der Flughafenzufahrt* *(s. S. 56)**.*

Einige wichtige **internationale Fluglinien**, *die Nassau anfliegen:*
Air Canada, *☎ 377-8220, www.aircanada.com.*
American Airlines/American Eagle, *☎ 377-8001, www.americanairlines.com.*
British Airways, *☎ 377-2338, www.ba.com.*
Delta, *☎ 377-1053, www.delta.com.*
Southwest Airlines, *☎ 702-7355, www.southwest.com.*
Nationale Fluglinien:
Bahamasair, *☎ 702-4140, www.bahamasair.com.*
Flamingo Air, *☎ 377-0354, www.flamingoairbah.com.*
SkyBahamas, *☎ 702-2600, www.skybahamas.net.*
Southern Air Charter, *☎ 323-7217, www.southernaircharter.com.*

Pineapple Air, ☎ *377-0412, www.pineappleair.com.*
Western Air, ☎ *702-7129, www.westernairbahamas.com.*

Mietwagen

Verfügbarkeit: *http://nassauairportcarrental.com.*
Avis, *Flughafen (West),* ☎ *377-7121, www.avis.com.*
Budget, *Flughafen (West),* ☎ *377-9000, www.budget.com.*
Hertz, *Flughafen,* ☎ *377-8684, www.hertz.com.*
Dollar/Thrifty, *Flughafen (West),* ☎ *377-8300, www.dollar.com.*
National/Alamo, *Flughafen,* ☎ *377-0355.*

Motorroller

Virgo Car & Scooter Rental, *Nassau, Kemp Rd.,* ☎ *393-7900.*
Viele **Hotels** *haben auch einen eigenen Motorrollerverleih.*
Am **Kreuzfahrthafen** *werden günstige Motorroller ab 40 $ am Tag für die zahlreichen Passagiere der Kreuzfahrtschiffe angeboten. Hier sollte man sich das Gefährt vor der Unterschrift ganz genau anschauen.*

Busse

Ein sehr beliebtes Transportmittel bei den Einheimischen ist der **Jitney**, *ein kleiner oder mittelgroßer Bus, mit dem man für 1,25 $ von morgens bis abends durch ganz Nassau fahren kann. Es gibt keine festen Fahrpläne, aber tagsüber wird man in der Innenstadt von Nassau nicht lange warten müssen. Die meisten Fahrer halten auf Handzeichen auch außerhalb der gekennzeichneten Bushaltestellen. Wer neugierig auf Land und Leute ist, sollte auf keinen Fall eine Fahrt mit diesem Bus verpassen. Das ist Sightseeing mal ganz anders.*

Für Touristen wichtigstes Jitney ist die **Linie 10**, *mit dieser Linie kann man ab Nassau Downtown (Ecke George St./Bay St.) bis zum Compass Point Beach Resort fahren. Das Ticket kostet 1,25 $. Passendes Kleingeld sollte man bereithalten.*

Zum **Flughafen** *oder vielmehr am Flughafen vorbei fährt die* **Linie 12b**. *Aussteigen muss man am Kreisverkehr vor der Einfahrt zum Flughafen und dann noch rund 500 m laufen.*

Tipp

Bezahlt wird beim Aussteigen und beim Fahrer. Der Fahrer beantwortet normalerweise auch alle Fragen und sagt – ganz touristenfreundlich – Haltestellen an. Wer an der nächsten Haltestelle aussteigen will, ruft laut und deutlich „Bus stop – coming up", der Fahrer winkt zurück und wird plangemäß anhalten.

Taxis

Bahamas Taxi Cab Union, ☎ *323-8222, 323-5818.*
Meter Cab Taxi Service, ☎ *323-5111, 323-5112, 323-5113.*

Water Taxi

Zwischen der **Prince George Wharf** *und* **Paradise Island** *pendeln zwischen 9 und 18 Uhr Water Taxis im 30-Min.-Takt. Die Fahrt kostet 6 $ (hin und zurück).*

Kutschfahrten

Am Woodes Rogers Walk stehen tagsüber und zur Ankunft der Kreuzfahrtschiffe Kutschen bereit, mit denen man sich durch Nassau chauffieren lassen kann.

Sightseeingtouren

Majestic Tours, *Hillside Manor, ☏ 322-2606, www.majestictoursbahamas.com. Majestic ist der größte Anbieter, was Touren betrifft. Die Palette reicht von Stadtrundtouren über Schwimmen mit Delfinen, Katamaran-Ausflüge bis zur Dinnershow im Kasino. Wer gerne eine Dinner-Bootstour machen und sich bei dem einen oder anderen Cocktail an Bord amüsieren möchte, kann ebenso bei Majestic buchen. In den meisten Hotels hat diese Firma einen Tour Desk, an dem man alles planen und organisieren lassen kann. Ansonsten liegen die Prospekte mit dem Angebot in der Lobby aus.*

Harbour Safaris, *8 Moseley Lane, ☏ 394-8687, www.harboursafaris.com. Harbour Safaris sind bekannt für die beliebten Ausflüge zu den schwimmenden Schweinen auf Big Major Cay, bieten aber auch Hafen- und Sonnenuntergangstouren.*

Powerboat Adventure, *Paradise Island Ferry Terminal, ☏ 363-2265, www.powerboatadventures.com. Die Tour mit einem schnellen Motorboot zu den Exuma Cays ist sehr zu empfehlen. Auf Allan's Cay kann man die seltenen Leguane füttern und im glasklaren Wasser schnorcheln. Zu sehen gibt es wunderschöne Strände, für das leibliche Wohl ist auch gesorgt. Auf Channel Cay wird frischer Fisch gegrillt.*

Flying Cloud Catamaran Adventures, *Paradise Island West Dock, ☏ 394-5067, www.flyingcloud.info. Für Segelfreunde werden hier unterschiedliche Touren mit einem Katamaran angeboten. Vom Sunset Cruise bei aufgehender Sonne bis zum Dinner Cruise, der ein Essen in romantischer Atmosphäre mit einschließt, ist für jeden was dabei.*

Cruising vor Cable Beach

Grand Bahama Island

Telegramm Grand Bahama Island

Name	Grand Bahama Island
Fläche	1.370 km²
Einwohnerzahl	51.500 (2010)
Einwohnerzahl pro km²	38
Größter Ort	Freeport
Weitere Orte	Lucaya, West End, Eight Miles Rock, Freetown, Pelican Point, McLean's Town
Wichtigste Wirtschaftszweige	Tourismus, Hafenwirtschaft
Touristisches Potenzial	Kasino, UNEXSO (Tauchen), Garden of the Groves, Lucayan National Park, breites Wassersportangebot

Die viertgrößte Insel der Bahamas ist fast 120 km lang und liegt zusammen mit den Abacos und westlich dieser Inselgruppe auf der **Little Bahama Bank** nördlich des **Northwest Providence Channel**. Die Insel ist zum größten Teil von karibischen Pinien bewachsen. An der Küste findet man Mangrovensümpfe und schöne Strände. **Freeport** als zweitgrößte Stadt der Bahamas ist ebenso wie die Zwillingsstadt **Lucaya** großflächig angelegt. Der Freihafen von Freeport, neben dem Tourismus das zweite wirtschaftliche Standbein der Insel, ist ständig im Ausbau begriffen.

Viertgrößte Insel

Geschichte

Die ersten Bewohner der Insel waren vermutlich **Siboney-Indianer**, die von Kuba aus wahrscheinlich 2500 v. Chr. mit Booten die nördlich gelegenen Inseln der Bahamas erkundeten und sich u.a. auf Grand Bahama Island niederließen. Bis ca. 800 n. Chr. konnten sie dort in Frieden leben, wurden dann aber von den Lucaya-Indianern, die ebenfalls aus südlicher Richtung die Bahamas besiedelten, verdrängt. Nachdem die **Spanier** die Bahamas entdeckt hatten, wurde die indianische Bevölkerung in kurzer Zeit durch Verschleppung als Arbeitssklaven in die Minen auf Hispaniola und durch Seuchen ausgerottet.

Redaktionstipps

- Eine **Kajaktour** durch den Mangrovensumpf unternehmen (S. 154).
- Mit **Delfinen** an der **Sanctuary Bay** baden (S. 146, 155).
- **Tauchen** mit **UNEXSO** (S. 155).
- Im **Garden of the Groves** spazieren gehen (S. 147).
- Den **Lucayan National Park** besuchen (S. 147).
- Ein lockerer Nachmittag oder Abend in den Bars am **Port Lucaya Marketplace** (S. 146).

Den Namen Grand Bahama Island bekam die Insel durch die Spanier, die sie nach ihren Gewässern

Grand Bajamar (in etwa: „weites niedriges Meer") nannten. Da die Insel keine natürlichen Häfen an ihrer Küste aufzuweisen hatte, war sie lange Zeit für eine Besiedlung uninteressant.

Erst Anfang des 19. Jh. ließen sich vereinzelt einige **Siedler** in der Nähe von **West End** nieder. Die erste größere Besiedlungswelle erlebte Grand Bahama Island nach 1834, dem Jahr, in dem die Befreiung der Sklaven proklamiert wurde. Zu jener Zeit wurde auch der Ort **Freetown** gegründet. Während des Bürgerkriegs auf dem nordamerikanischen Kontinent wanderten wieder viele Siedler ab, um auf anderen Inseln mit den **Blockadebrechern**, die die Südstaaten versorgten, Geschäfte zu machen. Ab 1870 etablierte sich aber mit der **Schwammfischerei** wieder ein lohnender Wirtschaftszweig auf der Insel. Später kam der Anbau von **Sisal** hinzu.

Entfernungen

(vom International Bazaar in Freeport)
Freeport – West End 40 km
Freeport – Eight Mile Rock 15 km
Freeport – Lucayan National Park 32 km
Freeport – Freetown 51 km
Freeport – McLeans Town 96 km

info

Das Schicksal der indianischen Bevölkerung

Die ersten menschlichen Bewohner der Bahamas waren indianischen Ursprungs. Vermutlich siedelten die Siboneys, ein Stamm der Arawak-Indianer, zuerst auf der Inselgruppe nördlich der großen Antillen. Die Besiedlung erfolgte wahrscheinlich um 2500 v. Chr., und erst sehr viel später, um 800 n. Chr. wurden die Siboneys von den Lucayas verdrängt, die ebenfalls zu den Arawak-Indianern gerechnet werden. Ihren Lebensraum auf Kuba, Hispaniola (Haiti), Jamaika und Puerto Rico hatten die Arawaks vermutlich von Südamerika aus mit Booten erobert. Der dritte Arawak-Stamm – die Tainos – blieben auf Hispaniola.

Von Südamerika aus besiedelten auch ihre Feinde, die kannibalischen Caribs, die kleinen Antillen. Die Arawaks waren ein friedliches Volk, das die Übergriffe der Caribs fürchtete, da diese auch Gefangene nahmen und die männliche „Beute" verzehrten. Der Besiedlungszeitraum des amerikanischen Kontinents überhaupt ist schwer zu bestimmen. Man nimmt an, dass es vor rund 10.000 Jahren (möglicherweise aber schon vor 30.000 Jahren) eine Völkerwanderung vom asiatischen Kontinent über eine Landbrücke im Bereich der Behringstraße gegeben hat. Von dort aus erfolgte eine Besiedlung bis weit nach Südamerika hinein.

Über die Gewohnheiten der bahamaischen Lucayas ist recht wenig bekannt, da sie keine Schriftkultur entwickelt haben. Man ist bei der Rekonstruktion der Lebensweise auf archäologische Funde und Vermutungen angewiesen. Charakteristisch für Lucayas ist die Schädelform. Die Stirn ist infolge einer artifiziell herbeigeführten Verflachung gekennzeichnet. Wahrscheinlich wurde diese Verformung durch ein Holzbrett herbeigeführt, das im Kindesalter auf die Stirn geschnürt wurde.

Am meisten über das Äußere der Lucayas weiß man allerdings aus Aufzeichnungen der spanischen Eroberer. Die Entdeckung Amerikas durch Christoph Kolumbus, der 1492 zum ersten Mal auf San Salvador den Boden der Neuen Welt betrat, führte innerhalb eines Zeitraums von 20 Jahren zur völligen Ausrottung der indianischen Bevölkerung auf den Bahamas. Der Entdecker Floridas, Juan Ponce de León, der 1513 auf der Suche nach der Quelle der ewigen Jugend auf mehreren bahamaischen Inseln Station machte, sah vermutlich einen der letzten Lucayas auf einem Cay in der Nähe von Grand Bahama Island. Das Volk der Lucayas war zu diesem Zeitpunkt durch Verschleppung in die Bergwerke der Hispaniola, europäische Krankheiten, gegen die sie keine Abwehrstoffe hatten, und kriegerische Handlungen so gut wie ausgelöscht.

Sie waren ein sehr friedliebender Stamm, der in kleinen Gemeinschaften von fünf bis sechs Großfamilien in Hütten aus Holzstangen und Palmenwedeln lebte. Sie betrieben Fischerei und bauten außerdem Maniok, Tabak, Baumwolle u.a. für den täglichen Bedarf an. Gefischt wurde meist mit Einbaumkanus und Speeren. Die für den Bau der Boote benötigten Steinäxte importierten sie von Hispaniola. Den kleinen Gemeinschaften standen ein Medizinmann und Häuptling vor. Die Lucayas waren wahrscheinlich kaum bekleidet, legten aber viel Wert auf Körperbemalung, die sowohl zu kosmetischen Zwecken als auch zur Insektenabwehr aufgetragen wurde.

Einer der schönsten Strände auf Grand Bahama Island: der Pelican Point Beach

Schmuggel durch die Rum Runners

Richtig Schwung kam aber erst in die wirtschaftliche Entwicklung, als in den Vereinigten Staaten die **Prohibition** 1919 gesetzlich festgelegt wurde. In West End entstanden damals riesige Lagerhäuser, in denen der Alkohol gelagert wurde, der dann mit den sog. „Rum Runners" an die Ostküste der Vereinigten Staaten geschmuggelt wurde. Mit der Abschaffung der Prohibition in den 1930er-Jahren versank Grand Bahama Island über Nacht wieder in der Bedeutungslosigkeit.

Eine Fischdosenfabrik, die der schwedische Industrielle Axel Wenner-Gren während des Zweiten Weltkriegs am West End aufbaute, brachte nicht den gewünschten Erfolg. Als jedoch die **Abaco Lumber Company** 1944 von den Abacos nach Grand Bahama Island überwechselte, um dort die Pinienwälder abzuholzen, wurden viele Arbeitskräfte benötigt. Der Handel mit dem Holz, das an Minen in Mittel- und Südamerika verkauft wurde, ließ die Einwohnerzahl erheblich steigen. 1946 übernahm der Millionär Wallace Groves aus Virginia die Lumber Company.

In den 1950er-Jahren wurde die Insel auch für den **Tourismus** entdeckt, aber das meiste Geld brachte nach anfänglichen Schwierigkeiten das große **Freihafenprojekt**. 1955 schlossen die Britische Krone und die von Wallace Groves geleitete

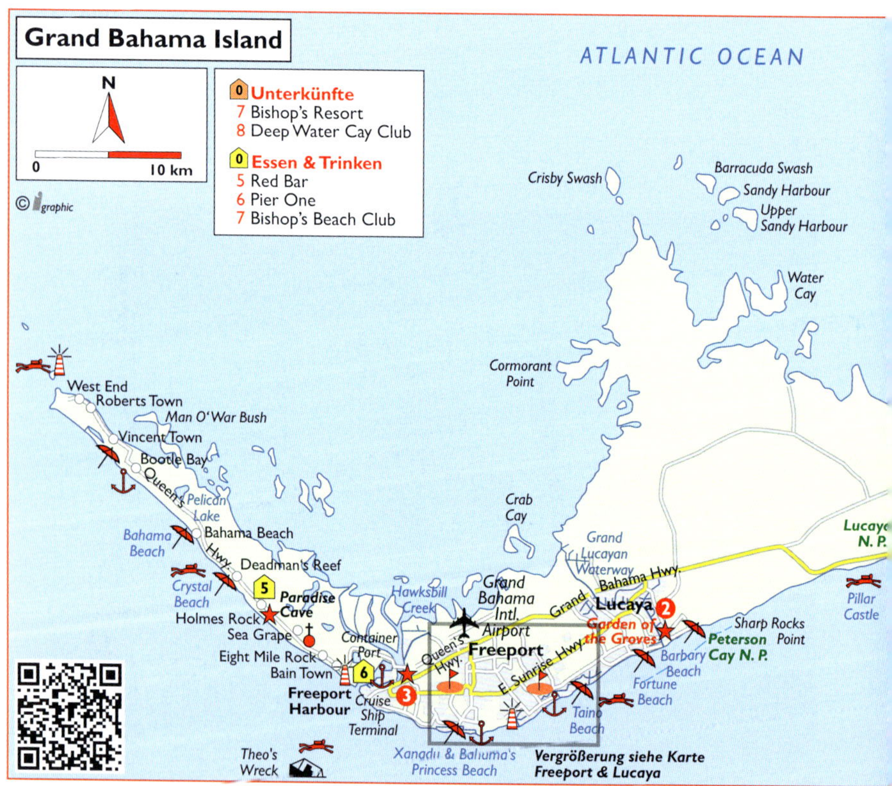

Grand Bahama Island Port Authority das **Hawksbill Creek Agreement** ab, ein Übereinkommen, das dieser Gesellschaft 20.000 ha für 99 Jahre übereignete, wenn diese im Gegenzug einen Hafen und Infrastruktur anlegen würde, um Investoren und Arbeit auf die Insel zu holen. Als Anreiz galt die Freiheit von Zöllen und Steuern im Gebiet der Hafengesellschaft. Wallace Groves schuf eine Insel, deren Infrastruktur auf dem Reißbrett entstanden war: Großzügige Alleen mit ebenso großzügigen Kreisverkehren sollten den Verkehr lenken. Denn die Insel war, ganz amerikanisch, auf den Autoverkehr ausgelegt. Zwischen den Alleen liegen Wohngebiete, Kanäle, Resortanlagen und alles, was Städte zum Überleben brauchen. Der Plan reichte allerdings nur bis knapp über den Grand Lucayan Waterway, der die Insel teilt. Östlich davon überwiegt bis heute die Natur – sofern sie nicht abgeholzt wurde.

Auf dem Reißbrett angelegt

Nach Schwierigkeiten mit Investoren wurden 1960 noch einmal 20.000 ha dazugeschlagen und 1963 die Genehmigung für den Betrieb der sonst verbotenen **Kasinos** erteilt. Somit waren die Weichen für die Entstehung der beiden modernen Städte **Freeport** und **Lucaya** gestellt. Während Freeport zu einem großen Teil vom Freihafen lebt, ist in Lucaya das Vergnügen von Touristen vorrangig. Wer Steu-

Leuchtturm bei Freeport auf Grand Bahama Island

ern sparen will, ist natürlich mit einem Wohnsitz in der Freihandelszone ohne Steuerbelastung gut bedient, sodass hier viele Grundstücke an reiche Amerikaner und auch Europäer verkauft wurden.

Durch die enormen Investitionen, die seit Ende der 1950er-Jahre auf dieser Insel getätigt wurden, war Grand Bahama Island in den folgenden Jahrzehnten das Aushängeschild der modernen Bahamas. Der **Überseehafen** und das **Industriegebiet** westlich von Freeport waren ebenso wie der **Kasinobetrieb** und die gut ausgebaute **touristische Infrastruktur** das Rückgrat der prosperierenden wirtschaftlichen Entwicklung der Insel. Das Princess Casino in Freeport galt als eines der größten der Welt, viele meist amerikanische Touristen ließen hier ihr Geld. Im damals größten Einkaufszentrum, dem **International Bazaar**, konnte man einen Einkaufsbummel zu günstigen Preisen machen (heute geschlossen). Freeport war als der Ort gedacht, in dem sich die Resorts und Vergnügungsstätten für die Urlauber befinden. Von dort aus ging es dann für einen Tagesausflug an den Strand.

Grand Bahama Island heute

Bald aber rückten die weltweite Rezession und die Finanzkrise Anfang des Millenniums Grand Bahama Island an den Rand der touristischen Wahrnehmung. Etliche Resorts mussten schließen, so auch das Princess Casino. Die Hauptstadt Freeport ist heute, vorsichtig gesagt, keinen touristischen Besuch wert. Nach Downtown kommt man wegen der dortigen Banken oder Behördenbesuchen. Die Hotellerie ist weitergezogen an die Küste und dort besonders nach Lucaya und Port Lucaya. In Freeport und im Landesinneren stehen noch ein paar eindrucksvolle Ruinen gescheiterter Investments, Freeport selbst erinnert in manchen Teilen ein wenig an eine Geisterstadt. Umso mehr, als das frühere Zentrum, der gerne auch und vor allem von Urlaubern besuchte International Bazaar, seit einigen Jahren geschlossen ist und die Gebäude vergammeln. Dazu kamen über die Jahre gleich drei Hurrikans, die ihre Spuren hinterlassen haben.

Resorts in Lucaya und Port Lucaya

So wurde Lucaya zum „Place to be", zu einer geschäftigen Resort-Hochburg mit einer ausladenden touristischen Infrastruktur. Hier geben die Passagiere der Kreuzfahrtschiffe ihre US-Dollars aus, Segler aus Florida landen an und verbringen ein paar Tage oder mehr – und kaufen gut und gerne im Duty-Free-Shop ein. Es gibt reichlich Restaurants, Bars und ein Nachtleben, das locker mit dem in Nassau mithalten kann.

Wer dem touristischen Rummel entfliehen möchte – der zur Zeit der Besuche der Kreuzfahrtschiffe deutlich zunimmt – findet dazu im **Nationalpark** oder dem wunderschön angelegten **Garden of the Groves** Gelegenheit. Da man auf Grand Bahama Island auf große Trinkwasservorräte und eine sich gut entwickelnde Landwirtschaft zurückgreifen kann, sind noch lange nicht alle Ressourcen für eine wirtschaftliche Weiterentwicklung ausgeschöpft. Derzeit ist einer der größten Containerhäfen der Welt in Planung.

Wer Trubel, Beachpartys und das Kasinoleben schätzt, ist also in Lucaya gut aufgehoben. Das große Wassersportangebot sorgt für viel Abwechslung, mit UNEXSO liegt eine bekannte und ausgezeichnete Tauchschule vor Ort. Wer lieber an Land bleibt, findet auf Grand Bahama Island drei gute Golfplätze, um sich die Zeit zu vertreiben.

Wassersportangebot

Wer eher das beschauliche Naturerlebnis schätzt, kann im **Rand Nature Centre** auf Wegen durch das ca. 40 ha große Naturgebiet wandern und dabei viele einheimische Tiere und Pflanzen kennenlernen. Der **Garden of the Groves** ist zwar nicht die „wilde" Natur, sondern eher mit einem botanischen Garten zu vergleichen, aber dennoch kann man sich hier auf entspannende Weise auch mit der einheimischen Pflanzenwelt vertraut machen. Der **Lucayan National Park** wiederum bietet mit seiner Mangrovenlandschaft ein ganz besonderes Naturerlebnis. Nur mit dem Boot ist der **Peterson Cay National Park**, eine unter Naturschutz gestellte Rifflandschaft unter Wasser, 25 km östlich von Freeport, zu erreichen.

Um sich ein besseres Bild von der Insel machen zu können und sie fern des Touristenrummels zu erkunden, lohnt es sich, ein Auto zu mieten.

Freeport

Der **Ranfurly Circle**, an dem die Haupttangenten des Freeporter Straßensystems **The Mall** (bzw. East Mall) und der West (bzw. East) **Sunrise Highway** sternförmig aufeinanderstoßen, ist das Zentrum der weiträumig angelegten Stadt. Hier liegt der heute geschlossene **International Bazaar** hinter dem beeindruckenden japanischen Torii Gate. Neben dem International Bazaar ist der örtliche **Straw Market** mit mehr als 100 Händlern angesiedelt. Hier werden Souvenirs, Strohwaren und witzige T-Shirts verkauft. In und um die Ortsmitte von Freeport warten einige Restaurants und Snackbars auf Besucher.

An der nordwestlichen Ecke des Bazaars beherbergt ein rosafarbenes Gebäude die **Perfume Factory**. Freunde edler Duftstoffe können sich hier ihr ganz individuelles Parfum mischen lassen, einen Blick in die Labors werfen und nach dem olfaktorischen Genuss eine Tasse Tee im hauseigenen Teestübchen trinken. Die Perfume Factory gehört zum Pflichtprogramm der Landausflüge, die Passagiere von Kreuzfahrtschiffen unternehmen. Es kann also durchaus „busy" zugehen.

Eigene Parfumnote

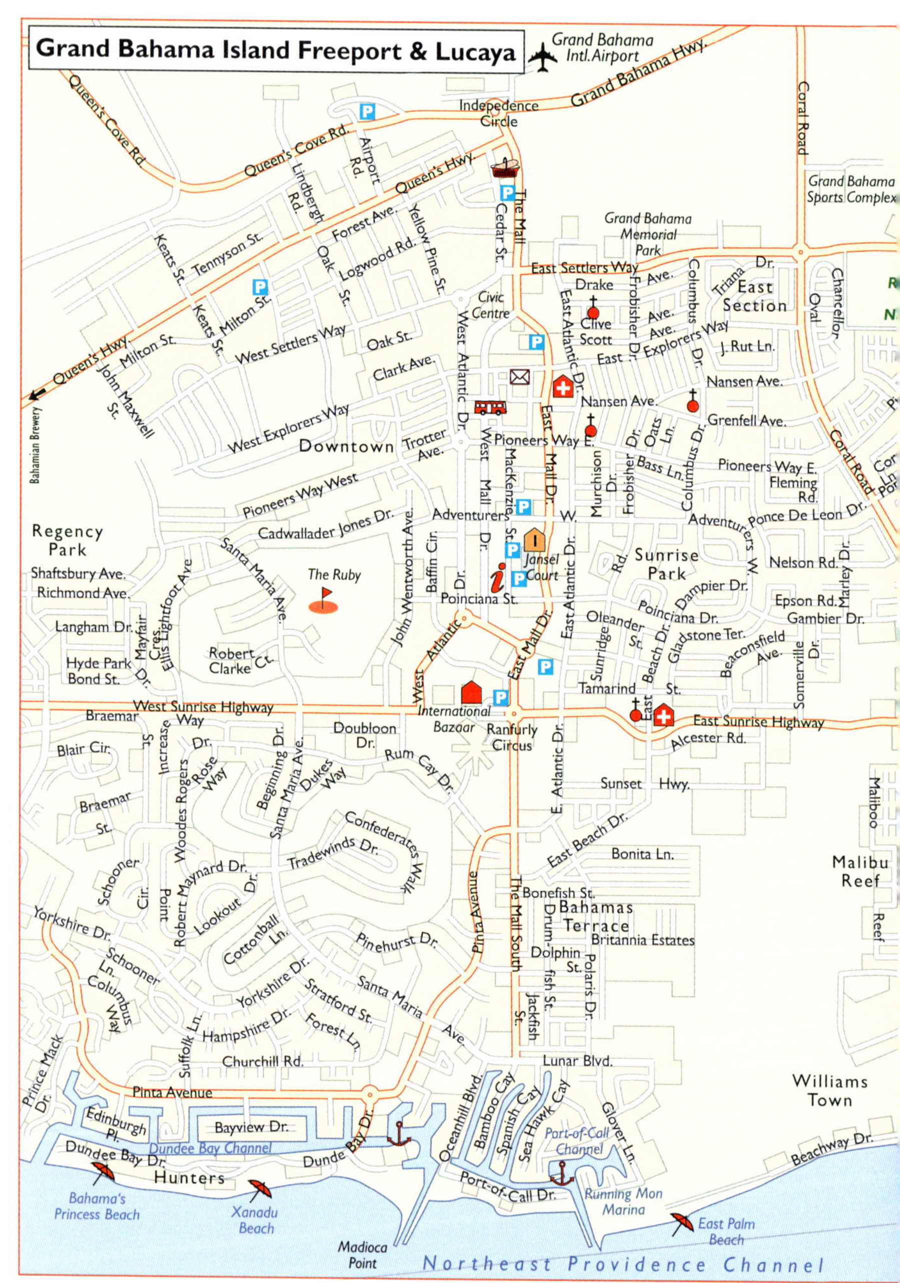
Grand Bahama Island Freeport & Lucaya
Grand Bahama Intl.Airport
Grand Bahama Hwy.
Independence Circle
Queen's Cove Rd.
Queen's Hwy.
Coral Road
Grand Bahama Sports Complex
Grand Bahama Memorial Park
East Section
Civic Centre
Downtown
Regency Park
The Ruby
Jansel Court
Sunrise Park
International Bazaar
Ranfurly Circus
West Sunrise Highway
East Sunrise Highway
Bahamas Terrace
Britannia Estates
Malibu Reef
Williams Town
Hunters
Bahama's Princess Beach
Xanadu Beach
Madioca Point
Port-of-Call Channel
Running Mon Marina
East Palm Beach
Dundee Bay Channel
Northeast Providence Channel
Bahamian Brewery

Ridge Estates
Faith Ave.
Balao Loop
East Settlers Way
Cornwall Dr.
Delamere Dr.
Sandcombe Cl.
West Beach Rd.
Lincoln Rd.
Fortune Hills
Grasmere Dr.
Sandcombe Dr.
Grasmere
Grasmere Dr.
Sergeant Major North Dr.
Guillemot Dr.
East Indiaman Rd.
Balao Road
Landsdown Rd.
Naphill Rd.
East Sunrise Highway
Nature Centre
Trust
Wild Cat Ave.
Mallard St.
Blue Goose Rd.
Pelican Rd.
Man-O-War Circle
Sanderling Circle
Skimmer Circle
Sandcombe Dr.
Galli-Green
Gallinale Dr.
Ringwood Dr.
Grasmere Dr.
Ringwood Dr.
Curtis Rd.
Falstaff Dr.
Caliban Dr.
Ariel Pl.
West Beach Rd.
Loop
Yeoman Wood
Sergeant Major Dr.
Circle
Spinney Rd.
Bluebill Circle
Fiddler's Circle
Egret
Albatross Circle
Duke Dr.
Illyria Rd.
Arden Forest
Dove Ln.
Garden of the Groves
Leon Dr.
Coral Reef Ln.
East Sunrise Highway
Albacore Dr.
Ganymede Dr.
Ganymede Dr.
Arden Forest Rd.
Albacore Dr.
Balao Road
Toughstone Ter.
Tarleton Rd.
Spinney Rd.
Lucayan Knoll
Cromwell Dr.
Lucayan Circle
Gambier Loop
Park Royal Dr.
Ferry Horse Ln.
Waterfall Dr.
Sea Horse Rd.
Sergeant Major Dr.
Royal Tern Dr.
Bishop's Rd.
Bishop's Rd.
Midshipman Rd.
Bonaire Cir.
West Beach Rd.
Greening Glade
Grand Bahama Yacht Club
Seahorse Village
K. Neptune Dr.
Grosvenor Way
Coach Rd.
Albacore Dr.
Midshipman Rd.
King's Rd.
Honduras Dr.
Emerald Dr.
Coral Road
Waterfall Dr.
Tarrytown St.
Bell Channel
Bell Channel Bay
Jolly Roger Dr.
Tiano Beach
Port Lucaya Marketplace
Sea Horse Rd.
Sea Horse Rd.
Bonito St.
Ave.
Tahiti Dr.
Samoa Dr.
Canary Dr.
Dominica
Swordfish
Easter
Fiji
Grenada
Westchester
The Reef
Royal Bahamian Estates
Seven Hills
Hawaii Ln.
Inagua
Jamaica
Indiana Ln.
Royal Palm Way
Sea Grape Ln.
Sea View Ln.
Sea Horse Ln.
Lucayan Beach
Sea Shell Ln.
Sea Gate Ln.
Bimini Dr.
Exuma Dr.
Bahama Reef Blvd.
Swan Ln.
Pelican Ln.
Royal Palm Way
Acacia Rd.
Coral Rd.
Coral Beach
Silver Palm St.
Silver Point Dr.
Ocean Reef Bay
Silver Point Beach
Silver Point
Williams Town Beach
N
0 500 m
Unterkünfte
1 Royal Islander Hotel
2 Bell Channel Inn Hotel
3 Coral Beach Hotel Condominium
4 Grand Bahama Birders' Bed & Breakfast
5 Pelican Bay
6 Grand Lucayan Beach & Golf Resort
Essen & Trinken
1 Pisces Seafood House & Pizzeria
2 Molly Malone's Irish Pub & Eatery
3 Zorba's
4 Sabor Restaurant & Bar
© igraphic

The Perfume Factory, *International Bazaar,* ☎ *352-9391, www.perfumefactory.com, tgl. 9–18 Uhr.*

Wenn man auf dem East Mall Dr. in Richtung Flughafen fährt und rechts in den Settlers Way einbiegt, kommt man zum **Rand Nature Centre (1)**, einer weiteren Attraktion, die Besuchern die Pflanzen- und vor allem die Vogelwelt der Bahamas näherbringt. Man kann in einem 40 ha großen Gebiet auf Wanderwegen durch den „karibischen Wald" laufen. Bei geführten Touren benennen Guides nicht nur die verschiedenen Pflanzen, sondern erzählen auch interessante Geschichten zur bahamaischen Bush Medicine. Vom einfachen Mittelchen gegen Schnupfen bis zum Aphrodisiakum gibt es gegen alles ein Kraut. Außer den von Inagua eingeführten Flamingos kann man hier auch den Bahamas Parrot, eine bahamaische Papageienart, oder den aus den Vereinigten Staaten eingeführten Waschbären bewundern. Es wird vermutet, dass die Rum Runners dieses auf den Bahamas ursprünglich nicht heimische Tier während der Prohibitionszeit nach Grand Bahama Island brachten.

Ausflug in die Pflanzen- und Vogelwelt

Rand Nature Centre, *East Settler's Way,* ☎ *352-5438, https://bnt.bs/rand-nature-centre, Mo–Fr 8.30–16, Sa 8.30–14.30 Uhr, Erw. 5 $, 5–12 Jahre 3 $. Geführte Touren Di und Do um 10.30 Uhr.*

Lucaya

Von Freeport aus kommt man am unkompliziertesten auf dem **East Sunrise Highway** nach Lucaya. Eine Grenze zwischen den beiden Städten ist heute kaum noch zu erkennen, da sie aufeinanderzugewachsen sind. Beim großen Verkehrskreisel muss man dann die Sea Horse Road in Richtung Süden abfahren, um nach Port Lucaya (dem Jachthafen) mit der Einkaufszone um den Marketplace zu kommen. Zwischen der Sea Horse Road und Lucaya Beach (dem Strand) liegen auch die meisten Hotels des Ortes. Am Ende der Straße findet man zur linken Hand das Taucherzentrum **UNEXSO** (Underwater Explorers Society).

Das Zentrum von **Port Lucaya** ist der **Marketplace**, der mit einer Seite an der Kaimauer abschließt. Auf der Landseite ist er von Restaurants, Bars und Geschäften umgeben. In seiner Mitte, dem Count Basie Square, steht ein Pavillon, in dem täglich Bands meist karibische Musik spielen. Am Marketplace trifft man sich zu einem *Bahama Mama*, einem netten Schwätzchen und vielleicht auch einer kleinen Tanzeinlage. Man kann dort wunderbar in einer der Außenbars sitzen, die Leute beobachten und sich von der guten Stimmung anstecken lassen, die hier stets herrscht. Um den Platz herum kann man shoppen und gut essen gehen – das Kasino ist gleich über die Straße.

Tauchen und Schwimmen mit Delfinen

Wer sich sportlich betätigen will, kann entweder das reichhaltige Wassersportangebot der Hotels am **Lucayan Beach** wahrnehmen oder mit **UNEXSO** tauchen gehen. Vom Wracktauchen bis zum Haie füttern wird dort alles geboten, was das Taucherherz erfreut. Anfänger haben Gelegenheit, an Tauchkursen teilzunehmen. Wenn man den Kopf lieber über Wasser hat, kann man mit UNEXSO per Boot zur **Sanctuary Bay** fahren, wo in Kooperation mit **Dolphin Experience** Schwimmen mit Delfinen möglich ist (s. S. 155). Nebenan liegt der Golfplatz **The Reef**.

Neben den hoteleigenen Stränden gibt es ein kleines Stückchen öffentlichen Strand, das man über einen kleinen Pfad rechts des Polizeireviers erreichen kann – einfach der Beschilderung folgen.

Romantisches Naturerlebnis

Über die Midshipman Road, die nördlich des Jachthafens von der Sea Horse Road bis zum **Grand Lucayan Waterway** führt, gelangt man nach **Taino Beach** und **Fortune Beach**, wenn man in die West Beach Road oder den Fortune Bay Drive in Richtung Süden abbiegt. Über die Midshipman Road geht es auch zum **Garden of the Groves (2)**, einem Naturerlebnis ganz anderer Art als im Rand Nature Centre. In dieser wunderschönen, 1973 eröffneten Anlage können Besucher auf einer Fläche von ca. 4,5 ha mehr als 5.000 unterschiedliche Pflanzenarten bewundern. Ob man nun den Garden of the Groves eher als botanischen Garten nutzt oder sich ein lauschiges Plätzchen zum Träumen sucht, sollte man auf jeden Fall etwas Zeit mitbringen. Unter einem Hibiskus kann man sich beim leisen Rauschen eines Wasserfalls wunderbar entspannen. Wer den Bund des Lebens auf den Bahamas schließen will, findet hierzu in einer romantisch angelegten **Grotte** Gelegenheit. Zudem gibt es ein Labyrinth, einen Shop, das idyllische **Garden Café** *(Mo–Do 9.30–16, Fr bis 21.30 Uhr)* mit Bar und einen Kinderspielplatz.
Garden of the Groves, *Midshipman Rd., ☏ 374-7778, www.thegardenofthegroves.com, tgl. 9–16 Uhr, Erw. 17 $, unter 12 Jahren 12 $.*

Der östliche Teil von Grand Bahama Island

Die einzige Möglichkeit, den **Grand Lucayan Waterway** mit dem Auto zu überqueren, ist die Brücke des Casuarina Drive in Ost-Lucaya. Auf dieser Straße gelangt man über den East Sunrise Highway. Am Kreisel, wo der Highway nach Süden abknickt, muss man in nördliche Richtung auf den Casuarina Drive abbiegen, der dann in den östlichen Teil des **Grand Bahama Island Highway** einmündet. Auf diesem Highway kann man bis nach **McLean's Town** am Ostende der Insel fahren.

Zuerst erreicht man nach rund 32 km den 1982 gegründeten **Lucayan National Park**. Hier kommen auf 16 ha alle Landschaftsformen vor, die für Grand Bahama Island typisch sind: Mangrovensumpf, weiten Strand mit Kasuarinen und Karibische Kiefern (Caribbean Pine). Ein ausgeschil-

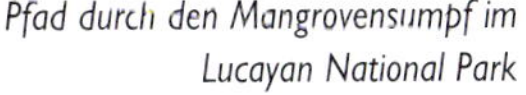

Pfad durch den Mangrovensumpf im Lucayan National Park

Höhlenbesichtigung in Ben's Cave

derter Weg führt auf Holzstegen durch den herrlichen Mangrovensumpf zum mindestens ebenso schönen **Gold Rock Beach**, der zum Baden und auch zu einem Picknick einlädt. Ein echtes Highlight ist die Besichtigung von **Ben's Cave**, einer Höhle, die zum vermutlich längsten Unterwasserhöhlensystem der Welt gehört. Jeder Besucher wird nach dem Abstieg die steile Spindeltreppe hinunter die andächtige Stimmung in der Grotte spüren. Ein paar Meter weiter, in der Burial Mound Cave, wurden auch archäologische Funde der Lucaya-Indianerkultur gefunden.

Lucayan National Park, *Grand Bahama Island Hwy., ☎ 352-5438, https://bnt.bs/lucayan-national-park, tgl. 8–17.30 Uhr, Eintritt 5 $, unter 12 Jahre 3 $. Es gibt einen Parkplatz (5 $), ein Office und eine Toilette.*

Weiter geht es durch **Freetown**, eine der ältesten Siedlungen der Insel. Bald folgt das Örtchen High Rock. Beim Schild „Welcome to High Rock" lohnt es sich, rechts abzubiegen, an der Küste dann noch einmal rechts. Es folgen ein wunderschöner Strand und **Bishop's Beach Club**. Der Beach Club ist ein zugleich einfaches, aber auch eines der besten Fischrestaurants der Insel. Zwar sieht das blaue Gebäude eher wie ein Lebensmittelladen aus, aber daran sollte man sich nicht stören, denn so guten und frischen Conch bekommt man nicht überall. Beste Beilage: Kartoffelsalat!

Schöner Strand

Auf der Strecke nach **Pelican Point** sieht man riesige Öltanks neueren Datums. In dieser Gegend sind auch vermehrt kleine Stände mit Muscheln zu sehen. Insbesondere Pelican Point lohnt für einen Zwischenstopp mit Aussicht und Imbiss – der Strand gilt als einer der schönsten von Grand Bahama Island.

Im unscheinbaren Ort **McLean's Town** erreicht man schließlich das Ostende von Grand Bahama Island. Der Blick übers Wasser geht auf die Nachbarinsel zum **Deep Water Cay Club** (s. Unterkunft).

Der westliche Teil von Grand Bahama Island

Wer sich über den Queen's Highway auf den Weg in den Westen macht, sollte eine der neueren touristischen Attraktionen der Insel nicht links liegen lassen. Seit 2008 residiert an der Kreuzung Queen's Highway und Fishing Hole Road die **Bahamian Brewery (3)**. Mit den Marken „Sands" und „High Rock" gelang es der Brauerei in kürzester Zeit, einen festen Platz in der bahamaischen Bierkultur zu erobern. Bis heute sind einige Biersorten dazugekommen, wie etwa „Amber Ale",

„Sands Light" oder das „Pink Radler". Die Brauerei ist stolz darauf, zu 100 % in bahamaischem Besitz zu sein, während Kalik aus Nassau die Nähe zu Heineken nicht verleugnen kann. Die Bahamian Brewery veranstaltet auf Nachfrage für Besucher Brauereiführungen. In einem kleinen Shop gibt es T-Shirts und alles, was des Biertrinkers Herz begehrt. Größte Attraktion für die Einheimischen ist aber „Jimmy's Liquor Store" (Mo–Sa 9–18 Uhr) im selben Gebäude mit seiner reichhaltigen Getränkeauswahl.

Brauerei-führungen

Bahamian Brewery, *Ecke Queen's Hwy./Fishing Hole Rd., ☎ 352-4070, www.bahamianbrewery.com, Mo–Sa 9–18 Uhr. Die Brauereiführungen kosten 10 $ p. Pers. und können online gebucht werden: www.bahamianbrewery.com/tourbooking.php.*

Auch wenn der **Hafen von Freeport** offiziell nicht zu den Touristenattraktionen der Insel gehört, so ist es doch interessant, auch einmal diese Seite der Bahamas zu betrachten – wenn man den alles überlagernden Geruch der riesigen Öltanks außer Acht lässt. Mit etwas Glück liegen gerade einige **Kreuzfahrtschiffe** im Hafen, sodass außer Lager- und Industrieeinrichtungen auch die schmucken Schiffe den Blick fangen. Ein besonderes Vergnügen ist es, auf der Veranda des **Pier One** an der Hafeneinfahrt zu sitzen und „Schiffe zu gucken". Am Abend bietet dieses Restaurant auch eine Haifischmahlzeit im doppelten Sinne. Man kann dort ausgezeichnetes *shark steak* (Haifischsteak) essen, während der Wirt auch den Haien im Wasser einige Leckerbissen zukommen lässt. Zum Pier One gelangt man über den Queen's Highway, den man bis zum Ende fährt. In der Nähe des Eingangs zum Kreuzfahrthafen liegt die Abzweigung zum Pier One, die entsprechend ausgeschildert ist.

Um nach West End zu kommen, muss man den Queen's Highway wieder zurück in Richtung Freeport fahren und bei der großen Kreuzung links in die Fishing Hole Road einbiegen. Über den **Hawksbill Creek** (Brücke) kommt man nach **Eight Mile Rock**, nach Freeport und Lucaya der drittgrößte Ort der Insel. Ortschaft und Umgebung wurden von den Hurrikans „Frances" und „Jeanne" im September 2004 nahezu vollständig zerstört, was man heute noch an vielen kaputten Häusern sieht, die von ihren Besitzern verlassen wurden. Salzwasser, das über mehrere Wochen etwa einen halben Meter hoch in den Kiefernwäldern stand, zerstörte ein Drittel des Baumbestands.

Zerstörungen durch Hurrikans

Hierher kommen nicht so viele Touristen, und man kann sich eher eine Vorstellung vom bahamaischen Alltagsleben machen als in Freeport. Bei Hepburn Town, nahe Eight Mile Rock, gibt es ein sog. **Boiling Hole** („kochendes Loch"). Dort ist ein „Deckenteil" eines unterirdischen Höhlensystems, das mit dem Meer verbunden ist, eingestürzt. Entsprechend des Tidenhubs „kocht" (blubbert) hier das Wasser, das mit großem Druck vom Meer hereingespült wird. Tauchlegende Jacques Cousteau kam auch vorbei, um sich das Geschehen anzuschauen und für die Nachwelt zu dokumentieren.

Nördlich der kleinen Orte Hanna Hill und Holmes Rock befindet sich **Paradise Cove Beach**. Ab hier kann man den bekannten Schnorchelspot **Deadman's Reef** *(www.deadmansreef.com)* erobern und anschließend die **Red Bar** besuchen. Dort genießt man den fantastischen Ausblick auf einen schönen Strand bei einem

Beliebtes Ferienziel: die Strände von Grand Bahama Island

kühlen Drink am besten. Wer möchte, kann sich im Souvenirladen **Paradise Treasures** mit reichlich Mitbringseln für daheim eindecken.

Besuch von Al Capone

Über **Bottle Bay Village** kommt man dann nach **West End**, der ältesten Siedlung der Insel. Das älteste Gebäude dort ist wahrscheinlich die 1893 erbaute **St. Mary Magdalene Church**, aber West Ends Tradition geht bis zum Anfang des 19. Jh. zurück. Heute ist der Ort allerdings ziemlich heruntergekommen und es zeugen nur noch die verlassenen Gebäude der Holzfabrik und des ehemaligen Grand Bahama Island Resort von der einst so großen Vergangenheit des Ortes, der zu Zeiten der Prohibition fast 2.000 Einwohner zählte. Damals war hier so illustrer Besuch wie der des Chicagoer Mafiabosses Al Capone keine Seltenheit. West End hatte eine der größten „Bunkerstationen" für alkoholische Getränke, die dann nachts mit kleinen Booten an die Ostküste der Vereinigten Staaten geschafft wurden.

Die Rum Runners, so nannte man die Schmuggler, hatten damals mehr als ein Vermögen mit ihrer heißbegehrten Ware verdient. Nachdem 1989 das Grand Bahama Islands Resort schloss, versank der Ort wieder im Dornröschenschlaf. An der Küste kann man jedoch sehen, dass eine Tradition alle Höhen und Tiefen überdauert hat: Nach wie vor wird Conch gefangen und auf althergebrachte Art zubereitet. Zeugen dafür sind die vielen Haufen an Muscheln, die am Strand oder an einer Kaimauer rosa in der Sonne leuchten. Das Grand Bahama Islands Resort wurde vor einigen Jahren als **Old Bahama Bay Resort & Yacht Harbour** mit etlichen Sternen und mindestens ebenso viel Kapital von Bobby Ginn, einem sehr reichen Investor, als Luxusanlage und unter dem Namen Old Bahama Bay at Ginn sur Mer

& Marina wieder zum Leben erweckt. Das Großprojekt wird nach dem Ausscheiden Ginns von den „West End Owners" weiter vorangetrieben. Doch dieser Resort-Wiederbelebungsversuch liegt einige Kilometer entfernt an der Westspitze von Grand Bahama Island und verhilft dem West End kaum zu Glanz.

Reisepraktische Informationen Grand Bahama Island

Information

Grand Bahama Island Tourism Board, *Fidelity Financial Center, West Mall Dr./Poinciana Dr., ☏ 352-8356, www.grandbahamavacations.com/www.grandbahama.bahamas.com, Mo–Fr 9–17 Uhr. Am International Airport, am Port Lucaya Marketplace und am Kreuzfahrthafen gibt es weitere Informationsschalter.*

Wichtige Telefonnummern

Notfall/Polizei *☏ 919, 911 oder 352-2689.*
Bahamas Air Sea Rescue (BASRA), *☏ 352-2628, 919 oder 911.*
Feuerwehr, *☏ 911 oder 352-8888.*

Im Krankheitsfall

Rand Memorial Hospital, *Freeport, East Atlantic Dr., ☏ 350-6700, www.gbhs.phbahamas.org.*
Lucayan Medical Centre, *Freeport, East Sunrise Hwy., ☏ 373-7400, http://lucayanmedical.com.*

Banken

So gut wie alle Banken haben einen Geldautomaten, an dem mit MasterCard, Visa und anderen Karten Bargeld gezogen werden kann. Die großen Banken, First Caribbean International Bank, RBC Royal Bank, Commonwealth Bank und Scotiabank sind in Freeport Downtown und am Lucaya Marketplace sowie in den meisten Lobbys der großen Resorts zu finden.

Unterkunft

Die meisten Besucher von Grand Bahama Island finden sich in einem der großen Resorts wieder, umgeben von allen Annehmlichkeiten eines „All inclusive"-Aufenthalts und einem herrlichen Strand. Meist gibt es einen hoteleigenen Shuttlebus, der Urlauber nach Downtown, zum Straw Market oder zum Port Lucaya Marketplace bringt. Am besten sucht man sich ein Resort in Lucaya, da Freeport selbst als touristische Destination nicht viel hergibt.

Wer allerdings auf eigene Faust unterwegs ist, wird sich mangels Alternativen recht schwertun, eine bezahlbare Unterkunft zu bekommen. Bei der Buchung sollte man beachten, dass auf den jeweiligen Zimmerpreis noch Government Tax, Service Charge, Reinigungsgebühr und Ähnliches aufgeschlagen werden. Damit kann der Zimmerpreis locker um 20–30 % steigen. Wer dem aus dem Weg gehen will, versucht sein Glück über www.booking.com, www.expedia.de oder andere Portale, die den Endpreis gleich mit ausweisen. Klimaanlage ist immer dabei.

Hotels

Coral Beach Hotel Condominium (3) $–$$, *Royal Palm Way, Lucaya, ☎ 373-2468, http://coralbeachonline.com. Eine günstige Übernachtungsmöglichkeit mit nett angelegtem Garten für Leute, die den Betrieb großer Hotels nicht so sehr schätzen und lieber als Selbstversorger wohnen.*

Royal Islander Hotel (1) $–$$, *East Mall, Freeport, ☎ 351-6000, www.royalislanderhotel.com. Ähnliche Klasse wie das Bell Channel Inn, es sind ein Swimmingpool und ein Restaurant vorhanden. Wer sich viel in Downtown aufhalten will, ist hier richtig. Ansonsten ist das Royal Islander weit weg vom Strand oder dem Post Lucaya Marketplace, sodass Busfahren angesagt ist.*

Bell Channel Inn Hotel (2) $$, *Kings Rd., Lucaya, ☎ 373-1053, www.bellchannelinn.com/de-de. Gegenüber dem Port Lucaya Marketplace am Bell Channel gelegen. Recht einfach, freundlich und unkompliziert. Jedes der großen Zimmer mit Kühlschrank hat einen Ausblick auf den Kanal und den hoteleigenen Swimmingpool. Gut, günstig und zur Happy Hour (17–19 Uhr) gut gefüllt ist das hauseigene Restaurant mit Bar „Upstairs".*

Grand Bahama Birders' Bed & Breakfast (4) $$, *135 Sea Gate Lane, Lucaya, ☎ 373-2485, www.grandbahamabirdersbandb.com. Diese 200 m vom Strand entfernt gelegene Übernachtungsmöglichkeit gehört zu den* **Grand Bahama Nature Tours** *(www.grandbahamanaturetours.com) und bietet als familiär betriebenes Bed & Breakfast eine Alternative zu den großen Hotelkomplexen. Zugang zum „Garden of the Groves" ist inklusive, genauso wie WiFi.*

Resorts

Die Resorts auf Grand Bahama Island sind, ohne Übertreibung, meist riesig und auf den US-amerikanischen Geschmack zugeschnitten. An dieser Politik halten die Verantwortlichen der Insel fest und investieren weiter in Großprojekte.

Bishop's Resort (7) $$, *High Rock, East End, ☎ 602-5153, www.bishopsresort.net. Wer aus der beliebten Bar gar nicht mehr wegkommt (s. Restaurants), der bleibt einfach hier. Es gibt einige schlichte, aber brauchbare und preiswerte Bungalows auf dem Gelände.*

Grand Lucayan Beach & Golf Resort (6) $$–$$$$, *1 Seahorse Lane, Lucaya, ☎ 350-5466, www.grandlucayan.com. Gilt als eines der größten Resorts der Bahamas und ist keine schlechte Wahl. Direkt am Strand gelegen, den Port Lucaya Marketplace vor dem Eingang, bietet das Grand Lucayan wirklich alles, was das Herz begehrt: Spa, Poollandschaft, Shopping Mall, etliche Restaurants, der Reef-Golfplatz liegt gleich nebenan. In der Nebensaison starten die Zimmerpreise bei 99 $ p. Pers.*

Pelican Bay Hotel (5) $$–$$$$, *Seahorse Rd., Lucaya, ☎ 373-9550, www.pelicanbayhotel.com. Sehr schön gelegen direkt am Kanal hinter dem Port Lucaya Marketplace. Der Strand ist allerdings ein paar Gehminuten entfernt. Die Einrichtung ist stylish und schick, jedes Zimmer hat eine Terrasse oder einen Balkon. Zum Haus gehört das beliebte Restaurant Sabor (s. Restaurants).*

Deep Water Cay Club (8) $$$$$, *Reservierungen über: Deep Water Cay Club, 1100 Lee Wagener Blvd., Ft. Lauderdale, FL 33315, USA, ☎ 888-420-6202, www.deepwatercay.com. Der Club ist etwas für Sportangelenthusiasten und Urlauber, die sich fernab aller Alltagshektik erholen wollen. Er liegt ganz im Osten von Grand Bahama Island, ist aber nicht weniger exklusiv. Auf dem Deep Water Cay südöstlich der Hauptinsel gibt es keinen Autoverkehr und keinen Einkaufsrummel. Neben dem Angelprogramm wird auch Tauchen angeboten. Von West Palm Beach und Fort Lauderdale in Florida aus kann man sich mit einem kleinen Flugzeug direkt ins stille Paradies einfliegen lassen. Mindestbuchung: 3 Tage.*

Restaurants/Cafés

Von bahamaischer bis japanischer Küche finden Besucher so gut wie alles auf Grand Bahama Island. Die verschiedenen Resorts geben sich größte Mühe, ihre Gäste auch mit gutem Essen bei Laune zu halten. Wer außerhalb der Hotelwände fündig werden will, schaut sich auf dem Port Lucaya Marketplace um oder sollte ein Fahrzeug haben. Im Folgenden ein paar anerkannt gute Restaurants.

Port Lucaya Marketplace

Pisces Seafood House & Pizzeria (1), *Port Lucaya Market Place, ☏ 373-5192, tgl. 11–1 Uhr. Versorgt bereits seit 1980 Grand Bahama mit Köstlichkeiten aus dem Meer und Pizza – die, so heißt es, die beste auf der Insel sein soll.*

Molly Malone's Irish Pub & Eatery (2), *☏ 373-8404, www.facebook.com/MollyMalonesIrishPubEatery. Der einzige authentische Irish Pub auf den Bahamas bietet neben klassischen irischen Mahlzeiten wie Lamm und Shepard's Pie natürlich auch Guinness frisch vom Zapfhahn.*

Zorba's (3), *☏ 373-6137, http://zorbasbahamas.com, tgl. 7.45–22.45 Uhr. Sieht schon von außen aus wie ein griechisches Restaurant, ganz in Blau und Weiß gehalten. Hier wird eine lockere Mischung aus bahamaischer Küche mit griechischen Wurzeln – oder umgekehrt – serviert. Klar, dass ein paar Bilder von Anthony Quinn die Wände zieren, der in einem seiner bekanntesten Filme den Lebenskünstler Alexis Zorbas gab. Und das Mousaka ist wirklich einen Versuch wert. Bekannt für sein bahamaisches Frühstück.*

Sabor Restaurant & Bar (4), *im Pelican Bay Hotel, ☏ 373-5588, www.sabor-bahamas.com, tgl. 11–16 und 17–24 Uhr. In dem beliebten Restaurant steht „fusion cooking" auf der Speisekarte, oft untermalt von Livemusik, aber immer mit einem hervorragenden Ausblick auf die Marina und den Marketplace.*

Richtung Westen

Pier One (6), *Freeport Harbour, ☏ 352-6674, www.facebook.com/PierOneRestaurant, Mo–Fr 11–22, Sa–So 17–22 Uhr. Hier kann man auf der Veranda sitzen, sich das gute Essen schmecken lassen und gleichzeitig die Haie bei ihrer Mahlzeit beobachten. Besonders zu empfehlen ist das „shark steak". Tolle Aussicht über das Meer und die Hafeneinfahrt von Freeport.*

Red Bar (5), *Paradise Cove, Deadman's Reef, ☏ 349-2677, https://deadmansreef.com, tgl. 9–18 Uhr. Eine gute halbe Stunde Fahrzeit von Lucaya aus, am Hafen vorbei, Richtung West End. Nicht nur der Strand ist sehr beliebt, sondern auch die Bar, die einen herrlichen Ausblick auf das Treiben im Wasser bietet. Bei Hunger hilft ein Burger*

Richtung Osten

Bishop's Beach Club (7), *High Rock, ☏ 353-4515, www.bishopsresort.net, tgl. 9–20 Uhr. Einfaches, aber beliebtes Restaurant, das seit 1981 an dem schönen Strand liegt. Allein schon der Ausblick von der Bar über den Strand ist einen Ausflug wert. Auch Unterkunft möglich, s. oben unter* **Bishop's Resort**.

Nachtleben

Besonders um den **Lucaya Marketplace** *ist eigentlich immer Partystimmung. In vielen Bars kann man hier draußen sitzen und zu karibischer Musik einen Bahama Mama, Rum Punch oder Daiquiri schlürfen – dazu noch die abendliche Liveband, und alles passt.*

Einkaufen

Rund um den **Straw Market** *in Freetown und den* **Port Lucaya Marketplace** *reiht sich eine Vielzahl an Geschäften, in denen man Schmuck, Parfum, Porzellan und Markenartikel aller Art kaufen kann. Der Port Lucaya Marketplace ist deutlich interessanter. Besonders anziehend ist der eigentliche „Marktplatz" – der Count Basie Square – auf dem sich alle möglichen Leute zum Cocktail und zum Essen treffen. Man hat einen schönen Blick auf den Hafen, und in einem Pavillon in der Mitte des Platzes spielen Bands karibische Musik. Hier kann man sich nach ein wenig Shopping lässig auf einem Barhocker niederlassen, einen Drink bestellen und das bunte Treiben genießen.*

Bootstouren/Ausflüge

Reef Tours, *Port Lucaya Marketplace, ☎ 373-5880, www.reeftoursfreeport.com. Bieten neben zahlreichen Fun-Wassersportgeräten auch Touren mit dem Glasbodenboot „Ocean Wonder" an.*

Grand Bahama Nature Tours, *Touren mit Erika Gates, Port Lucaya, ☎ 373-2485, www.grandbahamanaturetours.com. Auch für Anfänger sind die Paddeltouren im Kajak durch die Mangrovensümpfe ein Erlebnis. Gleichzeitig lernt man viel über die Natur und Kultur auf Grand Bahama Island. Gates hat auch Fahrradtouren, Schnorchelsafaris und Jeepausflüge im Programm.*

Sportangeln

Exotic Adventures, *Freeport, ☎ 374-2278, www.exoticadventuresbahamas.com. Ein Tagestrip kostet ab 139 $ p. Person.*

Deep Water Cay Club, *Buchungen über: Deep Water Cay Club, 1100 Lee Wagener Blvd., Ft. Lauderdale, FL 33315, USA, ☎ 888-420-6202, www.deepwatercay.com. Hier kann man einen mehrtägigen Angelurlaub mit allem inklusive auf einem entlegenen Cay südöstlich der Hauptinsel buchen.*

Kajaktouren von Grand Bahama Nature Tours führen durch die Mangrovensümpfe des Lucayan National Park

Reef Tours, *Port Lucaya,* ☏ *373-5880, www.reeftoursfreeport.com. Bietet die günstigste Möglichkeit, an einer Tiefseeangeltour von Grand Bahama Island aus teilzunehmen. Eine Tagestour kostet 90 $ pro Angler und 45 $ für Leute, die nur zuschauen möchten.*
Capt. Phil & Mel Bonefishing Guides, ☏ *353-3960, www.bahamasbonefishing.net. Haben neben Angel- auch Schnorcheltrips im Angebot.*

Wassersport
Am Xanadu Beach, Club Viva Fortuna und Island Seas Beach verleiht Surfausrüstungen: **Paradise Watersports**, *Xanadu Beach, Freeport,* ☏ *373-4001.*

Tauchen
Underwater Explorers Society (UNEXSO), *Port Lucaya,* ☏ *1-800-992-3483, https://unexso.com. UNEXSO ist eine der bekanntesten und traditionsreichsten Tauchschulen der Bahamas. Vom Tauchen mit Delfinen oder Haien über das Nachttauchen bis zum Wracktauchen deckt UNEXSO die ganze Palette des Adventure Diving ab. Im hauseigenen Shop gibt es alles, was Wasserratten brauchen. Angeboten wird auch eine Bootstour zu den Delfinbecken der Sanctuary Bay. Dort kann man nicht nur eine Menge über die Meeressäuger lernen, sondern auch mit ihnen im Wasser hautnah in Kontakt kommen.*
Caribbean Divers, *im Bell Channel Club Inn, Port Lucaya Ostseite,* ☏ *373-1053, www.bellchannelinn.com/en-gb/diving. Auch mit den „Karibischen Tauchern" kann man Haie füttern und auf Nachttouren gehen. Im Paket wird es billiger. Tauchkurse und ein Abholservice stehen ebenfalls auf dem Programm.*

Golf
The Reef, *Sea Horse Rd., Lucaya,* ☏ *352-5466, www.grandlucayan.com, s. Grand Lucayan Beach & Golf Resort (S. 152). Klassischer Links-Course, entworfen von Robert Trent Jones. Der beständige Wind auf diesem Course ist die größte Herausforderung.*
The Ruby, *West Sunrise Hwy., Lucaya,* ☏ *352-1851. 2008 neu gestaltet und deutlich einfacher zu bespielen als The Reef. Hier sind viele Einheimische aktiv.*
Fortune Hills Golf & Country Club, *Lucaya Beach,* ☏ *373-2222. War ehemals als 18-Loch-Course angelegt worden, doch die hinteren neun Löcher wurden nie fertiggestellt. Glänzt immerhin mit dem längsten Par 5 der Bahamas.*

Tennis
Grand Lucayan Beach & Golf Resort, *1 Seahorse Lane, Lucaya,* ☏ *373-1333, www.grandlucayan.com/golf-and-tennis/tennis. Unterhält eine eigene Tennisschule.*

Reiten
Pinetree Stables, *North Beachway Dr., Freeport,* ☏ *602-2122, www.pinetree-stables.com. Hier kann man nicht nur Reitstunden nehmen, sondern auch herrliche Ausritte machen.*

Strände
Die großen Hotels verfügen alle über schöne Strände, die allerdings auch entsprechend bevölkert sein können. Als der beste Strand im Stadtgebiet von Freeport gilt **Xanadu Beach**. *In Lucaya reihen sich* **Lucayan Beach**, **Taino Beach**, **Smith's Point** *und* **Fortune Beach** *aneinander. Zu empfehlen sind auch die Strände Richtung*

Osten, z.B. in **Pelican Point** *oder bei* **Bishop's Beach Club** *in High Rock. Der schönste Strand für die stillen Genießer befindet sich allerdings beim Nationalpark:* **Gold Rock Beach** *ist mit seinem türkis schillernden, seichten Wasser und kilometerlangen, von Kasuarinen umsäumten Sandstrand in der Woche recht einsam. Am Wochenende trifft man hier häufig kleine Picknickgesellschaften.*

Flüge

Der **Grand Bahama International Airport**, *☎ 352-6020, hat zwei Terminals, die ein paar Hundert Meter voneinander entfernt liegen: Domestic und International Terminal.*

Einige wichtige Fluggesellschaften, die Freeport anfliegen:
American Airlines, *☎ 1-800-433-7300, www.americanairlines.com.*
Bahamasair, *☎ 352-8346, www.bahamasair.com.*
Delta Air, *☎ 1-800-241-4141, www.delta.com.*
Flamingo Air, *☎ 351-4963, www.flamingoairbah.com.*
SkyBahamas, *☎ 225-2808, www.skybahamas.net.*
Western Air, *☎ 351-3804, www.westernairbahamas.com.*

Transfer vom Flughafen

Wer keinen Hoteltransfer hat, muss sich einem Taxi anvertrauen oder einen Mietwagen nehmen. Wer noch keinen Mietwagen gebucht hat, der kann sich an einem der Schalter bei der Ankunft informieren. Vor beiden Terminals des Flughafens stehen bei Ankunft der Flugzeuge immer genug Taxis bereit. Die Fahrt ins Zentrum von Freeport kostet ca. 25 $, nach Lucaya ca. 50 $.

Team von Flamingo Air

Mietwagen

Ein Mietwagen ist eine gute Idee für Besucher, die sich auch außerhalb der gängigen Touristenzentren bewegen wollen. Denn man sollte die Entfernungen auf der Insel nicht unterschätzen. Auch Lucaya ist so großflächig angelegt, dass sich ein geplanter kleiner Spaziergang schon mal zu einer Wanderung ausdehnt. Mietwagen kosten ab ca. 60 $/Tag, je nach Fahrzeugtyp.

Im International und im Domestic Terminal des Flughafens sind im Ankunftsbereich Schalter von etlichen Kleinanbietern wie „KSR Car Rental" oder „Brad's Car Rental" zu finden. Man sollte beim Preisvergleich darauf achten, dass unbegrenzte Kilometer inklusive sind. Die Versicherung (Collision Damage Waiver, CDW) kostet extra und kann am Tag mit 20 bis 40 $ zu Buche schlagen, bei 350 $ Selbstbeteiligung.

Der schöne Gold Rock Beach liegt im Nationalpark

Avis, *Grand Bahama Island International Airport, ☎ 351-2847, www.avis.com.*
Hertz, *Grand Bahama Island International Airport, ☎ 352-9250, www.hertz.com.*

Motorroller/Scooter

Manche Hotels vermieten Motorroller, und oft sieht man an der Straße vor den Hotels Verleiher. Die Leihgebühr liegt pro Tag bei ca. 50 $.

Fahrradverleih

Für Fahrräder gilt das gleiche wie für die motorisierten Gefährte. Wenn das Hotel keine entsprechenden Möglichkeiten bietet, ist es sicher nicht weit bis zu einem Straßenverleih. In der Regel werden Roller und Fahrräder an den gleichen Stellen vermietet. Ein Fahrrad kostet pro Tag um die 20 $.

Busse/Jitneys

Die Mini-Busse, Jitneys genannt, fahren tgl. ab Downtown Freeport zum Port Lucaya Marketplace – recht häufig, aber ohne festen Fahrplan. Bushaltestellen sind klar erkennbar. Die Fahrt kostet ab 1 $, je nach Entfernung. Am besten im Hotel nach dem Fahrpreis fragen und wann die Busse verkehren. Passendes Kleingeld mitnehmen.

Taxis

Ein Taxi kann man auf Grand Bahama Island ohne Probleme bekommen. In der Regel stehen immer Taxis am Grand Bahama Island International Airport, am Lucayan Harbour und vor den größten Hotels und Touristenattraktionen. Der Taxipreis ist von der Regierung festgelegt und beträgt momentan 70 $ die Stunde bei fünf Passagieren, 55 $ bei weniger als fünf Fahrgästen.
Freeport Taxi Co., *Freeport, ☎ 352-6666.*
Grand Bahama Taxi Company, *Freeport, ☎ 352-7101.*

Die nordwestlichen Family Islands

Die nordwestlichen Family Islands liegen zwischen der Tongue of the Ocean, einem tiefen Einschnitt in der Great Bahama Bank vom Atlantik aus und der Straße von Florida auf der Great Bahama Bank. Nördlich trennt der Northwest Providence Channel diese Inselgruppe von Grand Bahama Island und The Abacos auf der Little Bahama Bank.

Während die **Bimini Islands** und die **Berry Islands** jeweils eine Inselgruppe aus mehreren kleinen Cays bilden, hat **Andros** als größte Insel der Bahamas eine völlig andere Landschaftsstruktur. Auf den kleinen Inselgruppen dominieren **Strände** und **Sandsteinküste**, aber auf Andros herrscht ein undurchdringlicher **Mangrovensumpf** vor. Entlang der Ostküste zieht sich eines der längsten **Barriereriffs** der Welt, und auch nur dort sind Strände zu finden. **Zentral-** und **Nord-Andros** werden ebenso wie **Mittel-Andros** und **Süd-Andros** durch sog. **Bights**, breite Gewässer, voneinander getrennt.

Andros

Telegramm Andros

Name	Andros
Fläche	5.957 km²
Einwohner	7.500 (2010)
Einwohner pro km²	1,26
Größter Ort	Nicholl's Town
Weitere Orte	San Andros, Mastic Point, Staniard Creek, Fresh Creek, Andros Town, Behring Point, Moxey Town, Congo Town
Wichtigste Wirtschaftszweige	Tourismus, Fisch- und Landwirtschaft
Touristisches Potenzial	Tauchen am längsten Riff der Bahamas, Angeln

Andros ist mit seiner Länge von ca. 167 km (breiteste Stelle 64 km) die größte Insel der Bahamas und die fünftgrößte der Karibik. Die Ostküste liegt an der **Tongue of the Ocean**, dem tiefen Graben, der sich vom Atlantik wie eine Zunge in die Great Bahama Bank hinein erstreckt. Außer an einem schmalen Streifen an der Ostküste ist die Insel kaum bewohnt, da die Zentralinsel sowie die Westküste zum größten Teil von Buchten, Creeks und undurchdringlichen Mangrovensümpfen durchzogen sind. Der Westteil von **Nord-Andros** wird daher auch **The Mud** („Der Schlamm") genannt, im Gegensatz zum meist von Kiefern und Buschwerk bewachsenen Rumpf der Nordinsel, der auf Karten auch als **The Yard** („Der Hof") bezeichnet wird.

Kaum bewohnte Insel

Schöne **Strände** gibt es an der **Ostküste**, an der sich auch die einzig gut befestigte Teerstraße entlangschlängelt und die kleinen Orte des meistbevölkerten Teils von Andros verbindet. Der Nordteil der Insel wird durch die Gewässer des **North Bight** von Mittel-Andros, das noch einmal vom **Middle Bight** durchzogen wird, getrennt. **South Bight** wiederum grenzt **Süd-Andros** von **Mangrove Cay**, dem größten Landesteil von Mittel-Andros ab. Die Strände liegen auf diesen Inselteilen an der Ostküste, während der östliche Teil sumpfig ist.

Redaktionstipps

- Für **Sportangler** ist Andros ein Paradies (S. 168).
- Auch als Nichtangler lohnt es sich, eine **Bootstour** z.B. von Behring Point aus zu unternehmen (S. 166).
- **Small Hope Bay Lodge** ist nicht nur für Taucher eine der besten Möglichkeiten, ihrem Entdeckergeist nachzugehen (S. 167).
- Eines oder mehrere **Blue Holes** besuchen (S. 159, 161, 163).
- Schnorcheln und Tauchen am **Andros Barrier Reef** (S. 159).

Neben 200 bisher entdeckten sog. **Blue Holes** ist die größte Attraktion von Andros das der Ostküste vorgelagerte **Andros Barrier Reef**, ein 220 km langes Barriereriff, das nur 1–2 km von der Küste entfernt die flachen Gewässer der Great Bahamas Bank von den Tiefen der Tongue of the Ocean trennt. Es wird auch einfach **The Wall** („Die Wand") genannt und gehört zu den größten der Welt. Auf der Insel findet man auch eine Menge **Blue Holes** („Blaue Löcher"), tiefe Kavernen im Kalksandstein, die je nach vorhandener Verbindung zum Meer mit Salz- oder Süßwasser gefüllt sind und deren Wasser durch die Tiefe eine dunkelblaue Farbe bekommt.

Barriereriff

Geschichte

Über die Geschichte der großen Insel ist nicht viel zu erfahren. **Kolumbus** nannte sie bei seiner Entdeckung 1492 **La Isla des Espiritu Santo**, die „Insel des Heiligen Geistes", und ihren heutigen Namen soll sie **Sir Edmund Andros** (1637–1714) verdanken, der in einem bewegten Leben britischer Gouverneur von New York, Virginia und Guernsey war. Auf Süd-Andros wurden Skelette von **Lucaya-Indianern** gefunden, die eine entsprechende Besiedlung belegen. Die Legende, dass in den undurchdringlichen Sümpfen noch Nachfahren dieser Indianer überlebt haben, konnte bis heute nicht nachgewiesen werden.

In den 1880er-Jahren jedoch flohen **Seminole-Indianer** und freigelassene **Sklaven** aus den Everglades in Florida vor den Truppen der amerikanischen Regierung mit kleinen Booten auf die Insel. Ihre Nachfahren leben heute in **Red**

Hafeneinfahrt Fresh Creek

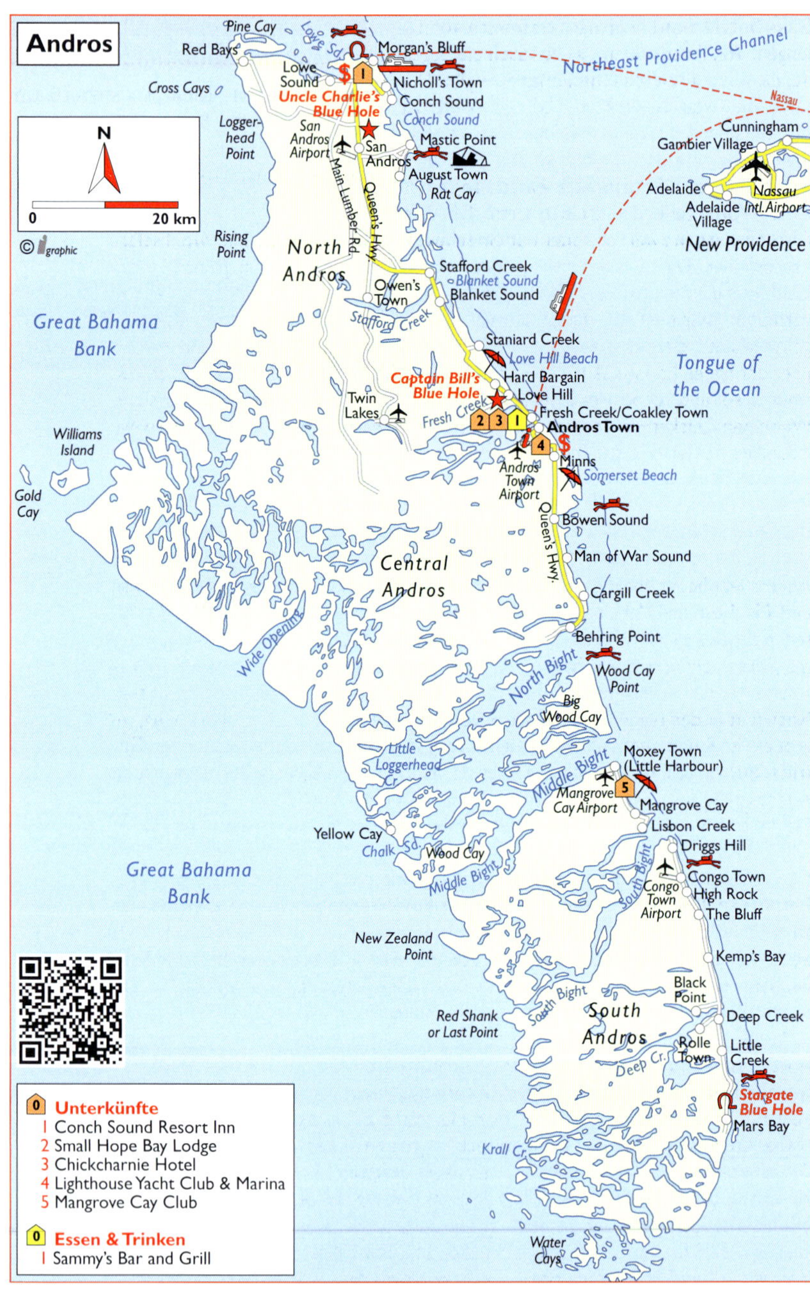
Andros
N
0
20 km
© graphic
Pine Cay
Red Bays
Lowe Sd.
Morgan's Bluff
Lowe Sound
Nicholl's Town
Cross Cays
Uncle Charlie's Blue Hole
Conch Sound
Conch Sound
Logger-head Point
San Andros Airport
San Andros
Mastic Point
August Town
Rat Cay
Main Lumber Rd.
Queen's Hwy.
Northeast Providence Channel
Nassau
Cunningham
Gambier Village
Adelaide
Nassau
Adelaide Village
Intl. Airport
New Providence
Rising Point
North Andros
Stafford Creek
Blanket Sound
Blanket Sound
Owen's Town
Stafford Creek
Great Bahama Bank
Staniard Creek
Love Hill Beach
Tongue of the Ocean
Hard Bargain
Captain Bill's Blue Hole
Love Hill
Twin Lakes
Fresh Creek
Fresh Creek/Coakley Town
Andros Town
Williams Island
Minns
Andros Town Airport
Somerset Beach
Gold Cay
Bowen Sound
Queen's Hwy.
Man of War Sound
Central Andros
Cargill Creek
Behring Point
Wide Opening
North Bight
Wood Cay Point
Big Wood Cay
Little Loggerhead Cr.
Moxey Town (Little Harbour)
Middle Bight
Mangrove Cay Airport
Mangrove Cay
Lisbon Creek
Yellow Cay
Chalk Sd.
Wood Cay
Driggs Hill
Middle Bight
South Bight
Great Bahama Bank
Congo Town
Congo Town Airport
High Rock
The Bluff
New Zealand Point
Kemp's Bay
Black Point
South Bight
South Andros
Red Shank or Last Point
Deep Creek
Rolle Town
Little Creek
Deep Cr.
Stargate Blue Hole
Mars Bay
Krall Cr.
Water Cays
Unterkünfte
1 Conch Sound Resort Inn
2 Small Hope Bay Lodge
3 Chickcharnie Hotel
4 Lighthouse Yacht Club & Marina
5 Mangrove Cay Club
Essen & Trinken
1 Sammy's Bar and Grill

Entfernungen

Andros Town – Nicholl's Town 70 km
Andros Town – Behring Point 30 km
Moxey Town – Lisbon Creek 10 km
Congo Town – Deep Creek 25 km

Bays Settlement noch nach tradierten Vorstellungen. Von ihnen stammt sicher auch die Legende, dass es auf Andros **Chickcharnies** gibt. Hinter diesem Namen verbirgt sich eine Art Geist, der mit seinen jeweils drei Zehen Äste von Bäumen umklammert und mit dem Kopf nach unten auf den nächsten Schabernack wartet, den er mit einem Vorbeigehenden treiben kann. Ob diese Erscheinung nun zwei rote oder nur ein schwarzes Auge hat, muss man wohl selbst herausfinden. Dass Chickcharnies jedoch einen Bart haben und ein grünes Federkleid tragen, scheint auf der Insel allgemein bekannt zu sein. Einige Wissenschaftler vermuten, dass die Legende auf die reale Existenz einer riesigen Eulenart zurückgehen könnte, die in der Abgeschiedenheit der Insel noch bis ins letzte Jahrhundert überlebt haben könnte. Auch heißt es, dass der Chickcharnie der Beschützer von Andros sei und schon viel Unheil von der Insel abgehalten habe. Also Vorsicht: Wer einen Chickcharnie ärgert, dem kann übel mitgespielt werden. Wer allerdings freundlich zu dem kleinen Inselbewohner ist, dem wird Gutes getan.

Schabernack treibende Wesen

Andros heute

Andros lebt heute überwiegend vom Tourismus und der Landwirtschaft. **Tauchen** und **Fischen** sind dabei die wichtigsten Pfeiler im Fremdenverkehr. Was das Fischen angeht, können Fans auf Andros verschiedenen Leidenschaften frönen: *deep sea fishing*, *reef fishing* und *bone fishing*. Das entsprechende Angebot und die Infrastruktur in der selbst ernannten „Bonefish Capital of the World" sind vorhanden. Nachdem in der Nähe des Flughafens von San Andros ein Versuch fehlschlug, im großen Stil Rinderzucht und Milchviehhaltung zu betreiben, werden heute der **Gemüseanbau** und die Plantagenwirtschaft mit **Zitrusfrüchten** weiter ausgebaut. Andros produziert auf diesem Sektor nicht nur für den Eigenbedarf, sondern auch für den Export – hauptsächlich nach New Providence.

Ein weiterer großer Wirtschaftsfaktor auf Andros ist **AUTEC**, das **Atlantic Undersea Test and Evaluation Center** südlich von Andros Town. Von dieser strengbewachten Militärbasis aus testen die amerikanische und die britische Marine sicher nicht nur U-Boote. Sie bietet aber für viele Inselbewohner Arbeitsplätze. Fischerei und Bootsbau haben eine denkbar lange Tradition auf Andros, spielen aber außer für den Eigenbedarf keine große Rolle.

Andros ist in erster Linie eine Taucherhochburg. Das **Andros Barrier Reef** bietet optimale Bedingungen, um die Unterwasserwelt der Karibik zu erkunden. Selbst auf Wracktauchen braucht man hier nicht zu verzichten, da 1963 in der Nähe von Fresh Creek das „Barge Wreck" eigens zu diesem Zweck versenkt wurde und vor Nicholl's Town der 1952 gesunkene Frachter „Potomac" unter Wasser zu bestaunen ist. Mutige können sich in eines der sog. **Blue Holes** stürzen (s. u.), z. B. das von Captain Bill, in dem sich schon Unterwasserlegende Jacques Cousteau Anfang der 1970er-Jahre umgeschaut haben soll. Seine Crew wohnte übrigens damals in der Small Hope Bay Lodge, die bis heute als die erste Adresse nicht nur in

Taucherhochburg

Bilderbuch-Lagune bei Andros Town

Sachen Tauchen auf Andros gilt. Die meisten Taucher kommen aber wegen der unglaublichen Vielfalt an Fisch- und Korallenarten, die an dem Riff zu bestaunen sind, und um einmal einen Blick über „The Wall" zu werfen. Hinter dem Riff geht es nämlich bis fast 2.000 m in die Tiefe des Meeres.

Andros gilt als Insel mit großem Potenzial für eine energetische Zukunft der Bahamas. Wer sich einige Zeit auf der Insel aufhält, wird mit hoher Wahrscheinlichkeit Peter Douglas treffen, seines Zeichens „manager for sustainable tourism development". Douglas blickt auf eine Karriere als Lokalpolitiker zurück und legt sich bis heute gerne mit „denen in Nassau" an. Er ist sich sicher, dass Andros in Bezug auf nachhaltigen Tourismus bisher kaum genutzte Nischen besetzen kann, insbesondere was Naturschutz und Trekking betrifft. Denn neben den berühmten Blue Holes gibt es eine eigene Geschichte der Bush Medicine, die noch erforscht und erkundet werden kann. Eine Insel für Pioniere also – nicht nur unter Wasser.

Auch gebe es viele Möglichkeiten für **umweltfreundliche Energieerzeugung** durch Windräder oder Solarzellen, denn Wind und Sonne gibt es reichlich. Nichtregierungsorganisationen haben sich diese Energie im Übermaß bereits zu eigen gemacht und „Androsians", wie sich die Einwohner von Andros nennen, die sich keinen Strom leisten können, Solarzellen aufs Dach gebaut. „Das ist viel besser als den Strom zu nehmen, der mit riesigen Ölkraftwerken erzeugt wird", so Douglas.

Das **Mikroklima** von Andros sorgt gleichzeitig dafür, dass sich so gut wie jeden Nachmittag prächtige Regenwolken aufbauen, die regelmäßig abregnen. Central Andros verfügt über das größte **Süßwasserreservoir** der Bahamas. Nicht ohne Grund kam das Wasser für die Hauptinsel New Providence noch bis vor ein paar Jahren bis zur Einführung der umgekehrten Osmose zur Süßwassergewinnung aus Andros und wurde im Hafen von Nicholl's Town mit mächtigen Schläuchen in Tankschiffe gepumpt. Die Schläuche kann man bis heute besichtigen. Wie so einige Investitionen, die in Nassau geplant und von den Androsians torpediert wurden.

Krabbenfest

Einmal im Jahr rückt Andros in den Mittelpunkt des Festkalenders der Bahamas: Das „**All Andros Crab Fest**" zieht immer am zweiten Wochenende im Juni Tausende Bahamaer auf die Insel. Die Landkrabben, die hier im Mittelpunkt stehen, wurden in der Zeit vorher gefangen und werden während der Festivitäten auf 101 Arten kulinarisch zubereitet. Neben einer „Crab Cultural Show" gibt es jede Menge Speis und Trank. In dieser Zeit ist die Insel ausgebucht.

info

Die Entstehung von Koralleninseln

Das Korallenriff verdankt seine Entstehung nicht nur den Korallen, sondern auch den Ablagerungen von Kalkalgen, Schnecken, Muscheln, Seeigeln und auch Krebsen. Hauptproduzent sind jedoch die Korallen, die als Hohltiere nach außen eine Kalziumkarbonatverbindung absondern und als Polypen in ihrem Inneren über eine Art Darmraum eine Unzahl an maritimen Kleinstlebewesen fangen und verspeisen. Die Kalziumkarbonatausscheidungen, die als eine Art Außenskelett dienen, entwickeln sich nach dem Ableben des Polypen zusammen mit anderen Kalkablagerungen zu Kalkstein.

Auf den Bahamas herrschen optimale Lebensbedingungen für Korallen, sodass die gesamte Inselgruppe ohne diese Lebewesen möglicherweise gar nicht entstanden wäre. Das Wasser ist klar, und die Strömungsverhältnisse sind an vielen Stellen optimal. Die Durchschnittstemperatur des Wassers liegt konstant über 20 °C, und der Salzgehalt entspricht den Lebensbedingungen der Riffbewohner. Außerdem gab es in den Gewässern der Bahamas immer Ansatzpunkte in 40–50 m Meerestiefe, die die Ansiedlung von Korallen begünstigten. Die Theorien, wie diese Inselgruppe letztendlich entstand, gehen zwar weit auseinander, aber dass die Bahamas ausschließlich aus Kalkstein bestehen, steht außer Zweifel.

Vermutlich sind die Inseln aufgrund tektonischer Plattenverschiebungen, die das Absinken des Meeresbodens zur Folge hatten, und aufgrund von Schwankungen des Meeresspiegels infolge mehrerer Eiszeiten entstanden, sodass die Korallen dann immer in entsprechender Meerestiefe leben und die Inseln aufbauen konnten. Sicher ist auch, dass die Bahamas nicht wie die Atolle im Pazifik ursprünglich vulkanischen Ursprungs sind.

Da Kalkstein sehr wasserdurchlässig ist, gibt es auf den Bahamas keine Flüsse. Die Kavernenbildung, die an Höhlen und Blue Holes gut nachzuvollziehen ist, gibt der Landschaft der Inselgruppe eine sehr typische Ausprägung. Die Kavernen entstanden ebenso wie die Höhlen durch unterirdische „Flüsse", in denen das Regenwasser, das im Boden versickert war, ins Meer floss. Ebenso prägen die wunderschönen Strände die Landschaft, die Ergebnis des Zusammenspiels von Wellenbildung, Meeresströmung und Kalkablagerungen am Meeresgrund sind.

Blue Holes

In der Nähe des Riffs kann man ebenso wie an Land die **Blue Holes** erforschen. Allein in Nord-Andros gibt es einige: Bob's Blue Hole, Conch Sound Blue Hole, Long Rock Blue Hole, Mastic Point Blue Hole, Ocean Blue Hole und Rat Cay Blue Hole. Das Guardian Blue Hole in der Nähe von Behring Point ist mit rund 700 m Länge und einer Tiefe von 133 m eine der größten und tiefsten Höhlen der Bahamas. Der Name „Guardian" („Wächter") kommt daher, weil ein einzelner Barrakuda über Jahre hinweg einen der beiden Eingänge bewachte. So gut wie jedes Blue

Hole hat seine eigene (Entdeckungs-)Geschichte. Wer sie sich anschauen und auch die Storys dazu hören will, sollte sich einem ortskundigen Guide anvertrauen. Am besten im Hotel fragen. Eine sehr gute Adresse ist das Team der Small Hope Bay Lodge, die neben Spaziergängen durch die Mangroven auch Ausflüge organisiert.

Die weitere große Attraktion von Andros ist das **Bonefishing** um Lowe Sound, von Cargill Creek, Fresh Creek und Behring Point aus.

Wanderungen

Wanderungen in Gebieten, in denen es seltene Vogelarten wie die Bahama-Papageien oder Orchideen gibt, sollten gut geplant sein und nicht ohne einheimischen Guide unternommen werden, z.B. ein Ausflug in die Pflanzenwelt der Buschmedizin. Da solche Touren nicht organisiert angeboten werden, sollte man sich im Hotel oder im Ort erkundigen. Hier kennt jeder jeden.

Rundtour auf Nord-Andros

Da die besten Unterkunftsmöglichkeiten in oder in der Nähe von **Andros Town** oder **Fresh Creek** liegen, werden wohl die meisten von hier aus ihre Erkundungstour starten. In Andros Town ist die über die Grenzen der Bahamas hinaus bekannte Batikstoff-Fabrik „**Androsia**" beheimatet (s. S. 64).

Gelegenheit zum Einkaufen

Wer am Kreisverkehr rechts abfährt, kommt zum idyllischen Doppeldorf **Fresh Creek/Coakley Town**. Hier gibt es alles, was man für den Grundbedarf braucht: einen kleinen Supermarkt, ein Souvenirgeschäft, ein Restaurant und natürlich eine Tankstelle – nicht zu vergessen, das Büro der örtlichen Touristeninformation. Ein kleiner Spaziergang am Wasser, der an einem für Andros recht typischen **Creek** („Bach") entlangführen kann, wird Besucher für die weitere Fahrt einstimmen.

Zurück am Kreisverkehr, gelangt man rechts nach **Coakley Town** und zur **Calabash Bay**. Dort hat sich eine der bekanntesten Tauchhotelanlagen der Bahamas angesiedelt, die **Small Hope Bay Lodge**. Die Lodge gilt als ein Vorzeigeprojekt des bahamaischen Öko-Tourismus und konnte bisher etliche nationale und internationale Preise einheimsen. Flaschen und Aluminium werden recycelt, aus nicht recycelbaren Flaschen wird Geschirr für die Lodge gebastelt, der Garten wächst hervorragend dank Biokompost. Klar, dass auch Spaziergänge und Touren auf Andros angeboten werden, die die Ökologie zum Thema haben.

Der nächste Ort **Love Hill** hat nicht viel zu bieten, aber beim Schild nach **Staniard Creek** sollte man nach links abbiegen, da dort sowohl Mangrovensümpfe als auch ein schöner Strand mit Palmen anzutreffen sind. Sehr idyllisch und verschlafen, wie alle Orte auf Andros, ist auch **Blanket Sound** (die Abzweigung ist ausgeschildert). Ein paar Hundert Meter hinter der Kirche muss man links abbiegen, um an eine schöne Bucht mit kleinen, der Küste vorgelagerten Inseln zu kommen.

Wer auf der Hauptstraße weiterfährt, erreicht den Ort **Staffort Creek**, nachdem eine Brücke mit schöner Aussicht überquert wurde. Der Ort bietet außer einer **Meeresforschungsanstalt** für Besucher nichts Nennenswertes.

Auf dem Weg nach **Mastic Point** wird man viel landwirtschaftlich genutztes Gebiet sehen. Von Zitrusfrüchten bis zu Kohl werden auf den Plantagen und Feldern alle möglichen Obst- und Gemüsesorten angebaut. Ca. 5–6 km hinter der Abfahrt zum Flughafen geht eine Straße links nach **Red Bays** ab zu einer Siedlung, in der noch Nachfahren der **Seminoles-Indianer** leben, die vor den Truppen der Weißen von Florida auf die Bahamas geflüchtet waren. Mastic Point (ausgeschilderte Abfahrt rechts) ist eher unscheinbar, bis zum Kreisverkehr sollte man einfach geradeaus fahren. Dort geht es nach Süden zu den großen **Wasserreservoirs**.

Nachfahren der Indianer

Vom Kreisverkehr aus führt die Straße in westliche Richtung nach **Lowe Sound**. In der Nähe von Lowe Sound fährt man direkt am Wasser entlang und genießt einen wunderschönen Ausblick. Aus gleichem Grund sollte man bei der Gabelung an der Kirche den rechten Weg wählen. Man fährt dort zwischen pittoresken Fischerhäuschen und dem Ufer entlang, an dem man die heimgekehrten Conchfischer beobachten kann. Dieser Ort gilt auch als einer der besten Plätze für Bonefishing.

Wieder zum Kreisverkehr zurück, bietet sich noch ein Abstecher in Richtung Norden an. Dort liegt **Morgan's Bluff**, ein kleiner Hafen mit einem schönen Strand. Die Höhle in der Nähe soll früher Henry Morgan, einem berüchtigten Seeräuber des 17. Jh., als Versteck gedient haben. Man erreicht sie über die Straße, die vom Hafen aus östlich in Richtung des Hügels führt. An der Gabelung links halten und auf ein Schild achten, das den Weg zur Höhle weist. Nach dem Höhlenbesuch kann man noch ein Stück weiter bis zum Felsen fahren. Von dort eröffnet sich ein herrlicher Ausblick, den schon Captain Morgan genutzt haben soll, um seine Piratenschiffe auf ihren Kapertouren zu dirigieren.

Seeräuberversteck

Die dritte Abzweigung am Kreisverkehr in Richtung Osten führt nach **Nicholl's Town**, das auch einen schönen Strand und ein kleines Hotel vorzuweisen hat. Am Anleger lohnt es sich, auszusteigen und an den kleinen Buden entlang zu schlendern. Interessant sind die zahlreichen Kirchen direkt am Strand. Und, wer genau

Morgan's Bluff

Blanket Sound – typischer Strand im Norden

hinschaut, wird sehen, dass in so gut wie jedem Garten ein Obstbaum steht, vielleicht Mango oder Banane. Tradition und Notwendigkeit, denn die Früchte können immerhin im Notfall verkauft werden.

Ein Ausflug von San Andros in südliche Richtung ist eigentlich nur für Angler interessant. Landschaftlich gesehen ist sie ebenso wenig abwechslungsreich wie die Nordroute. Die Orte **Bowen Sound** und **Man of War Sound** bieten nichts Besonderes. In **Cargill Creek** sind jedoch die beiden bekanntesten **Bonefishing Clubs** des Nordteils der Insel.

Wettbewerb im Krabbenfangen

Auf dem Weg dorthin wird man zumindest im Sommer häufig Zeuge einer typisch androsischen Beschäftigung: dem **Landkrabbenfangen**. Diese Tiere verlassen während dieser Zeit ihre Höhlen an Land und laufen zum Meer, um zu laichen, wenn sie nicht vorher gefangen werden. Wer sich selbst im Krabbenfangen versuchen will, sollte bedenken, dass die Scheren der Krabben erhebliche Wunden an den Händen verursachen können. Wer die Tiere nicht mit schnellem Zugriff von hinten erwischt, hat ohnehin keine Chance.

In **Behring Point** an der Südspitze gibt es viele Unterkünfte, die meist auf Angler ausgerichtet sind. Von dort kann man über den **North Bight** zum **Mangrove Cay** übersetzen. Am Anleger am Ende der Straße fragt man die Bootsleute (ca. 150 $).

Mittel- und Süd-Andros

Es existiert jeweils ein Flugplatz bei **Congo Town** (Süd-Andros) und auf **Mangrove Cay** (Mittel-Andros). Die Straßenverhältnisse sind auf beiden Teilen der Inseln nicht besonders gut, und es gibt kaum Leihwagen. Man sollte daher mit einem Taxifahrer am Flugplatz eine Vereinbarung treffen, wenn man sich die Gegend ansehen will. Gleiches gilt für Touristen, die mit einem Boot kommen.

Es hilft, dass die Leute auf Andros mehr oder weniger alle miteinander verwandt sind und die „Infrastruktur“ kennen. So erfordert es zwar etwas Abenteuerlust, aber man wird in der Regel keine Probleme haben, eine Unterkunft oder einen Fischer für eine Angeltour zu finden. Diverse Kalik in der Dorfkneipe können da Wunder bewirken. Mit den schönsten **Palmenstränden** wartet Süd-Andros auf, wo man garantiert keine Sandburg bauen muss, um ein „Privatreich“ zu haben.

Im September 2015 gelangte Congo Town in die nationalen Nachrichten: Vor 20 bis 25 Jahren, die Einheimischen sind sich nicht ganz sicher, gab es ein Blue Hole im flachen Wasser des Strandes bei Congo Town. Irgendwann verschwand das Loch, wahrscheinlich vom Sand zugeschüttet. Doch am 21. September 2015 war es plötzlich wieder da – sehr zum Erstaunen der Einheimischen. Sie pilgerten zu dem Loch, an das sie sich aus ihrer Jugend noch düster erinnern konnten, und waren sich sicher, dass eine Art Wunder geschehen war. Da ist es nur konsequent, dass das Blue Hole heute als **The Miracle Blue Hole** bekannt ist.

Reisepraktische Informationen Andros

Information

Central Andros Tourist Office, *Fresh Creek, ☎ 368-2286, www.bahamas.com/islands/andros, Mo–Fr 9–17 Uhr.*

Wichtige Telefonnummern

Notfall/Polizei, *☎ 919.*

Im Krankheitsfall

Nicholl's Town Community Clinic, *☎ 329-2055.*
Mangrove Cay Community Clinic, *☎ 369-0089.*
Miriam Green Community Health Center, *Kemp's Bay, ☎ 369-4849.*

Banken

Scotiabank, *Nicholl's Town, ☎ 329-2700, Mo–Do 9.30–15, Fr 9.30–16.30 Uhr, mit Bankautomat.*

Unterkunft

Chickcharnie Hotel (3) $–$$, *Fresh Creek, North Andros, ☎ 368-2025. Unkompliziertes Hotel für Angler. Achtung: Nicht alle Zimmer haben eine Klimaanlage, am besten danach fragen.*
Conch Sound Resort Inn (1) $–$$, *Nicholl's Town, North Andros, ☎ 329-2060. Kleines, einfaches Hotel, einige Zimmer mit Kitchenette, kleiner Fußmarsch zum Strand.*
Lighthouse Yacht Club & Marina (4) $$, *Andros Town, North Andros, ☎ 368-2305. Leicht in die Jahre gekommene Hotelanlage an der Mündung des Fresh Creek. Hier trifft man vornehmlich Freizeitkapitäne und Urlauber, die gerne etwas abseits des Rummels bleiben.*
Mangrove Cay Club (5) $$$–$$$$, *Mangrove Cay, North Andros, ☎ 369-0731, http://mangrovecayclub.com. Wer gerne seine Ruhe hat und allein die Natur erkundet, ist hier genau richtig. Neben dem Tauch- und Angelangebot gibt es hier – außer Radfahren und Schnorcheln – nicht viel zu unternehmen, und Mangrove Cay liegt recht isoliert zwischen den Bights. Daher muss man auch Unterkunft und Fischen als Paket buchen.*

Tipp Unterkunft

Small Hope Bay Lodge (2) $$$$, *Small Hope Bay, North Andros, ☎ 368-2014, www.smallhope.com. Diese All-inclusive-Anlage mit Öko-Touch ist das Hotel für*

Small Hope Bay Lodge

Tauch-Enthusiasten schlechthin. Es werden zwar noch andere Freizeitaktivitäten angeboten, aber Tauchen steht hier an erster Stelle. Kein Wunder, sind doch die vielfältigsten Tauchspots nur max. 20 Bootsminuten entfernt. Crew und Equipment sind erstklassig, und man fühlt sich vom ersten Augenblick an als Teil der Familie. So will es der Sohn des Gründers Jeff Birch auch. Die Zimmer sind mit Batikstoffen aus der „Androsia"-Kollektion dekoriert, denn Androsia gehört zur Lodge. Man wohnt in 21 kleinen Cottages direkt am Strand, grandioser Ausblick inklusive. Das Essen ist gut und reichhaltig, und die Bar direkt am Strand ist häufig Treffpunkt für partylustige Gäste.

Restaurants

Auf Andros verfügt jedes Hotel über ein Restaurant oder einen Speisesaal, in dem man, auch ohne Gast dieses Hotels zu sein, speisen kann.

Sammy's Bar and Grill (1), Calabash Bay, ☏ 554-1551, Di–So 9–24 Uhr. Liegt direkt am Strand der Calabash Bay und ist immer gut für Conch Salad, frisch gefangenen Fisch und ein kaltes Bier.

Nachtleben

Das Nachtleben findet an den Hotelbars und in kleinen Kneipen am Straßenrand statt. Wer die einheimische Szene erkunden möchte, sollte sich auf jeden Fall vor dem Zug durch die Gemeinde überlegen, mit welchem Transportmittel er wieder nach Hause kommt. Da die Taxis privat sind, kann man das Pech haben, dass der Besitzer schon schläft oder auch in der Kneipe sitzt, wenn man nach Hause will.

Sportangeln

Die **Hotels und Resorts** bieten in der Regel Ausflüge zum Angeln an oder können Guides vermitteln.

Häufig kann man auch mit Fischern eine private Abmachung treffen, die günstiger ist als der Preis in einem Hotel. Infos gibt's bei **Big Bite Guide Services**, Mangrove Cay, ☏ 369-0798, oder direkt bei den Bonefish Guides.

Tauchen

Small Hope Bay Lodge, *Fresh Creek, ☎ 368-2014, www.smallhope.com.*
Andros Diving, *South Andros Island, ☎ 369-1454, www.androsdiving.com.*
Kamalame Cay, *Staniard Creek, ☎ (800) 790-7971, www.kamalame.com.*

Strände

Schöne und sehr einsame Strände findet man auf **Süd-Andros** *entlang der Ostküste. Auf Nord-Andros sind die Strände häufig schmal, dafür aber lang gestreckt. Der Strand von* **Staniard Creek** *ist recht einsam. In* **Nicholl's Town** *und* **Morgan's Bluff** *tummeln sich schon mal einige Leute auf den Badelaken, aber richtig voll ist es hier auch nicht.*

Flüge

Bei der Wahl des Fluges sollte unbedingt beachtet werden, welcher Flughafen der richtige und damit in der Nähe der gewünschten Unterkunft ist. Andros hat gleich vier Flughäfen zur Auswahl: **San Andros Airport** *(North Andros Airport),* **Andros Town Airport**, **Mangrove Cay Airport** *(Clarence Bain Airport) und der südlichste* **Congo Town Airport**.

Wichtige Fluggesellschaften, die Andros anfliegen:
LeAir Charters, *☎ 368-2919, www.flyleair.com.*
Western Air, *☎ 377-2222, www.westernairbahamas.com.*

Transfer vom Flughafen
An den Flughäfen stehen Taxis bereit. Man sollte sich mit den Mitreisenden absprechen und ein Sammeltaxi organisieren. 10 km kosten ca. 20 $.

Fähre/Postschiff

Ab Nassau verkehren **Postschiffe** *nach North Andros (Fahrzeit 5–7 Std.), beliebter aber ist die Anfahrt mit den Fähren „Sea Link" oder „Sea Wind" ab Nassau, Potter's Cay, nach Fresh Creek, mit* **Bahamas Ferries**, *☎ 323-2166, http://bahamasferries.com. Die Überfahrt kostet 61,50 $ (p. Pers.) und dauert nur gute 3 Std., Hin- und Rückfahrt finden immer freitags statt. Ticketkauf in Fresh Creek nur gegen Bargeld!*

Um über einen der **Bights** *auf Andros überzusetzen, sollte man sich im Hotel nach einer Möglichkeit erkundigen. In Behring Point Settlement kann man am Hafen oder auf der Straße jemanden ansprechen, wenn man über den North Bight will.*

Mietwagen

C & J's Car Rental, *Nicholl's Town, ☎ 471-3386.*
PB's Car Rental, *Little Harbour, Mangrove Cay, ☎ 369-0406.*
Rahming's Rental Car, *Kemp's Bay, South Andros, ☎ 369-1608.*
WTSD Car Rental, *Congo Town, South Andros, ☎ 471-2782.*

Taxis

Sabrina Johnson, *Love Hill, North Andros, ☎ 368-2579.*
Patrick King, *Little Harbour, Mangrove Cay, ☎ 369-0269.*
Lee Meadows, *Mars Bay, South Andros, ☎ 369-5029.*

Bimini

Telegramm Bimini

Name	Bimini
Fläche	23 km²
Einwohner	ca. 2.000 (2010)
Einwohner pro km²	87
Größter Ort	Alice Town
Weitere Orte	Bailey Town, Porgy Bay
Wichtigste Wirtschaftszweige	Tourismus, Hochseeangeln
Touristisches Potenzial	Hochseeangeln, Resorttourismus

Die Bimini Islands liegen am Rand der westlichen **Great Bahama Bank** direkt am **Golfstrom**. Die kleine Inselgruppe ist nur 80 km von Miami entfernt und somit ideal für den amerikanischen **Bootstourismus** gelegen. **North** und **South Bimini** – die beiden bewohnten Hauptinseln – sind wie ein Haken um eine Bucht angeordnet, die einen guten natürlichen Hafen bildet. Zusammen sind sie nur etwa 23 km² groß.

South Bimini ist eher eine „Wohninsel", während North Bimini als das eigentliche Touristen- und **Hochseeangler-Eldorado** gilt. Auf South Bimini liegt der International Airport. Wer wissen will, wie dieser kleine Flughafen aussieht, schaut sich die letzten Minuten aus dem Thriller „Das Schweigen der Lämmer" (1991) an. Han-

Am Radio Beach bei Alice Town

nibal Lecter in Freiheit, er steigt aus einem Flugzeug, irgendwo am Ende der Welt – Bimini. In der Tat wurde die Sequenz hier gedreht und das Museum in Alice Town zeigt ein paar Fotos mit Schauspieler Anthony Hopkins, der für seine geniale Darstellung von „Hannibal the Cannibal" mit dem Oscar ausgezeichnet wurde.

Redaktionstipps

- Einen **Strandspaziergang** entlang Spook Hill Beach Richtung Süden unternehmen (S. 175).
- Das **Dolphin House** besuchen (S. 174).
- Am Abend in die **End of the World Bar** einkehren (S. 176).
- Einen Snack an einem der zahlreichen **Conch-Stände** am Straßenrand bestellen.

Der Literaturnobelpreis-gekrönte US-amerikanische Schriftsteller **Ernest Hemingway** setzte den Inseln in seinem Buch „Inseln im Strom" ein Denkmal und machte sie weltbekannt. Leider gingen etliche Spuren seines Schaffens Silvester 2005 verloren, als die Hotel-Kneipe „The Compleat Angler" abbrannte. Hemingway hatte hier einen Großteil seiner Freizeit verbracht, und „The Compleat Angler" widmete ihm einen ganzen Raum mit Memorabilien und vor allem Fotos, die das Feuer zerstörte. Bei dem Brand kam auch der Hotelbesitzer ums Leben. Wer sich heute auf Hemingways Spuren begibt, wird nicht mehr viel finden – bis auf diese eigentümliche, morbide Atmosphäre, die die Bimini Islands umgibt. Und natürlich viele kleine Bars, in der nachts heftig getrunken und über den „Fang des Tages" diskutiert wird.

Großes Resort

Das nördliche Ende wird von „Resorts World Bimini Bahamas" *(www.rwbimini.com)* beherrscht, der größten Marina-Anlage der Bahamas mit 305 Luxuszimmern, zehn Restaurants und drei Pools. Wohlhabende US-Amerikaner, vor allem aus Florida, sind die Zielgruppe. Sie kommen nicht nur zum Fischen, sondern auch zum Kasinobesuch. Weitere Freizeitmöglichkeiten wie ein Golfplatz gehören zum Standard, dazu gibt es schicke Holzhäuser in einer Art Kolonialstil mit Blick auf die Marina und stylishe Restaurants. Das ist das, was man heute sieht. Nicht sichtbar ist das gewaltige Ausmaß an Umweltzerstörung vor allem in der umliegenden Mangrovenwelt. Umweltschützer protestierten während der gesamten Baudauer, um das empfindliche Ökosystem der Mangroven zu schützen, aber vergeblich: Offensichtlich hatten die Verantwortlichen ihre Drähte zu Regierung und Behörden gut geschmiert.

Geschichte

Vor der Entdeckung Biminis durch den Spanier **Juan Ponce de León** im Jahr 1513 lebten auf diesen Inseln **Lucayas** und möglicherweise auch aus **Florida eingewanderte Indianer**. Der Spanier fand hier zwar nicht die sagenhafte **Quelle der Jugend**, von der die Taino-Indianer auf Puerto Rico erzählt hatten, aber für die Piraten, die die Inseln im 17. und 18. Jh. bevölkerten, entwickelten sie sich zur „Goldquelle". Von den schwer zu passierenden Gewässern um Bimini konnten sie die aus Süd- und Mittelamerika nach Europa zurückkehrenden Schiffe überfallen. Da der Golfstrom damals die Route für diese Schiffe war, hatten die Piraten dort den idealen Ausgangspunkt für ihre Kaperfahrten. Die Beute fuhr sozusagen direkt an der Haustür vorbei. Noch heute berühmt-berüchtigte Piraten wie Henry Morgan und der unter dem Namen Blackbeard gefürchtete Edward Teach haben sich von Bimini aus ein Vermögen zusammengeraubt.

Leichte Beute für Piraten

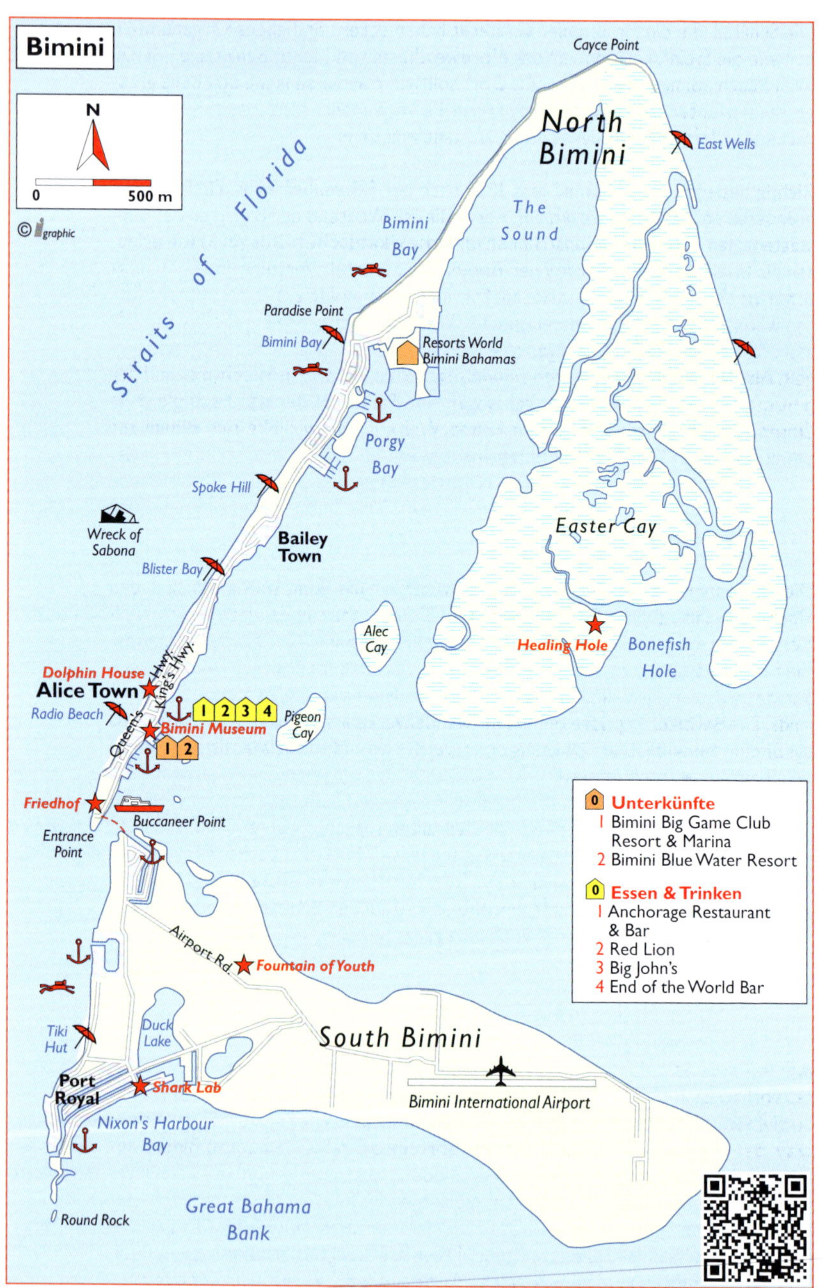
Bimini
N
0
500 m
© igraphic
Cayce Point
North Bimini
East Wells
Straits of Florida
Bimini Bay
The Sound
Paradise Point
Bimini Bay
Resorts World Bimini Bahamas
Porgy Bay
Spoke Hill
Wreck of Sabona
Bailey Town
Blister Bay
Easter Cay
Alec Cay
Healing Hole
Bonefish Hole
Dolphin House
Alice Town
King's Hwy.
Queen's Hwy.
Radio Beach
Bimini Museum
Pigeon Cay
Friedhof
Buccaneer Point
Entrance Point
Airport Rd.
Fountain of Youth
Tiki Hut
Duck Lake
South Bimini
Port Royal
Shark Lab
Bimini International Airport
Nixon's Harbour Bay
Round Rock
Great Bahama Bank
Unterkünfte
1 Bimini Big Game Club Resort & Marina
2 Bimini Blue Water Resort
Essen & Trinken
1 Anchorage Restaurant & Bar
2 Red Lion
3 Big John's
4 End of the World Bar

Die Schätze, die die Piraten hier versteckt haben sollen, sind ebenso sagenumwoben wie die Steinformation vor der Nordwestküste von North Bimini, die „Bimini Wall", auch „Bimini Road" genannt. Dort soll sich eine versunkene Stadt aus grauer Vorzeit unter dem Wasser verbergen. Es verwundert nicht, dass viele Leute vermuten, dort im Meer liege das versunkene **Atlantis**.

Versteck und Umschlaghafen

Richtig besiedelt wurde Bimini erst 1835 nach der Sklavenbefreiung. Fünf Familien gründeten damals **Alice Town** auf North Bimini. Während der Blockade der Südstaatenhäfen durch die Unionstruppen im **Amerikanischen Bürgerkrieg** erlebten die Inseln einen wirtschaftlichen Boom, da sie ideal als Versteck und Umschlaghafen für die Blockadebrecher waren. Diese Tradition sollte sich in den 1920er-Jahren während der Prohibitionszeit in den Vereinigten Staaten wiederholen. Damals wurden von Bimini aus Unmengen an Alkohol an die Ostkuste Amerikas geschmuggelt. Als Wirtschaftszweig waren zeitweise auch die **Schwammfischerei** und der **Thunfischfang** bedeutsam. Es gab sogar eine Fabrik, in der der Fisch gleich in Dosen abgefüllt wurde. Nach dem Ersten Weltkrieg entwickelte sich Bimini zur „Welthauptstadt" des **Hochseeangelns**.

Bimini heute

Die Bewohner von Bimini leben heute hauptsächlich vom Tourismus und den Hochseeanglern, die das Stadtbild von Alice Town prägen. In den Jachthäfen dominieren die aufgeschossenen Motorboote mit den hohen Aussichtsdecks, und am King's Highway findet man auf einem Kilometer mehr Bars, Souvenirgeschäfte und Stände mit Strohwaren und T-Shirts als an irgendeinem anderen Ort der Family Islands. Die Bevölkerung wäre ohne den Fremdenverkehr auch nicht zu ernähren, da die Biminis landwirtschaftlich wenig ertragreich sind und so gut wie alle Lebensmittel eingeführt werden müssen.

Anglerparadies

Die Biminis sind in erster Linie ein Anglerparadies (Hochseeangeln, Bonefishing). Es gibt auch gute Tauchmöglichkeiten um die Insel, wobei es Wracks, Riffe und das vermeintliche Atlantis zu entdecken gilt. Wer auch gerne in witzigen Bars sitzt und sich einmal wie Hemingway fühlen möchte, sollte auf den Biminis zumindest einmal vorbeischauen – Alice Town hat doch eine ganz spezielle Atmosphäre.

Unterwegs auf North Bimini

Alice Town lässt sich am besten bei einem Spaziergang erschließen. Wer größeres vorhat, kann sich ein Golf Cart mieten und es den Einheimischen nachmachen. So ziemlich am südlichsten Punkt von **North Bimini**, am Beginn des **King's Highway**, der Hauptstraße, landet die kleine Fähre an, die North mit South Bimini verbindet. Hier stehen erfahrungsgemäß ein oder zwei Taxis, deren Fahrer auf das eine Geschäft des Tages warten. Ein Stück weiter den King's Highway aufwärts folgt gleich eine der Attraktionen der Biminis: die **End of the World Bar**, ein absolutes „Muss" für den späteren Abend. Diese Mischung aus Strandhütte, Bar und „Dorfplatz" sollte man nicht verpassen. Martin Luther King soll hier schon mit seinen Kumpels gesessen und über seine wichtigste Rede „I have a Dream" nachgedacht haben. Gebaut wurde die Kneipe, damals an anderer Stelle, vom US-amerikanischen Kongressmitglied Adam Clayton Powell. Hier konnte er sich vom politischen Geschäft ausruhen.

Putzige Sammlung

Nächstes Highlight ist das **Bimini Museum**. Das Häuschen wurde 1921 erbaut und 1999 renoviert. Heute beherbergt es eine putzige Sammlung an Dingen, die über Jahrzehnte die Biminis bewegt haben: Fässer und Flaschen aus der Prohibitionszeit, Fotos von Berühmtheiten, Kanonenkugeln, Andenken an die Fischerei und vieles mehr – ein guter Einstieg in die Historie der Inseln.
Bimini Museum, *King's Hwy., ☏ 347-3038, tgl. 10–19 Uhr, Eintritt frei, eine Spende von 2 $ ist willkommen und erhält das Museum am Leben, heißt es auf einem Aushang.*

Gegenüber liegt die **Customs Hall**, wo früher Polizei, Gefängnis und Zoll unter einem Dach untergebracht waren. Dahinter liegen der Schiffsanleger und daneben das **Bimini Craft's Center**, ein Kunsthandwerkermarkt. Hier gibt es die für die Bahamas typischen Strohwaren, T-Shirts und Souvenirs.

Das Dolphin House besteht u. a. aus Muscheln, Steinen und Scherben

Zwischen dem **Bimini Blue Water Resort** und dem **Bimini Big Game Club**, den beiden großen Hotelanlagen mit Jachthafen, läuft man dann an der Geschäftsmeile von Alice Town entlang. Auf halber Strecke lohnt sich ein kleiner Abstecher links die Straße hoch, wo das **Dolphin House** seine Besucher erwartet. Der heimische Historiker und Schriftsteller Ashley Saunders hat sich hier etwas ganz Besonderes gebaut: 1993 fing er an, tonnenweise Sand vom Strand per Schubkarre herzuschleppen und dann mit eigenen Händen und der Hilfe von Muscheln, Steinen, Stahl und anderen Materialien, die er gefunden hatte, ein Haus für die Ewigkeit zu bauen. Glücklicherweise gab es auf Bimini einige Ruinen, in denen er sich bedienen konnte. Das Ergebnis ist ein organisches Gebilde, das seine Form innen und außen über die Baumaterialien erhielt und ein ganz klein wenig an ein Hundertwasserhaus erinnert. Im Inneren gibt es einen kleinen Buchladen und ein Souvenirgeschäft. Nathan Saunders, der Vater von Ashely, war ein anerkannt guter Banjospieler und mit Ernest Hemingway befreundet. Hemingway erwähnt ihn in seinem Buch „Inseln im Strom", im Gegenzug hat Saunders über Hemingway ein Lied geschrieben: „The Big Fat Slob". Wer ein bisschen Zeit mitbringt, wird das Haus um einige Geschichten reicher wieder verlassen. Man kann sich auch einmieten, es gibt (bisher) ein Apartment.

„Haus für die Ewigkeit"

Dolphin House, *Dolphin Lane, Alice Town, ☏ 347-3201, https://de-de.facebook.com/dolphinhouse242/, Mo–Sa 10–18 Uhr.*

Bailey Town, der nächste Ort, fügt sich übergangslos an Alice Town an. Hier gibt es außer netten Wohnhäuschen und Snackbars nicht viel zu sehen. Wenn man sich außerhalb des bebauten Gebiets am Friedhof links hält, kommt man in Porgy Bay zu einem schönen Strand unter schattigen Kasuarinen – einfach dem Schild „Love Beach" folgen und den **Spook Hill Beach** hinauflaufen. Die Küste wird nach dem Sandstrand steinig, aber ein kleiner Waldspaziergang an der Küste bietet sich an.

Wer dem King's Highway weiter die Ostküste hinauf folgt, gelangt schließlich zum Resorts World Bimini Bahamas. Die gewaltige Marina-Anlage hat alle Annehmlichkeiten, die man bei dem Preisniveau erwarten kann – von Shops über eine öffentliche Toilette bis hin zu mehreren Restaurants und Bars *(www.rwbimini.com)*.

South Bimini

Wer sich South Bimini ansehen will, sollte gleich beim Fährboot eine Taxifahrt arrangieren, da man sich auf der Insel mit den vielen kleinen Straßen, Wohnhäusern und Kanälen leicht verfahren kann. Zu empfehlen ist der Ausblick von der Südspitze über die südlichen Cays. Man kann sich auch von der Terrasse des **Bimini Sands** aus den exklusiven Jachtclub **Cat Cay**, der in Privatbesitz ist, ansehen. Auf South Bimini gibt es darüber hinaus einen **Nature Trail**.

Naturlehrpfad

Um die Natur oder vielmehr deren Schutz unter Wasser geht es auch in der **Bimini Biological Field Station Foundation** (BBFSF) und dem dazugehörigen *Shark Lab*. In der gemeinnützigen Organisation wird die Rolle von Haien im tropischen Ökosystem des Meeres untersucht. Neben Führungen können Interessierte mit den Profis tauchen oder als *Volunteers* an den zahlreichen Aktionen teilnehmen.
Bimini Biological Field Station Foundation, *South Bimini, ☏ 347-4538, www.biminisharklab.com. Wenn man vorbeischauen und an einer Führung teilnehmen möchte, sollte man sich vorher telefonisch anmelden.*

Wer einen Versuch unternehmen will, die ewige Jugend zu erlangen, sollte die **Fountain of Youth** („Quelle der Jugend") besuchen. Diese wird vom Bimini Sounds Resort in Schuss gehalten *(www.thebiminisands.com/local-attractions)*. Der Taxifahrer kennt den Weg dorthin. Das Wasser dieser unscheinbaren Quelle hat allerdings auch Juan Ponce de León schon nicht zum gewünschten Ergebnis verholfen …

Quelle der Jugend

Reisepraktische Informationen Bimini

Information
Bimini Tourist Office, *Alice Town, neben dem Kunsthandwerkermarkt, ☏ 347-3528, www.bahamas.com/islands/bimini, Mo–Fr 9–17 Uhr.*

Wichtige Telefonnummern
Notfall/Polizei *☏ 919 oder 347-3144.*

Im Krankheitsfall

Alice Town Community Clinic, ☎ *347-2210.*
Medical Air Service Association, MASA *Nassau,* ☎ *393-5048; Freeport,* ☎ *351-5122.*

Bank

Bank Of The Bahamas, *King's Hwy., Alice Town,* ☎ *347-2106, Mo–Do 9.30–15, Fr 9.30–16.30 Uhr, mit Geldautomat.*

Unterkunft

Bimini Blue Water Resort (2) $$–$$$, *King's Hwy., Alice Town,* ☎ *347-3166. Berühmt wurde dieses Resort wegen des Marlin Cottage, in dem Ernest Hemingway in den 1930er-Jahren wohnte. Von den etwas erhöht liegenden Gebäuden eröffnet sich eine wunderschöne Aussicht. Das gute Preis-Leistungs-Verhältnis macht das Resort zu einer beliebten Unterkunft. Wenn man allerdings in Hemingways altem Domizil wohnen will, muss man schon ein wenig mehr auf den Tisch blättern.*
Bimini Big Game Club Resort & Marina (1) $$$, *King's Hwy., Alice Town,* ☎ *347-3391, https://biggameclubbimini.com. Der Club bietet ein breites Spektrum an Unterkunfts- und Wassersportmöglichkeiten. Vom Cottage oder Penthouse-Apartment bis zum geräumigen Hotelzimmer ist für jeden Geschmack etwas dabei. Der große Jachthafen und das gute Angebot an Angelaktivitäten bieten neben Tauchtouren eine Menge fürs Wassersportlerherz.*

Restaurants

Die oben genannten **Hotels** *verfügen alle über eigene Restaurants – meist mit herrlichem Ausblick aufs Meer. Wer also nicht hinaus zum Essen will, bleibt einfach im Resort. Wer Abwechslung sucht, hier ein paar Tipps:*
Anchorage Restaurant & Bar (1), *King's Hwy., Alice Town,* ☎ *347-3166, Mi–Mo 18–22 Uhr. Schon lange da, schon immer bekannt zuverlässig. Hier kann man nichts falsch machen. Die Karte reicht von Conch bis zum gegrillten Huhn. Dazu kommt der schöne Ausblick über den Hafen von Alice Town.*
Big John's (3), *King's Hwy., Alice Town,* ☎ *347-3117, https://bimini-big-johns.business.site, Di–Do 12–23, Fr–Sa 12–3, So 12–22 Uhr. Kann man nicht verfehlen, da schon früh am Nachmittag die Musik angeworfen wird. Big John's ist gut fürs Nachtleben, aber auch das sich täglich ändernde Lunch- und Dinnermenü kann sich sehen lassen.*
CJ's Deli, *Alice Town, Radio Beach,* ☎ *347-3295, tgl. 6.30–19 Uhr. Eine wirklich günstige Alternative für Hausgemachtes, Terrasse mit Ausblick aufs Meer.*

Nachtleben

Nach einem harten Angeltag und einer kleinen Ruhepause geht das Leben auf den Biminis abends in den Bars und Discos weiter. Beliebt ist es, im **Bimini Big Game Club** *(s. Unterkunft) und in der* **End of the World Bar** *abzuhängen.*
End of the World Bar (4), *Alice Town,* ☎ *347-2094. In dieser Bar kann man am „Ende der Welt" bis ans Ende der Nacht feiern. Auf bloßem Sand steht ein Tresen. Der Rest der Inneneinrichtung verschwindet fast unter den Tausenden von Visitenkarten, die Gäste hiergelassen haben.*
Red Lion (2), *Alice Town,* ☎ *347-3259. Hier treffen sich auch viele Einheimische, und zum Wochenende kann es schon ganz schön hoch hergehen.*

Einkaufen

Straw Market, *Alice Town. Entlang dem King's Hwy. in Alice Town und besonders auf dem Kunsthandwerkermarkt gibt es eine Menge Stände, an denen Strohwaren und T-Shirts verkauft werden.*

Sport

Auch hier gilt, dass die Resorts normalerweise ein komplettes Wassersportangebot gleich mit anbieten, dabei sind auch Fahrräder und Gold Carts im Angebot.

Sportangeln

Deep Sea Fishing: *Ein halber Tag kostet ca. 350–500 $, ein Tag 650–800 $.*
Capt'n Jerome Stuart, ☏ *347-2081;* **Edward Stuart**, ☏ *347-2328;*
Capt'n Benjamin Francis, ☏ *347-2630.*

Bonefishing:
Bonefishing-Boote sind in der Regel 17 Fuß lang. Ein halber Tag kostet ca. 250 $, ein ganzer Tag rund 350 $.
Ebbie „Bonefish" David, ☏ *347-2053;* **Tommy Sewell**, ☏ *347-3234;*
Ansil Saunders, ☏ *347-2696. Saunders ist eine Berühmtheit auf Bimini. Als gelernter Bootsbauer führte er Persönlichkeiten wie den früheren US-Präsidenten Richard Nixon zu dem Fischgründen rund um die Inseln und war ein Bekannter von Ernest Hemingway.*

Tauchen/Wassersport

Bimini Undersea, ☏ *347-2941, https://biminiundersea.net, bietet eine komplette Auswahl in Sachen Wassersport. Neben dem Tauchen kann man sich auch ein Kajak ausleihen, eine Bootstour in die Mangroven unternehmen oder einfach nur schnorcheln gehen.*

Flüge

Western Air, ☏ *347-4100, www.westernairbahamas.com.*
Flamingo Air, ☏ *351-4963, www.flamingoairbah.com.*
Sky Bahamas, ☏ *225-4460, www.skybahamas.net.*

Transfer vom Flughafen
Am Flughafen in South Bimini stehen Taxis nach jeder Landung bereit. Diese fahren zum kleinen Fährhafen, mit der Personenfähre kann man nach North Bimini übersetzen.
Vom Flughafen bis zum Fähranleger in Alice Town dauert der Transport rund 20 Min., Fixpreis: 5 $ für Taxi und Fähre.

Hinweis

North Bimini ist so klein, dass man alles zu Fuß oder mit dem Rad erreichen kann. Mit der **Bimini Tram** *kann man sich über North Bimini fahren lassen, von Alice Town bis Porgy Bay. Tgl. 6–18 Uhr, Erw. 3 $, Kinder 1 $.*

Mietwagen/Golf Cart

Auf den Bimini Islands lohnt es sich nicht, ein Auto zu mieten. Die gängigste Methode der Fortbewegung ist die mit einem Golf Cart. Die Elektrofahrzeuge sind an etlichen Ecken und Shops zu mieten, einfach den Schildern folgen (8 Std. ca. 70 $).

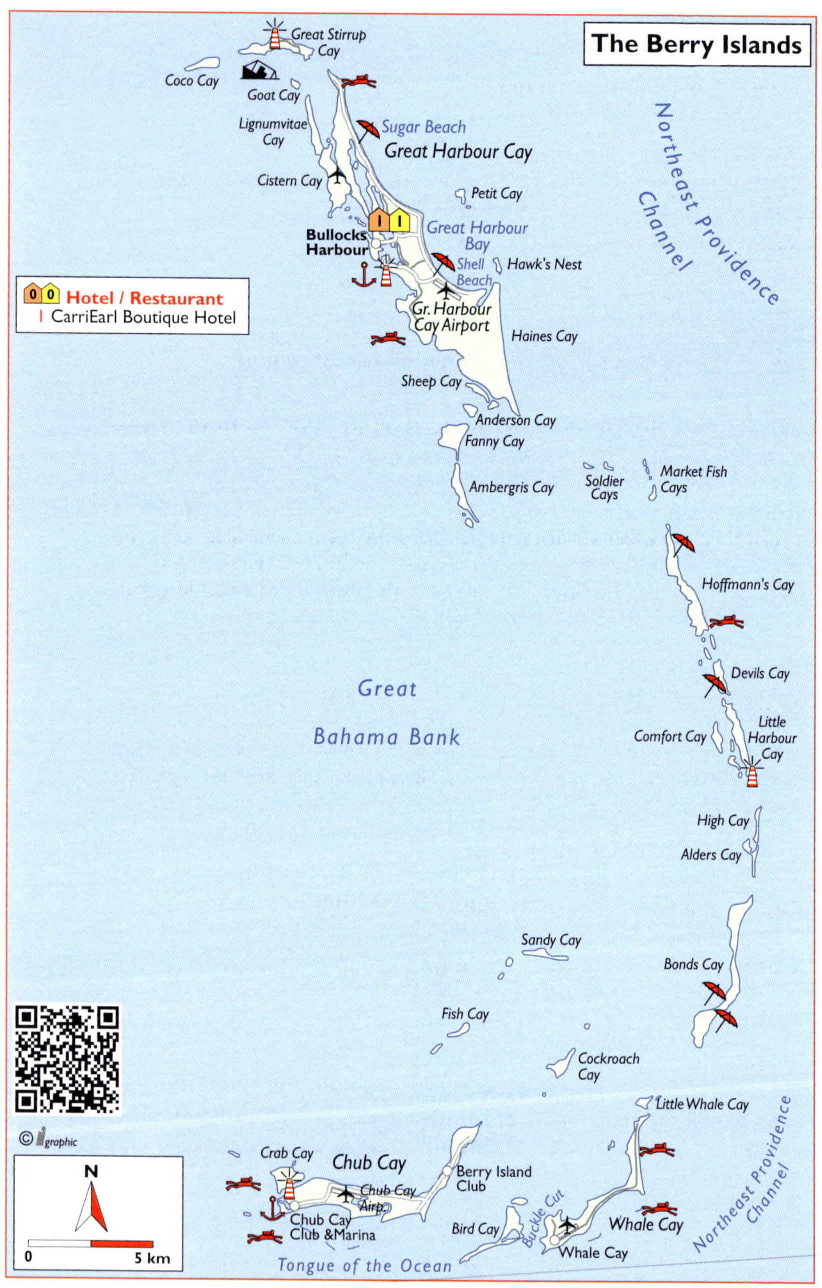
The Berry Islands
Great Stirrup Cay
Coco Cay
Goat Cay
Lignumvitae Cay
Sugar Beach
Great Harbour Cay
Cistern Cay
Petit Cay
Great Harbour Bay
Bullocks Harbour
Shell Beach
Hawk's Nest
Gr. Harbour Cay Airport
Haines Cay
Hotel / Restaurant
1 CarriEarl Boutique Hotel
Northeast Providence Channel
Sheep Cay
Anderson Cay
Fanny Cay
Ambergris Cay
Soldier Cays
Market Fish Cays
Hoffmann's Cay
Devils Cay
Great Bahama Bank
Comfort Cay
Little Harbour Cay
High Cay
Alders Cay
Sandy Cay
Bonds Cay
Fish Cay
Cockroach Cay
Little Whale Cay
Crab Cay
Chub Cay
Berry Island Club
Chub Cay Airp.
Chub Cay Club &Marina
Bird Cay
Buckle Cut
Whale Cay
Tongue of the Ocean
N
0
5 km
© graphic

The Berry Islands

Telegramm The Berry Islands

Name	The Berry Islands
Fläche	31 km²
Einwohner	700 (2010)
Einwohner pro km²	26
Größter Ort	Bullock's Harbour
Wichtigste Wirtschaftszweige	Tourismus, Schwammfischerei
Touristisches Potenzial	Hochseeangeln, Bonefishing

Gruppe von 30 Inseln

Eine Gruppe von 30 Inseln am Nordostzipfel der **Great Bahama Bank** ist unter dem Namen The Berry Islands auf der Landkarte zu finden. Zwischen dem **Northwest Providence Channel** und der **Tongue of the Ocean** gelegen, sind diese Inseln ein idealer Ausgangspunkt für Hochseeangler. Von Great Stirrup Cay im Norden bis **Chub Cay** im Süden zieht sich diese Inselkette am Rand der Great Bahama Bank entlang. Auf der Hauptinsel **Great Harbour Cay** liegen auch der größte Ort **Bullock's Harbour** und eine der zwei Hotelanlagen dieser Inselgruppe. Von Chub Cay aus kann man interessante Tauchunternehmungen starten.

Geschichte

Die Inselgruppe wurde erst 1836 von freigewordenen **Sklaven** besiedelt. Heute weist sie mit ihren ca. 800 Einwohnern sogar eine relativ hohe Bevölkerungsdichte auf. Und, so heißt es: Die Millionärsdichte sei höher als an jedem anderen Ort der Welt. Die meisten Bewohner leben allerdings auf **Great Harbour Cay**, und es sind nicht alle Inseln bewohnt. Einige der Cays sind in Privatbesitz oder gehören Kreuzfahrtunternehmen wie Royal Caribbean International. Es gibt hier schöne Strände, der Alltagsrummel ist weit weg. Es hilft, wenn man ein passionierter Angler oder Taucher ist, oder etwas für das Leben auf See übrighat, da es auf den Inseln darüber hinaus nicht viel zu unternehmen gibt – außer Strandlaufen natürlich.

Auf Tuchfühlung mit einem Stachelrochen

Abends an der Bar werden überwiegend Anglergeschichten erzählt. Man sollte aber nicht jedem glauben, dass er schon einen Blue Marlin gefangen hat. Dieser Riesenfisch geht nämlich sehr schwer an die Angel, und viele Freunde des Hochseesports versuchen Jahrzehnte vergeblich, einen dieser „fetten Brocken" zu Gesicht zu bekommen. Diejenigen, die es dann wirklich geschafft haben, tragen in der Regel ein Foto der seltenen Begebenheit bei sich, das sie natürlich stolz zeigen.

Reisepraktische Informationen The Berry Islands

Information

Im Internet: www.greatharbourcay.com.

Wichtige Telefonnummern

Notfall/Polizei, ☎ *919.*
Polizei Bullock's Harbour, ☎ *367-8344.*

Im Krankheitsfall

Great Harbour Cay Medical Clinic, *Bullock's Harbour,* ☎ *367-8400.*

Unterkunft

Auf den Berry Islands gibt es kaum hotelähnliche Unterkünfte. Hier ist es angesagt, ein Apartment, Cottage oder gleich ein ganzes Haus zu mieten. Adressen und Infos unter **www.greatharbourcay.com**.

CarriEarl Boutique Hotel (1) $$$$, *Great Harbour Cay,* ☎ *367-8785, www.carriearl.com. Sehr familiäre Unterkunft bei einem englischen Ehepaar im (Un-)Ruhestand – direkt am Strand. Beide pflegen die englische Gastfreundschaft und weisen ganz dezent darauf hin, dass das hauseigene* **Restaurant** *das beste auf den Berry Islands sei. Es gibt einen Pool und jede Menge menschenleere Strände zu entdecken.*

Strände

Am Hotel von **Great Harbour Cay** *gibt es einen attraktiven Strand.*
Wer mit dem Boot die einzelnen **Cays** *abfährt, wird dort auch schöne einsame Strände entdecken.*

Flüge

LeAir Charter, ☎ *322-1317, www.flyleair.com.*
Bahamas Hoppers, ☎ *359-7883, www.bahamahoppers.com.*

Mietwagen/Golf Carts

Relly's Rental, *Bullock's Harbour,* ☎ *367-8036.*
The Three Anns Car Rental, *Bullock's Harbour,* ☎ *367-8116.*

Taxis

D & B Bus Service, *Great Harbour Cay,* ☎ *367-8711.*
Island Bus Service, *Great Harbour Cay,* ☎ *395-3730.*

Die nordöstlichen Family Islands

Unterschiedliche Inseln

Viele Gemeinsamkeiten haben die drei nordöstlichen, am Atlantik gelegenen Family Islands **The Abacos**, **Eleuthera** und **Cat Island** nicht. Ihre Ostküsten sind zwar von der Dünung des tiefblauen und bisweilen tosenden Atlantiks gezeichnet, und die Westküsten mit ihrem seichten, türkisblauen Wasser strafen noch jedes Reklameposter Lügen. Lang und relativ schmal sind sie alle drei, aber das war es dann schon mit der Gemeinsamkeit. Für die **Exumas** sind die vielen kleinen Cays dieser Inselkette charakteristisch.

Die **Abacos** sind durch den **Northeast Providence Channel** von Eleuthera und Cat Island durch eine tiefe Zunge des Ozeans voneinander getrennt. Sie ähneln landschaftlich eher Grand Bahama Island, mit dem zusammen sie auf der Little Bahama Bank liegen. Auf ihnen findet man Mangroven und Pinienwälder. **Eleuthera** nordöstlich des Exuma Sound ist ein schmaler langer Landstreifen zwischen dem Atlantik und der karibischen See. Die hügelige Landschaft mutet fast lieblich an, wenn der Blick nicht gerade auf die zerklüftete Ostküste gerichtet ist. **Cat Island**, direkt zwischen Exuma Sound und Ozean gelegen, ist ebenso schmal, aber nicht so lang und abwechslungsreich wie Eleuthera, auch wenn sich hier der höchste Punkt der Bahamas befindet. Dafür sind die Strände auf dieser Insel einsamer und länger.

Die **Exumas** liegen westlich von Eleuthera und Cat Island etwas geschützter auf der anderen Seite des **Exuma Sound**. Diese Inselkette mit den unzähligen Cays erschließt sich in ihrer Vielfältigkeit erst, wenn man sie mit dem Boot erkundet.

Strandidylle am Cherokee Sound

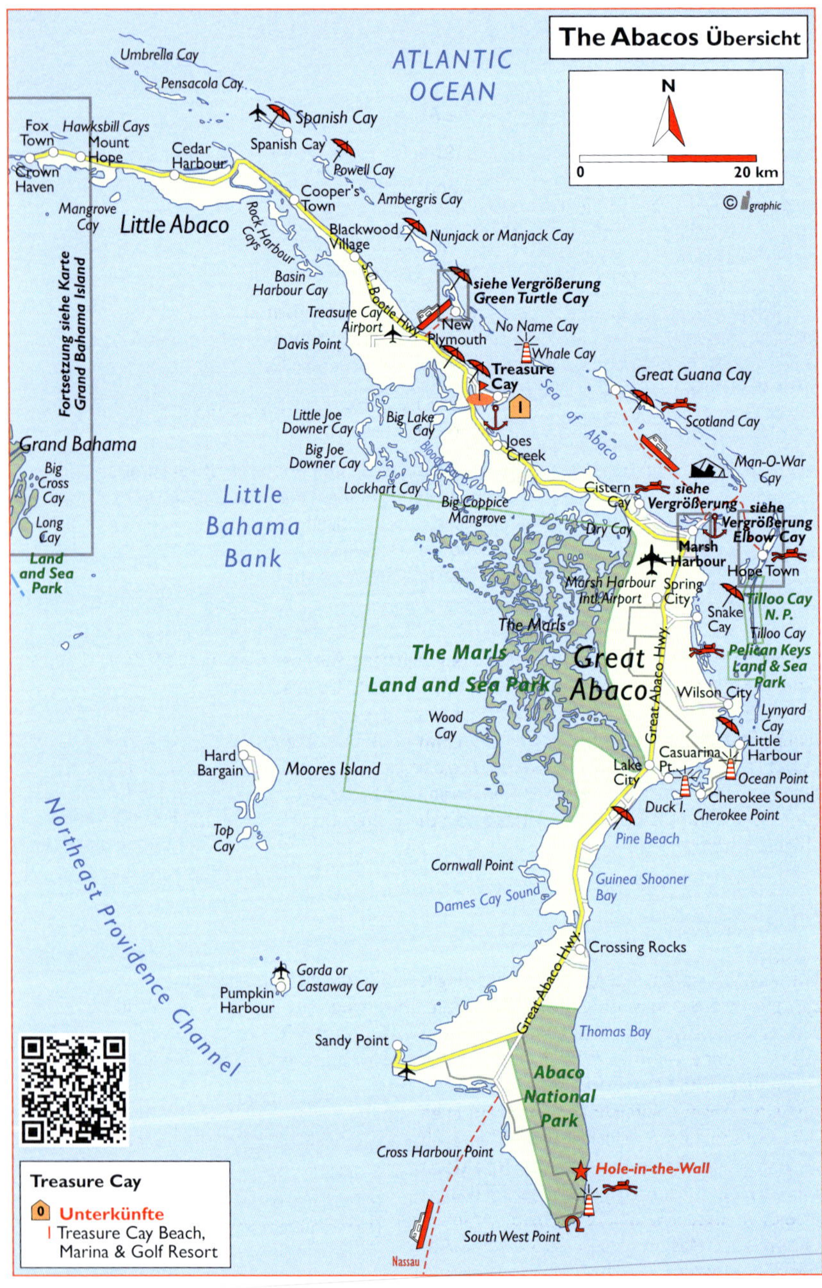
The Abacos Übersicht
N
0
20 km
© graphic
ATLANTIC OCEAN
Umbrella Cay
Pensacola Cay
Spanish Cay
Spanish Cay
Powell Cay
Fox Town
Hawksbill Cays
Mount Hope
Cedar Harbour
Crown Haven
Cooper's Town
Ambergris Cay
Mangrove Cay
Little Abaco
Rock Harbour Cays
Blackwood Village
Nunjack or Manjack Cay
Basin Harbour Cay
S.C. Bootle Hwy.
siehe Vergrößerung Green Turtle Cay
Treasure Cay Airport
New Plymouth
No Name Cay
Davis Point
Whale Cay
Treasure Cay
Sea of Abaco
Great Guana Cay
Scotland Cay
Fortsetzung siehe Karte Grand Bahama Island
Little Joe Downer Cay
Big Lake Cay
Big Joe Downer Cay
Joes Creek
Grand Bahama
Big Cross Cay
Long Cay
Land and Sea Park
Little Bahama Bank
Lockhart Cay
Bloody Bay
Big Coppice Mangrove
Cistern Cay
siehe Vergrößerung
Man-O-War Cay
siehe Vergrößerung Elbow Cay
Dry Cay
Marsh Harbour
Hope Town
Marsh Harbour Intl. Airport
Spring City
Tilloo Cay N. P.
Snake Cay
Tilloo Cay
The Marls
The Marls Land and Sea Park
Great Abaco
Great Abaco Hwy.
Pelican Keys Land & Sea Park
Wilson City
Lynyard Cay
Wood Cay
Little Harbour
Casuarina Pt.
Hard Bargain
Moores Island
Lake City
Ocean Point
Cherokee Sound
Duck I.
Cherokee Point
Pine Beach
Top Cay
Northeast Providence Channel
Cornwall Point
Guinea Shooner Bay
Dames Cay Sound
Crossing Rocks
Gorda or Castaway Cay
Pumpkin Harbour
Great Abaco Hwy.
Thomas Bay
Sandy Point
Abaco National Park
Cross Harbour Point
Hole-in-the-Wall
South West Point
Nassau
Treasure Cay
0 Unterkünfte
1 Treasure Cay Beach, Marina & Golf Resort

The Abacos

Telegramm The Abacos

Name	The Abacos
Fläche	1.681 km²
Einwohnerzahl	17.000 (2010)
Einwohner pro km²	10
Größter Ort	Marsh Harbour
Weitere Orte	Cherokee, Cooperstown, Crossing Rocks, Fox Town, Hope Town, New Plymouth, Sandy Point, Treasure Cay
Wichtigste Wirtschaftszweige	Tourismus, Hummerfang, Zitrusfrucht- und Gemüseanbau, Bootsbau
Touristisches Potenzial	Hochseeangeln und Bootscharter auf den Cays oder in Marsh Harbour, Besuch der geschichtsträchtigen Orte Hope Town und New Plymouth, Stranderlebnis in Treasure Cay oder auf Guana Cay

Die als **Segel- und Motorbootparadies** gerühmten Abacos liegen nördlich des Nordwestlichen Providence Channel, zwischen Grand Bahama Island und dem Atlantik auf der Little Bahama Bank. Die Cays an der Nordostküste mit ihren historischen „Puppenstubenorten" sowie **Marsh Harbour** als drittgrößter Stadt der Bahamas sind die touristischen Schwerpunkte der Abacos, das Landesinnere hat hingegen eher weniger zu bieten. Der Süden von Great Abaco ist touristisch nicht so gut erschlossen, bietet aber für Urlaub „off the beaten track" einige interessante Möglichkeiten.

„Puppenstubenorte"

Geschichte

The Abacos waren entgegen der ursprünglichen Annahme schon lange, bevor Europäer die Bahamas erkundeten, besiedelt. Dieses beweist der Fund des rund 600 Jahre alten Schädels eines **Lucaya-Indianers** in **Hope Town** im Jahr 1990. Weitere Funde von Keramikscherben, die nach 1500 zu datieren sind, legen die Vermutung nahe, dass Lucayans an der Westküste der Abacos Zuflucht vor den spanischen Sklavenaushebungen gesucht haben. Aber auch sie sind offensichtlich den von den **Spaniern** importierten Übeln nicht entgangen: Zwangsarbeit auf Hispaniola und Krankheiten, wie Erkältung oder Masern, gegen die sie keine Abwehrkräfte hatten.

Entfernungen

Marsh Harbour – Sandy Point 75 km
Marsh Harbour – Treasure Cay 45 km
Marsh Harbour – Cooper's Town 70 km
Marsh Harbour – Fox Town 105 km

info

Wie Abaco aus Versehen seinen Namen bekam

„**Habacoa**" ist vermutlich eine spanische Version des Namens, den die auf Hispaniola lebenden Taino-Indianer eigentlich Andros gegeben hatten.

Vermutlich wurde es durch den Fehler eines Kartografen erst zum Namen der Abacos. Im übertragenen Sinne bedeutet es „das große, obere Außen". Durch englischen Spracheinfluss wurde es dann zu „**Abbacoe**" und schließlich zu „**Abaco**".

Auch das auf alten Karten häufig für die Abacos gebrauchte „**Lucayoneque**" verweist auf die große Distanz, die die Tainos zwischen ihrem eigenen Land und den Abacos sahen. Die übertragene Bedeutung dieses Wortes ist „das Land der Leute entfernter Gewässer".

Erstmals schriftlich erwähnt ist Abaco schon auf der 1500 von Juan de la Casa gezeichneten Karibikkarte.

Ob und wo Spanier auf ihren Erkundungsfahrten zu Beginn des 16. Jh. auf den Abacos an Land gingen, ist unklar. Man streitet sich noch heute, ob **Ponce de León**, der Entdecker Floridas, sich 1513 auf **Walker's Cay** oder **Elbow Cay** mit frischem Wasser versorgte. Den ersten Kolonisationsversuch auf dieser Inselgruppe starteten jedenfalls die **Franzosen** 1565. Weder das Nachfolgeschiff noch die Archäologen allerdings fanden bis heute eine Spur von ihnen. 1633 wurden die Abacos zusammen mit anderen Inseln der Bahamas von Kardinal Richelieu den protestantischen Hugenotten zugeeignet. Zu einer entsprechenden Kolonisation kam es jedoch nicht.

Zu Zeiten, als die **Seeräuberei** auf den Bahamas ein lukrativer Job war, haben sicher aufgrund der günstigen geografischen Lage viele Piraten in den Gewässern der Abacos ihr Unwesen getrieben. **Charles Vanes** Flucht 1718 vor den englischen Behörden nach Green Turtle Cay ist sogar belegt, und der berüchtigte **Blackbeard** soll sich lange Zeit auf Walker's Cay aufgehalten haben.

Wiederbesiedlung durch Loyalisten

Die eigentliche Wiederbesiedlung der Abacos erfolgte erst 1783, als die englandtreuen **Loyalisten** die unabhängig gewordenen Vereinigten Staaten verließen, weil sie britische Untertanen bleiben wollten. Auf den Bahamas wollten sie ihren eigenen Stützpunkt für den Handel mit der „Alten Welt" gründen und damit in Konkurrenz zu New York treten. Etwa tausend Flüchtlinge ließen sich damals auf den Abacos nieder. An Land gingen sie im September 1783 am **Carleton Point**, unweit des touristischen Zentrums Treasure Cay. Hier hofften sie auf fruchtbaren Boden zu treffen und durch die Landwirtschaft eine eigene Existenz aufbauen zu können. Der Plan ging schief: Wegen Streitereien unter den Siedlern wurde Carleton Point aufgegeben. Ein Teil der Siedler zog weiter gen Süden und gründete Marsh Harbour, und der andere Teil versuchte sein Glück weiter westlich auf den Cays.

Carleton Point wurde erst 1979 wiederentdeckt, und am 30. September 1983 mit einer Plakette feierlich als Gedenkstätte eingeweiht – zugegen waren Vertreter aus Großbritannien, den USA und von den Bahamas.

Gegen Ende des 18. Jh. wanderten viele Siedler wegen der schlechten Bedingungen für die Landwirtschaft (wie z. B. zu dünne Humusschicht) nach Nassau ab. Sie wurden durch **Zuwanderer** von **Eleuthera** ersetzt, die **Schiffbau, Fischerei** und „**Wrecking**" zum wichtigsten Wirtschaftszweig machten. In dieser Zeit prosperierten die Städte **Hope Town** und **New Plymouth** auf den Cays. Die Landwirtschaft verlor nach der Abschaffung der Sklaverei 1838 völlig an Bedeutung. Die von da an freie schwarze Bevölkerung gründete eigene Siedlungen und lebte von den für den Eigenbedarf angebauten Produkten und Fischerei.

Redaktionstipps

- Ausflüge in die Geschichte: Besuch der vorgelagerten **Cays** (S. 198).
- Besichtigung des Schiffbaus auf **Man-O-War Cay** (S. 199).
- New Plymouth auf **Green Turtle Cay** besuchen (S. 200).
- In **Cherokee Sound** ein Picknick machen (S. 192).
- **Treasure Cay**: Strandlaufen an einem der Top-Ten-Beaches der Welt (S. 188).

Im 19. Jh. und bis ins 20. Jh. hinein erlebten die Abacos mit dem Anbau von Sisal und Ananas sowie der Schwammfischerei phasenweise einen wirtschaftlichen Aufschwung. Das „Wrecking" verlor mit dem Bau von Leuchttürmen, gegen den es seitens der Bevölkerung erbitterten Widerstand gab, und der Verbesserung der Seekarten, seine Bedeutung.

Sisal- und Ananasanbau

Der Bau einer großen **Sägemühle** und die Abholzung der Baumbestände im großen Stil brachten ab 1908 für eine kurze Periode das industrielle Zeitalter auf die

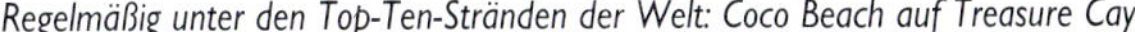

Regelmäßig unter den Top-Ten-Stränden der Welt: Coco Beach auf Treasure Cay

Abacos. In den 1920er-Jahren kamen die ersten Touristen. Bevor dieser Wirtschaftszweig jedoch in den 1960er-Jahren an die erste Stelle rückte, lebten – besonders nach dem mysteriösen Schwammsterben 1938 und 1939 – zunehmend mehr Bewohner der Abacos vom **Hummerfang**. In den 1980er-Jahren folgte eine kurze Phase großen Wohlstands dank des **Drogenschmuggels** aus Kolumbien in die USA. Es heißt, dass die Beteiligten die Menge an US-Dollarnoten gar nicht mehr in ihren geheimen Verstecken unterbringen konnten, so wurden sie überschwemmt. Die Schmuggelmethode war ganz einfach: Flugzeuge warfen das Kokain und Marihuana in Bündel gepresst und eingewickelt in Plastikfolie über der Küste Abacos und der vorgelagerten Cays ab. Die Bewohner sammelten diese Pakete ein und versteckten sie. Irgendwann später kam von Florida ein Schnellboot herüber mit dem örtlichen Vertreter der dortigen Drogenmafia. Der sammelte die Pakete ein, zahlte die ehrlichen Finder aus und zurück ging es in die USA. Doch nach einigen Jahren des Wohlstands veränderten sich die Drogen und damit mancher Vertriebsweg. Heute, so heißt es, wird noch einiges an heißer Ware über die beinahe unzähligen Cays rund um Andros verschifft.

Die Abacos heute

Der **Tourismus** ist heute der Wirtschaftsfaktor Nummer eins – sicher auch dank der verbesserten Verkehrsanbindung und Infrastruktur auf der Inselgruppe. Die 1995 fertiggestellte Teerstraße von Sandy Point im Süden bis Crown Haven im Norden ließ alle Erzählungen über beschwerliche Tagesreisen auf Schlaglochpisten zur Legende werden. Es gibt auf den Abacos in **Marsh Harbour** genau eine Verkehrsampel, aber mittlerweile rund um den schicken, neu aufgebauten und jetzt gut funktionierenden internationalen Flughafen etliche neue Straßen und Verkehrskreisel. Mehrere Flughäfen – teils mit Direktflügen nach Florida – und eine gute Fährverbindung nach Nassau haben die Isolation der Inselgruppe längst beendet.

Trotzdem sind die Abacos eine **Inselgruppe der Gegensätze** geblieben. Die z.T. hochmodernen Resorts in Marsh Harbour und Treasure Cay haben mit den kleinen Anglerhotels in Sandy Point ebenso wenig zu tun wie die bunten Holzhütten auf Little Abaco, in denen man zu günstigen Preisen Hummer satt bekommt, mit den Nobelrestaurants, wo kultivierter Umgang mit dem entsprechenden Besteck für diese Delikatesse vorausgesetzt wird. Luxusunterkünfte, in denen man sich so richtig verwöhnen lassen kann, überwiegen jedoch.

Wegweiser auf den Abacos

das nötige Kleingeld. Heute gibt es hier einen „Farmer's Market", ein umfangreiches Sportprogramm, ein eigenes Reisebüro, eine Snackbar und und und. Wer nicht will, muss Treasure Cay nicht verlassen …

Es sei denn, man möchte unbedingt noch schwimmende Schweine erleben, ohne nach Big Major Cay auf den Exumas fahren zu müssen: Nahe Green Turtle Cay existiert eine kleine Insel mit dem interessanten Namen „No Name Cay" – und hier gibt es seit einiger Zeit auch ein paar schwimmende Schweine. Eine Tour dorthin kann von Treasure Cay aus organisiert werden (55 $).

Schwimmende Schweine

Für diejenigen, die sich gerne einmal ansehen möchten, wie Bahamaer abseits der für den Tourismus erschlossenen Gebiete leben, lohnt es sich, den Bootle Highway weiter bis nach Crown Haven am nordwestlichen Ende der Abacos zu fahren. Auf dem Weg nach **Cooper's Town**, das mit seinen fast 1.000 Einwohnern der größte Ort auf diesem Teil der Insel ist, zweigt etwa auf halber Strecke von Treasure Cay aus ein Weg zum Dock der Fähre nach **Green Turtle Cay** rechts ab. Ein paar Kilometer weiter folgt der Flughafen von Treasure Cay. Etwa 10 km hinter Cooper's Town, das sich mit Unterstützung des ehemaligen Ministerpräsidenten Hubert Ingraham ein wenig herausgeputzt hat, folgt der Damm nach Little Abaco Island. Hier scheint die Zeit wirklich stehen geblieben zu sein. Die Investitionen der Regierung endeten hier weitestgehend, die Straße wird schmaler und auf den Folgekilometern nicht mehr breiter.

In den kleinen Ortschaften mit teils recht bunten Häusern gibt es noch Zwergschulen. Der „Supermarkt" in **Crown Haven** (von Cooper's Town ca. 40 km) am Ende der Straße vermittelt eher Garagenatmosphäre als Kaufmannsladenidylle. Die Leute hier sind sehr freundlich und nehmen sich gerne Zeit für ein kleines Schwätzchen. Zeit haben sie meist. Abseits der touristischen Orte ist die Arbeitslosenquote sehr hoch, viele Bahamaer verbringen den Tag an schattigen Orten. **Fox Town** ist mit seinen 500 Einwohnern der größte Ort von Little Abaco.

Zwergschulen

Von der Landschaft her ist dieser Ausflug ebenso wie die im Folgenden beschriebene Strecke von Marsh Harbour nach Sandy Point im Süden der Insel eher eintönig. Außer abgeholzten und wieder aufgeforsteten Kiefernwäldern und Buschwerk gibt es entlang des Highways nicht viel zu sehen.

„Down South"

Wenn man von Marsh Harbour den Highway in südliche Richtung fährt, kommt man, nachdem man den Kreisverkehr zum Flughafen passiert hat, nach etwas mehr als 20 km an eine Linksabzweigung, die nach **Cherokee** und **Little Harbour** führt. Der Abstecher lohnt sich unbedingt: Little Harbour – die letzten Kilometer müssen auf einer Schotterpiste zurückgelegt werden – ist ein kleines Dorf, das quasi auf den Strand gebaut wurde. Hier sind die Häuschen bunt, man kann den Strand auf- und ablaufen oder bei **Pete's Pub and Gallery** *(www.petespub.com/gallery/foundry)* vorbeischauen. Hier wird seit 1951 Bronzekunst mit „Verlorenem Wachs" hergestellt – einem historischen Wachsausschmelzverfahren. Die Johns-

ton-Familie war hierhergekommen, um zunächst in einer Höhle zu leben und sich *Bronzegießerei* dann in einem einfachen Studio ganz der Kunst zu widmen. Pete's Pub Foundry ist die einzige Bronzegießerei auf den Bahamas und in der internationalen Kunstszene hoch angesehen. Wer keine Lust auf Kunst hat, sollte zumindest in **Pete's Pub** einkehren. Mit Ausblick auf die idyllische Bucht ist hier ein kaltes Kalik sicher nicht die schlechteste Idee, um den Straßenstaub herunterzuspülen. Wer Lust hat zu bleiben, kann bei Pete auch gleich ein Cottage mieten.
Pete's Pub and Gallery, *Little Harbour, ☎ 577-5487, www.petespub.com, tgl. 12–16 und 18–21 Uhr, Happy Hour 16–18 Uhr. Galerie: tgl. 10.30–17 Uhr.*

Bei einem 15-minütigen Spaziergang kann man zum alten **Leuchtturm** hinaufsteigen. Von dort aus eröffnet sich eine herrliche Aussicht über den Atlantik.

Zurück auf der geteerten Straße geht es durch die Mangroven weiter nach **Cherokee Sound**. **Cherokee** ist ein verschlafenes Fischerdorf an dem wie aus einem Bilderbuch ausgeschnittenen Cherokee Sound. Das Dorf war der letztmögliche Rückzugsort quer durch die Mangroven für Loyalisten, die wie viele andere 1783 aus New York geflohen waren. Hier konnten sie wieder unter der britischen Krone leben. Und das Leben war hart und einfach. *Hübsches Dorf* Dafür ist das Örtchen heute umso pittoresker: Die Holzhäuschen der etwa 150 Einwohner sind nett herausgeputzt und mit kleinen Wegen verbunden, die rund um die Post zur Fußgängerzone erklärt worden sind. Sollte man sich nach einem kleinen Spaziergang entscheiden, hier etwas länger zu bleiben, kann man beim Kaufmann nach einem Zimmer fragen. Nicht zu vergessen der schöne Strand mit dem endlos langen Landungssteg.

Tipp
Auf dem Landungssteg – der übrigens der längste Holzsteg der Bahamas ist – bis zum Ende laufen und sich erst dann wieder umdrehen, um zurück Richtung Küste zu schauen. Der Ausblick ist Karibik pur.

Zurück auf dem Highway sind die weiteren 50 km eher langweilig, und der Ort Crossing Rock hat nichts zu bieten. Aber dann kann man sich entscheiden, ob man, dem Highway weiter folgend, nach Sandy Point oder auf einer Piste, allradunterstützt, zum Hole-in-the-Wall fährt.

Sandy Point ist ein Fischerort mit einer pittoresken Strandbar und einem kleinen Dock für Fischerboote. Hier ergeben sich gute Gelegenheiten zum Bonefishing. Für Nichtangler laden der Strand und die nette Atmosphäre des Fischerorts zum Träumen und Erholen ein.

Wer vom Hafen aus über das Meer blickt, sieht meist in der Ferne ein riesiges Kreuzfahrtschiff, das an eine kleine Insel angedockt hat. Die 4 km² große Insel heißt *Disney-Insel* **Castaway Cay** *(https://disneycruise.disney.go.com/ports/castaway-cay)* und gehört dem Disney-Konzern. 500.000 Besucher jährlich schleust Disney über die in einen Freizeit- und Unterhaltungspark umgewandelte Insel.

Wählt man an der oben erwähnten Abzweigung den Weg nach links zum **Hole-in-the-Wall**, so sollte man ein guter Fahrer sein und über ein geländegängiges Fahr-

Landungssteg am Cherokee Sound

zeug verfügen. Für „normale" Mietwagen ist die Nutzung des Weges untersagt. Der Weg, der anfangs noch Spuren von Asphalt unter dem Pflanzenbewuchs erkennen lässt, wird später zu einer ausgefahrenen, engen Spur, auf der man nicht mehr wenden kann und die nur schlecht zu befahren ist. Wer den Aufwand nicht scheut, wird nach etwa einer Stunde mit einem der schönsten Ausblicke belohnt, den die Insel zu bieten hat. Vom alten **Leuchtturm** aus – übrigens wurde an dieser Stelle 1836 der erste Leuchtturm dieser Insel gebaut – kann man über den langen ins Meer ragenden Felsen zum Hole-in-the-Wall (Loch in der Wand) gelangen, das das Meer ausgespült hat. Für diese Klettertour benötigt man gutes Schuhwerk mit festen Sohlen.

Endemische Papageien

Den **Abaco National Park**, der sich am Weg zum Leuchtturm entlangzieht, sollte man nur mit Führung erforschen, um Exemplare der über 1.000 Papageien (Bahama Parrot) sehen zu können, die hier beheimatet sind. Im National Park gibt es auch ein „Blue Hole", also ein weit in die Tiefe reichendes Wasserloch, ähnlich „Dean's Blue Hole" auf Long Island (s. S. 254). Mit Führung lohnen sich auch Bootstouren im **Pelican Cays Land & Sea Park** und in der Lagune **Sea of Abaco** mit ihren Delfinen und Wasserschildkröten, ebenso wie für das Mangrovengebiet **The Marls**. Infos, Karten und Touren hält der Bahamas National Trust bereit. **Bahamas National Trust**, *P.O. Box AB-20953, Marsh Harbour, ☎ 367-6310, https://bnt.bs/abaco-national-park.*

Reisepraktische Informationen The Abacos

Information

Abaco Tourist Office, *Queen Elizabeth Dr., Marsh Harbour, ☎ 367-3067, www.bahamas.com/islands/abacos, Mo–Fr 9–17 Uhr.*

www.theabaconian.com *ist auch als gedruckte Zeitung eine gute Quelle für jegliche Informationen rund um Abaco.*

Wichtige Telefonnummern

Notfall/Polizei, ☎ *367-2911.*
Polizei, ☎ *911.*
Feuerwehr, ☎ *367-2000.*
Bahamas Air Sea Rescue (BASRA), ☎ *366-0282.*

Im Krankheitsfall

Marsh Harbour Medical Centre, ☎ *367-0050.*
Cooper's Town Community Clinic, ☎ *365-0300.*
Sandy Point Community Clinic, ☎ *366-4010.*

Banken

Es gibt etliche Banken mit Geldautomaten in **Marsh Harbour**, *z. B.:*
First Caribbean International Bank, *Don MacKay Blvd., Marsh Harbour,* ☎ *367-2166, Mo–Do 9.30–15, Fr bis 16 Uhr, mit Geldautomat.*
Royal Bank Bahamas, *Don MacKay Blvd., Marsh Harbour,* ☎ *367-2420, Mo–Do 9–16, Fr bis 16.30 Uhr, mit Geldautomat.*
In **Treasure Cay** *gibt es einen (unzuverlässigen) Geldautomaten.*

Post

Don MacKay Blvd., Marsh Harbour, ☎ *367-2571.*

Unterkunft

Auf dem „Festland" der Abacos bündelt sich die touristische Infrastruktur in und rund um die Hauptstadt Marsh Harbour und auf Treasure Cay.

Die Häuser des Treasure Cay Resort sind im karibischen Stil gehalten

Marsh Harbour

Lofty Fig Villas (1) $$, *Bay St., Marsh Harbour, ☎ 367-2681, http://loftyfig.com. Drei Villen mit sechs Wohneinheiten in einem kleinen Park mit zentralem Swimmingpool und Grillmöglichkeiten. Ein paar Gehminuten zum nächsten Supermarkt und anderen Geschäften, Restaurants und Bars gleich auf der anderen Straßenseite. Marinas, Tauchshops und Bootsvermietungen liegen in unmittelbarer Nähe.*

Conch Inn Resort & Marina (2) $$$, *East Bay St., ☎ 367-4000, www.moorings.com. Mittelklassehotel mit einem der besten Jachthäfen, großer Swimmingpool und kleine Strände in der Nähe. Alle Zimmer haben Blick auf die kleine Marina.*

Abaco Beach Resort (3) $$–$$$$, *Bay St., ☎ 367-2158, https://abacobeachresort.com. Das erste Haus am Platze mit eigenem Strand, einer Marina, einem Tauchshop, einer Bar und dem beliebten* **Angler's Restaurant** *auf dem Gelände (☎ 367-2158, Frühstück/Lunch: 6–14.30, Dinner 18–22 Uhr). Hier ist vom Zimmer bis zum Cottage alles zu haben, es lässt sich gut aushalten, die Atmosphäre ist gut – wer nicht will, muss das Resort gar nicht verlassen …*

Tipp Unterkunft: Treasure Cay

Treasure Cay Beach, Marina & Golf Resort $$–$$$$, *Treasure Cay, ☎ 365-8801, https://treasurecay.com. Die Marina ist mit 150 Liegeplätzen eine der größten der Bahamas, es gibt einen Geldautomaten, eine Feuerwehr, eine Klinik, eine Tankstelle, eine Snackbar an der Marina und nicht zu vergessen einen ausladenden Supermarkt. Die Zimmer, untergebracht in zweigeschossigen Gebäuden im karibischen Stil, haben Balkons und Terrassen Richtung Sonnenaufgang und Marina, jedes Apartment hat eine Küchenzeile. Ein paar Gehminuten quer über die Insel liegt der Top-Ten-Strand und die beliebte* **Coco Beach Bar** *(tgl. 8–21.30 Uhr), ein paar Schritte Richtung Marina die* **Tipsy Seagull Bar** *(tgl. 11–1 Uhr, Sa 24 Std. geöffnet) und gleich daneben das schickere Restaurant* **Spinnaker** *(Mi–So 18–21 Uhr). Hier wird auf Vollversorgung gesetzt. Wer sich den Strand genau anschaut, vielleicht eine Runde baden geht oder paddeln, der wird auch kaum wegwollen.*

Restaurants

Marsh Harbour

Die **Bay Street** *mit ihren Restaurants und Bars, die alle einen Ausblick über den Hafen bieten, ist ein guter Ort für einen Spaziergang von Happy Hour zu Happy Hour.*

Mangoes Restaurant (2), *Bay St., ☎ 367-5157, www.mangoesabaco.com, Di–So 11–15 und 18–22 Uhr. Bar: 11–24 Uhr. Bahamaische und internationale Küche. Gutes Fischrestaurant mit schönem Ausblick auf den Hafen. Besser reservieren.*

Wally's (1), *Bay St., ☎ 367-2074, www.wallysbahamas.com, Mo–Sa 11–15.30 und 18–23 Uhr. Das Wally's, untergebracht in einer Kolonialvilla, liegt schräg gegenüber vom Mangoes und ist deutlich schicker. Bei bahamaischer und internationaler Küche wird Wert auf den „Boutique"-Gedanken gelegt. Das Haus gönnt sich einen eigenen Drink, den „Wally's Special" mit Fruchtsaft und gleich mehreren Rumsorten. Mi und So Livemusik. Fürs Dinner reservieren.*

Mother Merle's Fishnet, *Dundas Town, ☎ 367-2770. Etwa 3 km vom Zentrum Marsh Harbours entfernt. Ausgezeichneter Fisch zu günstigen Preisen. Telefonisch nach den Ruhetagen erkundigen, geöffnet normalerweise Di–Sa 18.30–23 Uhr. Fr abends treten lokale Bands live auf.*

Junovia's Diner (3), *Don McKay Blvd., ☏ 367-1271, Mo–Fr 7–23, Sa 7–22 Uhr. Egal ob Frühstück oder gebratener Fisch: Das kleine Diner ist immer ein gute und vor allem recht kostengünstige Wahl.*

Einkaufen

Maxwell Supermarket, *Stratton Dr., Marsh Harbour, ☏ 367-7283, Mo–Do 8–19, Fr/Sa 8–20, So 8–16 Uhr. Hier bekommt man wirklich alle Dinge des täglichen Lebens, und das zu überschaubaren, US-amerikanischen Preisen.*

Golf

The Abaco Club on Winding Bay, *Winding Bay, Cherokee Sound, ☏ 367-0077, https://theabacoclub.com. Ein „Links Course", also am Strand entlang, traditionell spielt der vorherrschende Wind eine große Rolle. Der 18-Loch-Platz gehört zum Abaco Club, einer Wohnanlage mit Cottages in der Preisklasse von 875.000 bis 4 Mio. Dollar.*

Baker's Bay Gold & Ocean Club, *Baker's Bay, ☏ (954) 256-9561, https://bakersbayclub.com. 18-Loch-Platz am Meer. Eine ähnliche Preisklasse wie der Platz im Abaco Club.*

Treasure Cay Golf Club, *Treasure Cay, ☏ 365-8801, https://treasurecay.com/golf. 18-Loch-Golf-Course etwa einen knappen Kilometer vor dem Treasure Cay Resort auf der rechten Seite.*

Golf Carts

Cash's Cart Rentals, *Treasure Cay, ☏ 365-8771.*

Reiten

Ausritte über Great Abaco organisiert **Wild Horses of Abaco**, *www.facebook.com/abacohorses und www.arkwild.org. Tatsächlich lebte auf Abaco über Jahrhunderte eine Herde von Wildpferden, reinrassige Nachkommen von Pferden, die mit den Spaniern im 15. Jh. auf die Insel kamen. Darüber kann man Interessantes erfahren. Im Juli 2015 starb das letzte, auf Abaco geborene Wildpferd, und es wird darüber nachgedacht, das Pferd zu klonen, um den Fortbestand der Rasse zu sichern.*

Tauchen/Schnorcheln

Taucher können bei Man-O-War Cay direkt zum **Abacos Train Wreck** *in 4,5–6 m Tiefe tauchen. Das Wrack besteht aus zwei vollständigen Lokomotiven, die auf der Seite liegen. In der Nähe liegt ein weiteres Wrack, das der* „**USS Adirondack**"*, das in 3–7,5 m Tiefe liegt. Das staatlich geschützte* **Fowl Cay Reef** *punktet mit farbenfroher Unterwasserwelt in seichtem Gewässer. Einer der besten Plätze fürs Schnorcheln ist* **Mermaid Reef & Beach** *bei Marsh Harbour. Das Riff und der schöne Strand liegen an den* **Pelican Cays**, *am nördlichsten Winkel der Waterfront von Marsh Harbour, westlich der Marina.*

Dive Abaco!, *Marsh Harbour, ☏ 367-2787, http://diveabaco.com. Im Conch Inn Resort & Marina. Verleih von Schnorchelausrüstungen und Tauchequipment.*

Strände

Zu den schönsten Stränden der Bahamas zählt jener auf **Guana Cay**. *Sand, Sonne und relative Einsamkeit kann man aber auch an dem wunderschönen, langen Strand von* **Treasure Cay** *haben. Diese beiden Strände sind sicher die Highlights von*

Abaco. Darüber hinaus gibt es auch an anderen Orten nette, kleinere Strände, wie z. B. auf Green Turtle Cay.

Veranstaltungen

Bahamas Billfish Championship, *im Mai, einer der beliebtesten Anglerwettbewerbe auf den Bahamas.*
Regatta Time in Abaco *(www.regattatimeinabaco.com), im Juni/Juli, berühmte Regatta mit großzügigem Partyangebot.*

Flüge

Auf den Abacos gibt es drei Flughäfen: Hoch im Norden ist auf **Walker's Cay** *der gleichnamige Flughafen gelegen, auf Great Abaco der* **Treasure Cay Airport** *und in Marsh Harbour der* **Marsh Harbour Airport**. *Der größte Flughafen ist der* **Leonard M. Thompson International Airport** *in Marsh Harbour.*
Wer auf **Treasure Cay** *oder auf* **Green Turtle Cay** *absteigen will, der sollte sich schlaumachen, ob es einen Flieger dorthin gibt. So spart man sich allein rund 50 $ an Taxikosten und 20 Min. Fahrzeit.*
Nach **Treasure Cay Airport** *fliegen* **Bahamasair** *ab Nassau und* **Silver Airways**, *☎ 800-881-4999, www.silverairways.com, ab einigen Flughäfen in Florida. Ab hier kostet ein Taxi nach Treasure Cay 30 $.*

Einige wichtige **Fluggesellschaften**, *die Marsh Harbour anfliegen:*
American Airlines/American Eagle, *☎ 367-2231, www.americanairlines.com. Fliegt in der Regel von Miami zu den Abacos.*
Bahamasair, *☎ 367-2095, www.bahamasair.com.*
Flamingo Air, *☎ 367-0313, www.flamingoairbah.com.*
Sky Bahamas, *☎ 367-0996, www.skybahamas.net.*
Western Air, *☎ 367-3722, www.westernairbahamas.com.*

Transfer vom Flughafen: *Taxis stehen bei jeder Flugankunft bereit. Der Preis für die Fahrt nach Marsh Harbour liegt bei 20 $. Nach Treasure Cay kostet der Trip rund 85 $.*

Mietwagen/Motorroller

Cornish Car Rentals, *Treasure Cay, ☎ 365-8623.*
A&P Rentals, *Don Mackey Blvd., Marsh Harbour, ☎ 367-2655.*
Rental Wheels, *Bay St., Marsh Harbour, ☎ 367-4643, www.rentalwheels.com, auch* **Motorroller** *und* **Fahrräder**.

Fähre

Mail Boat MV Legacy, *Di von Nassau nach Hope Town, Marsh Harbour, Turtle Cay, Green Turtle Cay, zurück Do, ☎ 367-2653, www.deanshipping.com.*
Bahamas Ferries, *☎ 323-2166, http://bahamasferries.com, verkehrt Mo von Nassau bis Marsh Harbour, Di geht's zurück. Fahrzeit: 13 Std.*

Taxis

Wer vom Hotel aus ein Taxi benötigt, lässt sich am besten an der Rezeption eines bestellen. Die Leute dort wissen, mit wem man am besten fährt. Da es etliche „Privattaxis" ohne Taxameter gibt, ist der Preis sonst oft auf Verhandlungsbasis.

Paradies für Strandläufer: Coco Bay auf Green Turtle Cay

Die Cays von Abacos

Touren zu den Cays

Von **Albury's Ferry Dock** östlich des Zentrums von Marsh Harbour aus kommt man zu den beliebtesten touristischen Zielen der Abacos: **Elbow Cay, Man-O-War Cay** und **Guana Cay.** Albury's Ferry Service fährt zu den Cays mehrmals täglich zu festen Zeiten. Es ist also problemlos möglich, dorthin einen Tagesausflug zu unternehmen. **Green Turtle Cay** erreicht man über das entsprechende Dock in der Nähe des Flughafens von Treasure Cay. Hier wird der Fährservice von der Green Turtle Ferry übernommen.

Elbow Cay

Erkundung von Hope Town

Wer sich an der Idylle eines kleinen historischen Städtchens erfreuen kann, sollte seinen Urlaub in **Hope Town** auf Elbow Cay verbringen. Trotz vieler Tagestouristen aus Marsh Harbour kann man hier noch eine Vorstellung davon bekommen, wie die Nachkommen der Loyalisten und der Siedler aus North Eleuthera gelebt haben mussten, die sich hier Ende des 18. Jh. als Fischer und Bootsbauer niederließen. Hope Town ist auto- und stressfrei. Gute Voraussetzungen also für einen kleinen Spaziergang durch den Ort. Nicht nur die bunten Häuschen in leuchtenden Farben, sondern auch das kleine **Wyannie Malone Historical Museum** lassen die Atmosphäre vergangener Tage wieder aufleben. Das 1999 bei einem Hurrikan schwer beschädigte Museum wurde in der Gillam Street nach dem Vorbild des Balcony House in Nassau neu aufgebaut. Da geht es nicht nur um Schwamm- und Hummerfischerei, sondern auch um alte Seeräubergeschichten und den bis zur Wende ins 20. Jh. so lukrativen Einkommenszweig des „Wrecking". Anlässlich des Heritage Day im März stehen besondere Aktionen in historischen Kostümen auf dem Programm.

Wyannie Malone Historical Museum, ☎ *366-0293, www.hopetownmuseum.com, Nov.–Aug. Mo–Sa 10–16 Uhr, Erw. 5 $, bis 14 Jahre 2 $.*

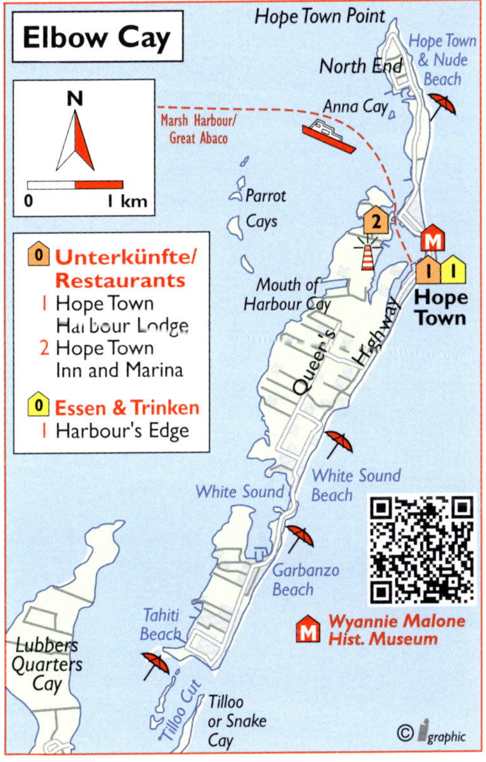

Nach dem Museumsbesuch wundert man sich nicht mehr, dass der Bau des Leuchtturms, inzwischen Wahrzeichen von Hope Town und Elbow Cay, von den Inselbewohnern über 20 Jahre lang boykottiert wurde. Das 1864 endgültig in Betrieb genommene **Elbow Cay Reef Lighthouse** prunkt heute in seinem rot-weißen Anstrich an der Hafeneinfahrt von Hope Town und ist einer der letzten Leuchttürme der Welt, der komplett von Hand betrieben wird. Man kann auf die Plattform hinaufsteigen und den einmaligen Ausblick genießen (☎ *577-0542, www.elbowreeflighthousesociety.com, Mo–Sa 9–18 Uhr).*

Im Ortsbereich von Hope Town gibt es auf der Atlantikseite zwei kleine Strände. **Harbour's Edge** an der Hafenseite lädt zu einem romantischen Abend bei Rum Punch und einem guten Fischgericht ein. Den Nachmittag kann man hier auch gut mal mit einem Spaziergang zur Erkundung der kleinen Geschäfte, Bootswerften und Anleger verbringen.

Man-O-War Cay

Man-O-War Cay ist gut und interessant für einen Tagesausflug. Denn diese Insel ist für den Bau der besten Boote auf den Bahamas bekannt geworden. Auch wenn hier das Fiberglas schon Einzug gehalten hat, kann man sich heute noch in einigen kleinen **Werften** an der Hafenseite ansehen, wie Boote vor hundert Jahren gebaut wurden. Ansonsten passiert hier nicht viel, bei 300 Seelen, drei Kirchen, zwei Banken und keiner einzigen Kneipe. Die Bewohner sind eher zurückhaltend bis reserviert, es gibt ein pittoreskes Postgebäude, ein paar überschaubare Läden, ein kleines **Heritage Museum** *(www.mowmuseum.com, Do–Sa 10–12 Uhr)* und etliche bunte Clapboard Houses, an denen der Zahn der Zeit schon mehr oder weniger genagt hat. *Bootswerften*

Mittelpunkt der Insel ist die **Bay Street**, an der die Werften, eine Handvoll Restaurants und Shops sowie der bekannte **Albury's Sail Shop** liegen. Hier gibt es alles, was man an schönen Dingen aus Segeltuch herstellen kann. Auf der anderen Seite der Insel ist der Strand der Atlantikküste eher mittelmäßig. Beim Ausflug auf die Insel sollte man sich die Leckereien von **Ena's Place** zum Lunch nicht entgehen lassen. Für Taucher ist darüber hinaus das Wrack der „**USS Adirondack**" interessant, die im Amerikanischen Bürgerkrieg 1862 bei der Verfolgung eines Blockadebrechers auf ein Riff auflief. Übrigens gibt es auf Man-O-War Cay keinen Alkohol. Der Konsum ist zwar nicht verboten, aber auf der Insel selbst kann man keinen kaufen und der Genuss desselbigen wird nicht gerne gesehen.

Wracktauchen

Great Guana Cay

Gut 150 Menschen leben hier und erfreuen sich daran, dass auf Great Guana Cay einer der schönsten Strände der Bahamas zu finden ist. Dieser ist immerhin 11 km lang und regelmäßig Treffpunkt von Partypeople von den ganzen Bahamas. Wenn hier 5.000 bis 6.000 Menschen tanzenderweise den Strandsand aufwirbeln, dann bleibt kein Auge trocken. Für Sonnenanbeter, die ihrem „Laster" tagsüber und ungestört und in einem geradezu märchenhaften Rahmen frönen wollen, ist der Strand das Paradies auf Erden.

Partystrand

Green Turtle Cay

Green Turtle Cay blickt auf eine ähnlich wechselhafte Geschichte wie Elbow Cay zurück. Um die Zeit vor der Besiedlung durch Loyalisten 1783 ranken auch um diese Insel wilde Seeräubergeschichten. Die Siedlung **New Plymouth** mit den niedlichen, pastellfarbenen Clapboard-Häuschen lädt zum Spaziergang durch die Vergangenheit ein. An der Parliament Street erinnern nicht nur die Grabsteine auf dem Friedhof, sondern auch die Büsten angesehener Bahamaer im **Memorial Sculpture Garden** an alte Zeiten. Auch im 2018 renovierten **Albert Lowe Museum**, in dem neben

Hier wird Geschichte lebendig: das Albert Lowe Museum in New Plymouth

Arbeiten des Künstlers Schiffsmodelle, Fotografien und andere historische Exponate zu sehen sind, kann man einen Eindruck von der Geschichtsträchtigkeit des Ortes gewinnen.
Albert Lowe Museum, *Parliament St., ☎ 365-4094, https://albertlowemuseum.com, Mo–Sa 9–16 Uhr, Erw. 5 $, bis 5 Jahre frei.*

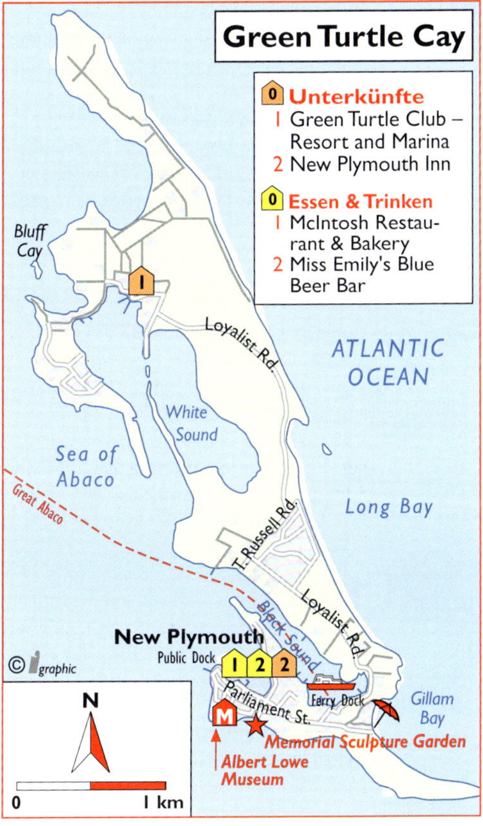

Während des Amerikanischen Bürgerkriegs haben die Insulaner hier gut an den Blockadebrechern verdient, die die Konföderierten Staaten mit Nachschub versorgten. Das 19. Jh. war mit Hummer- und Schwammfischerei sowie dem einträglichen Ananasanbau die Blütezeit von Green Turtle Cay. Heute steht der Tourismus an erster Stelle, und der Green Turtle Club etwas außerhalb von New Plymouth zählt zu den Juwelen unter den Hotelanlagen der Bahamas. Wer die Insel ein wenig besser kennenlernen will, lässt sich von der Fähre am Green Turtle Club absetzen, wirft einen Blick auf die nahen, malerischen und menschenleeren Strände wie Coco Beach und spaziert dann langsam Richtung New Plymouth. Links tost der Atlantik, rechts schlummert die Karibik.

Wer einen schönen einsamen Strand sucht, wird auf Green Turtle Cay nicht enttäuscht werden. Die Atlantikküste der Insel ist traumhaft. Man kann sich aber auch ein Boot mieten und zu einem der naheliegenden unbewohnten Cays fahren oder einen Tauchausflug zu einem Riff unternehmen.

Walker's Cay

Seinen Namen erhielt der nördlichste der Abaco Cays wohl von dem Piraten Walker, der bei einem Streit mit seinem „Kollegen" Blackbeard um das Schiff „Don Jose Evangalista" Mitte des 18. Jh. umgebracht wurde. Eine Kanone des Schiffs befindet sich auf der Insel. Welche der vielen Seeräubergeschichten, die im Zusammenhang mit der kleinen Insel erzählt werden, reines Seemannsgarn sind, ist schwer zu entscheiden. Spannend sind sie jedenfalls alle und darüber hinaus eine willkommene Abwechslung zu den Taucher- und Anglergeschichten, die sich nach

Seeräubergeschichten

einigen langen Abenden verdächtig gleichen. Wenn ein Hochseeangler allerdings erzählen sollte, dass er beim ersten Versuch gleich einen Blue Marlin an der Angel hatte, ist das eine faustdicke Lüge.

Haifütterung

Auf Walker's Cay, das mit einem Flugzeug von Fort Lauderdale/Florida aus erreichbar ist, lässt es sich nicht nur in gemütlicher Runde beim Rum Punch herrlich entspannen, sondern es sind richtige Abenteuer zu erleben. So kann man zu einer Haifütterung hinabtauchen, alte Schiffswracks, von denen es um Walker's Cay herum eine Menge gibt, erkunden oder zum Bonefishing in die seichten Gewässer fahren.

Reisepraktische Informationen Cays von Abacos

Information

Hope Town im Internet: www.ilovehopetown.com und www.hopetown.com.

Im Krankheitsfall

Hope Town Clinic, *Hope Town, ☎ 366-0108.*
Government Clinic Green Turtle Cay, *New Plymouth, ☎ 365-4028.*

Banken

Es gibt keine Banken und Geldautomaten auf den Abaco Cays. Kreditkarten aber werden gerne gesehen.

Elbow Cay

Unterkunft

Hope Town Harbour Lodge (1) $$–$$$$, *Hope Town, ☎ 366-0095, www.hopetownlodge.com. In diesem Hotel auf einer kleinen Anhöhe in Hope Town kann man sich zwischen Hafen- und Atlantikblick entscheiden. Gemütliche Zimmer und Cottages, Pool, Strand und nette Außenbar. Auch das* **Restaurant** *kann sich zu Lunch und Dinner aus bahamaischer Küche – vielleicht im Kerzenschein – durchaus sehen lassen.*
Hope Town Inn and Marina (2) $$$–$$$$, *Western Harbourfront, Hope Town, ☎ 366-0003, www.hopetownmarina.com. Schick und stylish, ist diese Anlage allein schon deswegen etwas Besonderes, weil sie nur mit dem Boot erreichbar ist. Geboten werden zwei Pools, ein gutes* **Restaurant** *und von den Zimmern im zweistöckigen Hauptgebäude aus ein Blick über die hauseigene Marina.*

Restaurants

Harbour's Edge (1), *Queen's Hwy., Hope Town, ☎ 366-0087, www.harboursedge.com, Lunch 11.30–15, Bar 11–18 Uhr. Direkt am Hafen gelegenes Restaurant mit einem tollen Ausblick auf die passierenden Boote. Moderate Preise, bahamaische und amerikanische Küche. Reservierung empfohlen.*

Great Guana Cay

Unterkunft

Dolphin Beach Resort $$$–$$$$, *☎ 365-5137. Gemeinsam mit dem Schwester-Resort* **Flip Flops on the Beach $$$–$$$$**, *☎ 365-5215, www.flipflops*

onthebeach.com, die inselbeherrschende Hotelanlage. In beiden geht es ruhig und locker zu, die Cottages sind luftig und sonnig, das Dolphin Resort hat das Restaurant und den Pool, in dem sich auch die Bewohner des Flip Flops abkühlen dürfen.

Bar

Nipper's Beach Bar & Grill, *☎ 365-5111, www.nippersbar.com, tgl. ab 7 Uhr „bis der letzte Kunde nicht mehr tanzen kann". Nur ein paar Gehminuten vom Dolphin Beach Resort entfernt. Gilt für einige Profis als eine der besten Strandbars der Bahamas. Die Atmosphäre ist extrem „laid-back", so ist es auch gewollt. Wobei es zu Partyzeiten dann schon mal richtig voll werden kann. Es gibt das übliche Bar Food rund um Burger, French Fries und Conch, aber Highlight ist die Location – direkt am Strand.*

Green Turtle Cay

Unterkunft

New Plymouth Inn (2) $–$$, *Parliament St., New Plymouth, ☎ 365-4161, newplymouthinn@gmail.com. Traditionsreiches Haus in Kolonialstil mit tropischem Garten und Pool. Ein wahres architektonisches Schmuckstück in New Plymouth. Das* **Restaurant** *im Haus serviert sehr gute bahamaische Küche.*

Residence beim Green Turtle Club Resort

Green Turtle Club – Resort and Marina (1) $$$–$$$$$, *☎ 365-4271, https://greenturtleclub.com. Der Green Turtle Club ist etwas für stille Genießer. Auch wenn man nicht zu den Hochseeanglern zählt, die hier gerne anlegen, wird man an diesem abgeschiedenen Ort auf seine Kosten kommen. Das Essen ist ausgezeichnet, die Zimmer und Apartments sind geschmackvoll eingerichtet (z. T. im Queen Anne Style), und der traumhafte Strand ist auch nicht weit. Damit keine Langeweile aufkommt, organisiert das Hotel zudem jede Art von Wassersport.*

Restaurants/Bars

Green Turtle Club Restaurant, *☎ 365-4271 (s. o.). Hier kann man das in Reinkultur erleben, was man unter „fine dining" versteht. Abendgarderobe angemessen, Reservierung angesagt. Frühstück: 7.15–10.30, Lunch: 11.30–14.45, Dinner 18–22 Uhr.*

McIntosh Restaurant & Bakery (1), *Parliament St., New Plymouth, ☎ 365-4625, tgl. 8–21 Uhr. Einfaches Restaurant und Café mit britischem Touch und interessanter Auswahl an selbst gebackenem Kuchen. Den „Lime Pie" sollte man probieren.*

Miss Emily's Blue Bee Bar (2), *Victoria St., New Plymouth, ☎ 365-4181, www.missemilysbluebeebar.com, Mo–Sa 11–18 Uhr. Es gibt zwar keine Mahlzeiten, aber hier wurde der Cocktail „Goombay Smash" erfunden. Wer andere Getränke bevorzugt, kommt natürlich auch auf seine Kosten und erfährt ganz nebenbei die unglaublichsten Geschichten. Die aber werden natürlich nicht gleich beim ersten Glas erzählt.*

Bootsverleih

Sea Horse Boat Rentals, *Hope Town, ☏ 366-0023, www.seahorseboatrentals.com.*

Tauchen

Brendal's Dive Center, *Green Turtle Cay, ☏ 365-4411, www.brendal.com. Genießt einen hervorragenden Ruf auf Green Turtle Cay, nahe dem Green Turtle Club. Seit 1985 gehören Brendal und sein Team zur Tauchelite der Bahamas. Der Fernsehsender „Discovery Chanel", CNN und das „Outdoor Journal" gingen mit Brendal auf Tour. Geboten wird das komplette Programm: vom PADI Open Water Diver Course bis zur Begegnung mit Haien oder wilden Schildkröten. Es gibt auch ein- oder mehrtägige Ausfahrten.*

Veranstaltungen

Green Turtle Club Fishing Tournament, *Anglerwettbewerb im Mai. Informationen beim Green Turtle Club, ☏ 365-4271, www.greenturtleclub.com, der mehr oder weniger das offizielle Hauptquartier der Anglerwettbewerbe ist.*

Island Roots Heritage Festival, *am 1. Mai-Wochenende. Hier wird farbenprächtig bahamaische Geschichte und Kultur gefeiert. Infos: www.islandrootsheritagefestival.com.*

Fähre

Albury's Ferry Service, *☏ 367-0290, www.alburysferry.com, verbindet Marsh Harbour mit Elbow Cay, Man-O-War Cay und Guana Cay. Alle Verbindungen werden Nov.–Juli mehrmals tgl. bedient, in der Regel 6.20–18.30 Uhr (u.a. wird in der Nebensaison Man-O-War Cay sonntags und feiertags nicht angefahren). Es ist also problemlos möglich, ein Cay bei einer Tagestour kennenzulernen. Tickets beim Kapitän: einfache Fahrt 19 $, 6–11 Jahre 11 $, hin und zurück 30 $ bzw. 17 $.*

Green Turtle Ferry Service, *☏ 365-4166, https://greenturtleferryservice.com, verbindet die Landestelle am Treasure Cay Airport mit Green Turtle Cay. Die erste Fähre verlässt New Plymouth auf Green Turtle Cay Mo–Fr um 6.15 Uhr, die letzte um 18 Uhr. Tickets beim Kapitän: einfache Fahrt 14 $, hin und zurück 20 $, 6–11 Jahre 12 $.*

New Plymouth Beach

Eleuthera

Telegramm Eleuthera

Name	Eleuthera
Länge	180 km
Fläche	518 km²
Einwohnerzahl	11.000 (einschl. Spanish Wells und Harbour Island)
Einwohnerzahl pro km²	21,2
Größter Ort	Governor's Harbour
Weitere Orte	Rock Sound, Gregory Town, Dunmore Town
Wichtigste Wirtschaftszweige	Tourismus, Fischerei (Hummerfang), Anbau von Gemüse und Zitrusfrüchten sowie Ananas
Touristisches Potenzial	Einsame Strände, schöne Landschaft, gute Tauchmöglichkeiten

„My life is perfect,
because I accept it as it is
The sunshine is a-shining,
because it is what it is
What a beautiful feeling it's bringing in
All the birds in the sky are singing
Eleutheria – The fire is burning
Eleutheria – The tables are turning (…)"

Entfernungen

Governor's Harbour – Gregory Town 45 km
Governor's Harbour – Rock Sound 47 km
Governor's Harbour – Lower Bogue 65 km
Governor's Harbour – Tarpum Bay 32 km
Governor's Harbour – Green Castle 69 km

Von Lenny Kravitz besungen

Der Song „Eleutheria" von 1993 ist eine wunderbare Einstimmung auf die Insel Eleuthera und stammt aus der Feder des US-amerikanischen Rockstars Lenny Kravitz. Kravitz kennt sich aus: Seine Mutter stammt von hier, er selbst hat sich auf der Insel eine lange Auszeit gegönnt und sich dann ein Tonstudio in der Nähe von Gregory Town gebaut. Es muss also etwas dran sein …

Südöstlich der Abacos säumt die Insel Eleuthera über ca. 180 km in einem Bogen den Atlantischen Ozean. An vielen Stellen ist sie so schmal, dass man gleichzeitig das tiefe Blau des wogenden Ozeans und das türkisfarbene seichte Wasser der karibischen See sehen kann. Die hügelige Landschaft und der Artenreichtum an Pflanzen machen Eleuthera zu einer Perle, die entdeckt werden will. Ananas- und Gemüseanbau sowie Überreste alter Plantagen und Salzgewinnungsseen sorgen für Abwechslung auf dem Weg. Die schroffe, vom Atlantik gezeichnete Ostküste ist häufig nur 2 km von den einsamen und ruhigen Sandstränden der Westküste entfernt. Die kleinen, versteckten Strände an der Ostküste sind oft nur bei Ebbe zugänglich, aber sehr romantisch.

Gregory Town, **Governor's Harbour** und **Rock Sound** sind an schönen Buchten gelegene Städtchen.

Auf den beiden bewohnten Cays im nördlichen Bereich der Insel, **Spanish Wells** und **Harbour Island**, spürt man das Flair alter englischer Kolonisation allerdings noch am meisten. Harbour Island ist darüber hinaus für seinen langen rosafarbenen Sandstrand, Pink Sands Beach, berühmt.

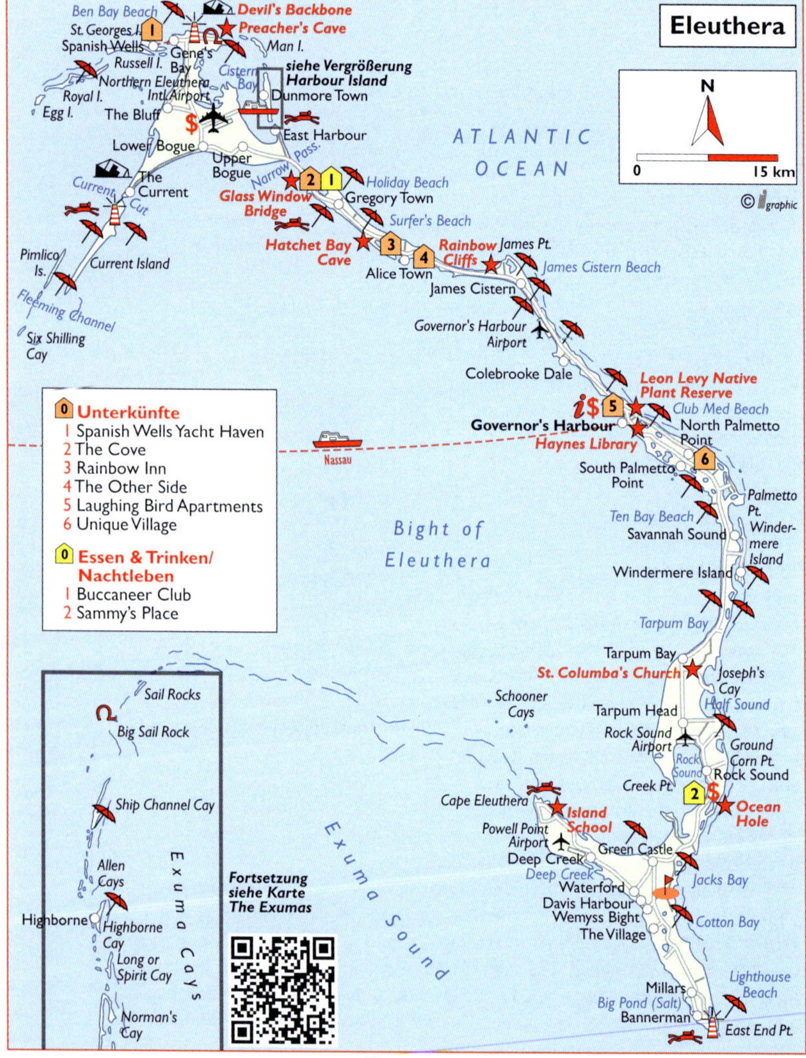

Geschichte

Über das Leben der Lucaya-Indianer auf Eleuthera ist bis heute recht wenig bekannt. Auf den ersten, von Europäern gezeichneten Karten trug die Insel den Namen **Cignateo** (oder: Cigatoo), den die Indianer ihr gegeben hatten. Zu jener Zeit wurde ihr allerdings keine Bedeutung beigemessen. Den heutigen Namen bekam die Insel erst Mitte des 17. Jh. durch die ersten englischen Siedler, die von den Bermudas kamen und sie in Anlehnung an das griechische Wort für „Freiheit" **Eleutheria** (heute Eleuthera) nannten.

Redaktionstipps

➤ **Preacher's Cave**: Hier begann die neuzeitliche Geschichte der Bahamas (S. 207).

➤ Einen ganz besonderen Durchblick bietet die **Glass Window Bridge** (S. 211).

➤ Vorwärts in die Vergangenheit: Bootsausflüge nach **Harbour Island** und **Spanish Wells** (S. 213, 215).

➤ Einer der spannendsten Tauchgänge der Welt: **Strömungstauchen am Current Cut** (S. 222).

➤ Hier warten die Fische auf die Fütterung: am **Ocean Hole** in Rock Sound (S. 217).

Diese Namensgebung ist im Zusammenhang mit den Gründen für die Kolonisation zu sehen, da die Siedler hier ihre Glaubensfreiheit zu verwirklichen suchten. Entsprechend den religiös bedingten Unruhen im Mutterland England Mitte des 17. Jh. kam es auf den Bermudas, die seit 1612 englische Kolonie waren, zu Auseinandersetzungen zwischen Anglikanern und Puritanern. Letztere traten für eine Religionsausübung ein, die sich genau an den Text der Bibel hielt und ein enthaltsames Leben forderte. Da sich diese Richtung auf den Bermudas nicht gegen die anglikanischen Dogmen durchsetzen konnte, gründete der ehemalige Gouverneur der Bermudas, William Sayle, 1647 einen Verein zur Förderung der Auswanderung nach Eleuthera.

Ob die fast hundert Leute, die ihm folgten, 1648 oder 1649 in See stachen, darüber streitet man sich in den Quellen. Einig ist man sich darüber, dass das Unternehmen zunächst schiefging. Das Schiff mit den Siedlern kam vom Kurs ab und strandete auf einem Riff an der Nordspitze von Nord-Eleuthera. Dort fand zwar die ganze Besatzung samt den Passagieren erst einmal in einer Höhle, die **Preacher's Cave** (Höhle des Priesters) genannt wurde, Unterschlupf, aber Werkzeug und Saatgut waren natürlich im Meer verschwunden. Obwohl von Glaubensbrüdern und -schwestern aus **Jamestown** (Virginia) Hilfe gesandt wurde, hatten viele der Siedler 1750 die Insel aufgrund der harten Lebensbedingungen

Strandvergnügen auf Harbour Island

schon wieder verlassen. Einige blieben dennoch und versuchten, ihren Lebensgrundsätzen treu zu bleiben. Sie lebten vom Salz- und Holzhandel. Die Puritaner brachten übrigens die erste schriftlich niedergelegte Verfassung mit auf die Bahamas. In ihr wurden gleiches Recht für alle Bürger und die Errichtung eines Parlaments festgelegt.

1783 kam mit den **königstreuen Loyalisten**, die die Vereinigten Staaten nach dem Sieg der für die Unabhängigkeit vom Mutterland kämpfenden Truppen der Amerikaner verlassen mussten, die zweite Besiedlungswelle. Die Loyalisten etablierten Bootsbau und Fischerei auf Eleuthera. Es wurden auch Baumwolle und Tabak angebaut, aber aufgrund der Bodenverhältnisse und der isolierten Lage der Insel entwickelte sich keines dieser Produkte zu einem wichtigen Wirtschaftsfaktor. Ein Aufschwung kam gegen Mitte des 19. Jh., als Ananas und Zitrusfrüchte in größerem Stil für die Ostküste der USA produziert wurden.

Frühere Milchproduktion

Mitte der 1930er-Jahre gelang der Aufbau einer **Milchfarm**, die einige Jahrzehnte lang erfolgreich geführt wurde. Nach dem Zweiten Weltkrieg wurden ihre Produkte sogar mit einem Kühlschiff nach Nassau verfrachtet. Heute kann man noch die verfallenen Silos der Farm sehen, wenn man in der Nähe von Hatchet Bay den Queen's Highway entlangfährt. Auch ein paar Kühe sind noch auf der Insel unterwegs.

Eleuthera heute

Die drei Hauptwirtschaftszweige Tourismus, Fischerei sowie Gemüse- und Zitrusfruchtanbau bestimmen heute das Leben auf Eleuthera. Die **Ananas**, die im Norden der Insel angebaut wird, ist ein Markenzeichen der Insel. Der daraus herge-

Einsame Strände locken auf Eleuthera

stellte Schnaps wird zwar nur in kleinen Mengen produziert, ist deswegen aber nicht weniger bekannt – und berüchtigt. Als größtes Ereignis gilt entsprechend das Ananas-Festival, das jedes Jahr im Juni viele Menschen auf die Insel und nach Gregory Town lockt. Auf Eleuthera und Harbour Island gibt es dementsprechend auch den besten Ananaskuchen der Welt – sagen die Einheimischen. Die Zeiten der Plantagen sind zwar längst vorbei, und am Wegesrand sind heute nur noch die Überreste der alten Anbaugebiete mitsamt den fotogenen ehemaligen Getreidesilos zu erahnen, aber die Landwirtschaft ist aus dem Leben Eleutheras nicht wegzudenken.

Alljährliches Ananas-Festival

Der Queen's Highway, die Nord-Süd-Verbindung der Insel, ist zwar inzwischen gut asphaltiert und jeder Ort mit dem Auto bequem zu erreichen, aber öffentliche Verkehrsmittel gibt es nicht. Auf Eleuthera trampt man immer noch, wenn man keinen eigenen fahrbaren Untersatz hat. Der mit Hummerfang verdiente Reichtum von **Spanish Wells** hat kaum auf den Rest der Insel abgefärbt. Gerade deshalb lohnt es sich, den Strand des Luxushotels zu verlassen und Eleuthera auf eigene Faust zu erkunden und vielleicht ein wenig davon zu sehen, wie die Bahamas früher einmal waren. Wer auf dem mit guter touristischer Infrastruktur versehenen **Harbour Island** seinen Urlaub verbringt, sollte daher auch einmal auf die Hauptinsel fahren.

Geschichte der schwarzen Bevölkerung

info

Die Vorfahren der schwarzen Bevölkerung der Bahamas kamen nicht freiwillig in die Karibik, sondern wurden als Sklaven von Plantagenbesitzern auf die Inselgruppe gebracht oder direkt von der westafrikanischen Küste verschleppt und auf dem Sklavenmarkt verkauft. In den Jahren 1783 und 1784 wuchs die Bevölkerungszahl der Bahamas sprunghaft von ca. 4.000 auf etwa 10.000 Einwohner an, da nach dem Sieg der amerikanischen Revolutionstruppen eine große Anzahl englandtreuer Loyalisten aus Nordamerika nach England und in die Karibik auswanderte.

Mit den Loyalisten kamen die Plantagenwirtschaft im größeren Stil und entsprechend die Sklaven als Arbeitskräfte mit auf die Inseln. Der Anteil der schwarzen Bevölkerung wuchs damals auf 75 %. Diese Sklaven oder ihre Vorfahren stammten ursprünglich von der Westküste Afrikas. Dort hatten Mitte des 15. Jh. die Portugiesen mit dem Menschenhandel begonnen. Anfangs im kleinen Rahmen für den europäischen „Bedarf" und später, nach der Entdeckung Amerikas, in immer größer werdendem Umfang für Übersee. Nachdem die Kolonialisten zunächst die Indianer versklavt und zu der harten Arbeit in den Bergwerken und auf den Zuckerrohrplantagen gezwungen hatten, entwickelte sich im 16. Jh. ein schwunghafter Menschenhandel mit afrikanischen Sklaven.

England war nach Spanien Mitte des 16. Jh. im großen Stil in dieses schmutzige „Geschäft" eingestiegen, an dem sich selbst so relativ kleine europäi-

info

sche Länder wie Dänemark eine goldene Nase verdienten. Die Sklaven wurden in küstennahen Gebieten Westafrikas gefangen, wie Frachtgut unter Deck geladen und unter den unmenschlichsten Bedingungen westwärts verschifft. Wenn ungünstige Windverhältnisse die Überfahrt zum amerikanischen Kontinent verzögerten, überlebte nur ein Drittel die Überfahrt. In der Karibik und auf dem amerikanischen Kontinent wurden die Überlebenden dann wie Vieh auf den Sklavenmärkten verkauft.

Wegen der katastrophal schlechten Arbeitsbedingungen überlebten viele Sklaven nur wenige Jahre ihrer Gefangenschaft, sodass weiterer „Nachschub“ erforderlich wurde. Vorsichtige Schätzungen gehen davon aus, dass insgesamt 30–40 Mio. Menschen von Afrika in die „Neue Welt“ verschleppt wurden. Die Sklaven, die mit den Loyalisten auf die Bahamas kamen, wurden dort anfangs überwiegend auf Baumwollplantagen als Arbeitskräfte eingesetzt.

Nach der offiziellen Abschaffung des Sklavenhandels in England im Jahr 1807 wurden auf den Bahamas auch freie Schwarze angesiedelt, die von den Sklavenschiffen stammten, die die englische Marine vor der Küste Amerikas aufgebracht hatte. Aus dieser Zeit stammen Siedlungen wie Adelaide Village oder später Grant's Town („Over the Hill“) auf New Providence. Bis die gesamte schwarze Bevölkerungsmehrheit ihre Freiheit erlangte, sollten aber noch Jahre vergehen. Nach der Abschaffung der Sklaverei durch den *United Kingdom Emancipation Act* 1934 vergingen noch vier Jahre, bis auch die Sklaven auf den Bahamas schließlich für frei erklärt wurden.

Zwischen 1829 und 1833 war es besonders auf den großen Plantagen auf den Exumas zu schweren Sklavenunruhen gekommen. Das Pompey Museum in Nassau ist nach einem der Anführer der schwarzen Freiheitsbewegung aus jenen Tagen benannt. Nach der Befreiung siedelte sich die schwarze Bevölkerung meist in kleinen Dörfern an, wie Freetown auf Grand Bahama Island. Als Lebensunterhalt dienten Landwirtschaft und Fischerei für den Eigenbedarf. Die großen Plantagen mussten wegen Unrentabilität in der Regel ohnehin aufgegeben werden, und viele weiße Siedler verließen zu jenem Zeitpunkt die Family Islands.

Die politische Macht erlangte die schwarze Bevölkerungsmehrheit allerdings erst schrittweise mit der Wahl Lynden Pindlings zum Ministerpräsidenten 1967 und der Unabhängigkeit 1973. Trotz Jahrhunderte währender Unterdrückung sind auch heute noch einige Dinge der alten westafrikanischen Kultur bewahrt oder in das moderne Leben der Bahamaer eingeflossen. Die Rhythmen des Goombay zum Junkanoo können ebenso wenig wie die Okraschote im Kochtopf der bahamaischen Küche ihren afrikanischen Ursprung verleugnen. Und auch heute noch spielen Bush Medicine und Obeah-Zauber, eine Variante des Voodoo, eine Rolle im Leben vieler Bahamaer.

Bis auf das touristisch gut erschlossene Harbour Island ist Eleuthera eher etwas verschlafen, aber darin liegt auch der besondere Reiz. Harbour Island mit seinem breiten, rosafarbenen Strand bietet ein exquisites Badevergnügen, aber die vielen kleinen, versteckten Strände der Hauptinsel lassen den Entdeckergeist erwachen. Hier findet man noch romantische Plätzchen am Meer, an denen man ganz ungestört ist. Es lohnt sich immer, nach den im Folgenden beschriebenen Orten selbst auf die Suche zu gehen und den Empfehlungen der Einheimischen zu folgen. Auch die touristischen Attraktionen, wie The Preacher's Cave, The Ocean Hole, die Glass Window Bridge und The Cave (bei Hatchet Bay), sind nicht überlaufen. Selbst die Städtchen Spanish Wells und Dunmore Town kann man in aller Gemütlichkeit zu Fuß erkunden. Für Taucher gibt es natürlich auch einige Leckerbissen, wie den Current Cut und das Train Wreck.

Romantische Plätzchen

Nord-Eleuthera

Der Norden von Eleuthera lässt sich gut von **Gregory Town** aus erkunden, da man sich für die Fahrt zum Preacher's Cave etwas Zeit nehmen sollte und Harbour Island sowie Spanish Wells noch in vertretbarer Reichweite liegen. Wer in Harbour Island abgestiegen ist, kommt mit der Fähre aufs Festland und übernimmt dort am Hafen den Mietwagen.

Bevor man sich jedoch mit dem Auto auf den Weg macht, sollte man es auf keinen Fall versäumen, auf die Anhöhe zu steigen und die herrliche Aussicht über Gregory Town zu genießen. Der Hafen, der in einer idyllischen kleinen Bucht liegt, ist auf jeden Fall ein Erinnerungsfoto wert. Auf dem Queen's Highway, der gut asphaltierten Nord-Süd-Hauptstraße der Insel, geht es dann an kleinen Ananasfeldern vorbei gen Norden.

Ananasfelder

Die Seen auf der rechten Seite des Highways dienten früher der **Salzgewinnung**. Heute wird das Salz noch verwendet, um Fleischstücke zu pökeln – weniger als Gewürz. Bis zur Glass Window Bridge, einer der Hauptattraktionen Eleutheras, sind es von Gregory Town etwas mehr als 10 km. Unterwegs passiert man, ohne es zu bemerken, ein unscheinbares, graues, massives Tor auf der linken Straßenseite. Dahinter befindet sich das Tonstudio des US amerikanischen Rockstars Lenny Kravitz, dessen Mutter von Eleuthera stammte.

Die **Glass Window Bridge**, eine ehemals natürliche Brücke über die engste Stelle der Insel, die bei einem Hurrikan brach und

Die Glass Window Bridge trennt den Atlantik von der karibischen Seite

Ungebremste Gewalten

ins Meer stürzte, besteht heute aus Beton. Für die Bahamaer ist die Brücke nicht weniger als eines der sieben Weltwunder. Die Brücke selbst gibt optisch nicht viel her und wird alle paar Jahre mit neuen mächtigen Betonblöcken befestigt. Daher kann man die Brücke nur auf einer Fahrspur queren. Denn hier treffen die Gewalten des Atlantiks nahezu ungebremst auf diese schmale Bresche, die Nord-Eleuthera vom Rest der Insel trennt. Ist der Sturm zu mächtig und die Wellen zu hoch, wird die Brücke offiziell geschlossen – was den Atlantik aber nicht daran hindert, hin und wieder Menschen von der Brücke und den nahen Felsen zu wischen. Insulaner bezeichnen ein entsprechendes Wetter mit aufgewühltem Meer nicht umsonst als „**The Rage**" (die Wut). Der Name der Brücke erschließt sich, wenn man von der Ozeanseite unter der Brücke hindurchblickt. Denn auf der anderen, der karibischen Seite, sieht das Meer mit seinem ruhigen, türkisblauen Wasser ganz anders aus, eben wie durch eine Fensterscheibe.

Die zwei großen Felsbrocken, die vor der Brücke auf der rechten Seite liegen, sollen der Sage nach durch die „Wut" des Meeres auf das Land geschleudert worden sein. Sie werden „The Bull" (der Bulle) und „The Cow" (die Kuh) genannt.

Die Abzweigung nach **Whale Point** ist mit dem Auto nicht immer passierbar. Da es ohnehin eher ein unglaublicher Zufall wäre, wenn man von dort aus einen Wal nach Süden ziehen sehen würde, sollte man lieber auf dem Highway bleiben. Nach **Upper** und **Lower Bogue**, die in einer Senke liegen und regelmäßig überschwemmt werden, kommt man an der Straße zum Flughafen und nach Harbour Island vorbei. Hier links halten. Wenn man an der Abfahrt nach **The Bluff** auf der linken Seite vorbeikommt, sind es noch ca. 8 km, bis das nördliche Ende des Highways erreicht ist. In Bluff befindet sich übrigens das „North Eleuthera Shopping Center". Den größten Supermarkt des Nordens sollte man sich nicht entgehen las-

Am Pink Sands Beach auf Harbour Island

sen – auch wenn nachher nur eine Flasche Wasser und ein Schokoriegel im Einkaufswagen liegen.

Erste Siedlerbehausung

Am Ende des Highways geht es rechts zum **Preacher's Cave**. Man folgt der Beschilderung bis zu einem Wendeplatz. Hier parkt man und folgt dem ausgetretenen Pfad landeinwärts. Bald kommt die Höhle, deren Decke z. T. eingestürzt ist. Das ist der Ort, an dem die ersten europäischen Siedler, Seeräuber nicht mitgerechnet, auf den Bahamas ihre ersten Tage zubrachten – hier nahmen die heutigen Bahamas ihren Anfang und entstand die erste bahamaische Verfassung. Übriggeblieben sind etliche Nischen in der Wand, ein selbst gebauter Altar und die sakrale Atmosphäre, die durch ein Loch in der Decke verstärkt wird, durch das Sonnenstrahlen hereinfallen.

Der wunderschöne Strand auf der anderen Seite des Wendeplatzes eignet sich vorzüglich für ein Picknick oder eine Badepause. Wieder am Highway angelangt, geht es geradeaus nach **Gene's Bay** (ausgeschildert), von wo aus man mit einer kleinen Personenfähre nach Spanish Wells übersetzen kann.

Harbour Island

Vom Dock im Norden Eleutheras benötigt man mit dem Wassertaxi 10–15 Min. nach **Dunmore Town** auf Harbour Island. Der Ort war einst die Hauptstadt der Bahamas und um 1900 herum nach Nassau die zweitgrößte Stadt. Harbour Island ist heute ein Erlebnis für Wassersportler, Angler, Taucher und Sonnenanbeter.

An dem fast 5 km langen, fein rosafarbenen Atlantikstrand, dem **Pink Sands Beach**, wird vom Surfen bis zum Hochseeangeln fast jede Form des Wassersports angeboten und man kann interessante Tauchausflüge unternehmen. Die besondere Farbe des Strands entsteht übrigens durch Einzeller namens Foraminifera, deren Form mit einer winzigen Erdbeere vergleichbar ist.

Interessiert man sich für solche Dinge nicht, so sollte man lediglich einen Tagesausflug auf diese Insel einplanen und sich zu Fuß oder mit dem Golf Cart Dunmore Town ansehen, das nach dem 4. Earl of Dunmore und ehemaligen Gouverneur der Bahamas Ende des 18. Jh. benannt wurde. Diese Siedlung zählt zu den ersten auf den Bahamas und beherbergt die älteste anglikanische Kirche auf dieser Inselgruppe:

Einladend: das Cocoa Coffee House in Dunmore Town

St. John's, im Jahr 1768 erbaut. Die Kirche an der Dunemore Street ist sehr einfach ausgestattet und fast genau so leicht zu übersehen wie das historische **Loyalist Cottage** in der Bay Street links vom Anleger (wenn man die Insel betritt).

Direkt gegenüber dem Anleger, ebenfalls auf der linken Seite, ist das **Touristenbüro**, wo man sich einen kleinen Stadtplan besorgen kann. Am besten beginnt ein Rundgang am kleinen **Straw Market**, der nur aus wenigen Ständen am Hafen besteht. Die King Street hinauf, kommt man direkt zur **Wesley Church**, einer versammlungshausartigen Methodistenkirche von 1843. St. John's ist ein Stück weiter in südlicher Richtung.

Clapboard-Häuschen

Um die Atmosphäre von Dunmore Town richtig genießen zu können, sollte man sich ein wenig Zeit nehmen und gemütlich durch die Gässchen schlendern, die hübschen, bunten Clapboard-Häuschen im „New England Style" ansehen, vielleicht bei „Dilly Dally" nach ein paar Souvenirs oder Büchern über Harbour Island stöbern, oder im „Tip Top General Store" ein paar Schritte weiter den Buchvorrat mit ein paar gebrauchten Krimis aufstocken.

Dunmore Town ist ein Gesamtkunstwerk, das man auf sich wirken lassen muss. Hier wohnen viele reiche, hellhäutige Menschen, die meisten sind Nachkommen der Loyalisten. Die Arbeit wird von schwarzen Bahamaern gemacht, die morgens ab 7.30 Uhr mit dem Fährboot vom Festland kommen, sich am Imbissstand „The Shack" am Hafen ein kleines Frühstück oder einen Fischburger gönnen, um anschließend auf die jeweilige Baustelle zu gehen. Arbeiter von weiter entfernten Baustellen werde mit Pick-ups aufgesammelt und pünktlich vor Sonnenuntergang wieder am Hafen abgeliefert.

Etliche Läden öffnen erst um 11 Uhr, denn um diese Zeit kommt die Fähre aus Nassau an und die Tagestouristen treffen ein. Diese verlaufen sich schnell, verschwinden in den schicken Läden, Galerien, Cafés oder gleich am Pink Sands Beach, um dann um 15.40 Uhr wieder die Heimreise nach Nassau anzutreten. Sobald es dunkel wird, werden auf Harbour Island die „Bürgersteige hochgeklappt". Wer hier übernachtet, trifft sich im Restaurant, speist zu Hause oder macht in der Bar „Gusty's" die Nacht zum Tage. Stylishe junge Menschen mit hüftigen Jeans und großen Brillen entstammen häufig der kreativen Szene aus New York, auch die eine oder andere Berühmtheit aus Film und Fernsehen schaut gelegentlich vorbei.

Spanish Wells

Wohlstand durch Hummerfang

Von **Gene's Bay** aus erreicht man mit einem kleinen Boot in ca. 5 Min. den Ort **Spanish Wells** auf **St. George's Cay**. Spanish Wells gilt als der Ort mit dem höchsten Pro-Kopf-Einkommen auf den Bahamas. Diesen Wohlstand, der auch deutlich an den neugebauten Häusern zu sehen ist, erwirtschaften die Fischer des Ortes mit **Hummerfang**. Sehenswert hingegen ist der alte Ortsteil mit seinen hübschen Holzhäuschen und kleinen Wegen.

Wer sich für die Geschichte der Insel und ihrer Bewohner interessiert, kann bei einem kleinen Spaziergang in das **Spanish Wells Museum** *(Mo–Sa 10–12, 13–15 Uhr, Eintritt 10 $)* hineinschauen. Von der Zeit der Lucaya-Indianer bis ins 20. Jh. kann man sich hier ein Bild vom vergangenen Leben auf St. George's Cay machen. Es wird vermutet, dass der Name Spanish Wells für die Ortschaft gewählt wurde, weil die spanischen Schiffe aus den Kolonien auf dieser Insel ihre Wasservorräte für die Rückkehr zum Mutterland aufgefrischt haben sollen (*spanish wells* = spanische Brunnen).

Süd-Eleuthera

„Surfer Pete"

Eine Exkursion in südliche Richtung führt von **Gregory Town** aus nach **Hatchet Bay**. Als Erstes passiert man Surfer's Beach. Hier gibt es große Wellen und man kann für 30 $ Surfbretter in Rebecca's Beach Shop ausleihen *(tgl. 10–22 Uhr)*. „Surfer Pete", Rebeccas Ehemann, ist eine wahre Insellegende. Er kennt die Bucht in- und auswendig und ist der beste Surfguide weit und breit.

Vorbei geht es an den verfallenen Silos einer alten Milchviehfarm, die nach dem Zweiten Weltkrieg Nassau mit Milchprodukten versorgt hatte. Weiter südlich liegt die **Höhle von Hatchet Bay**. Im Schein der Taschenlampen ähnelt sie einer Kathedrale unter der Erde *(geführte Touren bietet Philip Thompson, ☎ 335-5243)*.

Nachdem man in **Alice Town** an einer Bucht entlanggefahren ist, kommt man zum Rainbow Inn Restaurant. Auf gleicher Höhe kann man links abbiegen, um zu einem der „versteckten" Strände zu gelangen, die nur bei Ebbe zugänglich sind. Nicht ohne Grund heißt der Strand „Hidden Beach".

Auf dem Weg nach **James Cistern** eröffnet sich ein wunderschöner Blick über die Klippen der Atlantikküste. Die erste geteerte Straße (rechts abbiegen) hinter Governor's Harbour Airport führt zum **Browney Beach**, der nach der Auflösung des amerikanischen Militärstützpunkts ein idyllischer und recht einsamer Strand ist.

Hauptstadt von Eleuthera

Bald ist **Governor's Harbour** erreicht, die Hauptstadt von Eleuthera und die älteste erhaltene Siedlung der Bahamas. Hier legt die Fähre aus Nassau an, hier ist die Touristeninformation, und auch die **Haynes Library** *(☎ 332-2877, Mo–Do 9–18, Fr 9–17, Sa 10–16 Uhr)* in der Ortsmitte lohnt einen Besuch. Sie ist die älteste Bücherei der Insel und wurde bereits 1897 erbaut.

Wasserlandschaft im Leon Levy Native Plant Reserve

Ein Abstecher auf den **Cupids Cay** über die Straße am Hafen entlang lohnt sich nur wegen der Aussicht von dort. Auf dem Weg dorthin sieht man auf der linken Seite vor dem großen Verwaltungsgebäude mit der Post die **St.-Patrick's-Kirche** aus dem 19. Jh., die zu den ältesten Gebäuden im Ort zählt.

Bewahrung der Flora und Fauna

Governor's Harbour verlässt man am besten auf der Heynes Avenue Richtung Osten, die bald zur Banks Road wird. Denn hier folgt nach wenigen Kilometern eine der größten Attraktionen von Eleuthera, das **Leon Levy Native Plant Preserve**. Rund 10 ha bewaldetes Gelände und Mangrovenlandschaft bieten Lebensraum für über 34 Vogel- und 35 Schmetterlingsarten sowie für 171 einheimische und über 100 verschiedene Arten von Heilpflanzen. Das Konzept ist durchaus ambitioniert: Ziel ist es, die Pflanzen- und Tierwelt der Bahamas zu bewahren, die medizinischen Einsatzbereiche der Flora zu erforschen und das Ganze für die Öffentlichkeit im wahrsten Sinne des Wortes erfahr- und vor allem begehbar zu machen. Die Idee zu diesem Naturpark hatten die US-Amerikaner Leon Levy und seine Frau Shelby White. Er, seines Zeichens Wall-Street-Financier, verstarb 2003, Shelby White aber ließ nicht ab von der Idee und erweckte sie zum Leben – in Zusammenarbeit mit dem Bahamas National Trust. Heute können Besucher über einen Bohlenweg durch die Mangrovenwelt der Bahamas, einen Pfad durch den Heilpflanzengarten und durch den einheimischen Busch wandeln sowie einen Wasserfallgarten erleben. Neben einem Pavillon für Schulungen gibt es einen Shop und einen Garten, in dem die Geschichte der essbaren Früchte der Bahamas erzählt wird – 500 Jahre Geschichte rund um Mango, Banane, Limone und vieles mehr.
Leon Levy Native Plant Reserve, *Banks Rd., ☎ 332-3831, www.levypreserve.org, tgl. 9–17 Uhr, Erw. 10 $, bis 12 Jahre 6 $.*

Die Banks Road folgt der Küstenlinie. Hier haben sich etliche wohlhabende US-Amerikaner für ihren Ruhestand niedergelassen. An der folgenden Kreuzung

Fische füttern am Rock Sound Ocean Hole

Church Street in North Palmetto Point geht es rechts ab, und bald ist der Queen's Highway wieder erreicht. Der nächste Ort, **Savannah Sound**, ist stolz auf einen berühmten Sohn: Timothy Gibson (1903–1979) war Lehrer, Dichter und Komponist. Seinen größten Erfolg feierte er am 10. Juli 1973, als zur Unabhängigkeit der Bahamas „March on, Bahamaland" gespielt wurde. Gibson hatte das Lied geschrieben, das zur Nationalhymne werden sollte.

In **Tarpum Bay**, dem nächsten Ort hinter Savannah Sound, ist ein burgähnliches Gebäude, das **Castle MacMillan Hughes**, kaum zu übersehen. Dieses exzentrische Bauwerk war das Domizil des verstorbenen englischen Künstlers Lord MacMillan Hughes und ist bis heute einen Fotostopp wert. Das Anwesen kann als luxuriöses Feriendomizil gemietet werden.

In **Rock Sound**, ca. 15 km weiter, wartet eine bahamaische Spezialität auf Fischfütterer, Picknicker und Badefreudige: das **Ocean Hole**. Dieser fast kreisrunde „See" hat einen Durchmesser von rund 100 m. Es handelt sich um eine Röhre im Kalkgestein, die auf mindestens 200 m Tiefe geschätzt wird. Da der See eine Verbindung zum Meer hat, enthält er Salzwasser. Angeln ist verboten, Fische füttern erlaubt. Zum Ocean Hole kommt man, wenn man in Rock Sound beim entsprechenden Schild links abbiegt und dann in die Straße zwischen Schule und Friedhof rechts abbiegt.

Salzwasser-See

Wenige Hundert Meter weiter hinter der Stadtgrenze von Rock Sound liegt gegenüber einer prächtigen weißen Kirche das örtliche **Boiling Hole**, umgeben von Fels und Gestrüpp. Ebenso ein netter, romantischer Platz für ein Picknick – falls beim Ocean Hole zu viel los ist.

An einen Scheideweg kommt man in **Green Castle**, ca. 15 km südlich von Rock Sound. Wer sich rechts hält, gelangt zum Cape Eleuthera. Dieser Weg lohnt sich eigentlich nicht. Links herunter wartet dafür **Lighthouse Point** bzw. East End Point mit einem wunderbaren Strand und herrlicher Aussicht auf.

Leuchtturm mit Strand

Reisepraktische Informationen Eleuthera

Information

The Bahamas Ministery of Tourism – Eleuthera, *Queen's Hwy., Governor's Harbour, ☎ 332-2142, www.bahamas.com/islands/eleuthera-harbour-island.*

Eleuthera Office – Harbour Island, *Dunmore St., Harbour Island, ☎ 333-2621, www.eleuthera.com.*
Harbour Island hat eine eigene Website mit reichlich Informationen:
www.harbourislandguide.com.
Zahlreiche Informationen und Fakten zu Eleuthera bietet auch:
www.eleutheraparadise.com.

Wichtige Telefonnummern

Notfall/Polizei, ☎ *919.*
Governor's Harbour, ☎ *332-2117.*
Harbour Island ☎ *333-2111.*
Rock Sound Airport, ☎ *334-2052.*
Spanish Wells, ☎ *333-4030.*

Im Krankheitsfall

Governor's Harbour, *The Levy Medical & Health Center, ☎ 332-2774.*
Harbour Island Clinic, ☎ *333-2227, hier gibt es einen Arzt im 24-Stunden-Bereitschaftsdienst und Krankenschwestern.*
Spanish Wells Clinic, ☎ *333-4064.*

Banken

First Caribbean International Bank, *Governor's Harbour, ☎ 332-2300, Mo–Do 8.30–16.30, Fr 9–17 Uhr, mit Geldautomat.*
Royal Bank of Canada, *Governor's Harbour, ☎ 332-2856; Harbour Island, ☎ 333-2250, beide: Mo–Do 9–16, Fr 9–16.30 Uhr, mit Geldautomat.*

Unterkunft

Eleuthera

Laughing Bird Apartments (5) $$, *Governor's Harbour, ☎ 332-2012. Freundliche, kleine Anlage direkt in Governor's Harbour an der „Strandpromenade" gelegen. Von den Hängematten in dem wunderschönen Garten aus hat man einen traumhaften Blick aufs Wasser und den Laughing Bird Cay. In einer kleinen Küche kann man sich hier zur Abwechslung auch mal selbst etwas brutzeln.*
Rainbow Inn Resort (3) $$–$$$, *Hatchet Bay, ☎ 335-0294, www.rainbowinn.com. Etwas außerhalb von Alice Town an der Rainbow Bay gelegene Anlage mit netten Häuschen. Hier kann man in Ruhe den Urlaub genießen. Je nach Lust und Laune wechselt man zwischen Atlantik- und Karibikstrand, die beide nicht weit entfernt sind. Für die Erkundung der Gegend gibt es Fahrräder. Tauchprogramme werden vom Hotel organisiert. Das Restaurant ist sehr gut und die Bar gemütlich.*
Spanish Wells Yacht Haven (1) $$–$$$, *Harbourfront, Spanish Wells, ☎ 333-4255, http://swyachthaven.com/accommodations. Da es hier nur sechs Zimmer und Apartments mit kleiner Küche sowie eine Villa gibt, sollte man früh genug buchen. Da die Anlage in den modernen Jachthafen integriert ist, kann man alle Annehmlichkeiten einer solchen Einrichtung genießen.*
Unique Village (6) $$–$$$, *Governor's Harbour, ☎ (877) 610-3874, www.uniquevillage.com. 1992 gebaute Anlage bei North Palmetto Point mit Einzel- und Doppelzimmern sowie Apartments mit kleiner Küche. Der Blick vom Balkon geht immer auf den prächtigen Strand.*

The Cove **(2)** **$$$$$**, *Gregory Town, ☏ 335-5141, www.thecoveeleuthera.com. Vor einiger Zeit prächtig renoviert und seitdem eines der luxuriösesten Resorts Eleutheras. Nördlich von Gregory Town an einer idyllischen Bucht gebaute Anlage mit schicken Bungalows. Die Betreuung ist hier sehr persönlich. Fahrräder und Kajaks ohne Aufpreis. Tauchprogramm und andere Aktivitäten werden organisiert. Das ausgezeichnete Restaurant ist auf der ganzen Insel bekannt (s. u.).*

The Other Side **(4)** **$$$$$**, *Bottom Harbour, Whale Point, www.ontheos.com. „Glamping" vom Feinsten: Man übernachtet in schicken Luxuszelten, die mit wunderbaren Holzböden, stylishem Design und feinsten Stoffen glänzen. Klimaanlage gibt es auch, genauso wie ausladende Sonnenterrassen und grandiose Ausblicke. Hier kann man sich gänzlich zurückziehen, muss allerdings auch mindestens drei Nächte bleiben – sieben in der Hochsaison.*

Harbour Island

The Landing **(3)** **$$$–$$$$**, *Bay St., ☏ 333-2707, http://harbourislandlanding.com. Kleines Hotel direkt am Dock von Dunmore Town. Einige Zimmer haben einen schönen Ausblick auf den Hafen und das bunte Treiben auf der Bay Street. Bekannt ist das Restaurant, das zu den besten auf Harbour Island gehört.*

Romora Bay Club & Resort **(5)** **$$$$–$$$$$**, *Colebrook St., ☏ 333-2325, www.romorabay.com. 2011 um eine eigene Marina erweitert und renoviert, bietet das zwischen Strand und Hafen in einem schönen Garten mit Kokospalmen gelegene Resort heute jeden Luxus – bis zur iPod-Dockingstation im Zimmer. Jedes Zimmer ist nett möbliert und hat einen eigenen Balkon oder Terrasse. Großes Angebot an Wassersportmöglichkeiten.*

Coral Sands Beach Hotel **(2)** **$$$$$**, *Chapel St., ☏ 333-2350, www.coralsands.com. Ein eher traditionelles Hotel – gebaut in den 1970er-Jahren – mit karibischem Touch. Das Coral Sands Hotel liegt direkt am Atlantikstrand und bietet ein ausgedehntes Wassersportprogramm. Gut für Familien mit Kindern geeignet.*

Pink Sands Resort **(1)** **$$$$$**, *Chapel St., ☏ 333-2030, www.pinksandsresort.com. Direkt am Strand gelegene Luxusanlage, die aus vielen kleinen, in einen Garten eingebetteten Häuschen besteht. Die Inneneinrichtung ist sehr stilvoll, und selbst das Badezimmer*

Romora Bay Club & Resort auf Harbour Island

ist ein Erlebnis. Wassersportaktivitäten aller Art werden vom Hotel ebenso arrangiert wie Fahrrad- oder Golf-Cart-Verleih. Die Anlage verfügt über drei Tennisplätze.

Tipp Unterkunft

Valentines Resort & Marina (4) $$$$–$$$$$, *Bay St., ☏ 333-2142, www.thecoveeleuthera.com/eleuthera_restaurant. Liegt mitten in Dunmore Town an der Hafenseite, wird auch auf Wunsch vom Fährboot angefahren. Rustikal, aber komfortabel eingerichtet, witzige Club-Atmosphäre mit Bar über dem Wasser. Die Zimmer sind großzügig in einer Art kolonialem Stil eingerichtet und haben eine Küche. Genau das Richtige für Taucher, Angler und Freizeitkapitäne, da das Hotel über ein entsprechend breites Wassersportangebot, ein Tauchcenter und einen eigenen Jachthafen verfügt.*

Restaurants/Nachtleben Eleuthera

The Cove, *nördlich von Gregory Town, ☏ 335-5142, www.thecoveeleuthera.com. Ausgezeichnetes Restaurant der Anlage The Cove (s. Unterkunft) mit bahamaischer und internationaler Küche. Man sollte das für Nord-Eleuthera typische Ananasdessert nicht versäumen.*

Rainbow Inn, *Hatchet Bay, ☏ 335-0294, www.rainbowinn.com/services.html, Mo–Sa 12–15 und 17–22 Uhr. Beliebtes Restaurant, das zur gleichnamigen Anlage (s. Unterkunft) gehört. Mit Meerblick und netter Bar für „danach". Reichhaltige Speisekarte.*

Basketballspiel in Dunmore Town auf Harbour Island

Buccaneer Club (1), *Haynes Ave., Governor's Harbour, ☏ 332-2000, www.hwadventures.com/menus, tgl. 7–21 Uhr. Gutes bahamaisches Essen und Fischspezialitäten, auch ein Ausflug in die chinesische Küche ist möglich.*
Sammy's Place (2), *Albury's Lane, Rock Sound, ☏ 334-2121, tgl. 7.30–21 Uhr. Einfaches Restaurant. Hier gibt es bahamaisches Essen im Original und die dazugehörigen einheimischen Originale als Zugabe. Die Conchfritters sind sehr zu empfehlen.*

Harbour Island

Angela's Starfish Restaurant (2), *Dunmore & Grant St., ☏ 333-2253, tgl. 9–20.30 Uhr. Einfaches, aber gutes Restaurant für Liebhaber von Fisch und Meeresfrüchten.*
Gusty's (1), *Coconut Grove Ave., ☏ 333-2342, tgl. 21–1 Uhr. Der ideale Platz zum abendlichen Abhängen mit Bier und guten Gesprächen – bis in den Morgen. Meist gibt's noch ein wenig Livemusik dazu.*
Romora Bay Club, *Colebrook St., ☏ 333-2325, www.romorabay.com/harbour-island-bahamas-dining.htm (s. Unterkunft). Die Küche bietet von allem etwas. Jeden Abend gibt es von 18 bis 21 Uhr Livemusik.*
Seagrapes Night Club (5), *Colebrook St., ☏ 333-2439. Witzige Bar, in der häufig auch Livemusik gespielt wird.*
The Shack (4), *direkt am Hafen, ☏ 333-2542, Mo–Sa 6–17 Uhr. Gut frequentierte Mutter aller bahamaischen Imbissbuden mit einem hervorragenden Durchsatz. Hier decken sich die Arbeiter morgens ein, bevor sie auf die Baustelle gehen. Es gibt einen günstigen Fischburger mit Pommes und ebenso preiswerte Getränke.*
Sip Sip Restaurant (3), *Court St., ☏ 333-3316, www.sipsiprestaurant.com, Mi–Mo 11.30–16 Uhr. Bahamaische Klassiker wie Conch Chili kann man genauso bestellen wie Hummer-Quesadillas. „Sip Sip" heißt übrigens Klatsch und Tratsch im Bahamian Slang, und natürlich ist das Haus immer gut gefüllt, zum Essen und Tratschen.*
Cocoa Coffee House, *Bay St., Dunmore Town, ☏ 698-0242, www.facebook.com/cocoacoffeehouse, Mo–Sa 7–17, So bis 12 Uhr. Leckere Tee-, Kaffeespezialitäten, Erfrischungen.*

Einkaufen

Island Made Giftshop, *Queen's Hwy., Gregory Town, ☏ 335-5369, www.facebook.com/IslandMadeGiftShop, Mo–Sa 9.30–17 Uhr. Die große Auswahl des Shops an selbst gemachten Souvenirs wird manche Erwartung an üblichen Mitbringseln mehr als erfüllen.*
Dilly Dally, *King & Dunmore St., Harbour Island, ☏ 333-3109, www.facebook.com/TheDillyDallyGiftStore, Mo–Sa 9.30–17 Uhr. Kleidung, Souvenirs und eine hervorragende Sammlung an Literatur über Eleuthera und Harbour Island.*
Tip Top General Store, *Dunmore St., Harbour Island, ☏ 333-2251, www.facebook.com/TipTopHBI, Mo–Sa 9–17 Uhr. Nicht nur ein aus der Zeit gefallener „Kolonialwarenladen", in dem es fast alles gibt, hier steht auch das einzige Regal weit und breit, in dem gebrauchte Bücher verkauft werden.*
Princess Street Gallery, *Princess St., Harbour Island, ☏ 333-2788, www.harbourislandgallery.com, Mo–Sa 10–13 und 15–17 Uhr. Zeitgenössische bahamaische Kunst – vom Aquarell bis zur Wanduhr.*

Sportangeln

Coral Sands Beach Resort, *Chapel St., Harbour Island, ☏ 333-2350, www.coralsands.com (s. Unterkunft).*

Valentines Resort & Marina, *Bay St., Harbour Island, ☏ 333-2142, www.valentinesresort.com (s. Unterkunft).*
Romora Bay Club & Resort, *Colebrook St., Harbour Island, ☏ 333-2325, www.romorabay.com (s. Unterkunft).*

Bootsverleih

Romora Bay Club *und* **Valentines** *(s. o.). Am Hafen von Current kann man auch Boote leihen, man muss sich aber durchfragen, wo gerade eins frei ist.* **The Cove** *(s. Unterkunft) stellt seinen Gästen Kajaks für Tagesausflüge zur Verfügung.*

Wassersport

Surfmöglichkeiten bieten **Romora Bay Club** *und* **Valentines** *(s. o.), das Valentines auch Wasserski.*

Tauchen/Schnorcheln

Clearwater Dive Shop, *Queen's Hwy. (im Gebäude des Liquor Store), Governor's Harbour, ☏ 332-2146.*
Valentines Dive Center, *Bay St., Harbour Island, ☏ 333-2080, www.valentinesdive.com. Bietet das komplette Spektrum für Taucher – Anfänger wie Profis. Ein besonderes Schmankerl ist ein Bootsausflug zum* **Current Cut High Speed Drift Dive**, *der wegen der besonders starken Strömung als einer der besten Tauchgänge der Welt gilt.*

Tennis

Auf Harbour Island gibt es eine gute Auswahl an Plätzen. Hier verfügen die Hotelanlagen (s. Unterkunft) **Pink Sands Resort**, **Coral Sands Beach Resort**, **Romora Bay Club**, **Valentines** *und* **The Dunmore** *(☏ 333-2200, https://dunmorebeach.com) über Tennisplätze, auf denen nicht nur Gäste spielen dürfen.*

Strände

Der breite und fast 5 km lange Strand an der Atlantikküste von Harbour Island gilt als einer der besten der Bahamas. Der Sand hier ist besonders fein und rosafarben. Da Harbour Island jedoch touristisch gut erschlossen ist, ist man hier selten allein. Für Individualisten sind eher die kleinen versteckten Strände der Hauptinsel zu empfehlen. Auf Eleuthera kann man wirklich noch den ganz „privaten" Strand entdecken. Ein Surferparadies ist der Atlantikküstenabschnitt „Surfer's Beach" auf der Höhe von Gregory Town.

Veranstaltungen

Pineapple Festival *in Gregory Town (erste Juniwoche), Volksfest mit Ananascocktail-Wetttrinken.*

Flüge

Auf Eleuthera gibt es drei Flughäfen: **North Eleuthera Airport** *in Lower Bogue,* **Governor's Harbour Airport** *und* **Rock Sound Airport**. *Wer Harbour Island als Urlaubsziel anpeilt, sollte sich für den North Eleuthera Airport entscheiden.*
Einige wichtige nationale Fluglinien, die Eleuthera anfliegen:
Bahamasair, *Lower Bogue, ☏ 335-1152, www.bahamasair.com.*
Pineapple Air, *Rock Sound, ☏ 332-3811, www.pineappleair.com.*
Southern Air, *Governor's Harbour, ☏ 332-3270, www.southernaircharter.com.*

Transfer vom Flughafen: *Bei Ankunft der Flüge stehen immer Taxis bereit. Die Kosten für die Fahrt richten sich nach der Entfernung zum gewünschten Hotel/Resort. Wer auf einem von der jeweiligen Unterkunft weiter entfernten Flughafen landet und z. B. von North Eleuthera nach Rock Sound möchte, der muss mit rund 200 $ für das Taxi rechnen. Vom Flughafen North Eleuthera nach* **Harbour Island** *kostet der Transport 15 $, 10 $ für das Taxi, 5 $ für das Fährboot.*

Fähre/Postschiff

Fähren von Nassau nach Eleuthera

Bahamas Ferries, *Nassau, ☎ 323-2166, www.bahamasferries.com.*
Die Schnellfähre **MV Bo Hengy** *fährt tgl. von Nassau nach Harbour Island und North Eleuthera und zweimal wöchentlich von Nassau nach Governor's Harbour.*

Mit dem Postschiff

Mehrere Postschiffe (Mail Boat) laufen Eleuthera vom Potter's Cay in Nassau aus an.
Die **MV Current Pride** *fährt einmal die Woche von Nassau nach Current Island.*
Die **Bahamas DayBreak III** *verlässt Mo den Hafen Richtung South Eleuthera und Rock Sound und kehrt Di nach Nassau zurück. Mi führt die Tour dann nach Harbour Island und The Bluff, Rückkehr sonntags.*
MV Eleuthera Express *fährt von Nassau nach Spanish Wells und Governor's Harbour (Mo und Do) und zurück (Di und So) nach Nassau.*
Allerdings richten sich die Fahrpläne sehr oft nach den Wetterbedingungen. Am besten den Hafenmeister in Potter's Cay Dock in Nassau, ☎ 393-1064, nach den aktuellen Abfahrtszeiten der Schiffe fragen.

Fähren nach Harbour Island und Spanish Wells

Die örtlichen Fähren unterhalten einen **Shuttle Service** *zwischen der Hauptinsel und Harbour Island, Gene's Bay und Spanish Wells. Normalerweise verkehren die Fähren zwischen 6 Uhr morgens und 19 Uhr abends. Abgelegt wird je nach Bedarf.*
Nach **Harbour Island** *kostet das Fährboot 5 $ ein Weg, Fahrzeit ca. 15 Min. Nach* **Spanish Wells**, *Abfahrt Dock in Gene's Bay. Überfahrt (5 Min.) ca. 10 $ hin/zurück.*

Mietwagen

Hilton Johnson, *Governor's Harbour, ☎ 335-6241.*
Sunshine Rentals, *Dunmore Town, ☎ 333-2509.*
Winsett „Big Daddy" Cooper Rental Cars, *Palmetto Point, ☎ 470-9003, www.wcbigdaddyrentalcars.com.*

Fahrradverleih

Die meisten Resorts vermieten Fahrräder an ihre Gäste.

Taxis

Es empfiehlt sich, Taxis nur für den Transport vom und zum Flughafen zu nehmen. An den Flughäfen und Fähranlegern warten immer genügend Taxis. Es gibt etliche Taxiunternehmen, im Folgenden einige Adressen aus verschiedenen Teilen Eleutheras:
Arthur Nixon, *South Palmetto Point, ☎ 332-2052.*
Amos Johnson, *Lower Bogue, ☎ 335-1146.*
Danny Major, *Dunmore Town, ☎ 422-9296.*

Cat Island
N
0
10 km
© igraphic
Grape Point
Man O' War Pt.
Flamingo Point
Bat Hole
Blue Hole
Camperdown Beach
Bain Town
Arthur's Town Airport
Port Royal Beach
Orange Creek
North East Point
Arthur's Town
Gaitor's Hole
Zion Hill
Dumfries
Bird Point
Wilson Bay
Bennett's Harbour
ATLANTIC OCEAN
Anschluss ca. 15 km
Alligator Point
Pigeon Cay Beach
The Bluff
Little San Salvador
Gaitor's
Industrious Hill
Bat Caves
Stephenson
The Cove
Alligator Bay Beach
Hart's Bay Hill
Knowles
Fine Bay
Exuma Sound
Turtle Cove
Smith's Bay
New Bight Airport
Big Turtle Cove
Fernandez Bay
Freetown
The Hermitage
Mt. Alvernia (Como Hill)
New Bight
63 m (206 ft)
Pigeon Bay
Moss Town
Old Bight
Joe Sound Creek
Armbrister Creek
Boiling Hole
Healing Hole
Winding Bay
Great Lake
Greenwood Beach
McQueen's
Red Pond
Hawk's Nest Point
St. John the Baptist Cath. Church
Hawk's Nest Creek
Morgans Bay
Bain Town
Cutlass Bay
Port Howe
Columbus Point
French Bay
Devil's Point
Devil's Point
Unterkünfte
1 Shannas Cove
2 Pigeon Cay Beach Club
3 Fernandez Bay Village
4 Bridge Inn
5 Greenwood Beach Resort
6 Rollezz Villas Beach Resort
Essen & Trinken
1 Yardies Restaurant & Bar
2 Da Smoke Pot

Cat Island

Telegramm Cat Island

Name	Cat Island
Fläche	390 km²
Länge	77 km
Einwohnerzahl	1.500 (2010)
Einwohnerzahl pro km²	3,9
Größter Ort	New Bight
Weitere Orte	Arthur's Town, Port Howe, Moss Town, Freetown
Wichtigste Wirtschaftszweige	Landwirtschaft, Fischerei, Tourismus
Touristisches Potenzial	Schöne Strände, The Hermitage, Tauchen, Kitesurfen

Cat Island erstreckt sich südöstlich von Eleuthera über ca. 77 km zwischen Atlantik und dem Exuma Sound. Wie Eleuthera ist die Insel sehr schmal und an manchen Stellen nur etwas über einen Kilometer breit. Sie ist ein Paradies für Liebhaber einsamer Strände und beschauliche Abendstunden in der Hängematte.

Naturbelassene Strände

Cat Island hat mit die schönsten Strände der Bahamas, wenn man sie naturbelassen und einsam liebt. Da diese Insel aber immer noch so etwas wie ein Geheimtipp für Individualisten ist, taucht sie bisher in keiner Rangliste auf.

Strandrestaurant bei New Bight auf Cat Island

Entfernungen

New Bight – Bennett's Harbour 41 km
New Bight – Arthur's Harbour 53 km
New Bight – Old Bight 12 km
New Bight – Devil's Point 27 km

In einem Punkt ist Cat Island jedoch unbestritten spitze: Der **Mount Alvernia** ist mit seinen fast 63 m über dem Meeresspiegel die höchste Erhebung der Bahamas. Von diesem „Berg" aus hat man einen 360-Grad-Panoramablick über die Insel. Die mittelalterliche Einsiedelei auf dem Gipfel, die unbedingt sehenswerte „**The Hermitage**", wurde ab 1939 von Father Jerome errichtet, der sein Leben der Verbreitung der kirchlichen Botschaft widmete. Jerome war von Haus aus Architekt und schlug aus solidem Felsen per Hand die Stufen aus, die bis heute einen Kreuzweg hoch zur Einsiedelei symbolisieren. Viele andere eindrucksvolle Bauwerke auf Cat und Long Island stammen aus seiner Hand. Father Jerome wurde von den Einwohnern als ein Heiliger betrachtet.

Schöne Westküste

Die meist schwer zugängliche Atlantikküste kann jedoch mit der wunderschönen Westküste zum Exuma Sound hin keine Konkurrenz aufnehmen. 2011 wurde Cat Island vom Hurrikan „Irene" schwer in Mitleidenschaft gezogen, blieb glücklicherweise 2017 aber von „Irma" verschont.

Geschichte

Bei den Lucaya-Indianern hieß Cat Island **Guanima** und war zu dem Zeitpunkt, als Kolumbus diese Insel entdeckte, relativ gut besiedelt. Da man lange glaubte, dass Cat Island diejenige Insel der Bahamas sei, auf der Kolumbus zuerst an Land ging, hieß sie bis 1926 **San Salvador**. Ihren heutigen Namen verdankt **Cat Island** allerdings einem Piraten namens Arthur Catt, der Anfang des 18. Jh. in den Gewässern

Fernandez Bay Beach auf Cat Island

der Karibik sein Unwesen trieb. Auch Arthur's Town im Norden der Insel wurde nach diesem Piraten benannt.

Redaktionstipps

➤ Unbedingt anschauen: **The Hermitage** (S. 229).
➤ Hingehen und Hinhören: **Rake-'n'-Scrape-Musik** in einigen Bars (S. 228).
➤ Cat Island gilt nicht nur für Eingeweihte als **einer der besten Tauchspots der Bahamas** (S. 233).

Nachdem die Spanier die Indianer zur Zwangsarbeit auf Hispaniola verschleppt hatten, war die Insel lange unbewohnt. Erst mit den Loyalisten kamen gegen Ende des 18. Jh. wieder Siedler nach Cat Island. Sie stammten aus Virginia und Carolina und brachten den Baumwollanbau mit. Nach 20 Jahren recht erfolgreichen Anbaus zerstörte die Braunfäule den Großteil der Ernte und brachte ernsthafte wirtschaftliche Probleme mit sich. Nach der 1834 in England proklamierten und 1838 durchgesetzten Abschaffung der Sklaverei wurde die Baumwollproduktion dann endgültig unwirtschaftlich. Wer zu dem Zeitpunkt Cat Island nicht verlassen hatte, versuchte, sich in Subsistenzwirtschaft mit Ackerbau und Fischerei über Wasser zu halten.

Cat Island heute

Obst, Gemüse und Fisch für den Eigenbedarf

Weder an der Abgeschiedenheit noch an der wirtschaftlichen Lage von Cat Island scheint sich bis heute viel geändert zu haben. Zwar wird ein kleiner Anteil an der Gemüse- und Obstproduktion der Insel nach Nassau verschifft, aber viel Geld kommt damit nicht nach Cat Island. Für den eigenen Bedarf wird eine Vielfalt an Gemüse- und Obstsorten angebaut. So sieht man häufig Tomaten, Kartoffeln, Melonen, Ananas und vieles mehr auf kleinen Feldern am Wegesrand wachsen.

Die Fischerei ist auch nicht von nennenswerter Bedeutung. Es wird gefangen, was auf der Insel benötigt wird. Selbst der für einige andere Bahamainseln so wichtige Wirtschaftszweig des Tourismus ist auf Cat Island gerade erst den Kinderschuhen entwachsen. Es gibt nur vereinzelt Hotels, und bis auf The Hermitage, eine Höhle und ein paar verfallene Anwesen lange verlassener Plantagen gibt es nicht viel zu sehen. Aber gerade das macht den Reiz der Insel aus. Hier kann man sich an einsamen Stränden erholen, ohne vom Touristentrubel gestört zu werden.

Späte Elektrifizierung

Anfang der 1990er-Jahre wurde erst mit der Elektrifizierung der Insel begonnen. Ohne Generator war man bis dahin also auch ohne Strom, und die Straßenverhältnisse müssen bis Mitte der 1990er-Jahre auch ziemlich verheerend gewesen sein. Heute ist es allerdings kein Problem mehr, auf der inzwischen gut geteerten Hauptstraße von Norden nach Süden zu kommen. Trotz dieser Errungenschaften hat man das Gefühl, dass die Zeit auf dieser Insel stehengeblieben ist und das 21. Jh. noch nicht eingeläutet wurde. Auch die Bahamaer selbst sind der Meinung, dass auf Cat Island noch alles recht ursprünglich ist und die Menschen noch nicht vom Tourismus beeinflusst sind wie auf anderen Inseln.

Es gibt wenige Autos auf der Insel, in einigen Ortschaften kann man zusehen, wie nach altem Brauch Basttaschen und -hüte gefertigt werden. Gelegentlich sieht man auch noch Flaschen an den Bäumen hängen, die böse Geister vertreiben sollen.

Dieser **Obeah-Zauber**, der aus Voodoo-Bräuchen entsprang, spielt auf Cat Island auch heute noch eine Rolle. Einen sehr berühmten „Sohn" hat die Insel jedoch hervorgebracht. In Arthur's Town verbrachte der oscarprämierte Schauspieler Sidney Poitier seine Jugendjahre.

Musikfestival im Juni

Ein bisschen mehr los ist auf Cat Island zum **Rake-'n'-Scrape-Festival**, das jedes Jahr im Juni stattfindet. Viele bekannte Bands von den Bahamas und der Karibik treten in Arthur's Town beim Flughafen auf, z. B. die „Lassido Boys", „Ancient Man" oder „Veronica Bishop". Wie auf einem Rummelplatz werden Stände aufgestellt, die für das leibliche Wohl sorgen.

info

Rake 'n' Scrape

Sinngemäß „Harken und Kratzen" heißt der Musikstil, der an einigen Ecken der Bahamas angetroffen werden kann. Cat Island gilt als die Hochburg, aber auch in Long Island und anderen Inseln kann man Rake 'n' Scrape begegnen. Natürlich gibt es Calypso, Soca und Reggae, Pop nicht zu vergessen. Die ärmere Bevölkerung aber hält an Rake 'n' Scrape fest, denn die Auswahl der Musikinstrumente ist recht einfach: vielleicht eine Säge, ein Waschbrett, eine Blechtonne, dazu vielleicht eine Gitarre, ein wenig Gesang, und fertig ist die Show. Die früheren Sklaven hatten den Sound aus der afrikanischen Heimat mitgebracht. Denn sie überzogen Schweinetröge mit Ziegenleder, fertig war die Trommel, entlockten einer Säge Töne, indem sie mit einer Feile darüber kratzten und bastelten eine Bassvioline aus einem Waschzuber mit Schnüren. Heute verstärken Saxophone und elektrische Gitarren die Sägen und Trommeln der Rake-'n'-Scrape-Bands – der Sound auf jeden Fall ist mitreißend bahamaisch.

Cat Island bietet sich an, wenn man einen ruhigen Strandurlaub plant. Man sollte sich für die Abende etwas zu lesen mitbringen und sich ganz der Entspannung hingeben – oder tauchen gehen. Fernandez Bay Village, das Greenwood Beach Resort und Shannas Cove verfügen über sehr gute Tauchmöglichkeiten. Auch das Kitesurfen auf Cat Island ist längst kein Geheimtipp mehr und vor allem bei deutschen und französischen Gästen sehr beliebt. Eine Inselrundfahrt im gemieteten Auto ist darüber hinaus zu empfehlen. Man kann sich dann The Hermitage ansehen, zu entlegenen Stränden fahren und die ruhige Atmosphäre der Insel genießen.

Der Süden

Von **Fernandez Bay Village** aus, das in der Nähe des Flugplatzes von New Bight liegt, empfiehlt es sich, für den Süden und den Norden mindestens einen Tag für eine Tour einzuplanen. Auf der Südroute kommt man am Flughafen vorbei, bevor **Freetown Settlement** und **The Bight Settlement** erreicht werden. Hier lohnt es sich, an der Kirche **Holy Redeemer Catholic Church** auf der linken

Seite Halt zu machen und sich die Malereien am Eingang anzusehen. Außer einem netten Strand, der über die Straße gegenüber der Kirche erreicht werden kann, gibt es hier nicht viel anzuschauen. Im **Bridge Inn**, das von der Hauptstraße aus zu sehen ist, kann man sich schon einmal mit einer Kleinigkeit für den Aufstieg zu **The Hermitage** stärken.

Schreibpult von Father Jerome in der Hermitage

Zu dieser Einsiedelei, die **Father Jerome** auf dem höchsten Punkt der Bahamas nach seinem Rückzug vom aktiven Gemeindeleben 1939 mit eigenen Händen errichtete, gelangt man auf einer Straße, die kurz vor dem **Blue Bird** (kleine Restaurantkneipe auf der rechten Seite) nach links abzweigt. Der Aufstieg entlang des Kreuzwegs erfolgt zu Fuß. Hier bekommt man gleich einen Eindruck von den Mühen, die Father Jerome auf sich genommen hat, um das Material für seinen „Altersruhesitz" den teils recht steilen Weg hinaufzutragen. Auf dem letzten Stück ist auf Felsbrocken der **Passionsweg** von Jesus Christus dargestellt. Oben angelangt, sollte man zunächst die wunderschöne Aussicht genießen. Aber auch die Besichtigung der kleinen Klause, in der der Pater bis zu seinem Tod 1956 lebte, und des Glockenturms sind sehr interessant, die Atmosphäre ist andächtig. Wer dem Weg an der Einsiedelei vorbei folgt, kommt schnell an einen kleinen Pfad, der nach rechts abzweigt. Hier geht es noch rund 5 Minuten durch das Gestrüpp, dann erreicht man den Eingang einer kleinen Höhle. Hier lebte Father Jerome, als er die Hermitage baute.

Father Jerome: Kirchenbauer, Priester, Einsiedler

info

Allein auf Cat Island hinterließ er vier Kirchen, auf dem benachbarten Long Island baute er zwei Gotteshäuser in Clarence Town: St. Paul's Anglican Church und St. Peter and Paul Roman Catholic Church. Bis heute sind die Kirchen berühmte, gut besuchte Bauwerke und architektonische Schmuckstücke. Eigentlich aber war Father Jeromes Vorbild der heilige Franz von Assisi – er wollte nur in Einsamkeit und als Armer unter den Armen leben. Daher kam er 1939 nach Cat Island. Vorher aber hatte Father Jerome ein durchaus bewegtes Leben, das ihn durch die ganze Welt geführt hatte.

Geboren wurde Father Jerome 1876 in Richmond, England, als John C. Hawes, Sohn eines wohlhabenden Rechtsanwalts. Sein Vater fragte ihn im zarten Alter von 16 Jahren, was er denn mal werden wollte. John wusste keine Antwort. Der Vater beschloss, aus ihm einen Architekten zu machen. Doch John hatte früh einen christlichen Winkel in seiner Seele entdeckt und wurde Kirchenarchitekt. Mit gerade einmal 22 Jahren konnte er einen seiner Pläne für ein Kirchengebäude in der Royal Academy in London prä-

info

sentieren. Ab da war er ein gefragter Kirchenbaumeister, in der ganzen Welt und auf unzähligen Baustellen unterwegs. Was aber die Ruhelosigkeit des John C. Hawes nicht befriedigen konnte. Er absolvierte ein Theologiestudium und wurde 1903 als Monsignor John C. Hawes Priester der Church of England, 1911 konvertierte er zum Katholizismus. Er versuchte sich als Philosoph, als Dichter, als Schriftsteller, er züchtete Foxterrier, erprobte sich als Bildhauer und wurde ein berühmter Sammler. Ganz nebenbei wurde er beim Goldrausch in Australien reich.

Doch das war es alles nicht, Hawes fand nicht die richtigen Antworten. Also zurück auf null, Franz von Assisi sollte den Weg vorgeben, Hawes kam 1939 nach Cat Island, um hier arm zu leben und nannte sich nun Father Jerome. Kaum hatte er die Insel betreten, hatte er den Drang, auf dem höchsten Punkt eine Einsiedelei zu bauen. Er kaufte den Berggipfel, nebenbei der höchste Gipfel der Bahamas, nannte ihn Mount Alvernia nach dem Hügel in der Toskana, wo Franz von Assisi durch das Kreuz seine Wunden empfing, und begann, mit den eigenen Händen die eigene Einsiedelei zu bauen. Während der Bauzeit lebte er in einer winzigen Höhle auf der Rückseite des Hügels und beschränkte seine Kreativität nicht nur auf seine Einsiedelei. Vielmehr entstanden in den Folgejahren gleich vier Kirchen auf Cat Island – denn in Einsamkeit leben konnte er auf seinem Hügel. Seine kreative Kraft aber wurde in der Welt gebraucht. Unterwegs war der leidenschaftliche Segler stets mit dem eigenen Boot und einer eigenen Mannschaft. Daher schaute er auch mal auf der Nachbarinsel Long Island vorbei und baute dort zwei weitere Kirchen. „Griechisch-keltisch mit arabischem Einschlag, mediterran“ wird sein Stil heute von Spezialisten umschrieben – einzigartig ist er auf jeden Fall. 1956 starb Father Jerome und wird bis heute auf den Bahamas als ganz besonderer Mensch und Persönlichkeit verehrt. Auf Cat Island wurde er in seiner Höhle hinter seiner Einsiedelei beigesetzt.

Der Magie dieses Ortes kann sich kaum jemand entziehen: die Einsiedelei von Father Jerome

In der Ortschaft **Old Bight** findet man dann wieder einen dieser wunderschönen, lang gestreckten Strände, einfach in die Straße gegenüber der Schule rechts abbiegen. Einen der schönsten Strände auf Cat Island überhaupt gibt es in **Devil's Point**. Beim Kreisverkehr folgt man einfach der entsprechenden Ausschilderung in Richtung Westen. An dem kilometerlangen Sandstrand begegnet man höchstens ein paar Fischern. Ein Abstecher nach **Hawk's Nest** auf dem Rückweg (erste geteerte Straße nach links) lohnt sich besonders für ernsthafte Angler und Sportfischer. Im Hawk's Nest Resort kann man mittag- oder abendessen, auch wenn man dort nicht wohnt. Auf halber Strecke aber sollte man im Örtchen **McQueen's** haltmachen. Hier, am westlichsten Ende der Insel, endet die geteerte Straße direkt am menschenleeren Strand – ein Gefühl wie am Ende der Welt.

Einsamer Strand

Zurück am großen Kreisverkehr angelangt, kann man dann noch nach **Port Howe** fahren und dort die Ruine der alten Deveaux-Plantage ansehen. Die Überreste des Gebäudes sind nicht besonders eindrucksvoll – umgeben sind die Steine von einem ärmlichen Dorf. Die geteerte Straße führt weiter bis zum Abzweig zum **Greenwood Beach Resort**. Hier kann man den schönen Blick über den Atlantikstrand genießen oder etwas essen. Das Greenwood Beach Resort, ursprünglich von einer Familie aus Düsseldorf gegründet, war der Resort-Pionier auf Cat Island und zieht heute Taucher und Kitesurfer an. Wer geradeaus weiterfährt, verlässt die geteerte Straße und muss sich die nächsten 30 Minuten durchschütteln lassen – um dann wieder in Old Bight anzukommen.

Resort-Pionier auf Cat Island

Der Norden

Einen schönen Atlantikstrand gibt es auch von Fernandez Bay aus in Richtung Norden. Die erste Möglichkeit, rechts abzubiegen (etwa in Höhe von Smith's Bay), führt nach **Fine Bay**. Die Stichstraße ist nicht besonders gut, aber der Weg lohnt sich. Wieder auf der Hauptstraße angekommen, folgt der Ort **Knowles** mit dem einzigen Geldautomaten der Insel. Bald folgen, auf der rechten Seite der Straße, die „Bat Caves". Sie sind ordentlich ausgeschildert, denn sie sind nicht nur nett anzuschauen, sondern haben auch einen recht konkreten Verwendungszweck: als Unterstand und Schutz vor Hurrikans. Bis **The Bluff** gibt es außer kleinen Siedlungen und Farmen nicht viel zu sehen. The Bluff ist eine recht alte Siedlung, die während der Baumwollzeit gegründet wurde.

Bevor man **Arthur's Town** im Norden der Insel erreicht, fährt man noch durch **Bennett's Harbour**, das in den 1830er-Jahren von befreiten Sklaven gegründet wurde. Nördlich von Arthur's Town, hinter dem Flugplatz, liegt ein traumhafter Strand links von der Straße.

Orange Creek, wo man sich dann befindet, ist auch für Bonefishing sehr gut geeignet. Es hält noch eine kleine Attraktion bereit: Am mächtigen Propangas-Tank, der an der Hauptstraße steht, rechts abbiegen in die Dickie Road, dann ein kleines Stückchen geradeaus. Auf der linken Straßenseite ist ein vom Gebüsch umgebenes, kleineres **Blue Hole**, das in früheren Zeiten als dörflicher Waschplatz genutzt wurde. Wer nicht baden will, kann immerhin die besondere Atmosphäre genießen.

Wanderung

Die ungeteerte Straße führt weiter bis zum Resort **Shannas Cove**. Wer die Wanderschuhe dabei hat und das nördliche Ende der Insel, den Man of War Point erwandern will, kann das von hier aus in einem 45-minütigen Spaziergang tun. Der Weg wurde angelegt und wird gepflegt vom Team des Shannas Cove.

Reisepraktische Informationen Cat Island

Information

www.bahamas.com/islands/cat.

Wichtige Telefonnummern

Notfall/Polizei, ☎ *919.*
New Bight, ☎ *342-3039.*
Arthur's Town, ☎ *354-2046.*

Im Krankheitsfall

Bain Town Community Clinic, ☎ *342-5057.*
The Bight Community Clinic, ☎ *342-4049.*
Orange Creek Community Clinic, ☎ *354-4050.*

Bank

Bank of the Bahamas, *Knowles,* ☎ *342-2230, Mo–Do 9.30–15, Fr 9.30–16.30 Uhr, mit Geldautomat.*

Unterkunft

Bridge Inn (4) $$, *New Bight,* ☎ *354-3013. Einfaches Hotel für den kleinen Geldbeutel. Die Atmosphäre hier ist recht „rustikal", aber man hat im Gegensatz zu den anderen Hotels die Chance, viele Einheimische zu treffen und die Out Islands der Bahamas im Original kennenzulernen.*

Greenwood Beach Resort (5) $$, *Port Howe,* ☎ *342-3053, www.greenwoodbeachresort.biz. Für Taucher und Kitesurfer ist die Hotelanlage geradezu ein Paradies – allerdings weit weg von allem. Die Zimmer sind einfach, aber nett eingerichtet. Abends kann man zur Brandung des Atlantikstrands einen der guten Cocktails der Bar genießen.*

Pigeon Cay Beach Club (2) $$–$$$$, *North End,* ☎ *354-5084, www.pigeoncaybahamas.com. Ganz im Norden der Insel direkt am Strand liegt dieses Bed & Breakfast. Jede Unterkunft hat eine voll ausgestattete Küche und ein bis drei Schlafzimmer, die schön hell und luftig sind.*

Shannas Cove (1) $$$, *North End,* ☎ *354-4249, www.shannas-cove.com. Ganz im Norden der Insel gelegenes, kleines und sehr familiäres Tauchresort mit fünf Cottages – unter deutscher Leitung von Gabi und Frank Wolff. Sehr abgelegen, aber wunderschön. Schon allein der Strand ist einen Besuch wert. Das hauseigene* **Restaurant** *ist ausgezeichnet und die Pizzas so berühmt, dass schon Hubschrauber aus Nassau gesehen wurden, die hier landeten, um Pizza in die Hauptstadt mitzunehmen.*

Rollezz Villas Beach Resort (6) $$$, *Old Bight,* ☎ *557-0005, https://rollezz.com. Lesertipp: „Urlaub, völlig abseits von durchorganisierten und lärmenden Horden – Erholung pur!"*

Fernandez Bay Village (3) $$$–$$$$, *Fernandez Bay, ☏ 342-3043, www.fernandezbayvillage.com. Familiär geführtes Hotel in amerikanischer Hand mit wunderschönen karibischen Cottages und Villen, die z. T. direkt am privaten Strand liegen – 30 Sekunden vom Bett ins karibische Meer. Die Cottages haben Outdoor-Badezimmer, was vielleicht ein wenig ungewohnt ist. Fernandez Bay verleiht Kajaks und Paddelboote, mit denen man eine Tour zum „Boiling Hole" starten kann. „Boiling Hole" ist ein kristallklarer See unweit von Fernandez Bay, der bei bestimmten Flut- und Ebbezeiten blubbert und aufgewühlt wird und diesem Umstand seinen Namen verdankt.*

Restaurants/Bars

Die **Resorts** *verfügen über eigene Bars und Restaurants.*

Da Smoke Pot (2), *Arthur's Town, ☏ 354-2094, Di–So 12–ca. 21 Uhr. Hier springt der Fisch direkt aus dem Meer auf den Grill und anschließend auf den Teller. Dazu ein paar kalte Biere, und einem schönen Abend steht nichts im Wege. Mit ein bisschen Glück gibt's musikalische Untermalung mit Rake 'n' Scrape.*

Yardies Restaurant & Bar (1), *Bennett's Harbour, ☏ 354-6076, tgl. 7–20 Uhr. Die hauseigene Eiscreme ist berühmt, das jamaikanische Hühnchen berüchtigt, nebenbei gibt's eine Tankstelle.*

Einkaufen

Es lohnt sich, nach kleinen „Läden" Ausschau zu halten, in denen man Strohhüte, -taschen und andere geflochtene Produkte kaufen kann.

Wassersport/Aktivitäten

Fernandez Bay Village, **Greenwood Beach Resort** *und* **Shannas Cove** *(s. Unterkunft) verfügen über ein gutes Wassersportangebot. Hier kann man sportangeln, ein Boot mieten, tauchen und schnorcheln. Fernandez Bay Village bietet auch Wasserski an. Für Taucher ist Shannas Cove zu empfehlen. Das Greenwood Beach Resort ist der Spot für die wachsende Szene der Kitesurfer.*

Strände

Greenwood Beach *gilt als einer der schönsten der Bahamas (20 km lang). Von den Atlantikstränden sind der von Fine Bay und der am Greenwood Beach Resort am besten zugänglich. Die wahren Schönheiten sind jedoch die zur* **Karibikseite** *gelegenen Strände von Orange Creek, Fernandez Bay und am Devil's Point.*

Veranstaltungen

Rake-'n'-Scrape-Festival, *am ersten Wochenende im Juni,* *s. S. 228.*

Hirnkorallen vor Cat Island

Shopping auf Cat Island

Cat Island Regatta, *Die Segelregatta findet 3 Tage im Sommer statt, gewöhnlich Ende Juli/Anfang Aug.*

Flüge

Cat Island hat zwei Flughäfen: **Arthur's Town** *und* **New Bight**. *Auch hier lohnt es sich, zu schauen, in welcher Ecke der Insel die Unterkunft liegt und dann den Flughafen zu wählen.*

Sky Bahamas, ☎ *354-2236 (Arthur's Town), www.skybahamas.net, fliegt beide Flughäfen ab Nassau an – erst Arthur's Town, anschließend New Bight.*

Transfer vom Flughafen

Der Transfer vom und zum Flughafen wird nach Absprache vom Hotel organisiert.

Mietwagen

Das jeweilige Resort hilft bei der Vermittlung eines Mietwagens.

Gilbert's Car Rental, *New Bight,* ☎ *342-3011, https://gilbertcarscatisland.com.*

New Bight Car Rental, *New Bight,* ☎ *342-3014.*

Fahrradverleih

Fernandez Bay Village *und* **Greenwood Beach Resort** *haben Fahrräder für die Gäste.*

Taxis

Taxis stehen normalerweise bei Ankunft der Flugzeuge bereit.

C & O Taxi & Tours, *New Bight,* ☎ *464-6193.*

E & H Taxi Service, *Tea Bay,* ☎ *342-8041.*

Oswald Seymour, *New Bight Airport,* ☎ *342-6014.*

The Exumas

Telegramm The Exumas

Name	The Exumas
Fläche	290 km²
Einwohnerzahl	6.900 (2010)
Einwohner pro km²	23,8
Größter Ort	George Town
Weitere Orte	Forbes Hill, Moss Town, Ramsey, Rolle Town, Rolleville, Williams Town
Wichtigste Wirtschaftszweige	Tourismus, Fischerei
Touristisches Potenzial	Exuma Cays Land & Sea Park, Stocking Island, abgelegene Strände, gute Fischgründe, Taucherparadies

Wie auf eine Kette aufgefädelte Perlen liegen die **Exuma Cays** westlich des Exuma Sound fast 170 km von Nordwesten nach Südosten aufgereiht. 365 Cays seien es, sagt man. Daher auch das Versprechen der Exumas: „Eine Insel für jeden Tag des Jahres". Ganz im Süden liegen die größten Inseln **Great Exuma** und **Little Exuma**, die mit einer Brücke verbunden sind. Hier lebt auch der größte Anteil der Bevölkerung. Die meisten Cays sind unbewohnt und locken mit ihren wunderschönen Stränden zu einem Robinson-Crusoe-Dasein. Zwar gibt es auf einigen Cays eine Landebahn, aber die meisten Inselchen sind nur mit dem Boot zu erreichen. Die Exumas liegen zwar nicht direkt am Atlantik, aber an ihrer Ostküste wird der **Exuma Sound** bis zu 1.800 m tief. An der Westküste sind die Gewässer der **Great Bahama Bank**, die recht flach sind und sich für Bonefishing eignen. Die Nordostküste von Great Exuma ist für ihre wunderschönen Sandstrände ebenso bekannt wie die Südwestküste für ihre teils von Mangroven bewachsenen Bonefishinggründe.

Robinson-Crusoe-Feeling

Geschichte

Der Name Exuma ist wahrscheinlich indianischen Ursprungs, aber sein Ursprung liegt ebenso im Verborgenen der vorkolumbianischen Zeit wie das Leben der Lucaya-Indianer, die sehr wahrscheinlich auch diese Inselgruppe bevölkert haben. Sie sind wohl ebenso wie ihre Leidensgenossen auf den anderen Inseln von den Spaniern als Sklaven zur Zwangsarbeit auf Hispaniola verschleppt worden.

Entfernungen

George Town – Rolleville 35 km
George Town – Rolle Town 10 km
George Town – Williams Town 25 km

Abgesehen von einigen Seeräubern, die sich auf den Exumas gut verstecken konnten, fand bis

Great Exuma und Little Exuma
N
0
10 km
© graphic
Great Exuma
Exuma Sound
Northwest Providence Channel
Little Exuma
Rat Cay
Pudding Point
Barraterre
Rolleville
Cocoplum
Steventon
Stuart Manor
Alexander
Rokers Point
Ocean Bight
Griffins Cay
Calvin Hill
Farmers Hill
Mt. Thompson
Three Sisters Rock
Forest
Ramsey
Exuma International Airport
Moss Town
Hoopers Bay
Powder Beach
Stocking Island
Hermitage
Moss Town Harbour
Elizabeth Cay
George Town
Crab Cay
Blue Hole
Pretty Molly
Hog Cay
Perpalls Cay
Michelson
Man O War Cay
Culmers Cay
Green Turtle Cay
Rolle Town
Forbes Hill
Bonefish Cay
Channel Cays
Hermitage Tomb
Hartswell
Moore Hill
Sail Rocks
Ship Channel Cay
Highborne
Highborne or Highburn Cay
Normans Cay
Wax Cay
Stroud Cay
Hawksbill Cay
Cistern Cay
Exuma Land & Sea Park (N. P.)
Waderick Wells Cay
Halls Pond Cay
Little Bells Cay
Bells Cay
Compass Cay
Pipe Cay
Sampson Cay
Majors Spot
Staniel Cay
Harveys Cays
Staniel Cay
Bitter Guana Cay
Black Point
Great Guana Cay
Harbour Rocks
Isaac Bay
Isaac
Great Bahama Bank
Exuma Cays
Big Farmers Cay
Cave Cay
Rudder Cut Cay
Lingnumvitae Cay
Darby Island
Young Island
Bock Cay
Normas Pond Cay
Lee Stocking Island
Exuma
Vergrößerung siehe Karte rechts oben
Rat Cay
Pudding Point
Barraterre
Brigantine Cays
Rolleville
Great Exuma
Stuart Manor
Steventon
Rokers Point
Mt. Thompson
Ramsey
Moss Town
Hermitage
George Town
Bowe Cay
Coakley Cay
Channel Cays
© graphic
N
0
20 km
The Exumas Übersicht

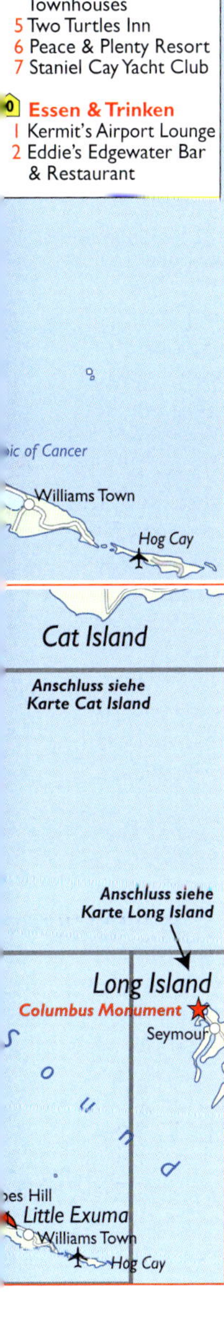

zum Jahr 1783 durch die Loyalisten aus Carolina, Georgia und Florida keine nennenswerte Besiedlung der Inselgruppe mehr statt. William Walker errichtete damals eine der größten Plantagen auf Crab Cay. Die Exumas erlebten Ende des 18. Jh. durch diese königstreuen Amerikaner eine kurze wirtschaftliche Blütezeit. Gleich auf mehreren **Baumwollplantagen** wurde z. T. direkt für die Fabriken in Manchester produziert. Zu dieser Zeit wurden zusätzlich zu den Sklaven, die die Siedler vom nordamerikanischen Kontinent mitgebracht hatten, noch Sklaven von der Westküste Afrikas hierher verschleppt.

Redaktionstipps

- Sich die Füße von Stingrays im flachen Strandgewässer von **Stocking Island** anknabbern lassen (S. 239).
- Die **schwimmenden Schweine** von Big Major Cay erleben (S. 242).
- Einen Bootsausflug zum Nationalpark **Exuma Cays Land & Sea Park** unternehmen (S. 238).
- Absteigen im **Staniel Cay Yacht Club** mit „fine dining" und wunderbaren Holzhütten (S. 245).

Nach einer Krise durch Schädlinge in den Feldern 1802 kam es zur ersten Abwanderung von vielen Plantagenbesitzern. 1829 und 1833 sorgten **Sklavenunruhen** für Probleme. Nach der offiziellen Befreiung der Sklaven 1838 verließen fast alle Pflanzer die Insel in Richtung Nassau oder England. Die Unruhen auf der größten Rolle-Plantage (heute Rolleville) Anfang der 1830er-Jahre gingen mit dem Namen ihres Anführers Pompey in die Geschichte ein (s. S. 108, 209). Über 50 Sklaven kämpften schon vor ihrer offiziellen Befreiung für ein Recht auf ein selbstbestimmtes Leben und ein Stück Land für den eigenen Anbau.

Sklavenaufstand

Es waren aber nicht nur die Schädlinge und der Verlust der billigen Arbeitskräfte, die den Baumwollanbau nicht mehr lukrativ machten, sondern es führte auch die intensive Ausbeutung der sehr dünnen Humusschicht auf den Inseln zur Unrentabilität des Anbaus. Notgedrungen ging man auf der Insel zur Subsistenzwirtschaft über. Viele freigelassene Sklaven übernahmen den Namen des größten Plantagenbesitzers Lord John Rolle, der zwar die größten Besitzungen auf den Inseln hatte, aber nie auf den Bahamas war.

Rolle – häufiger Name

Auch heute noch ist Rolle der häufigste Name auf den Exumas und taucht auch in Ortsbezeichnungen, wie Rolle Town oder Rolleville, auf. Obwohl die Legende, dass Lord Rolle vor Verlassen der Insel all sein Land seinen ehemaligen Sklaven vermachte, inzwischen widerlegt ist, war zur Zeit der Sklavenbefreiung die Übernahme des Namens des ehemaligen Herrn durch seine Sklaven auf den Bahamas eine nicht unübliche Verfahrensweise. Außer den Entwicklungen im touristischen Bereich hat sich auf den Exumas im 20. Jh. nicht viel getan.

Die Exumas heute

Auch heute noch leben viele Bewohner der Exumas ausschließlich von dem, was im eigenen Garten wächst oder was sie an Fischen gefangen haben. Es gibt zwar auf der Insel ein reichhaltiges Angebot an unterschiedlichen tropischen Früchten, wie Guaven, Mango und Ananas, aber für den Export reicht es in der Regel nicht. Bekannt sind die Exumas als Anbauort für Zwiebeln, die neben Kohl, Tomaten, Mais und anderen Gemüsesorten hier gezogen werden.

Bedeutender Segelwettbewerb

Die Fischerei hat eine etwas größere Bedeutung als der Anbau von Gemüse und Obst, aber das meiste Geld bringt immer noch der Tourismus auf die Inseln. Es ist jedoch bis auf ein paar Tage im April, wenn die National Family Island Regatta ausgetragen wird – mit 600 bis 700 Jachten im Hafen –, nicht „voll" auf den Exumas. Außerhalb von George Town kann jeder sein ganz privates Plätzchen finden. Das wussten auch die Drogendealer, die die Abgeschiedenheit der vielen Cays und die Unübersichtlichkeit der Gewässer um die Exumas Ende der 1970er- und Anfang der 1980er-Jahre für ihre Zwecke missbrauchten. Damals wurde im großen Stil Rauschgift aus Südamerika über die Bahamas in die USA verschoben, bis durch Absprachen der beiden Regierungen und die Installation eines Frühwarnsystems die Drogentransporte ausgetrocknet wurden.

Zur Regattazeit geht es allerdings auch in heutigen Tagen noch recht turbulent zu. Seit 1954 wird dieser Segelwettbewerb, der sich inzwischen zum bedeutendsten dieser Art auf den Bahamas gemausert hat, in Elizabeth Harbour zwischen George Town und Stocking Island veranstaltet. Bei der Regatta segelten auch schon so illustre Leute wie Prince Philip, Duke of Edinburgh, und der ehemalige griechische König Konstantin mit.

Weniger überlaufen, aber dennoch die größte Attraktion im Bereich der Exumas Cays ist der 1959 gegründete **Exuma Cays Land & Sea Park**. Dieser 400 km² große Nationalpark ist Lebensraum für die inzwischen sehr seltenen Felsenleguane, die, seitdem sie unter Naturschutz stehen, nicht mehr im Kochtopf der Bahamaer landen, sondern nun auf die Fütterung durch Touristen warten – was allerdings zu gesundheitlichen Schäden wie Darmproblemen und Parasitenbefall bei den Echsen führt.

Paradiesische Cays

Da die Exumas Ende des 18. Jh. die Baumwollhochburg der Bahamas waren, kann man hier einige, z. T. noch recht gut erhaltene **Ruinen der Plantagen** besichtigen. Aber berühmt sind die Exumas für Strandliebhaber. Nicht ohne Grund wurden in der Gegend zwei „Fluch der Karibik"-Filme gedreht, und Schauspieler Johnny Depp alias Captain Jack Sparrow gefiel es hier so gut, dass er sich 2004 für 3,6 Mio. Dollar gleich eine eigene Insel zugelegt hat. „Little Hall's Pond Cay" heißt das kleine Stückchen Land in den Exuma Cays und ist für die Öffentlichkeit nicht zugänglich. Das Schicksal teilt Little Hall's Pond Cay mit anderen Cays der Exumas wie Cistern Cay, Soldier Cay oder Little Bell Island. Was die Zahl der 365 für jeden Tag des Jahres ein wenig verringert. Trotzdem: Ob man nun ein Boot mietet und eine einsame Insel nur für sich sucht oder die wunderbaren Strände von Stocking Island direkt vor der Haustür von George Town bevorzugt, für jeden ist etwas dabei.

Ein Leckerbissen für Taucher sind die **Mystery Caves** von Stocking Island und etwas ganz Spezielles die Stingrays (Stachelrochen), die neugierig durch das flache Wasser am Strand kreuzen und durchaus mal Touristenfüße „beschnüffeln". Auf keinen Fall auslassen sollte man einen Bootsausflug zum Exuma Cays Land & Sea Park (auch von Nassau aus angeboten). Dort locken herrliche Korallenriffe zum Tauchen und die „Drachenfütterung" auf **Allan's Cay**. Für Segler, die einsame Buchten und kleine Inseln lieben, sind die Exumas natürlich auch ein ideales Revier. Bei den (Freizeit-)Kapitänen hat sich Staniel Cay und der dortige Jachtclub weltweit einen Namen gemacht.

Besuch zum Mittagessen

Südlich von George Town

Um die Atmosphäre der Insel aufzunehmen, sollte man mit einem Spaziergang um den Lake Victoria in **George Town** beginnen, das 1793 gegründet und nach König George III. von England benannt ist. Wer ein Fahrrad oder Auto für den Weg wählt, sollte beachten, dass die Straße um den See eine Einbahnstraße ist. Mit etwas Glück sieht man auf dem See eines der schönen, hölzernen Ruderboote, die hier bis heute von Hand gebaut werden. 80.000 US$ kann ein Sammlerstück kosten. Gegenüber dem Touristenamt liegt die um 1800 erbaute **St. Andrew's Anglican Church**.

Frühere Sklavenküche

Weiter in Richtung Government Dock folgt auf der rechten Straßenseite das älteste Hotel der Insel, das **Peace & Plenty Resort**, dessen gemütliche Bar früher die Küche der Sklaven war. Den Namen hat der Club auch von einem alten Sklavenhalterschiff aus dem 18. Jh.: Auf der „Peace & Plenty" kam Lord Denys Rolle, der Vater von John Rolle, 1783 nach Exuma. Das große, rosafarbene Gebäude im Kolonialstil auf der gleichen Straßenseite ist das **Government Administration Building**, in dem sich heute Polizei, Justiz, Strafvollzug und Politik das Dach über dem Kopf teilen. Links geht es dann zum Government Dock, wo die Post- und Fährschiffe anlegen. Die **Dockanlage** wurde 2013 aufwendig erneuert. Man kann die Tour um den See fortsetzen und kommt an einigen malerischen Ständen mit Strohwaren, am Supermarkt und vielen kleinen Geschäften vorbei. Zwischen den kleinen Häusern erhascht man immer wieder einen schönen Blick auf den See. Für einen Snack zwischendurch empfiehlt es sich, in eines der einfachen Restaurants zu gehen, die original bahamaische Küche und auf jeden Fall guten Fisch servieren.

Von George Town aus bietet sich ein Tagesausflug nach **Stocking Island** an. Dort gibt es traumhafte Badestrände, man kann sehr gut schnorcheln und in den **Mys-**

tery Caves tauchen. Man kann am Strand im seichten Wasser waten, nach Muscheln schauen und sich dabei über die Stachelrochen wundern, die hier ihre Bahnen ziehen und anscheinend keine Angst vor den Urlaubern haben.

Fähre

Die Fähre des **Elvis Ferguson Water Taxi Service**, *☎ 464-1558, www.elviswatertaxi.com, verlässt George Town am Anleger der Government Dockanlage stündlich, Hin- und Rückfahrt 15 $.*

Überbleibsel einer Baumwollplantage

Ein lohnender Ausflug führt zum **Crab Cay** südlich von George Town. Dort sind die Ruinen der Baumwollplantage zu besichtigen, die William Walker dort 1784–1788 errichtet hat. Südwestlich des Haupthauses sieht man die Überreste eines botanischen Gartens. Walker hatte dort viele Pflanzen, die er von anderen Karibikinseln mitgebracht hatte, kultiviert. Crab Cay ist seit 2009 durch eine Brücke mit der Hauptinsel verbunden. Die Pläne für eine Resortanlage mit Marina, einem „italienischen Dorf" und Luxuswohnungen blieben in der Entstehungsphase stecken.

Wer mit dem eigenen Fahrzeug unterwegs ist, kommt ca. 1 km südlich von George Town an der Flamingo-Bay-Anlage mit einem guten Strand zum Schwimmen vorbei. Eine weitere alte Plantage gibt es in **Rolle Town**. Sie gehörte zu den fünf Plantagen der Rolle-Familie auf den Exumas. Rolle Town ist eine alte Siedlung, in der auch heute noch die Zeit stehen geblieben zu sein scheint. Außer den Ruinen kann man sich hier auch Gräber aus dem 18. Jh. von Captain Alexander McKay und seiner Familie ansehen. McKay war der Verwalter der Plantage der Familie Rolle.

Little Exuma ist über eine Brücke zu erreichen. Nachdem man Forbes Hill passiert hat, geht es nach **Williams Town**, das wegen der **Salzseen** interessant ist. Etwa 2 km weiter südlich kann man sich dann noch die mehr als 200 Jahre alte und recht gut erhaltene Plantage der Familie Ferguson ansehen: **The Hermitage**, mit Haupthaus, Sklavenunterkünften und Grabstätten.

Am Strand des Sandals Resort auf Great Exuma

Nördlich von George Town

Wer von George Town aus in nördliche Richtung dem Queen's Highway folgt, hat bis zur Spitze der Insel Great Exuma noch ca. 40 km vor sich. Auf dem Weg passiert man mehrere Ruinen von Plantagen, die von der kurzen Blütezeit der Inseln zeugen. Während es bis hinter der Linksabzweigung nach **Moss Town** nicht viel zu sehen gibt, sollte man sich die Zeit nehmen, die vielen schönen Strände anzuschauen, die sich von dort an der Ostküste entlangziehen. In Moss Town selbst gibt es eine kleine, unauffällige historische Stätte: gemauerte Brunnen, aus denen schon die Sklaven ihr Wasser holten – und die bis heute verwendet werden.

Historische Brunnen

Eine Attraktion einige Kilometer weiter ist der Ausblick vom Hügel in **Mt. Thompson** auf die **Three Sisters Rock** („Dreischwesternsteine"), die sich nahe der Küste bis zu 30 m aus dem Wasser erheben. Der **Ocean Bight Beach** ist an einer malerischen Bucht gelegen und ebenso wie der **Coco Plum Beach** an der Ostküste zwischen **Steventon** und Rolleville wunderbar für eine Pause geeignet.

Bis nach **Rolleville**, wo einst die größte Plantage von Lord John Rolle lag, ist es dann auch nicht mehr weit. Der Weg nach **Barraterre** an der äußersten Nordspitze von Great Exuma lohnt sich nur für Leute, die eine Bootstour auf die Cays machen wollen. Barraterre ist auch das „Zentrum" für den traditionellen Bootsbau. Für Segelbootfreaks gibt es also dort auch etwas zu gucken. Nach Barraterre gelangt man, wenn man einige Meilen südlich von Rolle Town rechts abbiegt und dann über kleine Brücken bis fast ans „Ende" der Exumas fährt.

Die Exuma Cays

Für Taucher, Angler und Segler sind die Exuma Cays das Paradies schlechthin. Zwischen Hunderten von Inseln und Inselchen kann jeder sein Paradies finden. Touristisch erschlossen im eigentlichen Sinne ist nur **Staniel Cay**, das auch von Fort Lauderdale und Nassau mit dem Flugzeug zu erreichen ist. Auf der Insel wohnen zwar nur knapp 100 Leute, aber man trifft dort viele Freizeitkapitäne, und die Hotelanlage entspricht durchaus internationalen Ansprüchen. Natürlich darf der Hinweis für James-Bond-Fans nicht fehlen, dass gleich vor der Küste von Staniel Cay Aufnahmen für den Film „Thunderball" in einer Grotte gemacht wurden, die man heute ertauchen kann. James Bond gefiel es hier so gut, dass er knapp zwei Jahrzehnte später wiederkam und Szenen aus „Never Say Never Again" drehte. Die markierte Grotte befindet sich im dritten Felsen nordwestlich des Staniel Cay Yacht Club. Bis zum Felsen geht's am besten mit einer geführten Tour und per Boot. Bei niedrigem Wasserstand kann man problemlos hineinschwimmen. Ansonsten muss man hineintauchen oder ein wenig über die Felsen kraxeln und dann – für Mutige – hineinspringen.

Kulisse für James Bond

Von Staniel Cay ist es nicht weit zu einer Attraktion, die Besucher aus nah und fern anzieht und zahlreiche Nachahmer auf den Bahamas gefunden hat: Die **schwimmenden Schweine von Big Major Cay** (auch Big Major's Spot) sind ein Phänomen. Bisher, so heißt es, sei nicht wirklich geklärt, warum die rosa Rüsseltiere sich dort am Strand vergnügen. Allerdings gebe es drei Theorien, wie die Hausschweine auf das Inselchen kamen. Die erste besagt, dass einmal Menschen dort gelebt haben, die Schweine hielten. Irgendwann verließen die Bewohner die Insel, ließen aber mindestens ein Schweinepärchen zurück. Theorie zwei behauptet, dass die Schweine Schiffbrüchige sind, die bei einem Sturm vom Deck eines Frachters gespült wurden und sich nach Big Major Cay retten konnten. Nach der dritten Theorie gehören die Schweine den Bewohnern des benachbarten Staniel Cay, die den Strand von Big Major Cay als – zugegeben ungewöhnliche – Weide benutzen.

Schiffbrüchige Schweine?

info

Wie kamen die Schweine nach Big Major Cay?

Wer sich ein wenig länger in der Bar des Staniel Cay Yacht Club aufhält, der trifft auf so manchen Bahamaer, der seine eigene Geschichte zu erzählen hat. Einer davon ist Captain Wayde Nixon, und seine Geschichte hat mit den schwimmenden Schweinen zu tun. Denn, so sagt er selbstbewusst: „We started the pigs." Während des Zweiten Golfkriegs 1990 kam sein Vater, seines Zeichens Schweinefarmer, auf die Idee, dass die Kriegstreibenden nicht nur den schwersten Krieg seit dem Ende des Zweiten Weltkriegs angezettelt hätten, sondern dass dieser durchaus auch eine Bedrohung für die Bahamas sein könnte. Also packte er vier Säue und einen Eber auf ein Boot und schipperte sie nach Big Major Cay. Die Insel ist Privatbesitz, und der Eigentümer nutzt sie bis heute als Farmland. Hier sollte die Schweinepopulation sicherstellen, dass auch im Ernstfall eines Embargos oder einer Hungersnot genug Nahrung für das Dorf vorhanden sei. Nixon und seine Familie kümmerten sich um die Schweine, sorgten für frisches Wasser, den Tierarzt und fütterten sie. Um sich die Arbeit – das Futter kam mit dem Boot vom nahen Staniel Cay – einfacher zu machen, brachten die Nixons den Schweinen kurzerhand das Schwimmen bei. So konnten sie direkt vom Boot aus gefüttert werden.

Und irgendwann wurden die schwimmenden Schweine von findigen Tourunternehmern als Attraktion entdeckt – um die Herkunft kümmerte sich niemand. Heute kommen Tausende Besucher in der Saison mit Schnellbooten vorbei und erfreuen sich am Anblick der schwimmenden, grunzenden Schweine. Sie reiten auf den Tieren, füttern sie mit Hamburgern, Donuts und Rum und verschwinden dann wieder. In der Nebensaison kümmert sich Wayde Nixon, dessen Vater 2007 starb, um die Allesfresser. „Das Füttern macht die Tiere krank", sagt er. „Besser wäre es, wenn die Besucher bei uns für 10 $ Futter kaufen müssten." Nixon ärgert sich, dass die Schweineidee schlichtweg gestohlen wurde und Unbeteiligte profitieren. „Jeder Besucher sollte in Zukunft 20 $ an uns zahlen, damit wir die Schweine pflegen können", verlangt er und will beim Premierminister eine Eingabe machen, damit die Herkunft der Schweine ein für alle Mal geklärt und für ihr Wohlergehen gesorgt wird. Bis dahin muss sich Wayde Nixon die Schweinebeschau ansehen, ohne etwas ausrichten zu können.

Auf Tuchfühlung mit den schwimmenden Schweinen von Big Major Cay

Inzwischen sind die Schweine nicht mehr von Big Major Cay wegzudenken. Sie leben von den dort wachsenden Pflanzen und Gräsern sowie den essbaren Mitbringseln der Besucher. Brot und Gemüsereste sind bei den ungewöhnlichen Schwimmern besonders begehrte Leckereien. Die Begegnung mit den schwimmenden Schweinen ist inzwischen ein beliebter Ausflug für Bahamas-Urlauber. Denn richtig glauben kann man diese Geschichte erst, wenn man sie mit eigenen Augen gesehen hat. Ein Besuch bei den schwimmenden Schweinen ist ein **Ganztagesausflug**: Von der Hauptinsel Great Exuma dauert die **Fahrt mit dem Boot** pro Weg ca. 3 Std. Es werden organisierte Gruppenausflüge angeboten (ab 200 bis ca. 400 $ pro Person), außerdem sind private Bootscharter möglich (ab ca. 1.800 $). Von Staniel Cay kann man in 15 Min. per Boot zu den schwimmenden Schweinen fahren *(Kosten für einen Bootscharter in Staniel Cay ab ca. 250 $ für einen halben Tag)*.

Organisierte Ausflüge

Norman's Cay ist nicht unbedingt einen Besuch wert, ist aber erwähnenswert, da es während der Zeit der großen Drogengeschäfte eine herausragende Rolle spielte. Über diese kleine Insel, die sich Ende der 1970er- und Anfang der 1980er-Jahre zum größten Teil im Privatbesitz des kolumbianischen Drogenbarons Carlos Enrique Lehder befand, wurde tonnenweise Kokain von Kolumbien in die USA geschmuggelt.

Die sicherlich wichtigste Attraktion der Exuma Cays ist der **Exuma Cays Land & Sea Park** *(https://bnt.bs/exuma-cays-land-sea-park)* zwischen Conch Cut und Wax Cay. Er ist nur mit dem Boot zu erreichen. Bei seiner Gründung im Jahr 1958 war er weltweit der erste Nationalpark seiner Art. Abgesehen von seltenen Landtieren, wie dem **Leguan** auf **Allan's Cay**, leben auf seinen Cays seltene Vogelarten. Man sollte sich nicht wundern, wenn über den **Bahamian Dragon** (Bahamaischer Drachen) gesprochen wird. Diese Fabeltiere gibt es natürlich nicht im Nationalpark, aber die Großechsen werden wegen ihres Aussehens so genannt. Aber es sind nicht nur die Inseln mit ihren „Bewohnern", die das Besondere des Parks ausmachen. Unter Wasser kann man noch wahre Abenteuer an den unberührten Korallenriffen und in der Vielfalt der Meeresflora und -fauna erleben.

Leguan-Kolonie

Das Besucherzentrum befindet sich auf **Warderwick Wells Cay**. Hier sitzt die Parkverwaltung, die vom Bahamas National Trust *(www.bnt.bs)* gestellt wird. Hinter dem Visitor Center beginnt gleich ein Pfad, der mitten hinein in die „wilde" Natur führt. Bisher ist es dem Bahamas National Trust gelungen, Investoren jeglicher Art vom Nationalpark fernzuhalten. Denn hier soll die Natur in ihrem ursprünglichen Zustand bleiben, da ist kein Platz für Resorttourismus. Immerhin ist Camping erlaubt, allerdings nur nach strengsten Regeln. Beispielsweise darf kein Feuer gemacht oder Zelte am Strand aufgebaut werden. Auch gilt der Park als „No Take Zone", von hier darf nichts mitgenommen werden – außer Eindrücken natürlich.

Reisepraktische Informationen The Exumas

Information

The Bahamas Ministery of Tourism, *George Town, Turnquest Plaza, George Town, ☏ 336-2430, www.bahamas.com/islands/exumas, Mo–Fr 9–17 Uhr.*
Informative Portale zu den Exumas sind auch **www.exumaforyou.com** *und* **http://exumaonline.com**.

Wichtige Telefonnummern

Notfall/Polizei, *☏ 919.*
Polizei, *☏ 336-2666.*

Im Krankheitsfall

George Town Community Clinic, *☏ 336-2088.*
MASA (Air Ambulance), *☏ 393-5048.*

Banken

Scotiabank, *Queen's Highway, George Town, ☏ 336-7000, Mo–Do 9.30–15, Fr 9.30–16.30 Uhr, Geldautomat.*
Royal Bank Bahamas, *Turnquest Plaza, George Town, ☏ 336-3251, Mo–Do 9–16, Fr 9–16.30 Uhr, Geldautomat.*

Post

Government Building in George Town, Mo–Fr 9–16.30 Uhr.

Unterkunft

Great Exuma

Two Turtles Inn (5) $$, *Queen's Hwy., George Town, ☏ 336-0009, www.twoturtlesinnbahamas.com. Günstiges Hotel im Zentrum von George Town. Die Zimmer sind einfach eingerichtet, sollen aber im Laufe der Jahre zum Vier-Sterne-Standard angehoben werden. Für Reisende mit schmalerem Portemonnaie und Lust am Nachtleben ist das Two Turtles Inn jedoch genau die richtige Unterkunft. An der witzigen Bar kann man schnell Leute kennenlernen, und es wird sicher nicht bei einem „Bahama Mama" bleiben. Angeln und Tauchen können über die Rezeption organisiert werden.*
Exuma Palms Hotel (2) $$–$$$, *Three Sisters Beach, ☏ 358-4040, www.exumapalms.com. Sieht aus wie ein klassischem US-Motel etwa in Florida. Wurde aber vor eini-*

ger Zeit renoviert und ist eine günstige Alternative zu den großen Resorts der Insel – der Strand liegt direkt vor der Tür, es gibt ein Restaurant und die Bar bietet eine Happy Hour.
Sapphire Garden Townhouses (4) $$–$$$, *Queen's Hwy., George Town, ☏ 336-2442. Weniger Hotel als vielmehr Gelände mit einzelnen Villen, die recht opulent ausfallen und eine vollständig ausgestatte Küche haben. 200 m Fußweg bis zum Strand, es gibt einen Shuttle Service nach George Town.*
Peace & Plenty Resort (6) $$–$$$, *Queen's Hwy., George Town, ☏ 888-203-4843, www.peaceandplenty.com. Das zentral in George Town gelegene Resort wurde 2018 renoviert und ist das älteste Hotel auf den Exumas. Die heutige Bar war früher die Sklavenküche des Anwesens. Außer als privates Wohnhaus wurde das alte Gebäude auch als Markt für Schwämme genutzt. Von den Zimmern, die in der Regel einen Balkon haben, hat man einen herrlichen Blick über Elizabeth Harbour nach Stocking Island, wo das Hotel einen Strandclub unterhält. Die Überfahrt nach Stocking Island ist mit dem clubeigenen Boot möglich, und das Hotel organisiert Tauch- und Angelausflüge sowie jede Art von Transportmittel.*
Hideaways at Palm Bay (3) $$$–$$$$, *Queen's Hwy., George Town, ☏ 336-2787, www.hideawayspalmbay.com. Große Anlage direkt am Strand, zwei Pools, Jacuzzi, Beach Bar und Shuttle Service nach George Town. Die rund 70 bunt bemalten, großzügigen Cottages schauen auf die Pools oder auf das Meer.*
Sandals Emerald Bay (1) $$$$–$$$$$, *Queen's Hwy., ☏ (888) 726-3257, www.sandals.com. Eine All-inclusive-Klasse für sich, voller Superlativen: spektakulärer 18-Loch-Golfplatz, gestaltet von Golflegende Greg Norman, drei Pools, sieben Restaurants, sechs Bars, 5.000 m² Spa, sechs Tennisplätze und an einem der schönsten Strände Exumas gelegen. Mit Butlerservice, eigenem Tauchcenter, Events wie „Junkanoo Beach Party" oder „Reggae Night".*

Tipp
Staniel Cay

Staniel Cay Yacht Club (7) $$$–$$$$, *Staniel Cay, ☏ 355-2024, www.stanielcay.com. Der Jachtclub ist weit über die Grenzen der Bahamas hinaus nicht nur für die lockere Atmosphäre bekannt. Auch die zwölf Holzhäuser, die auf Stelzen direkt ans Wasser gebaut wurden, sorgen für das ganz besondere Gefühl, direkt im Wasser zu stehen. Jede Holzhütte ist mit Klimaanlage, Bad, einem kleinen Kühlschrank und einer Kaffeemaschine ausgestattet. Der Einrichtungsstil ist schlicht, aber sehr fein und geschmackvoll. In der Marina ankern die Schiffe, die Kapitäne treffen sich an der* **Clubhouse Bar**, *um über den Fang des Tages zu plaudern. Das Freizeitangebot umfasst alle Möglichkeiten, sich zu Lande und zu Wasser zu bewegen, auch Strandläufer finden hier die gewünschte Einsamkeit. Die schwimmenden Schweine sind nur 15 Bootsminuten entfernt, wobei Besucher das Boot gleich zur Hütte dazu mieten können. Auswahl und Qualität des* **Restaurants** *sind hervorragend und allein schon einen Besuch des Jachtclubs wert, von der urigen Bar ganz zu schweigen.*

Restaurants/Cafés

+39 Peace & Plenty Italian Restaurant and Lounge, *Queen's Hwy., George Town, ☏ 336-2551, www.peaceandplenty.com (s. Unterkunft). Ausgezeichnetes Restaurant, das neben gutem italienischem und bahamaischem Essen in der verfeinerten Ausgabe auch schmackhafte internationale Küche serviert. Eine Tischreservierung ist zu empfehlen.*

Two Turtles Inn, *Queen's Hwy., George Town, ☎ 336-0009, www.twoturtlesinnbahamas.com (s. Unterkunft). Unkompliziertes Restaurant, das für seine gegrillten Gerichte bekannt ist. Für einen Absacker braucht man auch nicht den Ort zu wechseln, da die Bar recht gut ist.*
Eddie's Edgewater Bar & Restaurant (2), *am südwestlichen Zipfel des Lake Victoria, George Town, ☎ 336-2050, Mo–Sa 8–21 Uhr. Wer einmal ein richtig original bahamaisches Gericht mit „Peas 'n' Rice" probieren will, sollte zu Eddie's gehen. Hier trifft man auch sicher mehr Einheimische als Touristen. Das Essen ist bodenständig einfach und preisgünstig.*
Kermit's Airport Lounge (1), *Exuma International Airport, ☎ 345-0444, tgl. 7–18 Uhr. Sollte man nicht glauben, da die Lage gegenüber dem Flughafen normalerweise nichts Gutes erwarten lässt, aber bei Kermit lässt es sich gut aushalten. Das Bier ist kalt, die Speisekarte bahamaisch günstig und das Personal gut drauf. Der Name Kermit hat übrigens nichts mit der Muppet Show zu tun. Vielmehr hieß das 2011 verstorbene Insel-Original, seines Zeichens Geschichtenerzähler, Taxifahrer, Kneipier und Gründer der Lounge, Kermit Rolle.*

Nachtleben

Club Bar des Peace & Plenty, *George Town (s. Unterkunft).*
Eddie's Edgewater Club, *George Town (s. Restaurants).*

Bootsverleih/Sportangeln

Peace & Plenty Resort, *George Town, ☎ 336-2551 (s. Unterkunft).*
Exuma Docking Service, *George Town, ☎ 336-2578.*
Minns Water Sports, *George Town, ☎ 336-3483.*

Tauchen/Schnorcheln

Exuma Watersports, *Barraterre, ☎ 357-0770, https://exumawatersports.com. Der Platzhirsch unter den Touranbietern auf Exuma. Im Programm ist eine „Ocean Safari" mit Besuch bei den schwimmenden Schweinen.*
Robert's Island Adventures, *George Town ☎ 357-0224, www.robertsislandadventures.com. Die viel gelobte preisgünstige Alternative zu „Exuma Watersports".*
Peace & Plenty Resort, *George Town, ☎ 336-2551 (s. Unterkunft).*
Dive Exuma, *George Town, ☎ 336-2893, www.dive-exuma.com.*

Tennis

Sandals Emerald Bay, *Queen's Hwy., ☎ 336-6800.*

Strände

Die schönsten, lang gestreckten Strände gibt es auf **Stocking Island** *und an der* **Nordostküste** *von* **Great Exuma**. *Mit einem Boot hat man natürlich die Chance, vor einem ganz einsamen Inselstrand auf den* **Cays** *vor Anker zu gehen.*

Veranstaltungen

Family Island Regatta, *☎ 336-3766, www.facebook.com/nationalfamilyislandregatta. Das Highlight des Jahres: Im April bevölkern eine Woche lang Segelfreunde aus der ganzen Welt Elizabeth Harbour, Hunderte von Jachten liegen dann in dieser Zeit in der Marina.*

Flüge

Der Hauptflughafen auf den Exumas, der **Exuma International Airport**, *ist 16 km von George Town entfernt. Einige wichtige* **Fluggesellschaften**, *die den Exuma International Airport anfliegen (Staniel Cay hat einen eigenen Flughafen, der auch von Florida aus direkt angeflogen wird):*

American Airlines/American Eagle, ☏ *345-0125, www.americanairlines.com (ab Miami).*
Bahamasair, ☏ *345-0035, www.bahamasair.com.*
Silver Airways, ☏ *345-0125, www.silverairways.com (ab Fort Lauderdale/Florida).*
Sky Bahamas, ☏ *345-0172, www.skybahamas.net.*

Transfer vom Flughafen

Vor dem Flughafengebäude stehen immer Taxis bereit, die zum jeweiligen Hotel fahren, falls der Transport nicht schon organisiert ist. Vom Flughafen nach George Town bezahlt man 40 $. Man sollte sich bei den Mitreisenden erkundigen, wer ins gleiche Hotel fahren will, und dann am Flughafen ein Sammeltaxi organisieren.

Postschiff/Fähre

Von Potter's Cay Dock in Nassau starten mehrere **Postschiffe** *in Richtung Exumas und halten an verschiedenen Inseln. Da sich die Fahrpläne aufgrund der Wetterverhältnisse ändern können, lohnt es sich in jedem Fall, vor Reiseantritt den Hafenmeister in Potter's Cay Dock in Nassau zu kontaktieren:* ☏ *393-1064.*
Bahamas Ferries, ☏ *336-3456, http://bahamasferries.com, verkehrt dienstags ab Nassau nach George Town, mittwochs zurück. Fahrzeit: ca. 13 Std.*

Mietwagen

Airport Car Rental, *Exuma International Airport, Moss Town,* ☏ *345-0090, www.exumacarrental.com.*
Don's Car Rental, *George Town,* ☏ *345-0112.*
Thompson's Car Rental, *George Town,* ☏ *336-2442.*
Motorroller: Balfour Brothers Scooter Rental, *George Town,* ☏ *428-9402.*

Taxis

Exuma Travel & Transportation Ltd., *Moss Town,* ☏ *345-0232.*
Leslie Dames Taxi Service, *George Town,* ☏ *357-0015.*
Luther Rolle Taxi Service, *George Town,* ☏ *345-5003.*

Ein guter Tipp ist auch, in **Kermit's Airport Lounge** *am Flughafen anzurufen. Dort wird man immer einen Wagen besorgen können,* ☏ *345-0002.*

Sightseeingtouren

Über den **Exuma Cays Land & Sea Park** *kann man unter* ☏ *225-6791, https://bnt.bs/exuma-cays-land-sea-park Informationen einholen. Von Nassau aus werden Tagestouren angeboten. Wer den Park und die Cays richtig genießen will, sollte sich ein Boot mit ortskundigem Skipper mieten.*
Exuma Cays Adventures, ☏ *357-0390, http://exumacaysadventures.com. Der Veranstalter bietet von der Hafenrundfahrt in George Town über einen Trip auf die Exuma Cays bis zu Angelausflügen ein komplettes Programm an Ausflügen und Touren an.*

Die südöstlichen Family Islands

Die südöstlichen Family Islands erstrecken sich südlich des **Exuma Sounds** bis zur **Caicos Passage**. **Inagua** befindet sich sogar noch südlich davon, und vom Südwesten Inaguas kann man bei gutem Wetter am Horizont bereits **Kuba** erkennen. Das Klima auf diesen Inseln ist trockener als im Norden der Bahamas.

Entsprechend ist auch die Vegetation. Es gibt kaum größere Bäume, und die Inseln sind von Buschwerk überzogen. **San Salvador** hat ebenso wie **Great Inagua** einen großen Binnensee aufzuweisen, während **Long Island** und die **Acklins** und **Crooked Islands** relativ schmale Inseln sind. **Mayaguana** ist touristisch so gut wie nicht erschlossen.

Long Island

Telegramm Long Island

Name	Long Island
Fläche	448 km²
Einwohnerzahl	3.094 (2010)
Einwohner pro km²	6,9
Größter Ort	Deadman's Cay
Weitere Orte	Stella Maris, Clarence Town, Hard Bargain
Wichtigste Wirtschaftszweige	Tourismus, Gemüse- und Obstanbau, Schafzucht, Salzgewinnung
Touristisches Potenzial	Tauchen, Sportangeln, Kirchen

Redaktionstipps

➤ Wenigstens einmal hineinschauen: ins 200 m tiefe **Dean's Blue Hole** (S. 254).
➤ Bedeutendste Sehenswürdigkeiten: die **Kirchen St. Paul's** und **St. Peter and Paul** in Clarence Town (S. 254).
➤ Auf Entdeckungstour gehen: zur **Adderley's Plantation** (S. 252) und zum **Morris's Tomb** (S. 253).
➤ **Tauchen mit Haien** im Stella Maris Resort (S. 255).

Die Insel Long Island erstreckt sich auf einem Ostausläufer der **Great Bahama Bank** über fast 120 km vom **Exuma Sound** bis zur **Crooked Island Passage** von Norden nach Süden. Die zur Atlantikseite gewandte Küste ist recht rau, und der Kalksandstein ist durch Wind und Wasser zerklüftet. Hier findet man gelegentlich eine kleine Bucht mit einsamem Strand. An der Westküste hingegen liegen lange Sandstrände mit flachem und türkisfarbenem Wasser. Dort muss man nicht lange suchen, um eine Bade- oder Schnorchelgelegenheit aufzuspüren. Außer zwei bemerkenswerten Kirchen im Süden der Insel gibt es „an Land" nicht viel zu sehen, dafür kann man jedoch in der Umgebung von Long Island hervorragend tauchen.

Blick auf das Columbus Monument auf Long Island

Geschichte

Bis 1492 lebte auf der Insel **Yuma**, wie Long Island von den Lucayas genannt wurde, die indianische Bevölkerung in Frieden miteinander. Im oben genannten Jahr kam mit Kolumbus dann das Verderben über die Ureinwohner der Insel. Sie führten die Spanier zu einer Frischwasserquelle, sodass diese ihre Vorräte auffüllen konnten. Damit entgingen sie aber nicht der Sklaverei und Zwangsarbeit auf Hispaniola. Kolumbus benannte die Insel „Fernandina" nach König Ferdinand II. von Aragonien (1479–1516). Die nächste Besiedlung der Insel erfolgte mit Loyalisten aus Virginia und Carolina von der Ostküste des nordamerikanischen Kontinents. Diese bauten Baumwolle an und hatten damit kurzfristig Erfolg. Ebenso wie die Plantagen auf Cat Island konnten die Plantagen nach der Abschaffung der Sklaverei 1838 (bzw. 1834) nicht mehr rentabel genug arbeiten, um mit der Baumwolle aus den Südstaaten Amerikas konkurrieren zu können. Die meisten der weißen Siedler verließen daraufhin die Insel und ließen ihre ehemaligen Sklaven zurück.

Mit Kolumbus kam das Verderben

Zeitweise spielten die **Schafzucht** und die **Salzgewinnung** eine Rolle auf der Insel. Beide Produkte wurden im größeren Stil nach Nassau verschifft. Heute wird beides überwiegend nur noch für den Bedarf der Insel produziert. Die **Schwammzucht** auf den Bahamas hatte ihre Blüte um 1920, und noch heute findet man an den Stränden Long Islands natürliche Schwämme.

Entfernungen

Stella Maris – Salt Pond 34 km
Stella Maris – Deadman's Cay 55 km
Deadman's Cay – Clarence Town 18 km
Deadman's Cay – Gordons 48 km

Ein herausragendes, „historisches" Event hat Long Island allerdings aufzuweisen: die **Long Island Regatta**. Als eine der wichtigsten Regatten auf den Bahamas kann sie auf eine lange

North End
Columbus Monument
Cumberbach Wreck
Seymour
Glenton
Cape Santa Maria
Glenton Sound
Hog Cay
Burnt Ground
Adderley's Plantation
Stella Maris
Exuma Sound
Adderly Point
Millerton
Alligator Bay
O'Neills
Deal's Beach
Anderson
Simms
Bains
Morris
Morris's Tomb & Morris Blue Hole
Whymms
Sam McKinnons
Whitehouse
Millers
Thompson Bay
Indian Head Point
Long Island
Salt Pond
Salt Ponds
Cross Point
Pinders
Great Bahama Bank
Bowers
The Bight
Grays
East End Point
Old Grays
New Found Harbour
White Sound Cay
Lower Deadman's Cay
Deadman's Cay
Sandy Cay
Blue Hole Cay
Buckleys
McKenzie
Turtle Cove
Long Island Museum
Hamilton
Dean's Blue Hole
Clarence Town
Clarence Town Harbour
Deans
Churches St. Paul's, St. Peter and Paul
Turnbull
Roses Landing
Dunmore
Hard Bargain
McKenzie
Burrows Harbour
Roses
Ford
Mortimers
Great Lake
Gordons
South End
Crooked I. Passage
ATLANTIC OCEAN
Port Boyd
Port Nelson
Sandy Point
Rum Cay
Unterkünfte
1 Cape Santa Maria Beach Resort
2 Stella Maris Resort Club
3 Chez Pierre
Essen & Trinken
1 Blue Chip
2 Max's Conch Grill
3 The Forest Takeaway 2
4 Lloyd's Sporting Lounge
5 Seaside Village
Long Island und Rum Cay
N
0
10 km
© graphic

Tradition zurückblicken. Zwar wird diese Regatta erst seit 1967 in dem Stil ausgesegelt, wie es heute mitzuerleben ist, aber bereits im Jahr 1899 startete man einen Vorläufer, die Regatta am Empire Day (24. Mai).

Wichtige Segelregatta

Long Island heute

Der Norden der Insel ist von der Infrastruktur her eher unterentwickelt, profitiert aber durch das Resort Stella Maris mehr vom Tourismus als der Süden der Insel, wo der Anbau von Zitrusfrüchten und Gemüse, wie Süßkartoffeln, Erbsen und Mais, eine landwirtschaftliche Struktur erhalten hat. Hier wachsen auch Bananen, Ananas und andere tropische Früchte. Aber ebenso wie die Schafzucht dienen sie eher der Eigenversorgung als dem Export nach Nassau. Die Zeit der landwirtschaftlichen Blüte ist lange vorbei, und es wird auch nur auf kleinen Feldern oder in sog. Pot Holes (auch Quarry Pits genannt) angebaut. Das sind Löcher im Kalkgestein, in denen sich Humus gesammelt hat. Auch die Salzgewinnung ist heute nicht mehr konkurrenzfähig und wird nur noch in Subsistenzwirtschaft betrieben. Man sieht heute von der Straße aus viele ungenutzte Salzseen.

Anbau in Pot Holes

Vom Stella Maris aus kann man Boots- und Tauchtouren unternehmen, genauso wie Hai- oder Wracktauchen. Die Insel hat darüber hinaus sehr schöne Strände und ist für Bonefishing gut geeignet. Interessanterweise kommen auch Liebhaber schöner Kirchen auf Long Island auf ihre Kosten, denn außer den beiden von Father Jerome erbauten Gotteshäusern gibt es noch eine Anzahl anderer sehenswerter Kirchen.

Hurricane Joaquin hinterließ Anfang Oktober 2015 einiges an Verwüstung auf Long Island. Häuser wurden abgedeckt, Boote an Land geschwemmt und die Trinkwasserzufuhr war für ein paar Tage unterbrochen. Auch auf San Salvador, Crooked Island, Cat Island und Rum Cay gab es Verwüstungen und Verletzte.

Rundtour auf Long Island

Da die besten Übernachtungsmöglichkeiten der Insel auf dem nördlichen Teil liegen, empfiehlt es sich, eine Erkundungstour mit einer Fahrt nach **Cape Santa Maria** zu beginnen. Die Nordspitze von Long Island wurde nach einem von Kolumbus' Schiffen benannt, mit denen er hier 1492 anlandete. Nördlich von Seymore's Village führt eine ungeteerte Straße (nur Allrad) zu **Columbus Landing**, wo seit Oktober 1989 ein **Monument** steht, das im Gedenken an die Urbevölkerung, die Lucaya-Indianer, und die Ankunft Kolumbus' errichtet wurde. Von dort aus eröffnet sich ein herrlicher Blick. Die Strände in der Nähe des Kaps zählen zu den schönsten der Insel.

Gedenken an die Urbevölkerung

Auf dem Weg zurück nach Süden sollte man in Richtung Cape Santa Maria Beach Resort – einfach der Beschilderung „Cape Santa Maria" nach rechts folgen. Beim Resort geht es wieder rechts und nach einer kurzen Fahrstrecke zum **Stella Maris Beach Reserve**. Hier warten ein wunderschöner Strand und Picknickhütten – ideal für eine kleine Badepause.

Der Weg zu den Ruinen der Adderley's Plantation ist abenteuerlich, aber lohnend

Etwa 15 km südlich des Kaps liegt **Stella Maris**. Bevor man sich hier umsieht, lohnt sich ein Abstecher zu den Überresten von **Adderley's Plantation**. Der Weg zu diesen Ruinen einer Baumwoll- und Viehplantage, die auf das Jahr 1790 zurückgeht, ist ausgeschildert und abenteuerlich, die letzten 15 Minuten müssen zu Fuß und durch Mangrovengestrüpp zurückgelegt werden. Die rund 1.000 ha große Adderley's Plantation verfügte über einen eigenen Hafen, der bis heute besucht werden kann.

Wenn man danach der Ausschilderung in Richtung Stella Maris Inn folgt, kommt man zum **Ocean View Drive**, der an der Atlantikküste entlangführt. An dieser Straße sind in Richtung Süden mehrere idyllische kleine Strände ausgeschildert.

Stella Maris Resort

Man kann in **Stella Maris** auch eine Höhle besichtigen (ausgeschildert). Außer dem Stella Maris Inn gibt es hier eine schicke Bar über dem Strand, einen Naturpool, ein Restaurant und alle Annehmlichkeiten, die ein Resort bieten kann. Das Stella Maris wurde Ende der 1960er-Jahre von drei deutschen Familien gegründet, die gemeinsam nach Long Island ausgewandert waren. Damals wurde Tauchen weltweit gerade populär, das Stella Maris konzentrierte sich von Anfang an auf Wassersport. So war es die erste Tauchbasis weltweit, die Tauchen mit Haien anbot. Im Frühjahr kommen an Stella Maris gelegentlich bis heute Buckelwale vorbei.

Flugplatz und Jachthafen

Mit einem eigenen **Flugplatz**, einer Polizeistation und einem Liquor Store ist Stella Maris das Zentrum des nördlichen Teils der Insel. Der Jachthafen, **Stella Maris Marina**, liegt ca. 4 km südlich des Ortes westlich von der Hauptstraße. Nicht weit von der Abzweigung zum Jachthafen Richtung Süden steht auf der linken Seite die kleine Kirche von **Millerton Settlement**. Es lohnt sich, anzuhalten und einen Blick hineinzuwerfen.

Rechts der Hauptstraße kann man jetzt einige Kilometer lang den wunderschönen Ausblick auf **Deal's Beach** und **Alligator Bay** genießen. Für eine Schnorchel- oder Strandpause genau das Richtige. In dem Ort **Simms** liegt auf der rechten Seite das **Inselgefängnis**. Es muss schon recht lange her sein, dass dort jemand „gesessen" hat. Auf der anderen Straßenseite glänzt die pittoreske Ruine einer Kirche.

In **Whymms** lohnt sich ein Abstecher: Vor dem auffallenden Roberts-Hardwarestore rechts abbiegen auf die Rev. Urban Knowles Avenue und dieser folgen, bis ein

Idyllisch und verwunschen: das Morris Blue Hole

schmaler Weg rechts abgeht. Hier folgt nach wenigen Metern **Morris's Tomb & Grave Marker**. Dabei handelt es sich um einen 2012 enthüllten Grabstein, der die tragische Geschichte von John Morris und Susanna Ferguson erzählt. 1790 hatte der Engländer John Morris hier Land erstanden und zu einer Plantage aufgebaut. Am 15. Juli 1790 wurde Tochter Louisa geboren, die allerdings im Alter von drei Jahren und sechs Monaten an Influenza starb. John Morris holte in seinem Gram aus England einen Steinmetz, der der Tochter einen eigenen Grabstein meißelte. Dieser kann mitsamt Grab heute wieder besichtigt werden. Wenige Meter weiter folgt ein wunderbar verwunschenes Blue Hole, das **Morris Blue Hole**.

Im nächsten Ort **Millers** gibt es dann wieder eine gute Möglichkeit, an die Atlantikküste zu kommen. Wer dem Weg in Richtung Osten folgt, gelangt zu einem schönen Atlantikstrand. An der Hauptstraße hat Sandy Smith ihren Stand das ganze Jahr über offen. Sie verkauft **Strohwaren**, die in der eigenen Werkstatt gefertigt wurden.

Handgefertigte Strohwaren

Der nächste Ort, **Salt Pond**, ist berühmt wegen der großen Long Island Regatta, die hier jedes Jahr am ersten Wochenende im Juni stattfindet.

Die Umgebung verändert sich jetzt leicht, da der Boden südlich von Salt Pond zunehmend landwirtschaftlich genutzt wird. Passiert werden Bananenstauden, Gemüsefelder und Ananasplantagen. Man muss allerdings schon etwas genauer hinsehen, da nur im kleinen Stil angebaut wird. Gelegentlich sieht man auch Schafe und Ziegen. Die Abzäunungen aus Stein in dieser Gegend stammen noch aus einer Zeit, als die **Schafzucht** einer der wichtigsten Wirtschaftsfaktoren der Insel war.

Bis **Lower Deadman's Cay**, dessen Straßenbild von der großen anglikanischen **Athanatius-Kirche** geprägt ist, gibt es dann auch nicht viel Interessantes zu sehen. In diesem Ort sollte man sich jedoch die Zeit nehmen und zu den **Bootshütten der Schwammfischer** fahren. Wer hinter der Kneipe (kurz vor der anglikanischen Kirche) rechts abbiegt, kommt auf einer recht schlaglochreichen Straße an die Westküste. Dort liegen zwischen Kasuarinen kleine, bunte Holzhütten und alte Boote.

Bunte Holzhütten

Die Hauptstraße weiter gen Süden führt durch das am dichtesten besiedelte Gebiet der Insel. **Deadman's Cay** ist der größte Ort. In **Buckleys** befindet sich **The**

Long Island Museum. In dem durch eine Privatinitiative gegründeten Heimatmuseum können Besucher auf einer geführten Tour historische Dokumente, Erinnerungen und Erbstücke sehen, die von Bewohnern Long Islands gespendet wurden. Mit etwas Glück hat es nach seiner Renovierung wieder eröffnet, denn das Museum wurde durch Hurrikan „Joaquin" 2015 schwer in Mitleidenschaft gezogen.
The Long Island Museum, ☎ *337-0500, Mo–Sa 8–16, Sa 8–13 Uhr, Erw. 3 $, bis 5 Jahre frei.*

In **Hamilton** wartet die bekannte **Hamilton's Cave** auf Besucher – einfach der Beschilderung folgen. Das fledermausreiche, spektakuläre Höhlensystem ist in Privatbesitz und gilt als eines der größten Höhlensysteme der Bahamas. 1935 wurden hier Artefakte aus der Zeit der Ureinwohner, der Lucayans, gefunden.
Hamilton's Cave, ☎ *337-0235, Führungen organisiert der Inhaber Leonard Cartwright, Eintritt 15 $.*

Ziel für Apnoetaucher

Turtle Cove, ein paar Kilometer südlich von Cartwright, ist ein schöner Atlantikstrand, den man über eine ausgeschilderte Straße erreicht. Das Highlight aber ist nicht der Strand selbst, sondern **Dean's Blue Hole**. Das wohl tiefste Salzwasser-Blue-Hole der Welt reicht 202 m in die Tiefe. Es ist das Paradies für Apnoetaucher (Free Diver), die hier ihre ganz eigenen Tiefseeerfahrungen ohne Unterstützung von Pressluftflaschen machen. Wer sich nicht ans Free Diving traut, kann mit Schnorchel und Flossen ausgerüstet einfach eine Runde über dem eindrucksvollen, tiefen Blau drehen.

Dean's Blue Hole ist längst kein Geheimtipp in der Gemeinschaft der Apnoetaucher mehr und verfügt sogar über eine eigene Website: *www.deansbluehole.org*. Für das Guinnessbuch der Rekorde wurde hier 2008 ein Rekord im Free Diving aufgestellt, weitere Weltrekorde folgten. 2016 stellten ein Neuseeländer und ein einheimischer Apnoetaucher gleich mehrere nationale und internationale Rekorde auf.

Es sind nur noch ein paar Kilometer bis zum verschlafenen **Clarence Town**, wo man sich die beiden von Father Jerome (s. S. 229) gestalteten Kirchen **St. Paul's** (anglikanisch, vollendet 1884) mit den eckigen Türmen und **St. Peter and Paul** (katholisch) mit den runden Türmen ansehen sollte. Die eindrucksvollere Kirche ist St. Peter and Paul, rechts auf dem Hügel, allein schon wegen des exotisch anmutenden Baustils. 1940 wurde sie fertiggestellt. Mutige können in

St. Peter and Paul Church in Clarence Town

die beiden Kirchtürme klettern und die 360-Grad-Rundumblick über diesen Teil von Long Island genießen.

In Clarence Town gabelt sich die geteerte Straße. Wer den Ort Richtung Süden verlassen will, sollte sich links halten. Von nun an gesellen sich noch Esel zu den Schafen und Ziegen, die man am Wegesrand sehen kann. Im nächsten Ort **Dunmore** kann man sich außer einer malerisch auf einem Hügel gelegenen Kirche noch die überwucherten **Ruinen der alten Plantage** ansehen. Wenn dann noch etwas Zeit ist, lohnt es sich, bis zur äußersten Südspitze der Insel nach **Gordons** zu fahren. Über einen schmalen Damm auf der linken Seite geht es zu einem der schönsten und einsamsten Strände der Insel.

Ausblick vom Kirchturm

Reisepraktische Informationen Long Island

Information

Long Island Tourist Office, *Salt Pond, ☏ 338-8668, www.bahamas.com/islands/long-island, Mo–Fr 9–17 Uhr.*

Wichtige Telefonnummern

Notfall/Polizei, *☏ 919.*
Polizei in Deadman's Cay, *☏ 337-0999.*
Simms, *☏ 338-8555.*
Stella Maris, *☏ 338-2222.*

Im Krankheitsfall

Clarence Town Clinic, *☏ 337-3333.*
Deadman's Cay Clinic, *☏ 337-1222.*
Simms Clinic, *☏ 338-8488.*
Air Ambulance, *☏ 323-2186.*

Banken

Scotiabank, *Buckleys, ☏ 337-1029, Mo–Do 9.30–15, Fr bis 16 Uhr, mit Bankautomat.*

Unterkunft

Chez Pierre (3) $$, *Miller's Bay, ☏ 338-8809, www.chezpierrebahamas.com. Die einfach gehaltenen, bunt angemalten sechs Holzhütten stehen direkt am Strand mit Blick auf die Karibische See. Jede Hütte verfügt über ein Badezimmer mit Dusche. Die Eigentümer Pierre und Anne Laurence haben viel Wert darauf gelegt, ihre Urlaubsunterkünfte so umweltverträglich wie möglich zu bauen. So wird z. B. der Strom ausschließlich mit Sonne und Wind erzeugt. Fahrräder und Schnorchelausrüstung können ausgeliehen werden. Unweit der Hütten befindet sich das dazugehörige Restaurant mit gutem Essen.*

Tipp Unterkunft

Stella Maris Resort Club (2) $$$–$$$$, *Stella Maris, ☏ 338-2051, www.stellamarisresort.com. Großzügig angelegte Hotelanlage im Bungalowstil an der Atlantik-*

Holzstege führen beim Stella Maris Resort am Strand entlang

seite von Long Island. Das Resort hat einen eigenen Flughafen, der von Southern Air angeflogen wird. Im Resort kann man das reichhaltige Wassersportangebot vom Hochseeangeln bis zum Wasserskilaufen nutzen. Bekannt und mehr als ein paar Kraulzüge wert ist der Naturpool unten am Meer. Auch für Taucher ist Stella Maris (Stern des Meeres), das nicht umsonst seinen Namen trägt, eine gute Adresse. Tauchen mit Haien und Wracktauchen gehören ebenso zum Programm wie die Columbus-Point-Mangrovenbucht-Öko-Bootsfahrten. Kleine idyllische Atlantikstrände sind zu Fuß zu erreichen, und an die Karibikseite gibt es einen Shuttle Service. Das Essen ist gut, und abends kann man an der gemütlichen Bar seine Schnorchel-Erlebnisse mit anderen Hotelgästen austauschen. Die Besitzerfamilie, mittlerweile in zweiter Generation, sind Deutsche, die Ende der 1960er-Jahre nach Long Island ausgewandert sind.

Cape Santa Maria Beach Resort (1) $$$$–$$$$$, *Cape Santa Maria, ☎ (800) 663-7090, www.capesantamaria.com. Nicht nur die Lage an einem 6 km langen Strand besticht an diesem geschmackvoll eingerichteten Resort. Auf einer Veranda kann man von der Sonne geschützt faulenzen. Wen es nach draußen zieht, der kann nach Herzenslust surfen und schnorcheln oder einfach den herrlichen Sand und das strahlend blaue Meer genießen. Für das leibliche Wohl ist ebenfalls gesorgt.*

Restaurants

Blue Chip (1), *Simms, an der Ostseite des Queen's Hwy., ☎ 338-8045, tgl. 7–23 Uhr. Gute und bodenständige bahamaische Küche.*

Max's Conch Grill (2), *Deadman's Cay, ☎ 337-0056, Mo–Sa 9–22 Uhr. An Max's Conch Grill kommt keiner vorbei, da wirklich jeder Einwohner von Long Island den Conch Salad bei Max als den besten auf der Insel, wenn nicht sogar auf den Bahamas bezeichnet. Auch ein netter Platz zum Abhängen, um das Leben auf der Straße zu beobachten und ein, zwei kalte Kalik zu trinken.*

The Forest Takeaway 2 (3), *Queen's Hwy., Deadman's Cay, ☎ 337-1246, www.facebook.com/theforesttakeaway, Di–Sa 11–21 Uhr. Take-away-Restaurant mit leckeren bahamaischen Gerichten und American Food. So geschl.*

Lloyd's Sporting Lounge (4), *Turnbull, südlich von Deadman's Cay, an der Blue-Hole-Einfahrtstraße, ☎ 337-5762, So–Fr 12–23, Sa 12–2 Uhr. Lesertipp: „Eine erstaunlich ‚stadtmäßig' ausgestattete Sports Bar – komplett mit Billardraum, Riesen-TV-Screens überall, Restaurant etc.!"*

Seaside Village (5), *Jerry Wells Rd., Deadman's Cay, ☎ 337-0119, www.seasidevillageatjerrywells.com/en, tgl. 10–22 Uhr. Lesertipp: „A west-shore-on-a-dock situated ‚pub' – A ‚local must' for ‚ambiance'!"*

Gute internationale Küche bieten der **Stella Maris Resort Club** *und das* **Cape Santa Maria Beach Resort**. *Auch im Restaurant an den Tennisplätzen von Stella Maris* *kann man sehr gut essen. Die Speisekarte richtet sich nach dem „Fang des Tages“, bei Sonnenuntergang wird es romantisch.*

Cave Dinner im Stella Maris Resort

Nachtleben

Im **Stella Maris Resort Club** *(s. o.) werden witzige Grillpartys und Tanzabende veranstaltet. Wer möchte nicht einmal bei Rake-'n'-Scrape-Livemusik in einer Höhle bei Fackelschein ein deftiges bahamaisches Barbecue probieren?*

Wassersport/Aktivitäten

Stella Maris Resort Club *und* **Cape Santa Maria Beach Resort** *(s. o.) bieten neben Schnorcheln, Sport- und Hochseeangeln auch andere Wassersportarten an. Es ist auch möglich, ein Boot zu mieten. Stella Maris fährt Gäste mit dem hoteleigenen Shuttle zu den Schnorchelstränden wie z. B. „Love Beach“.*

Tauchen

In Taucherkreisen gilt der **Stella Maris Resort Club** *(s. o.) als eine sehr gute Adresse. Immerhin war das Stella Maris die erste Tauchbasis weltweit, die Tauchen mit Haien anbot.*

Tennis

Der **Stella Maris Resort Club** *(s. o.) verfügt über zwei Hartplätze.*

Strände

Die Strände am **Cape Santa Maria** *an der Nordspitze zählen zu den schönsten auf der Westseite. Einen langen und einsamen Strand hingegen findet man an der äußersten Südspitze bei* **Gordons**. *An der Ostküste gibt es unzählige kleine Strandbuchten, sodass man sich dort ein ganz privates Plätzchen suchen kann.*

Veranstaltungen

Long Island Regatta, *erstes Wochenende im Juni, ☏ 3338-0038. Es lohnt sich, zur Regatta-Zeit nach Long Island zu fliegen, da diese Veranstaltung zu den größten Volksfesten auf den Family Islands zählt.*

Achtung: *Zur Zeit der Regatta muss man unbedingt rechtzeitig buchen, da sonst möglicherweise keine Unterkunft mehr zu finden ist.*

Flüge

Long Island hat zwei Flughäfen: **Stella Maris** *und* **Deadman's Cay**.

Fluggesellschaften, *die Long Island anfliegen:*

Bahamasair, *☏ 337-0877, www.bahamasair.com.*

Southern Air, *☏ 337-1722, www.southernaircharter.com.*

Stella Maris Charter Flight, *☏ 338-2050, www.stellamarisresort.com/air-service, bietet Charterflüge vom „hauseigenen Flughafen“. Ein Sitz in einem Flieger nach Nassau kostet z. B. 175 $.*

Transfer vom Flughafen
Am Flughafen stehen immer Taxis bereit, wenn eine Maschine landet. Vom Stella Maris Airport bis zum gleichnamigen Resort kostet die Fahrt 10 $.

Fähre/Postschiff

Bahamas Fast Ferries, ☎ *323-2166, http://bahamasferries.com, verkehrt einmal im Monat zwischen Nassau und Simms. Die Fähre legt um 15 Uhr am Potter's Cay ab und erreicht Long Island gegen 10.30 Uhr am nächsten Morgen. Hin- und Rückfahrt kosten 135,50 $.*

Das Postschiff **MV Mia Dean** *fährt jeden Dienstag die Route Nassau – Clarence Town, Fahrtzeit: ca. 12 Std. Die* **MV Sherice M** *fährt jeden Montag die Route Nassau – Salt Pond, Fahrzeit: ca. 15 Std. Infos beim Hafenmeister in Potter's Cay, Nassau,* ☎ *393-1064.*

Mietwagen

Stan's Car Rental, *Millers* ☎ *338-8987.*
Stella Maris Resort Club *vermietet auch Autos.*
Unique Wheels Rental (UWR), *Clarence Town,* ☎ *337-3088.*

Fahrradverleih

Die großen Anlagen, wie **Cape Santa Maria Beach Resort** *und* **Stella Maris Resort Club**, *bieten ihren Gästen Fahrräder an (s. Unterkunft).*

Taxis

Omar Daley, *Stella Maris,* ☎ *357-1043.*
Dewitt's Taxi, *Bunches,* ☎ *472-8714.*
Santiargo Taxi Services, *Whymms,* ☎ *357-1116.*

San Salvador

Telegramm San Salvador

Name	San Salvador
Fläche	163 km²
Einwohnerzahl	1.000 (2010)
Einwohnerzahl pro km²	16
Größter Ort	Cockburn Town
Weitere Orte	United Estates, North Victoria Hill, Dixon Hill
Wichtigste Wirtschaftszweige	Tourismus
Touristisches Potenzial	schöne Riffe, Fernandez Bay, Dixon Hill Lighthouse

Entfernungen

Cockburn Town – North Victoria Hill 22 km
Cockburn Town – Dixon Hill 16 km

Die relativ kleine Insel San Salvador ist von vielen **Riffen** umgeben, was sie für Taucher besonders interessant macht. Sie liegt südöstlich von Cat Island zwischen dem Atlantischen Ozean und dem unbewohnten **Conception Island** sowie der kleinen Insel **Rum Cay**. Das Innere der Insel ist zum größten Teil von Seen bedeckt und schwer zugänglich. Die Hauptstraße, der Queen's Highway, ist in einem Ring an der Küste entlang angelegt, sodass man an einem Tag bei einer Inselumrundung von den Mangroven bei **Pigeon Cay** bis zur Westküste mit den Sandstränden alles erkunden kann.

Geschichte

Archäologische Funde bei **Palmetto Grove** im Nordwesten und an anderen Stellen der Insel weisen darauf hin, dass San Salvador schon in vorkolumbianischer Zeit von Lucaya-Indianern bewohnt war. Die Insel hieß in ihrer Sprache **Guanahani**. Bis 1926 hieß die Insel nach einem Piraten **Watling's Island**, während Cat Island bis dahin den Namen San Salvador trug, da man angenommen hatte, dass Cat Island die erste Insel war, die Kolumbus von der Neuen Welt sah. Seit 1926 glaubte die bahamaische Regierung jedoch, die Insel Guanahani sei das wahre „San Salvador" und benannte die Insel um. Bis heute ist jedoch nach Auswertung von Kolumbus' Aufzeichnungen auch Samana Cay (ca. 100 km südöstlich von San Salvador) noch als erster Anlandungspunkt im Gespräch. Der wissenschaftliche Streit, ob San Salvador wirklich diejenige Insel ist, auf die Kolumbus 1492 zuerst seinen Fuß setzte, ist bis heute nicht beendet und wird es möglicherweise nie sein.

Welches ist das wahre San Salvador?

Am Strand von San Salvador

Nach der Ausrottung der indianischen Bevölkerung blieb die Insel vermutlich lange Zeit unbewohnt. Gegen Ende des 17. Jh. „residierte“ der **Seeräuber Watling**, dessen Namen die Insel lange trug, auf San Salvador. Die Plantage, die als **Watling's Castle** bezeichnet wird, kann aber nicht sein Wohnsitz gewesen sein, da Untersuchungen ergeben haben, dass die Plantage vom Anfang des 19. Jh. stammen muss und vermutlich einem aus den Vereinigten Staaten geflohenen Loyalisten gehörte.

Benannt nach einem Seeräuber

Außer dem 1856 errichteten **Dixon Hill Lighthouse** entstanden bis in das 20. Jh. keine nennenswerten Gebäude mehr auf der Insel, die bis zum Bau von Einrichtungen der US-Marine in den 1950er-Jahren in der Bedeutungslosigkeit versank. Die Baumwollplantagen waren nach Abschaffung der Sklaverei 1838 wie auf den anderen Family Islands nicht mehr rentabel, sodass die Pflanzer abwanderten. Auch die Sisalproduktion, die um die Wende zum 20. Jh. für kurze Zeit eine Rolle spielte, konnte keinen langfristigen wirtschaftlichen Aufschwung bewirken.

San Salvador heute

Die Insel lebt heute fast ausschließlich vom Tourismus. Nachdem die Arbeitsplätze, die durch die amerikanischen Militäreinrichtungen geschaffen wurden, nach Abzug der Amerikaner Ende der 1960er-Jahre entfielen, waren viele Inselbewohner gezwungen, ihr Glück in Nassau zu versuchen. San Salvador hatte nun zwar einen Flugplatz, aber noch keine gut entwickelte Infrastruktur. Es kamen zwar viele Taucher und Individualisten als Urlauber auf die Insel, aber lange verfügte die Insel nur über eine entsprechende Unterkunftsmöglichkeit. Der Durchbruch in Sachen Tourismus kam erst relativ spät mit der Eröffnung des „Club Med“ im Jahr 1992 – der San Salvador aus Werbezwecken kurzerhand in „Columbus Isle“ umbenannte.

„Columbus Isle“

San Salvador ist besonders bei Tauchern beliebt, da es rundherum mehr als 50 Tauchspots und interessante Riffe zu erkunden gibt. Darüber hinaus bietet der Club Med ein reichhaltiges Freizeitangebot. Die Monumente, die im Gedenken an Kolumbus' Ankunft in der Neuen Welt aufgestellt wurden, sind ebenso wie das kleine New World Museum und Watling's Castle etwas für geschichtsinteressierte Besucher der Insel. Auf keinen Fall sollte man sich jedoch den Leuchtturm von Dixon Hill entgehen lassen, denn nicht nur die Aussicht, auch der alte Mechanismus des kerosinbetriebenen Turms sind den Weg wert.

Rundtour auf San Salvador

Ganz in der Nähe des Flugplatzes an der Westküste von San Salvador befinden sich die beiden bekannten Unterkunftsmöglichkeiten der Insel: Das **Riding Rock Inn** und der **Club Med**. Von dort aus kann man die Insel mit dem Fahrrad, Scooter oder dem Auto erkunden. Wer in südliche Richtung die Westküste entlangfährt, kommt zuerst nach **Cockburn Town**. Dieser idyllische Ort ist mit seinem Anleger, seinen rund 200 Einwohnern und einer Hauptstraße, die sogar First Avenue heißt, „Hauptstadt“ der Insel. Seinen Namen hat der Ort nach Sir Francis Cockburn, der 1837–1844 Gouverneur der Bahamas war.

San Salvador
N
0
2 km
© graphic
Green Cay
Catto Cay
Gaulin Cay
Cut Cay
Columbia Wreck
Mailboat Dock
North Point
Man Head Cay
Grahams Harbour
Dump Reef
Queen's Hwy.
Reckley Hill
Palmetto Grove Lucayan Archaeological Site
Harbour Estate
Solomon's Hill
Hanna Bay
United Estates
Brice Memorial Flamingo Park
Rocky Point
Quarters
Dixons
East Beach
Little Lake
Northeast Arm Lake
Dixon Hill Lighthouse
East Bay
North Victoria Hill
Run-the-Risk Quicksands
Brandy Hill
Sue Point
Northwest Arm Lake
New World Museum
Frascate Wreck
Bonefish Bay
Polly Hill
Bonefish Bay Beach
Hard Bargain
Riding Rock Point
Crab Cay
Cockburn Town
Cockburn Town Airport
Long Lake
Storr's Lake
Chicago Herald Columbus Monument
Little Lake
Holy Saviour Roman Catholic Church
Goulding Cay
Bamboo Point
Greens Bay
Granny Lake
ATLANTIC OCEAN
Fernandez Bay
Riding Rocks
Great Lake
Fortune Hill (Ghost Town)
South Victoria Hill (Ghost Town)
Sugar Loaf Beach
Guanahani Landfall Park
Long Bay
Holiday Track
Farquharson Plantation
Lucayan Indian Archaeological Site
Cross Monument
Sugar Loaf
Creek
Stout's Lake
ATLANTIC OCEAN
Long Bay
Pigeon
Sand Bay
Old Place (Ghost Town)
Montreal
Grotto Bay
Watling's Castle Ruins
Allen
Snow Bay
Grotto Beach
Belmont Church Ruin
Snow Bay Beach
Blackwood Bay
High Cay
French Bay
Middle Cay
Sandy or Southwest Point
Hinchinbrook Wreck
High Cay Land & Sea Park
Low Cay
Unterkünfte
1 Club Med Columbus Isle
2 Riding Rock Resort & Marina
3 San Sal Resort
4 Guanahani Beach Club
Essen & Trinken
1 Da Hide Out
Nachtleben
2 Harlem Square Club

Kirchengebäude

Bevor man den Anleger erreicht, fährt man an der **Holy Saviour Roman Catholic Church** vorbei. Das neue Kirchengebäude wurde am 12. Oktober 1992, dem 500. Jahrestag der Landnahme von Kolumbus, geweiht. An der Ecke First Avenue und Carey Street lohnt ein Blick in die **St. Augustine Anglican Church** aus dem Jahr 1888.

Weiter auf dem Queen's Highway ca. 4–5 km an der **Fernandez Bay** in südlicher Richtung folgt auf der rechten Seite das **Columbus Monument** – ein weißes Kreuz, das Ruth Durlacher Wolper 1956 an dieser Stelle aufstellen ließ. Es wird angenommen, dass Kolumbus und seine Seeleute am 12. Oktober 1492 ungefähr an dieser Stelle das erste Mal den Fuß an Land der Neuen Welt setzten. Damals dachten sie noch, die Ostküste von Indien entdeckt zu haben. Ein Umstand, der den Indianern bis heute eigentlich zu Unrecht ihren Namen verleiht.

Unterwasserdenkmal

An der Stelle, an der die drei Schiffe der Spanier, „Santa Maria", „Nina" und „Pinta", vor Anker gingen, ist heute ein **Unterwasserdenkmal** aus Bronze angebracht.

Es gibt noch ein weiteres Denkmal an Land, das **Mexico Olympic Monument**. Es wurde von der Regierung von Mexiko nicht weit vom Kreuz 1968 anlässlich der Olympischen Spiele in Mexiko errichtet. Auf dem Weg von Griechenland nach Mexiko passierte das **Olympische Feuer** zum ersten und bisher letzten Mal die Bahamas.

info

Christoph Kolumbus

Der Entdecker der Neuen Welt wurde 1451 in **Genua** geboren. Schon früh interessierte er sich für Geografie und brachte sich selbst Latein bei, um die entsprechenden Bücher über dieses Thema lesen zu können. Nach Fahrten im Mittelmeer wurde 1476 das Schiff, das er kommandierte, vor der portugiesischen Küste versenkt. Er konnte sich retten und lernte in Lissabon einflussreiche Leute kennen. Nach einer Fahrt in irische und isländische Gewässer kam er 1478 nach **Madeira**, wo er auf der Insel Porto Santo die Tochter des Gouverneurs kennenlernte, die er ein Jahr später heiratete. Dieser Verbindung entspross der Sohn Diego, der nach dem Tod des Vaters Gouverneur der „indischen" Kolonien wurde.

Nach 1479 arbeitete Kolumbus für die Portugiesen und fuhr auch zu portugiesischen Besitzungen an der **westafrikanischen Küste**. Tief beeindruckt von diesem exotischen Landstrich fasste er den Plan, den Weg über das Meer an die Ostküste Indiens zu finden. Da aus dem indischen und asiatischen Raum kostbare Güter auf dem unsicheren und langen Landweg nach Europa transportiert wurden, versprach ein Gelingen des Unternehmens großen Reichtum. Trotzdem lehnte der **portugiesische König** eine entsprechende Expedition 1484 ab, da das finanzielle Risiko zu groß zu sein schien und man den Weg über den Ozean für zu weit hielt.

Aus diesem Grunde wurde das Anliegen von Kolumbus auch am **spanischen Königshof** bis 1492 auf Eis gelegt. Die spanische Krone war bis zu diesem Zeitpunkt auch zu sehr damit beschäftigt, Granada zu erobern. Nach einer Ablehnung der recht kostspieligen Forderungen von Seiten Kolumbus' durch eine Kommission des Hofes wurde dieser auf seinem Weg nach England in letzter Minute noch an den spanischen Hof zurückgeholt, nachdem **Königin Isabella** eine Unterstützung der Pläne des Italieners doch noch durchgesetzt hatte.

Kolumbus wurde bei erfolgreichem Ausgang der Expedition ein Zehntel des Gewinns und der Titel des Gouverneurs über das neuentdeckte Land zugesagt. Drei Schiffe, die „Pinta", „Nina" und die „Santa Maria", wurden mit 90 Mann Besatzung ausgerüstet und stachen am 6. September von den Kanarischen Inseln aus endgültig in Richtung „Indien" in See.

Am 12. Oktober 1492 entdeckten sie eine Insel, die die indianischen Bewohner Guanahani nannten. Kolumbus taufte sie San Salvador und wurde von den Einheimischen freundlich empfangen. Da es kein Gold auf der Insel gab und er das Festland finden wollte, setzte er seine Reise fort. Außer weiteren Bahamasinseln entdeckte er im weiteren Verlauf **Kuba** und **Hispaniola**, wo er die erste Siedlung **La Navidad** gründete.

Zurück in Spanien wurde er mit allen Ehren empfangen, und auf seiner **zweiten Fahrt** mit 17 Schiffen und rund 1.500 Mann Besatzung waren auch Saatgut und alle lebensnotwendigen Dinge für eine **Besiedlung** geladen. Er segelte im September 1493 in Richtung Hispaniola, wo er eine zerstörte Siedlung vorfand. Die Indianer hatten wegen schlechter Behandlung die ersten Siedler umgebracht. Da es Anzeichen für **Goldvorkommen** auf der Insel gab, wurde eine neue Siedlung gegründet, die er unter der Obhut seines Bruders Diego ließ, um weiter nach dem Festland zu suchen. Dabei entdeckte er **Jamaika**, **Puerto Rico** und die **Kleinen Antillen**. Nach Hispaniola zurückgekehrt, bot sich ihm eine unliebsame Überraschung. Da sein Bruder die Siedler nicht friedlich unter einen Hut bringen konnte, herrschte eine bürgerkriegsähnliche Stimmung. 1496 kehrte Kolumbus nach Spanien zurück.

Seine **dritte Reise** 1498 nahm ein schlimmes Ende. Nach der Entdeckung von **Trinidad** und der Küste des **südamerikanischen Kontinents** im Gebiet der **Orinoco-Mündung** kehrte er nach Hispaniola zurück, wo er wegen der dort herrschenden Zustände 1500 verhaftet und in ein spanisches Gefängnis überführt wurde. Nach seiner Freilassung und teilweise erfolgten Rehabilitation segelte er 1502 zum **vierten** und **letzten Mal** über den Atlantischen Ozean. Er entdeckte **Mittelamerika** von **Honduras** bis **Panama** und musste wegen des schlechten Zustands der Schiffe um Hilfe aus Hispaniola bitten. Da man ihm dort nicht wohlgesonnen war, ließ diese Hilfe lange Zeit auf sich warten, und Kolumbus kehrte 1504 in schlechter gesundheitlicher Verfassung nach Spanien zurück. Er starb 1506 in Valladolid.

Sandy Point Estate, besser unter dem Namen **Watling's Castle** bekannt, findet man einige Kilometer weiter südlich an der Südwestspitze der Insel. Die von Vegetation überwucherten Ruinen sind Überreste einer Plantage von Loyalisten von Anfang des 19. Jh. Als Seeräuberschloss des im 17. Jh. sein Unwesen treibenden Piraten Watling wirkte es natürlich interessanter. Die spannenden Geschichten, die um seinen Wohnsitz und seine Abenteuer ranken, werden auch heute noch gerne blumig ausgeschmückt erzählt. Die Straße, die kurz vor den Ruinen rechts abzweigt, führt an die schöne Küste. Man kommt auf ihr kurz hinter den Ruinen wieder auf den Queen's Highway.

Vermeintliches Seeräuberschloss

Bei der Kirchenruine, die kurz vor dem Knick des Highways in nördliche Richtung steht, lohnt es sich, einen kleinen Strandausflug nach **Snow Bay** zu machen. Man muss dafür die Rechtsabzweigung auf die Nebenstraße in östliche Richtung fahren. Dort gibt es einen wunderschönen, weißen Strand, denn die Bucht hat nicht umsonst ihren Namen (Schneebucht). Hier ist seit 2011 das Resort **Guanahani Beach Club** angesiedelt.

Wieder auf der Hauptstraße, fährt man durch meist verlassene Ortschaften, bevor die Ruinen der **Farquharson Plantage** und der Ort **South Victoria Hill** erreicht werden. Die Plantage war eine der größten auf der Insel, auf der so unterschiedlichen Pflanzen angebaut wurden wie Mais, Baumwolle und Zitrusfrüchte. Darüber hinaus wurde auch Vieh gehalten. Als „**Blackbeard's Castle**" – sozusagen unter Seeräubersynonym – ließ sie sich aber nicht so gut „verkaufen" wie ihre bereits erwähnte Schwesterplantage im Südwesten der Insel.

Bis zum **Dixon Hill Lighthouse** gibt es nicht mehr viel Interessantes zu sehen. Einen Besuch dieses in den 1880er-Jahren erbauten Leuchtturms sollte man jedoch auf keinen Fall versäumen. Er ist nicht nur wegen der schönen Aussicht und der allgemeinen Leuchtturmromantik sehenswert, sondern auch wegen seines antiquierten Mechanismus. Dieser Leuchtturm ist nämlich einer der letzten, die noch mit Kerosin und sozusagen von Hand befeuert werden.

Weiteres Kolumbusdenkmal

Wer noch zu einem Spaziergang aufgelegt ist, kann sich nach ca. 2–3 km am Strand entlang das zweite Kolumbus-Denkmal anschauen. Warum die US-amerikanische Tageszeitung „Chicago Herald" 1891 ausgerechnet hier auf **Crab Cay** diese Gedenkstätte als **Chicago Herald Columbus Monument** errichten ließ, ist angesichts der vielen Riffe, die eine Anlandung der spanischen Schiffe an dieser Stelle recht unwahrscheinlich erscheinen lassen, allerdings ein Rätsel. Der Grund für die Errichtung an sich wird jedoch deutlich, wenn man sich vor Augen hält, dass im Jahr 1892 die Weltausstellung mit thematischem Bezug zu Kolumbus in Chicago stattfand.

Über Quarters und vorbei an den Ruinen des Harbour Estate kommt man zu einem großen Anwesen am Strand von **North Victoria Hill**. In dem kleinen **New World Museum**, gegründet von Ruth Durlacher Wolper, kann man sowohl Ausstellungsstücke aus vorkolumbianischer Zeit als auch Überbleibsel der Spanier besichtigen, die beim Ausgrabungsort **Palmetto Grove** nördlich von North Victoria Hill gefunden wurden *(Eintritt frei)*.

Reisepraktische Informationen San Salvador

Information

San Salvador Tourist Office, *Cockburn Town,* ☎ *331-1928, geöffnet Mo–Fr 9–17 Uhr.*

Wichtige Telefonnummern

Notfall/Polizei, ☎ *919.*
Polizei, ☎ *331-2010.*

Im Krankheitsfall

Cockburn Town Clinic, *Cockburn Town,* ☎ *331-2105.*

Bank

Bank of the Bahamas International, *Cockburn Town,* ☎ *331-2237, Mo–Do 9.30–15, Fr bis 16 Uhr, mit Geldautomat. Außer in den beiden großen Hotels (Riding Rock Inn und Club Med) werden Kreditkarten in der Regel nicht akzeptiert.*

Unterkunft

Riding Rock Resort & Marina (2) $$–$$$, *Cockburn Town,* ☎ *331-2631, www.ridingrock.com. Dieses Hotel ist der Treffpunkt für Taucher. Man wird kaum einen Gast finden, der nicht tolle Geschichten über seine bestandenen Abenteuer unter Wasser erzählen wird. Die Zimmer sind einfach, aber nett eingerichtet. Das* **Restaurant** *bietet einen schönen Ausblick aufs Meer, und auf den Teller kommen leckerer Fisch und Meeresfrüchte.*

San Sal Resort (3) $$$, *Cockburn Town,* ☎ *331-2254, www.sansalresortandspa.com. Die 20 zweistöckigen Holzbungalows mit Studios überblicken den blütenweißen Strand. Das Motto des Hauses heißt „ultimatives Inselgefühl", und das werden Urlauber spätestens beim Besuch der Blackbeard Tikki Bar spüren, die Schuhe ausziehen und entspannen.*

Guanahani Beach Club (4) $$$$, *Snow Bay,* ☎ *452-0438, www.guanahanibeachclub.com. 2011 errichtet an der wunderbaren Snow Bay, bei der Architektur gut dem Weiß des Strandes angepasst. „Simpel und elegant" ist das Motto, das die gesamte Anlage, das Hotel und die Villas durchzieht. Für das leibliche Wohl sorgt das* **Patio Restaurant Bar** *mit vornehmlich italienischer Küche.*

Club Med Columbus Isle (1) $$$$$, *Cockburn Town,* ☎ *331-2000, www.clubmed.com. Der Club liegt an einem wunderschönen, über 3 km langen Sandstrand und bietet so ziemlich jedes Freizeitvergnügen, das man sich vorstellen kann. Vom Surfen über Fahrradtouren bis zu Musikveranstaltungen wird hier viel geboten. Besucher müssen allerdings auch etwas „Club-Typ" sein, um sich hier wohlzufühlen, da wirklich alles organisiert wird. Dafür kann man aber auch jeden Luxus genießen. Es gibt Tennisplätze, Swimmingpool und zwei* **Restaurants** *mit internationaler Speisekarte – nicht zu vergessen die drei Bars. Die Architektur der Anlage ist äußerst ansprechend, die Innen- wie Außendekoration wurde aus allen Erdteilen importiert. Der Club gilt als eine der ökologischsten Hotelanlagen auf dieser Erdhalbkugel.*

Restaurants

Da Hide Out (1), *Queen's Highway, Ostseite der Insel, ☎ 434-1743. Der Weg an die Ostseite von San Salvador lohnt sich – nicht nur wegen der Kaltgetränke und Mahlzeiten, sondern einfach auch, weil man so weit weg von allem ist, eben „versteckt".*

Nachtleben

Harlem Square Club (2), *Cockburn Town, ☎ 331-2777. Witzige Bar für ein Bier und eine nette Unterhaltung – am besten am Samstagabend.*
Der **Club Med** *bietet jeden Abend Programm und hat zwei gut sortierte Bars. Im* **Riding Rock Inn** *sitzt man auch sehr angenehm.*

Wassersport/Tauchen

Club Med, *Cockburn Town, ☎ 331-2000. Der Club bietet Segeln, Wasserski, Surfen, Kajakfahren und Kitesurfen an. Ebenso gibt es ein Tauch- und Schnorchelprogramm.*
The Riding Rock Dive Center, *☎ 331-2631, www.ridingrock.com. Das Hotel hat sich auf Tauchen spezialisiert. Es fährt mit zwei Booten zu den Tauchspots und bietet das komplette Unterwasserprogramm – vom Schnorcheln bis zum Tauchpaket. Es werden auch Angeltouren organisiert.*

Tennis

Der **Club Med** *verfügt über zehn Hartplätze.*

Strände

Ein wunderschöner und einsamer Strand liegt an der **Snow Bay**, *aber auch entlang der* **Fernandez Bay**, **Bonefish Bay** *und an der* **Ostküste** *gibt es sehr schöne Strände.*

Flüge

Bahamasair, *☎ 331-2920, www.bahamasair.com.*

Mietwagen

C & E Rent A Car, *Long Bay, ☎ 331-2350.*
D & W Rent A Car, *Cockburn Town, ☎ 331-2184.*
Walker's Car Rental, *Sugar Loaf, ☎ 331-2111.*

Motorroller

K's Scooter Rentals, *San Salvador Airport, Cockburn Town, ☎ 331-2125.*
Riding Rock, *Cockburn Town, ☎ 331-2025.*

Fahrradverleih

Die meisten Hotels verfügen über einen Fahrradverleih und stellen ihren Gästen Räder zur Verfügung.

Taxis

Fernander's Tours, *Cockburn Town, ☎ 331-2676.*

Conception Island und Rum Cay

Wer gerne einen Ausflug mit dem Boot macht, findet in der Nähe von San Salvador zwei interessante Ziele. Die flache, ca. 40 km^2 große Insel **Rum Cay** erlebte im 19. Jh. mit der Salzproduktion ihre Blütezeit. **Conception Island**, nur 8,5 km^2 groß, ist unter Naturschutz gestellt und unbewohnt. Meeresschildkröten nutzen die Insel zur Eiablage und viele Seevögel nisten hier. Sehr interessant sind die Gewässer dieser Inseln für Taucher, da es einige schöne Riffe in der Umgebung gibt. Auch Freunde einsamer Strände werden hier auf ihre Kosten kommen.

Unter Naturschutz

Acklins and Crooked Island

Telegramm Acklins and Crooked Island

Name	Acklins Island, Crooked Island
Fläche	389 km^2 (Acklins Island), 240 km^2 (Crooked Island)
Einwohnerzahl	430 (Acklins Island), 340 (Crooked Island)
Einwohner pro km^2	1,1 (Acklins Island), 1,4 (Crooked Island)
Größter Ort	Colonel Hill (Crooked Island)
Weitere Orte	Moss Town, Anderson Settlement, Spring Point Settlement, Salina Point Settlement
Wichtigste Wirtschaftszweige	Subsistenzwirtschaft
Touristisches Potenzial	Schöne Strände, Korallenriffe

Crooked Island besitzt unberührte Sandstrände

Acklins and Crooked Island
ATLANTIC OCEAN
Crooked Island Passage
Bird Rock
Portland Harbour
Marine Farm
Landrail Point
Bird Rock Lighthouse
Great Hope House Ruins
Gordon's Bluff
Seaview
Moss Town
Fairfield
Turtle Sound
Church Grove
Cabbage Hill
Colonel Hill
Major's Cay Harbour
Majors Cay
Bullet Hill
Browns
Cove Point
Cove
Lovely Bay
Chesters
North East Point
Crooked Island
Goat Cay
The Marls
The Going Through
Relief Bay
Pinefield
Crooked-Acklins Bank
Anderson
Hardhill
Albert (Alvert) Town
Long Cay
Windsor Point
The Bight of Acklins
Snug Corner
Masons Bay
Goodwill
Creek Point
Acklins Island
North Cay
Fish Cay
Land & Sea Park
Guana Cay
Wood Cay
Golden Grove
Spring Point
Camel Point
Delectable Bay
Spring Point Airfield
Florida
Pompey Bay
Lucayan Indian Archaeological Site
Jamaica Cay
Reserve Bay
Rocky Point
Cotton Bay Cay
Binnacle Hill
Mayaguana Passage
Roker's Cay
Jim Point
Ben's Landing
Mira Por Vos Passage
Salina Point
Jamaica Bay
South Bluff
South West Point
Castle Island
Castle Island Lighthouse
0 Unterkunft
1 Crooked Island Lodge
N
0
10 km
© graphic

Entfernungen

Colonel Hill – Snug Corner 45 km
Moss Town – Colonel Hill 14 km
Snug Corner – Salina Point 65 km

Acklins Island und Crooked Island liegen in einem Bogen angeordnet um **The Bight of Acklins** – ein großes Gebiet mit flachem Wasser. Zwischen der **Crooked Island Passage** und der **Mayaguana Passage** waren die beiden Inseln lange Zeit ein idealer Aufenthaltsort für Piraten, die die günstige geografische Lage zwischen zwei Meerestiefen für ihre Zwecke nutzten. Beide Inseln sind relativ schmal und verfügen über schöne Strände und Mangrovensümpfe.

Obwohl es Unterkunftsmöglichkeiten auf diesem ungleichen Zwillingspaar an Inseln gibt, kann von einem touristisch erschlossenen Gebiet nicht gesprochen werden. Luxus kann man nicht erwarten, aber Entspannung ist garantiert, denn viel unternehmen kann hier kaum.

Zwei Leuchttürme

Die Sehenswürdigkeiten können an einer Hand abgezählt werden. Es gibt einen bekannten Leuchtturm, das 1866 erbaute **Bird Rock Lighthouse** an der äußersten Nordwestspitze von Crooked Island, und den 1867 erbauten Leuchtturm **Castle Island Lighthouse** auf Castle Island südlich von Acklins Island. Von den ehemaligen Plantagen stehen nur das **Great Hope House** und die **Marine Farm** unter einer Art Denkmalschutz. Ansonsten ist von den 40 Plantagen, die Anfang des 19. Jh. den Inseln zu einer kurzen wirtschaftlichen Blüte verhalfen, nicht mehr viel übrig geblieben. Damals lebten immerhin über 1.000 Menschen auf den Inseln. Die meisten von ihnen waren Sklaven, die in den Baumwollfeldern arbeiten mussten. Aber wie überall auf den Bahamas war die Baumwollzeit aufgrund der dünnen Humusschicht und der einseitigen Nutzung des Landes schnell vorbei.

Vor den Pflanzern waren die Inseln immer nur für kurze Zeit im Spotlight der Geschichte. **Kolumbus** suchte hier 1492 Gold und taufte die Insel, an der er anlandete, nach der spanischen Königin **La Isabella**. Es soll in vorkolumbianischer Zeit im Bereich der beiden Inseln die größte Indianersiedlung gewesen sein, und für kurze Zeit versteckten sich auf Castle Island Piraten, die sich an den vorbeifahrenden Schiffen gütlich hielten.

Reisepraktische Informationen Acklins & Crooked Island

Wichtige Telefonnummern

Polizei, ☎ *334-2599.*

Im Krankheitsfall

Acklins Island – Mason's Bay Clinic, ☎ *344-3539.*
Crooked Island – Landrail Point, ☎ *344-2166.*

Unterkunft

Crooked Island Lodge (1) $$–$$$, *Landrail Point,* ☎ *344-2507, www.crookedislandlodge.com. Hier kann man – weit weg von allem – in aller Ruhe angeln und*

Bootstouren machen. Die Anlage befindet sich an einem kilometerlangen Strand, und man kann vom Hotel aus Tauch- und Schnorcheltouren unternehmen. Für Urlauber, die Abgeschiedenheit vorziehen, bietet sich hier die Möglichkeit, mal richtig zu entspannen. Die hoteleigene Landebahn nutzen gerne Besucher aus Florida, die übers Wochenende anreisen.

Flüge

Es gibt einen Flughafen in **Colonel Island auf Crooked Island** *und eine Landebahn in* **Spring Point auf Acklins Island**.
Bahamasair, *☎ 344-2357, www.bahamasair.com, bietet zwei Flüge pro Woche von Nassau mit Rückflug am gleichen Tag an.*

Transfer vom Flughafen: *Am Flughafen warten in der Regel Taxis. Besser ist es aber, den Transport mit dem jeweiligen Hotel zu klären.*

Postschiff/Fähre

Es gibt ein regelmäßig verkehrendes **Postschiff** *von Nassau, Potter's Cay nach Spring Point, Acklins Island und Colonel Hill, Crooked Island. Infos: Potter's Cay Dock, Nassau, ☎ 393-1064.*
Zwischen beiden Inseln verkehrt Mo–Sa 8.30–16.30 Uhr eine **Personenfähre**, *ab Lovely Bay auf Acklins Island und Brown's auf Crooked Island. Überfahrt kostenlos.*

Taxis

Burnise Deleveaux, *Chester's Bay, Acklins Island, ☎ 344-3256.*

Inagua

Telegramm Inagua

Name	Great Inagua, Little Inagua
Fläche	1.550 km² (Great Inagua), 130 km² (Little Inagua)
Einwohnerzahl	1.000
Einwohnerzahl pro km²	0,6
Größter Ort	Matthew Town
Weitere Orte	keine
Wichtigste Wirtschaftszweige	Salzproduktion
Touristisches Potenzial	Nationalpark

Entfernungen

Matthew Town – Northwest Point 20 km

Mit fast 1.550 km² ist **Great Inagua** die drittgrößte Insel der Bahamas. Die Landschaft ist wegen der seltenen Regenfälle und der dünnen Humusschicht überwiegend karg. Bäume werden hier nicht besonders groß. Ein großer Teil der Insel wird vom **Lake Rosa**, einem riesigen, aber sehr flachen See, eingenommen. Etwa 740 km², also fast die halbe Insel, ist als **Nationalpark** geschützt, in dem schätzungsweise **80.000 Flamingos** – immerhin der Nationalvogel der Bahamas – und eine große Anzahl an anderen seltenen Vögeln leben.

Redaktionstipp

➤ Für den Besuch des **Nationalparks** sollte man sich ein paar Tage Zeit nehmen. Es fliegt ohnehin nicht jeden Tag ein Flugzeug.

Unbewohnte Insel

Little Inagua ist eine unbewohnte Insel nordöstlich von Great Inagua. Das Seeufer ist oft sumpfig und von Mangroven bewachsen. Im Westen ist es von der Salzproduktion geprägt. Mit ihren 130 km² nimmt sie sich neben der großen Schwester ziemlich klein aus. Little Inagua ist unbewohnt und trotz ihrer Unwirtlichkeit ebenfalls ein Paradies für Tiere, die hier ungestört leben können.

Geschichte

Von einer Besiedlung Inaguas durch Indianer ist bis heute nichts bekannt. Die Inseln tauchen erst im Zusammenhang mit der **Salzgewinnung** zu Beginn des 19. Jh. am Horizont der Geschichte auf. Daher ist es auch nicht verwunderlich, dass dem Namen ein spanischer Ursprung zugrunde liegt. Zusammengesetzt aus „ileno" (spanisch „voll") und „aqua" (spanisch „Wasser") ergab sich ein Name, den die Engländer entsprechend ihrer Aussprache des Spanischen zu „Henagea" und später zu „Inagua" umwandelten.

Die Spanier nutzten die Salzvorräte jedoch zuerst für ihre Kolonien auf Hispaniola und auf Kuba. Als 1849 die Salzgewinnung mit dem Bau eines Salzlagerhauses und dem Aufbau eines Transportsystems optimiert wurde, stieg die Einwohnerzahl der Insel in 20 Jahren von knapp 200 auf etwa 1.000. Aus dieser Zeit stammen auch die Maultiere, die heute wild auf der Insel leben. Sie wurden damals als Zugtiere für die Loren gebraucht, in denen auf Schienen das Salz zur Lagerung und zum Hafen geschafft wurde. Vor dem Ersten Weltkrieg zählte Inagua sogar bis zu 5.000 Bewohner, die aber nach dem Einbruch auf dem Salzmarkt die Insel zu einem großen Teil verließen. Erst 1936 kam mit den drei amerikanischen **Erikson Brothers** wieder Schwung in das Salzgeschäft. Die Anlage wurde modernisiert und ging

Bonefishing auf Inagua

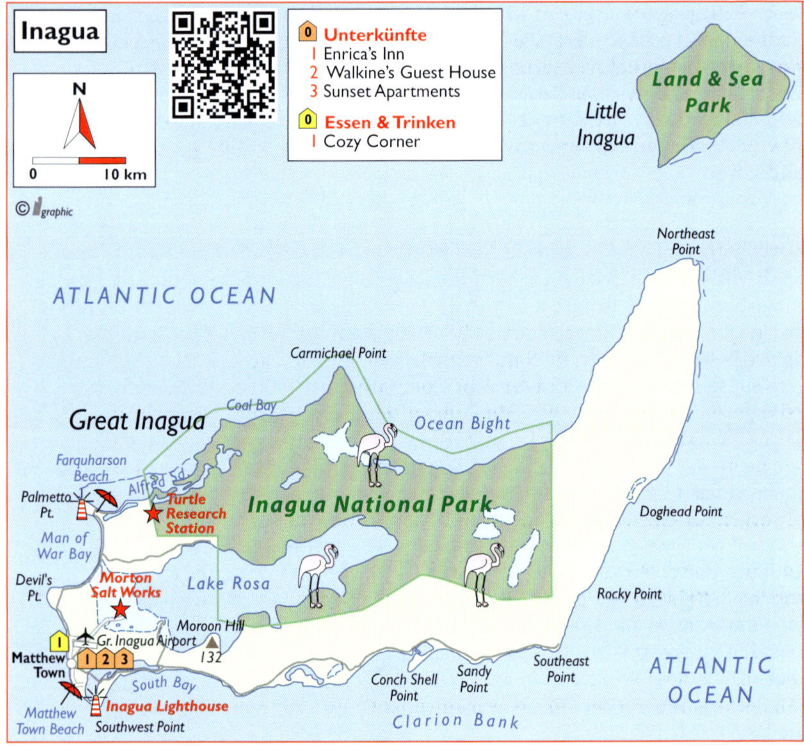

1910 in die **Morton Salt Company** über, die seit 2009 ein Tochterunternehmen der K+S AG ist (s. u.).

Paradies für Vogelkundler

Inagua ist die richtige Insel für **Naturliebhaber** und ein Paradies für **Ornithologen**. Außer dem herrlichen Anblick der Flamingos gibt es hier noch viele andere Vogelarten zu bestaunen, wie z. B. Papageien, Kormorane oder Seeadler. Daher sollte man auf keinen Fall ein Fernglas vergessen. Daneben gibt es als Attraktion den Leuchtturm am Southwest Point, das **Inagua Lighthouse**. Dieser liegt ca. 2 km südlich von Matthew Town. Er gehört zu den vier letzten mit Kerosin betriebenen Leuchttürmen auf den Bahamas. Selbst wenn man nicht so viel Ahnung von technischen Dingen hat, ist diese Rarität aus dem 19. Jh. dennoch sehenswert. Der Turm wurde 1870 errichtet. Außerdem eröffnet sich ein toller Blick über die Insel und das Meer. Bei sehr guter Sicht ist sogar Kuba am Horizont zu erkennen.

Inagua heute

Heute werden auf Inagua jährlich etwa 1 Mio. Tonnen Salz gewonnen. Zu diesem Zweck wird auch Meerwasser auf die teils eingedeichten Salzfelder gespült. Nach seiner Abtragung und Reinigung wird das Salz in riesigen Lastwagen zum Hafen in Matthew Town transportiert. Die Zeit der Mulis ist also lange vorbei. Unbenommen ist die wirtschaftliche Bedeutung des Salzes für die Insel. Die Bewohner rühmen sich, eine der wenigen Bahamas-Inseln zu sein, die nicht vom Tourismus abhängig ist. Dieser Wirtschaftszweig könnte jedoch in Zukunft einen anderen Stellenwert einnehmen, wenn Bahamasbesucher als Ökotouristen den **Nationalpark** entdecken.

Wie kommt das Salz aus dem Meer?

info

Auf Inagua werden jährlich rund 1 Mio. Tonnen Salz gewonnen. Eine derartig große Menge schafft die Natur natürlich nicht ohne menschliches Eingreifen, selbst wenn der **Morton Salt Company** fast 4.900 ha an Betriebsgelände zur Verfügung stehen. Mit Pumpen wird Meerwasser über Bäche in die **Verdunstungsbecken** gepumpt. Diese sind künstlich eingedeicht, damit nicht Wasser unterschiedlicher Konsistenz zusammenfließt. Das trockene Klima (viel Sonne und wenig Niederschlag) und gute Windverhältnisse sorgen für eine relativ schnelle Verdunstung des Wassers.

Am Ende dieses Prozesses wird die schon stark salzhaltige Lake gereinigt und in ein **Kristallisationsbecken** geleitet, sodass es kristallisieren kann. Die verbleibende Restflüssigkeit wird abgeleitet, wenn die Salzschicht ca. 15 cm Dicke erreicht hat. Dann kann das Salz abgetragen werden. Mit Fahrzeugen, die man sonst eher beim Straßenbau vermuten würde, wird die Salzdecke aufgebrochen, in Lastwagen verladen und zur Endreinigung gebracht.

Mit Schiffen wird das Salz dann an die Ostküste der Vereinigten Staaten transportiert. Die Produkte von Morton Salt finden in der Industrie, in der Landwirtschaft, in der Wasseraufbereitung und als Speisesalze Verwendung. Seit 2009 ist die Morton Salt Company *(www.mortonsalt.com)* ein Tochterunternehmen der in Kassel ansässigen K+S AG, die somit zum weltweit größten Salzproduzenten aufstieg.

Wer gerne in der freien Natur Tiere beobachtet, wird sich hier wie im Paradies fühlen. Fast die Hälfte der Insel bildet der **Inagua National Park**. Ein großer Teil des Nationalparks wiederum besteht aus Seenlandschaft. Der größte See ist der **Lake Rosa**. Während sein westlicher Teil durch die Anlagen für die Salzproduktion geprägt ist, herrschen besonders im Osten **Mangrovensümpfe** vor, die unzähligen Vogelarten als ideale Brutstätte dienen.
Inagua National Park, ☎ *339-1616, www.bnt.bs, Erw. 25 $, Kinder 10 $, geführte Touren ab 50 $ p. Pers.*

In den 1950er-Jahren wurde das Gebiet zum Naturschutzgebiet erklärt, da auf Inagua die letzten **Flamingos** lebten, die früher auch auf anderen Bahamainseln anzutreffen waren. 1965 wurde das Naturschutzgebiet dann offiziell Nationalpark. Es gibt ein einfaches Camp im Nationalpark, das man mit einem Führer besuchen kann. Es empfiehlt sich ohnehin, sich entweder für eine organisierte Tour des National Trust anzumelden oder sich über diese Organisation zumindest für den ersten Tag einen Führer zu besorgen. Man sieht zwar auch so einige Flamingos, die besten Stellen und den entsprechenden Weg kennen jedoch die Einheimischen, sodass man dann mehr von der Tour hat.

Organisierte Tour

Ebenso beim Bahamas National Trust kann man eine Tour zum **Union Creek Reserve** im Nordwesten der Insel buchen. Dort findet man auf 18 km^2 einen tidenabhängigen Creek (Bach), an dem ein Forschungsprogramm über **Meeresschildkröten** läuft. Besucher werden dort eine für Europäer neue Form eines Bachs kennenlernen, die für die Bahamas typisch ist. Mit einem Gebirgsbach in den Alpen oder einer Au in Norddeutschland ist so ein Bach jedenfalls nicht zu vergleichen.

Eine eher etwas trockene Angelegenheit ist der Südosten der Insel. Dort wachsen aufgrund der geringen Niederschlagsmengen und des trockenen Bodens sogar eine Menge **Kakteen**. Dieser Teil der Insel ist besonders schwer zugänglich, und auch auf die kleine, unbewohnte Schwesterinsel von Great Inagua kommt man nicht ohne Weiteres. Nach **Little Inagua** geht es dann nur mit dem Boot hinüber.

Reisepraktische Informationen Inagua

Information

Im Internet: www.bahamas.com/islands/inagua.

Wichtige Telefonnummern

Polizei, ☏ *339-1263.*

Im Krankheitsfall

Inagua Hospital, ☏ *339-1249.*

Bank

Bank of the Bahamas, *Matthew Town,* ☏ *339-1264, es gibt keinen Geldautomaten.*

Unterkunft

Enrica's Inn (1) $–$$, *Matthew Town,* ☏ *339-2127, www.enricasinn.com. Schon lange da und immer noch gut: herzliche Gastgeber und nette Bungalows, die allein schon durch ihren farbigen Anstrich gute Laune machen.*

Walkine's Guest House (2) $, *Matthew Town,* ☏ *339-1612. Über fünf Zimmer verfügt das kleine Gästehaus rund 1 km südlich von Matthew Town. Die schlichten Zimmer sind sehr geräumig genauso wie die Badezimmer, von denen drei über eine Duschkabine verfügen.*

Sunset Apartments (3) $$, *Matthew Town, ☏ 339-1362. Geräumige Apartments mit Küche, im karibischen Stil dekoriert. Nicht weit von einem kleinen Strand gelegen. Boote können über den Besitzer arrangiert werden.*

Restaurant

Cozy Corner (1), *Matthew Town, ☏ 339-1440, Mo–Sa 11–21 Uhr. Kneipe mit Billardtisch, in der man Kleinigkeiten zu essen bekommt und bei einem Kalik viel über die Insel erfahren kann. Bahamaische, mexikanische Küche.*

Flüge

Bahamasair, *☏ 339-1680, www.bahamasair.com, fliegt dreimal die Woche von Nassau nach Iguana.*

Transfer vom Flughafen: *Am Flughafen warten in der Regel Taxis.*

Postschiff

Es gibt ein regelmäßig verkehrendes **Postschiff** *von Nassau, Potter's Cay, nach Inagua. Infos: Potter's Cay Dock, Nassau, ☏ 393-1064.*

Mietwagen

Ingraham's Rent-A-Car, *Matthew Town, ☏ 339-1515.*

Mayaguana

Mayaguana liegt nördlich von Inagua, ist aber der östliche Vorposten der Bahamasinseln. Die Insel wird im Süden durch die Caicos Passage von Caicos getrennt. Um nach Acklins Island zu gelangen, muss man in westlicher Richtung die Mayaguana Passage überqueren. Die Insel ist zu einem großen Teil von Busch überwuchert und hat an der Küste sowohl Mangrovensümpfe als auch Strände zu bieten. *Östlicher Vorposten*

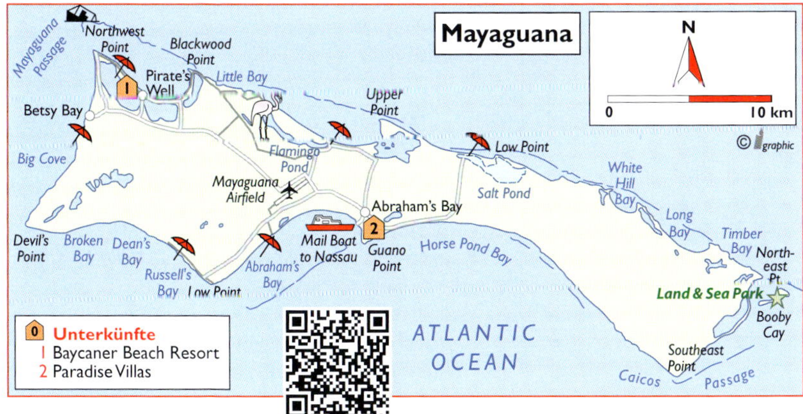

Telegramm Mayayuana

Name	Mayaguana
Fläche	285 km²
Einwohner	277 (2010)
Einwohner pro km²	1
Größter Ort	Abraham's Bay
Andere Orte	Betsy Bay Settlement, Pirates Well Settlement
Wichtigste Wirtschaftszweige	Subsistenzwirtschaft
Touristisches Potenzial	einsame Strände

Selbstversorgung

Die Insel Mayaguana ist touristisch kaum erschlossen. Nach einem Werbeprospekt wird man vergeblich suchen, und es fliegt auch nicht jeden Tag ein Flugzeug zu diesem entlegenen Ort. Die Einwohner leben von der Subsistenzwirtschaft. Sie fischen und bauen für den Eigenverbrauch Gemüse an. Nur ganz wenige haben das Glück, einen offiziellen Job, z. B. am Flugplatz, zu bekommen. Vertreter der jüngeren Generation verlassen oft die Insel, um in Nassau zu arbeiten.

Es wird vermutet, dass der Name der Insel einen indianischen Ursprung hat. Über die Besiedlung des Eilands weiß man allerdings nur, dass die ersten Bewohner Anfang des 19. Jh. von Caicos kamen. Seit dieser Zeit scheint sich dann auch nicht viel an der Lebensweise der Leute geändert zu haben. Hier braucht eben alles seine

Flamingos auf Mayaguana

Zeit, und die Lebensverhältnisse sind recht „rustikal". Wer also auf Mayaguana Urlaub machen will, sollte schon ein „Rucksacktyp" sein, der Abenteuerlust im Gepäck hat, Einsamkeit sucht und vielleicht noch über ein Zelt verfügt. An den Stränden wird man kaum einen Menschen treffen, denn Mayaguana ist wirklich „weit ab vom Schuss".

Entfernungen

Abraham's Bay – Pirates Well 10 km

Endemische Baumratte

Immerhin lebt hier die **Bahamian Hutia** bzw. *Ingraham's Hutia (Geocapromys ingrahami)*, eine endemische Spezies der Baumratte. Die auf den karibischen Inseln endemischen Baumratten, eine Unterordnung der Stachelschweinverwandten, sind mit ihren verschiedenen Arten und Spezies in ihrem Bestand stark bedroht. Die Nagetiere sind nicht mit den Ratten verwandt, in deren Kopfform sie sich ähneln. Ihre Nahrung besteht vorwiegend aus Pflanzen, aber auch aus Insekten und kleinen Tieren.

Reisepraktische Informationen Mayaguana

Information

Im Internet: www.bahamas.com/islands/mayaguana.

Unterkunft

Auf dieser Insel gibt es sehr wenig Gästebetten. Falls diese in den beiden Hotels ausgebucht sind, muss man sich nach der Ankunft eine Privatunterkunft besorgen. Am besten fragt man schon im Flugzeug oder auf dem Postboot nach etwas Geeignetem. Die Inselbewohner kennen sich untereinander und haben sicher einen guten Tipp.

Baycaner Beach Resort (1) $$, *Pirate's Well, ☎ 225-1408, www.baycanerbeach.com. Hier kann man sprichwörtlich vom Bett direkt ins Wasser springen. Die Zimmer sind schlicht und mit einem kleinen Badezimmer ausgestattet. Die Bar ist auch ein beliebter Treffpunkt für die Einheimischen.*

Paradise Villas (2) $$, *Abraham's Bay, ☎ 339-3059. Einfache Unterkunft, aber mit Klimaanlage und Restaurant. Nicht direkt am Wasser, sondern einen kleinen Fußmarsch vom Pier in Abraham's Bay entfernt.*

Flüge

Bahamasair, *☎ 339-3020, www.bahamasair.com. Fliegt zweimal die Woche von Nassau aus (2 Std. Flugzeit).*

Postschiff

Es gibt ein regelmäßig verkehrendes Postschiff von Nassau, Potter's Cay, nach Mayaguana. Infos: Potter's Cay Dock, Nassau, ☎ 393-1064.

Mietwagen

Baycaner Beach Resort, *Pirate's Well, ☎ 339-3726.*

4. ANHANG

Literaturhinweise (kleine Auswahl)

Als Lektüre und auch als Nachschlagewerk ist das **Bahamas Handbook**, Etienne Dupuch Jr. Publications Ltd. (www.bahamashandbook.com), des jeweiligen Jahrgangs sehr zu empfehlen, da hier auf den blauen Seiten alle aktuellen Daten über die Inselgruppe zusammengefasst sind. Darüber hinaus enthält es interessante Artikel über Neuigkeiten aus allen Bereichen des bahamaischen Lebens (im bahamaischen Buchhandel erhältlich).

Peter Barratt, *Grand Bahama*. IM Publishing 2002. Das Buch gibt einen guten Einblick in die Geschichte und Entstehungsgeschichte der Insel. Es wird recht ausführlich geschildert, welche Auswirkungen das Hawksbill Creek Agreement auf die wirtschaftliche Entwicklung von Grand Bahama Island hatte. Nur auf Englisch und antiquarisch zu haben.

Desmond Bagley, *Bahama-Krise*, Heyne 1990. Unbedingt lesenswerter Krimi über die wilden Jahre auf Grand Bahama. Das Buch gewährt, ganz nebenbei, tiefe Einblicke in das frühere und vielleicht auch heutige Leben der bahamaischen weißen Oberschicht, die ihre Abstammung direkt auf die Loyalisten zurückführen kann. Gleichzeitig zeigt das Buch, wie eine Insel am Reißbrett geschaffen werden kann – dem Tourismus zuliebe.

Evans W. Cottman, *Der Insel-Doktor* (nur noch antiquarisch). Kurzweilig geschriebenes Buch über die Lebens- und Überlebensverhältnisse eines Out-Island-Doktors auf Abaco und seine Sicht der Dinge.

Steve Dodge, *Abaco – The History of an Out Island and its Cays*. White Sound Press 2005. Das Buch beschäftigt sich recht detailliert mit der Geschichte der Abacos und gibt einen guten Überblick über die politische und wirtschaftliche Entwicklung.

Ernest Hemingway, *Inseln im Strom*. Reinbek 1977. Es wird gesoffen, es wird geprügelt, geliebt, gehasst, gefischt, und es werden viele wahre und weise Worte gesprochen. Inseln im Strom ist eines von Hemingways feinsten Büchern und für Neugierige, die Bimini kennenlernen wollen, unbedingt Pflichtlektüre. Natürlich ist es heute nicht mehr so, wie Hemingway Bimini in den 1930er-Jahren erlebte– oder doch, vielleicht noch ein bisschen.

Carl Hiaasen, *Affentheater*, Manhattan Verlag 2014. Hiaasen gilt als einer der originellsten Krimiautoren der USA und einer der bissigsten Kritiker des amerikanischen Lifestyle. Seine Geschichten spielen normalerweise in Florida, wo Hiaasen zu Hause ist und sich als ehemaliger Reporter beim „Miami Herald" bestens auskennt. Seine Themen sind Verbrechen, Korruption und der Irrsinn eines Lebens in den Tropen. Für *Affentheater* schickt er seinen Helden nach Andros. Dort muss Andrew Yancy einen Hurrikan überstehen, mit dem ehemaligen, jetzt rauchenden Affen von Johnny Depp alias Captain Jack Sparrow zusammenarbeiten, eine Hexe ausschalten – um schließlich herauszufinden, wo der linke männliche Arm herkam, den er eine Zeit lang in seinem Kühlschrank aufbewahrt hatte, dem Sheriff zuliebe.

David Poyer, *Bahamas Blue*, St. Martin's Press 1992. Spannende Lektüre nicht nur für Taucher über die Bergung eines Drogenschmuggler-Wracks in bahamaischen Gewässern. Natürlich, wie es sich für einen Krimi gehört, gibt es auch Mord und Totschlag. Nur auf Englisch und antiquarisch zu haben.

Ashley B. Saunders, *History of Bimini.* Bimini 1992 (Vol. I & II). Der Erbauer des wunderbaren Dolphin House in Alice Town ist auch Historiker und zeichnet in seiner Geschichte der Biminis eben diese leicht verständlich nach.

Gail Saunders, *Bahamian Loyalists and Their Slaves*, Macmillan Caribbean 1983. Die zahlreichen Bücher der Historikerin sind eine zuverlässige Bank, wenn es um die Geschichte der Bahamas geht. Sei es das Elend der Sklaverei, das Konzept des Pompey Museums oder die historisch korrekte Renovierung des Balcony House in Nassau – Dr. Gail Saunders war und ist bis heute maßgeblich bei der Aufarbeitung der Historie der Inseln beteiligt. Ihre Bücher sind in zahlreichen Museumsshops zu finden (einige auch im Versandhandel), leider nur auf Englisch.

Sebastian Vignieri, *Everything you need to know: Grand Bahama Island*, Lulu Press 2005. Ein nützlicher Ratgeber mit zahlreichen Tipps und über 50 Farbfoto.

Everild Young, *The Island Called Freedom, The Story of Eleuthera*, 1996. Einiges über die Geschichte und „Geschichten" von Eleuthera. Auf Eleuthera oder antiquarisch erhältlich.

St. Andrew's School, Cookbook Committee, *It's cooking in the Bahamas*, 2002. Das „selbst gemachte" Kochbuch erschien erstmalig 1983 und war für etliche Jahre das bestverkaufte Kochbuch der Bahamas. Abgedeckt wird das gesamte Spektrum bahamaischer Kochkunst, von der *Asparagus Casserole* bis zum *Kotopoulo Kapama*. Leider nur auf Englisch und keine Fotos, aber als konkrete Anleitung gut zu gebrauchen.

Robert Wilder, *Wind from the Carolinas*, Norman Berg 1997. Vielleicht der Klassiker über die Bahamas, leider nur noch antiquarisch zu haben. Eine epische, generationenübergreifende Familiengeschichte über loyalistische Siedler, die sich auf den Exumas eine neue Existenz aufbauen.

Bildnachweis

Alle Abbildungen stammen vom Autor Stefan Blank, außer:

Brian Ardel: vordere Umschlagklappe Nr. 1, S. 24, 82, 233, 276
Bahamas Tourist Office: Titelfoto, S. 13, 23, 30, 31, 33, 39, 43, 83, 94, 97, 139, 142, 150, 154, 157, 177, 207, 208, 219, 220, 225, 226, 234
Bahamas Tourist Office/Henry Gilbey: S. 271
Carriearl Hotel: S. 179
istockphoto.com © CaraMaria: S. 259
istockphoto.com © JHoutsma: S. 267
Willis Knowles: S. 37
Ulrike Niederer: vordere Umschlagklappe Nr. 4, S. 242, 278, 288
Alanna Rodgers: S. 46
Small Hope Bay Lodge, Andros: S. 50
Staniel Cay Yacht Club: Buchrückseite unten, S. 48, 92
Dwayne Tucker Photography: vordere Umschlagklappe Nr. 7, S. 41, 42, 47

Stichwortverzeichnis

IWANOWSKI'S

BAHAMAS – Autorentipps

Stefan Blank, geboren 1966, ist Reisejournalist und bereist seit seinem Studium der Entwicklungspolitik vor allem die Länder des Südens. Unterwegs schaut sich der zertifizierte Divemaster gerne die Unterwasserwelt an. Aus seinen Erlebnissen entstehen Reiseliteratur, Reportagen und Reiseführer. In Iwanowski's Reisebuchverlag sind von ihm neben dem vorliegenden Band die Reiseführer Kalifornien, Seychellen, Mauritius mit Rodrigues, Sri Lanka sowie 101 Bodensee erschienen. Das Bild zeigt den Autor (rechts) mit Wayde Nixon, der ihm die Geschichte der schwimmenden Schweine von Big Major Cay nähergebracht hat.

Unser Autor **Stefan Blank** gibt Ihnen **nützliche Tipps** und individuelle Empfehlungen:

1. TIPP

Dieser Magie kann sich niemand entziehen: Die von Father Jerome mit eigenen Händen erbaute Einsiedelei auf **Cat Island**, am höchsten Punkt der Bahamas, ist ein verwunschener Ort auf einer verwunschenen Insel, **Seite 229**

2. TIPP

Cherokee Sound auf Abaco: ein Örtchen wie aus der Zeit gefallen – mit putzigen historischen Holzhäuschen, Fußgängerzone rund um das pittoreske Postamt und einem traumhaften Strand, **Seite 192**

TOP-TIPP

Ein Spaziergang durch **Nassau Downtown** ist ein Muss für jeden Bahamas-Besucher – als kontrastreiche Hauptstadt, kultureller Schmelztiegel, eine der besterhaltenen Städte der Karibik und vor allem als kulinarische Top-Adresse, **Seite 108**